LE THÉÂTRE GREC ANTIQUE :

LA COMÉDIE

CAHIERS DE LA VILLA « KÉRYLOS », N° 10
BEAULIEU-SUR-MER (ALPES-MARITIMES)

COLLOQUE

LE THÉÂTRE GREC ANTIQUE : LA COMÉDIE

ACTES

PARIS

2000

© Académie des Inscriptions et Belles-Lettres, Paris.

ISSN : 1275-6229
ISBN : 2-87754-118-5

LE THÉÂTRE GREC ANTIQUE : LA COMÉDIE

**Actes du 10ème colloque
de la Villa Kérylos
à
Beaulieu-sur-Mer
les 1er & 2 octobre 1999**

Sous la présidence de

Monsieur Jean LECLANT
*Conservateur de la Villa Kérylos
Secrétaire perpétuel de l'Académie des Inscriptions et Belles-Lettres*

et la direction de

Monsieur Jacques JOUANNA
Membre de l'Académie des Inscriptions et Belles-Lettres

PRÉAMBULE

La réunion qui va s'ouvrir constitue le Xe colloque de la Villa Kérylos. C'est à la fin de septembre 1990 que Bernard Chenot, Secrétaire perpétuel de l'Académie des Sciences morales et politiques, alors conservateur de la Villa Kérylos, inaugurait le premier colloque « Platonisme et néo-platonisme », aussitôt publié et diffusé avec un grand succès, puisque le volume des Actes est aujourd'hui épuisé ; quel thème aurait-il mieux convenu pour notre Villa, souvent désignée comme la « Villa grecque de Beaulieu-sur-Mer » ? Depuis, notre activité s'est centrée sur deux thèmes majeurs : l'hellénisme d'une part et d'autre part la Méditerranée, cette mer éblouissante, mère des civilisations, qui enserre de ses flots azuréens notre Pointe des Fourmis.

Il y a deux ans le colloque portait sur un premier volet du théâtre grec antique : la tragédie. Tout naturellement, après une incursion, l'an dernier, vers le grand site méditerranéen d'Alexandrie, nous poursuivons cette année notre enquête sur « le théâtre grec antique : la comédie ». Nous remercions le professeur Jacques Jouanna, membre de l'Académie des Inscriptions et Belles-Lettres, d'avoir, une nouvelle fois, organisé la rencontre et d'avoir réussi à réunir un groupe important d'éminents spécialistes de la culture hellénique, que nous sommes très heureux ce matin d'accueillir ici.

Nos remerciements s'adressent aussi au public fidèle de nos entretiens. Nous nous tournons tout d'abord vers les hautes personnalités qui nous apportent leur appui : après avoir salué le préfet des Alpes-maritimes Jean-René Garnier et son épouse qui ont bien voulu perpétuer la tradition de leurs prédécesseurs, le préfet et Madame Philippe Marland, nous voudrions souhaiter très chaleureusement la bienvenue à S. Exc. M. l'ambassadeur de Grèce Elias Clis et à son épouse qui nous honorent de leur présence ; à ces compliments nous associons M. le consul général de Grèce à Monaco et M. le consul de Grèce à Nice. Nous exprimons aussi notre gratitude à M. le consul général de France à Monaco M. Philippe Perrier de La Bathie et à son épouse, à Monsieur le représentant du Conseil général, qui nous apporte si fidèlement son concours financier et — *last but not least* —

à nos mécènes : nous en redirons un mot dans un instant, car, comme vous le savez bien tous, une entreprise telle que la nôtre ne saurait fonctionner que si elle dispose d'un minimum de ressources ; c'est pourquoi, inlassablement, il nous convient d'évoquer le rôle fondamental du mécénat.

Comme de coutume, résumons rapidement l'activité de la Villa et de la Fondation Théodore Reinach durant l'année écoulée. Grâce à l'activité et au dévouement de nos collaborateurs — ce pluriel désignant aussi bien, selon l'usage de la langue française, nos collaboratrices (dont l'une Mme Olga Athanassiou a reçu hier la distinction de la croix de l'Ordre des palmes académiques — et nous lui renouvelons nos félicitations), le bilan est plus que positif.

Les travaux dans le bâtiment ont été poursuivis. En dehors de ceux, nombreux, que suscite l'entretien proprement dit et aussi de ceux nécessités par la mise en conformité avec la réglementation des établissements ouverts au public, arrêtons-nous à ceux menés dans le sous-sol de la Villa : ils ont permis la régularisation de l'ouverture du Café Kérylos, où les visiteurs sont heureux de pouvoir faire une halte rafraîchissante face aux flots, et surtout ils ont porté sur la « galerie du bord de mer » qui constitue désormais un des éléments forts de la Villa Kérylos. Les Antiques qui y sont groupés — des moulages bien entendu, pour l'instant du moins — n'ont pu l'être que grâce au concours d'« évergètes », à la façon des Anciens ; nous avons tenu à les honorer en rendant visible aux yeux de tous, par des plaques de reconnaissance, le témoignage de notre gratitude : M. Michel Pastor, qui avec M. Ralph Winckelmann, était déjà le principal mécène lors de la création de la galerie, M. Christian Beherman, M. Youssef Mansour, M. Achille Boroli, M. George Katsiapis, M. Nicholas Stassinopoulos, M. George Keralakis, M. Zénon Papadopoulos, président de la communauté hellénique de Monaco. Citons aussi avec gratitude les mécènes qui ont également participé à ce beau projet par la voie de la Fondation Théodore Reinach : Mme Simone Cino del Duca, correspondant de l'Institut, la Banque de Neuflize, Schlumberger, Mallet, avec son département N.S.M. Art, le courtier d'assurance Gras Savoye, la Fondation E.D.F.

L'inauguration officielle et l'ouverture au public de la « galerie du bord de mer » ont eu lieu le 23 juin dernier ; autour des hautes autorités, qui sont si souvent les hôtes de nos cérémonies, se pressait une assemblée de près de trois cents amis de notre Villa.

L'esprit de reconstitution archéologique qui, au début du siècle, présida à la création de la Villa Kérylos s'accommode volontiers, nous semble-t-il, de l'intérêt que le monde occidental cultivé porte, depuis la Renaissance, à la statuaire antique. La mode du moulage, dont la faveur fut grande au siècle dernier, met en lumière, et peut-être plus qu'aucune autre vogue, cette fascination pour l'Antique qui fut celle de toute une époque. D'ailleurs la réplique en plâtre du Sophocle du Latran ou celle de l'Athéna lemnia du musée de Dresde, montrent que les moulages n'étaient pas absents du décor de la Villa. La nouvelle galerie, située en bord de mer, attendait une décoration à la mesure de ce cadre prestigieux. Le choix d'une scénographie allait demander la participation du département des Antiquités grecques, étrusques et romaines du musée du Louvre : aussi M. Alain Pasquier, conservateur général chargé de ce département, confia-t-il à l'un des membres de son équipe, M. Jean-Luc Martinez, ancien membre de l'École d'Athènes et conservateur en chef du Louvre, le soin de travailler, en collaboration avec la Fondation Théodore Reinach, à la sélection des moulages qui sont actuellement exposés et naturellement à leur présentation. En effet, très vite, l'idée s'est imposée de recourir aux trésors nombreux de l'atelier de moulage des musées de France (fondé en 1794), la collection des creux constituée par cet atelier au cours des deux derniers siècles correspondant à l'évidence au goût et aux intentions qui animèrent jadis les concepteurs de la Villa Kérylos.

C'est au cœur de ce vaste répertoire de formes antiques, prisées avec engouement par les monarques d'antan — ils durent le plus souvent se résigner à les admirer, eux aussi, sous forme de copies —, contemplées aussi par des générations d'érudits, depuis Montaigne jusqu'à Winckelmann, célébrées par nombre d'écrivains, Du Bellay, Byron, Gœthe, Stendhal, que nous avons puisé. Onze moulages ont ainsi été retenus pour la galerie : le *Vase Médicis*, la *Vénus Genitrix*, l'*Athéna à la ciste*, l'*Aphrodite des jardins*, la *Diane de Gabies*, la *Vénus d'Arles*, la *Vénus de Milo*, l'*Apollon du Belvédère*, le *Discobole*, le *Discophore* et l'*Arès Borghèse*.

Notons encore que ces statues dispersées parmi les différents grands musées européens, impossibles à réunir même le temps toujours bref d'une exposition, conservent — pour certaines d'entre elles au moins — le souvenir de formes aujourd'hui disparues, en raison de la mode parfois trop rigoureuse de la dérestauration qui a conduit, ici ou là, à mutiler les Antiques antérieurement complétés d'ajouts modernes : à la Villa Kérylos, on pourra admirer à nouveau l'*Aphrodite des jardins* du musée du Louvre avec sa tête et ses bras, ainsi que l'*Apollon du Belvédère*, conservé au musée du Vatican, esquissant encore ce pas de danse, bras en avant, qui rendit sa silhouette si célèbre à partir du xvie siècle.

D'après le modèle muséographique en usage au xixe siècle, les moulages ont été regroupés ici par catégories, réparties entre les baies de la galerie qui suit tour à tour trois orientations distinctes (est, sud et ouest). A l'espace consacré aux drapés féminins, succèdent celui dédié aux Aphrodites, puis celui des dieux et des athlètes — selon une manière propre à des nombreuses collections de moulages, celles des écoles d'art, des musées et des amateurs éclairés, aujourd'hui souvent tombées en désuétude. C'est d'ailleurs la forme de classement que retint Salomon Reinach, frère de Théodore Reinach, dans son *Répertoire de la statuaire grecque et romaine* en six volumes, publié entre 1896 et 1930 et rassemblant plus de 15 000 statues.

Pour parachever cette mise en scène, reflet d'un moment fort dans l'histoire du regard sur l'Antique, le long du mur opposé aux moulages sont exposés une cinquantaine de tirages originaux de photographies anciennes du recueil des *Griechische und Römische Porträts* de Paul Arndt et George Lippold (Munich, 1890-1934). Quant aux cimaises installées le long de la galerie, elles permettront d'organiser des expositions temporaires au sein de ce musée imaginaire, pour le plus grand profit de la Villa Kérylos.

Parmi les autres activités culturelles majeures de l'année écoulée, mentionnons aussi que le colloque de l'automne 1998, qui portait sur « Alexandrie, une mégapole cosmopolite », a donné lieu à la publication, dans des délais exceptionnellement rapides, d'un volume d'Actes ; il constitue le « Cahier n° 9 » de Kérylos.

Des concerts ont été donnés par le Quatuor Kérylos : intégrale de l'opus 18 de Beethoven, pour clôturer l'année 1998, les 21 et 23 décembre, puis les 20 février, 3 avril, 22 mai et enfin le 21 juin, pour la fête de la musique, le quatuor de Mozart et le quatuor en ré-mineur de Borodine. Durant l'été 1999, les 8, 15, 22, 29 juillet et 5 août, les Nocturnes d'Euterpe ont été suivis par un public fidèle à ces rendez-vous musicaux et gastronomiques. Mentionnons encore la participation de l'orchestre de musique de chambre du Philharmonique de Nice (sonate n° 3 de Rossini, les « quatre saisons » de Vivaldi), un récital de piano par Frédéric Menguy dans un double hommage à Chopin et à Poulenc, un récital de clavecin jouant des musiques du XVIIe siècle à l'occasion du tricentenaire de Racine et une soirée lyrique dans le cadre de l'Académie internationale d'été de Nice.

Le cycle des conférences proposé par le département des lettres classiques de l'Université de Nice a porté sur des thèmes variés : « Thamyris et les muses, question de supériorité poétique », par Mlle Jacqueline Assaël ; « Voyage en altérité : les Étrusques au miroir de l'Antiquité », par M. Jean-François Cottier ; « Thucydide et Polybe : la politique et l'histoire », par Mlle Marie-Rose Guelfucci ; « Au voisinage de l'Homme : le visage du singe et la main de l'éléphant », par M. Arnaud Zucker ; « La mémoire : une voie pour l'éternité », par M. Jean-Michel Galy ; « L'amour conjugal à l'épreuve de l'exil dans l'œuvre d'Ovide », par Mlle Géraldine Puccini ; enfin, un spectacle autour des mythes grecs : « Zeus et les dieux olympiens : secrets de famille », par Michèle Coulet, conteuse, et Hervé Foucrée, cordes et percussions.

Dans quelques instants, le professeur Jacques Jouanna nous présentera le Colloque, dont vous connaissez déjà tous le programme : Aristophane certes, objet d'analyses menées de points de vue très divers, mais aussi la comédie tardive avec Ménandre. Comme il en avait été pour la tragédie, l'iconographie est aussi de mise — et c'est peut-être là une indication pour des entretiens futurs. Quant à la musique, elle sera présente par l'intervention du professeur Evanghelos Moutsopoulos, membre de l'Académie d'Athènes et de surcroît correspondant de notre Institut de France ; il est d'ailleurs chez lui ici, à Kérylos, étant grec et en outre familier des lieux, puisqu'il a fait partie des pionniers du Ier Colloque de l'automne 1990 et qu'il est revenu parmi nous pour le IVe Colloque « Le Romantisme et la Grèce ».

Vous le voyez, notre réunion a déjà une tradition : neuf *Cahiers de Kérylos* ont été publiés et ont trouvé leur place sur les rayons des fervents de la Grèce et de la Méditerranée. S'appuyant sur ces acquis, nous pouvons nous tourner avec confiance vers l'avenir — un avenir à la mesure des valeurs qui sont les nôtres, celles de la culture, de l'humanisme, dans la fidélité au message de celui qui a conçu et édifié l'étonnant monument où nous sommes : Théodore Reinach, et à la vocation de l'ensemble de l'Institut de France à qui il a bien voulu, par son testament, confier une charge lourde parfois, mais aussi, croyez-le bien, combien enthousiasmante.

<table>
<tr><td>Jean LECLANT</td><td>Régis VIAN DES RIVES</td></tr>
<tr><td>Secrétaire perpétuel
de l'Académie des Inscriptions
et Belles-Lettres
Conservateur de la Villa Kérylos</td><td>Administrateur de la Fondation
Théodore Reinach</td></tr>
</table>

PRÉSENTATION DU COLLOQUE

Voici le second volet des colloques de la Villa Kérylos sur le théâtre grec antique. Après le colloque sur la tragédie qui a eu lieu en 1997 et dont les Actes ont été publiés en 1998, voici en 1999 la comédie dont les actes seront publiés en l'an 2000. En introduisant le huitième colloque de la Villa Kérylos sur la tragédie, il y a deux ans, j'annonçais ce second volet pour l'une des prochaines années. Mais mon pronostic restait prudent. C'est pour moi une grande joie de constater que l'intervalle qui sépare ces deux colloques est le plus bref que l'on pouvait envisager. Aussi voudrais-je témoigner toute ma respectueuse reconnaissance au Secrétaire perpétuel de notre Académie, à Jean Leclant, qui a bien voulu accepter que le dixième colloque de la Villa Kérylos complète le huitième. Grâce à sa bienveillance, il s'établit ainsi une continuité sur quatre années, si l'on tient compte à la fois de la date des colloques et de la date de publication de leurs Actes. J'espère que nous pourrons organiser dans les prochaines années un colloque sur la poésie lyrique. Ce n'est là évidemment qu'une suggestion et un vœu.

Selon une loi qui ne souffre pas d'exception notable, les auteurs de théâtre dans l'Antiquité, à la différence de nos auteurs français du théâtre classique, n'écrivaient pas à la fois des comédies et des tragédies. Bien que les auteurs de tragédies fussent aussi des auteurs de drames satyriques où le rire avait sa place, ils ne se hasardaient pas à écrire des comédies. Cette séparation des genres anciens justifie, dans une certaine mesure, le renouvellement des auteurs de communication d'un colloque à l'autre, à deux exceptions près. Mais l'esprit dans le choix de ces conférenciers est resté le même : faire appel aux plus grands spécialistes français, tout en donnant leur chance à de plus jeunes, et inviter quelques collègues étrangers dont l'œuvre est marquante. Je voudrais remercier tous les auteurs de communications qui ont répondu si spontanément et si amicalement à mon invitation et particulièrement nos hôtes étrangers venus de Grèce, M. le professeur Evanghelos Moutsopoulos, membre de l'Académie d'Athènes, de Belgique, M. le professeur Simon Byl, de l'Université libre de

Bruxelles, d'Espagne, M. le professeur Ignacio Rodríguez Alfageme, de l'Université Complutense de Madrid, et d'Italie, Mme le professeur Amneris Roselli de l'Université orientale de Naples. Il faut dire qu'ils connaissaient de réputation les colloques de la Villa Kérylos, non seulement par la belle collection des Actes qu'ils ont lue studieusement, mais aussi par l'ambiance amicale et chaleureuse dans un lieu paradisiaque dont on leur avait tant parlé et qu'ils découvrent enfin. Nos remerciements vont donc à l'administrateur de cette prestigieuse Villa, M. Régis Vian des Rives qui a tellement facilité l'organisation du colloque.

Aristote non seulement constate cette séparation entre auteurs tragiques et auteurs comiques, mais aussi il l'explique. Voici comment : tragédie et comédie relèvent de l'imitation ; mais entre elles, il y aurait une hiérarchie ; car les auteurs tragiques, ayant une âme élevée, créent par imitation des personnages à l'âme élevée ; tandis que les auteurs comiques, ayant une âme moins élevée, créent des personnages plus vulgaires. Ainsi s'expliquerait selon Aristote la différence entre les deux genres dont le second serait moins prisé que le premier. Aristote explique, du reste, de cette façon le fait que les origines du genre comique sont obscures et que son introduction officielle dans les concours soit postérieure à la tragédie. « La comédie, dans ses débuts, dit-il, nous échappe parce qu'elle était peu en faveur... Qui a apporté masques, prologues, nombre des acteurs et tous les détails de ce genre, on l'ignore ; mais l'idée de composer des fables remonte à Épicharme et à Phormis. Elle vint d'abord de Sicile ; à Athènes, c'est Cratès le premier qui, abandonnant la forme iambique — entendez les attaques personnelles — eut l'idée de composer des sujets généraux. » La comédie, en tant que genre littéraire, n'est donc pas née à Athènes, comme la tragédie, puisqu'elle serait d'origine sicilienne. Mais, étant issue de chants phalliques et de chants de processions de fêtards, les κῶμοι, d'où le nom de « comédie », elle s'est greffée sur des rites dionysiaques locaux et s'est épanouie à Athènes aux côtés de la tragédie, trouvant même une partie non négligeable des ressources de son comique dans la parodie des auteurs et des pièces tragiques. Il est certain que cette hiérarchie entre les deux genres établie par Aristote repose plus sur un jugement éthique que sur la réalité théâtrale. Cette vision de philosophe n'est sans doute pas la meilleure façon d'aborder la comédie grecque.

Rappelons d'abord que les comédies se jouaient en même temps que les tragédies, dans le même théâtre situé sur le flanc sud de l'Acropole et devant le même public, dans les mêmes fêtes en l'honneur de Dionysos, que ce soit aux Lénéennes où le public comprenait l'ensemble des citoyens d'Athènes et des métèques, ou aux Grandes

Dionysies où ce public était encore grossi par l'arrivée de délégations étrangères. Il y a donc nécessairement des analogies entre les deux genres dans l'organisation des concours, dans les problèmes relatifs à la représentation, ne serait-ce que dans l'utilisation de l'espace théâtral et dans la présence conjointe de personnages joués par un nombre limité d'acteurs et d'un chœur joué par un groupe de citoyens athéniens. Et, dans la mesure où les poètes comiques ne s'expriment pas par le truchement de l'imaginaire mythique comme les auteurs tragiques, mais représentent directement la réalité quotidienne avec une langue proche de la langue parlée, leurs comédies ont l'avantage d'offrir, par rapport à la tragédie, une mine de renseignements, non seulement sur la richesse de la langue grecque et sur ses possibilités de création verbale, mais aussi sur la vie privée, la vie politique, la vie sociale, la vie religieuse, en bref sur les *realia* et sur les mentalités des Athéniens.

Par ailleurs, par rapport à la tragédie, les productions littéraires de la comédie nous permettent de suivre l'évolution du genre au-delà du ve siècle. Il y a un décalage dans le temps entre les tragédies et les comédies conservées. Alors que la tragédie la plus ancienne, les *Perses* d'Eschyle, représentée en 472, est en rapport direct avec les guerres médiques du début du siècle, puisqu'elle est centrée sur la défaite des Perses à Salamine en 480, la comédie la plus anciennement conservée a été représentée environ un demi-siècle plus tard, en pleine guerre du Péloponnèse, au moment où les hostilités ne mettaient plus aux prises les Grecs aux Barbares, mais divisaient les cités grecques entre elles. Il y est encore question de guerre et de paix mais cette fois entre deux cités grecques, Athènes et Sparte. Ce sont *Les Acharniens* d'Aristophane de 425, où le héros pacifiste s'oppose au chœur belliciste. En revanche, les comédies conservées vont au-delà du ve siècle. Alors que les dernières tragédies conservées, celles de Sophocle et d'Euripide, datent de la fin du ve siècle, l'œuvre d'Aristophane, dont la majeure partie est contemporaine de la guerre du Péloponnèse (431-404), se poursuit au ive siècle après la défaite d'Athènes, avec deux comédies, l'*Assemblée des Femmes* de 392 et le *Ploutos* de 388. Ces deux comédies, par la régression du thème politique et du rôle du chœur, font la transition entre la comédie ancienne du ve siècle et la comédie moyenne, la *Mésè*, du ive siècle. Celle-ci est riche d'une cinquantaine d'auteurs dont les œuvres ne sont connues que par des fragments. C'est avec la comédie nouvelle, la *Néa*, qui s'étend sur un siècle après la mort d'Alexandre, que notre connaissance des comédies grecques renaît grâce aux découvertes papyrologiques faites depuis le début du xxe siècle ; la plus spectaculaire d'entre elles est celle d'une comédie entière de Ménandre, le *Dyscolos*, retrouvée dans un papyrus de la Collection Bodmer de Genève et publiée en 1958 par Victor Martin.

Il est évident que quinze communications ne permettront pas de retracer tous les aspects de la comédie grecque dans sa continuité et dans son évolution.

La majeure partie des communications est consacrée à la comédie ancienne, ce qui n'est pas totalement injuste, puisque la majeure partie des pièces conservées en entier date de cette époque-là. Nous entendrons d'abord des communications sur des problèmes propres à la comédie comme genre théâtral : sur la déformation comique, sur la structure scénique ; sur le rôle du chœur et sur la musique ; puis sur la comédie comme témoignage de son temps : son regard sur la vie politique et judiciaire, sur la vie intellectuelle, sur la littérature, mais aussi sur des réalités telles que la médecine, et sur la vie religieuse qui occupe une place si grande dans la cité.

Une communication sera consacrée à la comédie moyenne, celle d'Amneris Roselli sur les cuisiniers.

Comme pour le genre tragique, la perte de nombreuses œuvres comiques nous prive d'une vue d'ensemble ; seules onze comédies d'Aristophane sont conservées sur les quarante-quatre que connaissaient encore les érudits d'Alexandrie. Toutefois, nous possédons 976 fragments, transmis par des citations d'auteurs ou restitués par des papyrus. La réflexion sur les œuvres perdues et leurs fragments est une entreprise stimulante, quoique difficile. Une communication nous exposera ce que l'on peut savoir de l'Aristophane perdu.

La perte est encore plus grande dans le cas de Ménandre qui a écrit près d'une centaine de pièces. Comme la reconstruction d'œuvres partiellement conservées est le lot de la comédie nouvelle, à l'exception du *Dyscolos*, on se concentrera sur une comédie de Ménandre dont on a retrouvé un bon tiers, intitulée soit le *Sicyonien* soit les *Sicyoniens*. Nous entendrons sur cette pièce les deux meilleurs spécialistes français de la comédie nouvelle, l'un présentant une étude générale et l'autre s'attachant à un aspect particulier, les mouvements des acteurs. Enfin l'iconographie apportera un témoignage indirect : une présentation des grands problèmes que pose l'utilisation de l'iconographie pour une meilleure connaissance de la comédie grecque terminera notre colloque auquel je souhaite pleine réussite.

Jacques JOUANNA
Membre de l'Académie
des Inscriptions et Belles-Lettres

LES MOYENS DE LA CARICATURE
DANS LES COMÉDIES D'ARISTOPHANE

La critique moderne se plaît à louer l'extraordinaire longévité de la comédie grecque et l'inépuisable imagination dont ont fait preuve ceux qui l'ont représentée. De fait, on ne cesse d'être étonné par le nombre impressionnant de pièces dont la tradition a gardé la mémoire, ainsi que par la grande diversité des poètes en compétition. Certes, seules deux petites dizaines de comédies nous ont été conservées à peu près intactes, mais le répertoire comique, s'il nous était parvenu dans son intégralité, nous aurait livré quelque deux milliers de comédies produites par près de deux cents auteurs sur une durée de plus de trois siècles [1]. La même réflexion pourrait être menée à propos de la tragédie. Ainsi le théâtre, quelle que soit son inspiration, est bien, dans son extrême prodigalité et sa remarquable vitalité, une caractéristique majeure de la civilisation grecque.

Dans cette longue période de créativité, le Ve siècle semble se distinguer par l'extrême prodigalité des formes que revêt le genre comique. Sans prêter trop d'attention à l'analyse à laquelle se livre Aristote dans sa *Poétique*, qui cherche, dans le cadre d'une réflexion philosophique, à rendre raison de la diversité et donc à la réduire, convenons qu'à la variété inéluctable qu'entraîne l'évolution, dans le temps, de la comédie, s'ajoute, aux dires même des commentateurs anciens, une réelle capacité à emprunter, avec toutes leurs variantes, les deux voies, d'apparence opposée, de la raillerie personnelle et de la critique générale : comédies politiques, parodiques, allégoriques ou de pure fantaisie. Sans doute, dans les débuts, rien ne doit être

---

1. Pour l'étude des onze comédies d'Aristophane que nous avons conservées, nous suivons le texte et la traduction, sauf exception, de la collection des Belles Lettres. Nous avons aussi tiré profit des *Prolégomènes et commentaires* de J. Van Leeuwen, 11 vol., Leyde, 1896-1906 (réimpr. Leyde, 1968), ainsi que des notes et commentaires de W. J. M. Starkie sur les *Acharniens*, les *Nuées* et les *Guêpes*, Londres, 1897-1911 (réimpr. Amsterdam, 1966-1968). Pour les fragments de la comédie grecque, nous avons utilisé, par commodité, J. M. Edmonds, *The Fragments of Attic Comedy*, 4 t. en 3 vol., Leyde, 1957-1961. Cet ouvrage doit être complété par celui de R. Kassel, C. Austin, *Poetae Comici Graeci*, Berlin-New York, dont le vol. III-2, 1984, concerne Aristophane.

tranché, et les auteurs, à des degrés divers selon leur caractère et leur
inspiration, doivent mettre au point un dosage qui leur est personnel
et qui constitue une référence propre. Il serait, en effet, vain de vouloir
que des poètes comiques comme Phérécratès ou Cratès eussent excellé
dans des peintures à caractère général, alors qu'Aristophane aurait
triomphé dans la critique personnelle. La lecture attentive des fragments conservés de ces deux premiers auteurs, comme une juste
appréciation des comédies d'Aristophane et de la comédie grecque en
général, nous interdisent d'établir un classement aussi sommaire que
réducteur [2]. Ce jeu mouvant multiplie, bien entendu, l'apparente
diversité de la création comique.

Mais, ce qui modèle derechef notre jugement, ce qui devait
entraîner l'adhésion du public de l'époque, c'est l'incroyable capacité
d'invention dont nous voyons bien qu'elle constitue une condition
fondamentale du succès. En effet tout dans les modalités de la création comique porte cette exigence. Le goût d'un public populaire
s'émousse vite dans le « déjà vu » ; aussi les poètes font-ils assaut
d'inventions inouïes, qu'ils cherchent à tenir secrètes, jusqu'au jour de
la représentation, sans jamais vraiment y parvenir, comme le démontrent à l'envie les accusations de plagiat que se lancent avec cruauté les
poètes comiques [3]. La mise en scène des chœurs, qui multiplie les
trouvailles les plus délirantes, tout comme l'accumulation des procédés comiques, dont certains constituent d'exceptionnels moments
burlesques, sont là pour faire la preuve qu'en ce domaine l'imagination dépasse même la fiction ! Cette capacité d'innovation se déploie
aussi dans l'extrême diversité que présentent les caricatures, aussi
bien dans la multiplicité des sujets qui en sont l'objet que dans la
variété des traits qui les constituent. De fait, personnalités du temps,
entités burlesques issues de la seule imagination des poètes, ou simples pochades mises dans la bouche des personnages, tout un peuple
de grotesques s'agite dans l'espace scénique, dont le cortège déhanché
et ridicule est sans cesse renforcé par les découvertes de nouveaux
fragments, qui s'ajoutent à ceux déjà anciens que les érudits ont
patiemment collationnés. Certes, la tradition fait la part belle à Aris-

2. Dans un ouvrage déjà ancien sur *La comédie grecque*, Paris, 1886, J. Denis
faisait cette juste remarque en p. 241 sq. : « Retranchez quelques noms propres de
certaines comédies de Cratinos, de Phrynichos ou d'Eupolis, adoucissez l'âpreté de la
censure en lui donnant quelque chose de plus général, et vous aurez des pièces
analogues à celles de Phérécratès et de Cratès. Ajoutez au contraire aux pièces de
ceux-ci une plus grande profusion de noms propres et d'injures moins émoussées, et
elles deviendront semblables à celles d'Eupolis et de Cratinos. »

3. Une seule fera preuve : selon Cratinos fr. 200, dont la date peut être rapportée
à l'année 423, Aristophane aurait plagié, dans sa pièce des *Cavaliers*, des vers d'Eupolis !

tophane, puisqu'il est le seul, en ce qui concerne, du moins, la période ancienne de la comédie grecque, dont nous ayons conservé quelques pièces complètes, mais rien ne laisse supposer que ses prédécesseurs, comme ses rivaux, eussent manqué d'imagination ou de force caricaturale. Du reste, certains d'entre eux, comme Cratinos ou Eupolis par exemple, ou d'autres moins connus, ont eu leur part de succès, y compris face à Aristophane lui-même. Divers, c'est bien ainsi que le théâtre grec se laisse, de prime abord, percevoir. Divers, donc inclassable, sinon au regard réducteur de la philosophie ou de la critique. Inclassable, car individualiste en diable, comme prétendent l'être les poètes eux-mêmes. D'où vient alors cette impression déconcertante, qui sourd à une lecture attentive des textes, et qui perçoit le « déjà vu » sous le « jamais encore représenté » ? D'où vient cette étrange sensation d'unité dans ce désordre comique officiellement affiché ? Sans vouloir faire preuve au moyen de trop maigres témoignages, citons à comparaître, dans le dossier de la caricature, Aristophane et, avec lui, la comédie ancienne du Ve siècle, justement parce qu'elle semble, en ce domaine, se distinguer des autres périodes par l'indépendance plus grande et l'imagination plus riche de ceux qui l'ont illustrée.

A première vue, les moyens dont use notre poète pour construire ses caricatures sont particulièrement diversifiés. Il fait feu, en effet, de toutes railleries, au point que ceux qui sont pris pour cible, sous ce déluge de traits caricaturaux, en restent si meurtris qu'ils ont souvent du mal à se laisser reconnaître. Au plus fort du combat, ils nous paraissent même perdre toute identité, y compris, et surtout, celle de la critique. La liberté de touche qui est inhérente au genre comique, renforcée par le désir d'emporter l'adhésion du public, avait-elle cet effet pervers de mettre à mal, dans le théâtre d'Aristophane, et la réalité de l'individu qui était pris pour cible et la cohésion de la charge critique dont il était investi ? Une lecture attentive des textes nous montre, au contraire, que le poète mettait une grande habileté non seulement à sélectionner ces traits, un peu originaux, que chaque individu présente inévitablement au regard moqueur des autres, mais aussi à les intégrer à une vision plus générale qui assurât l'unité de la critique. Certes, nous n'avons que peu de renseignements concernant l'aspect extérieur des personnages de comédies comme de leurs modèles. Mais les commentaires que les Anciens ont laissés, ou certaines allusions contenues dans les textes, nous autorisent à quelques conclusions très vraisemblables. Il est indéniable que le masque, comme l'accoutrement, la mimique, comme le comportement, relevaient de catégories déjà consacrées par l'usage, et nul ne peut prétendre faire le tri, en l'absence de témoignage fiable, entre les travers

empruntés à la réalité des individus et ceux que les poètes prêtaient à
leurs modèles pour rendre visibles les accusations qu'ils formulaient.
Mais il devait y avoir, par exemple, dans la physionomie et la voix de
Cléon, dans l'allure de Cinésias ou celle des fils de Carcinos, quelque
chose qui prêtait naturellement au ridicule, et dont la caricature
pouvait se nourrir pour identifier le personnage, tout en soulignant
quelque aspect essentiel de la critique. En son temps, le grand Périclès
avait promené sur la scène comique une tête énorme, qui manifestait
à merveille l'accusation de tyrannie. Or l'histoire et la statuaire attestent qu'il en était bien ainsi dans la réalité. Rien de ce que nous savons
de Cléon, de Cinésias, des fils de Carcinos, n'autorise à mettre en
doute des traits qui contribuent à faire du premier le prototype du
démagogue à la gueule violente et braillarde, et de tous les autres des
représentants d'un art bancal à la stature d'avorton [4]. Mais le talent
du poète comique ne se limitait pas à mettre en perspective critique
l'allure de ceux qu'il choisissait pour modèle. Il savait aussi percevoir,
dans les gestes et dans les propos, dans les idées ou dans les œuvres
personnelles, dans les incidents de la vie quotidienne, ce qui pouvait
servir de vecteur à sa vision caricaturale. Du reste, la rumeur publique, qui s'attachait à ceux que quelque particularité, un peu insolite
ou ridicule, avait livrés, même pour un temps, à la vindicte moqueuse
de leurs contemporains, lui fournissait une ample moisson de ragots,
plus ou moins fondés, dont il tirait profit, afin d'émailler ses comédies
des lazzi les plus acérés. Le rire comique se nourrissait ainsi de ces
échos multiples que faisait naître la rencontre, inédite au premier
abord, mais évidente à la réflexion, de la réalité individuelle et de
l'intention critique. Les témoignages abondent, en particulier dans les
intermèdes chantés. Mais ils deviennent exemplaires, quand ils touchent un peu longuement à des personnalités comme Euripide ou
Socrate. En effet, dans leur vie privée comme dans leur activité de
dramaturge ou de philosophe, tous deux devaient nécessairement,
fût-ce à leur corps défendant, prêter le flanc à la caricature par
quelques-uns de ces côtés, qui, grossis dans le jeu comique, venaient
compléter la vision d'ensemble. Les parodies de l'œuvre d'Euripide ne
manquent pas pour souligner, avec une remarquable constance, les
artifices amollis des plumitifs de la scène tragique, comme ne font pas
défaut, dans la pièce des *Nuées*, les imitations bouffonnes de la

---

4. La tête de Périclès a alimenté les railleries de Cratinos dans les *Femmes Thraces*
et dans *Némésis*, et dans, au moins, une pièce de Télécleidès, en fr. 44, où de « sa tête à
onze lits, il fait naître un grand vacarme », la guerre, qui lui permet d'assurer son
pouvoir. Pour Cléon, cf. *Cavaliers*, v. 230 et suiv. où il est précisé que, malgré son
masque, le public « le reconnaîtra ». Pour Cinésias, Carcinos et ses fils, cf. *Oiseaux*,
v. 1378-1379, *Guêpes*, v. 1510 et suiv., confirmé par *Paix*, v. 789-790.

méthode d'investigation socratique pour épingler les contorsionnistes de l'argumentation et leurs distinctions fumeuses. En ce domaine, la parodie est souvent le plus puissant support de la caricature [5]. Cette remarque d'évidence vaut, *a fortiori*, pour tous les traits individuels qui ouvraient sur des travers humains et apparaissaient à l'auteur comique comme autant de traits génériques incorporés à l'histoire des individus. Nous avons déjà noté que la comédie ancienne se laisse mal corseter dans les distinctions traditionnelles du genre. Il serait tout aussi vain de cantonner Aristophane dans la seule voie de la raillerie nominale. Dans les assauts grotesques que se livrent pour le pouvoir Cléon et Agoracrite, vient un moment où l'on ne sait plus très bien lequel des deux, dans la manifestation de l'ambition, a valeur de caractère et donc force d'universalité ! A vrai dire, il n'y avait là rien que de très naturel dans l'alchimie qu'Aristophane faisait subir à ses personnages. Car il ouvrait à partir du trait individuel une perspective burlesque sur le trait de mœurs ou le trait d'espèce qui en constituait, en quelque sorte, l'enracinement comique. Certes, le public s'en trouvait égayé d'autant, comme si, ne sachant à quel rire se vouer, il était porté, décidément, à éclater de rire ! Mais cette économie des moyens de la caricature, qui semblait, à première vue, devoir se résoudre dans la diversité, assurait, au contraire, la cohésion des personnages en eux-mêmes et, par-delà, leur mise en perspective dans une logique plus vaste de critique.

Pourtant, la légitimité du trait qui déchire, la justification, même lointaine, de l'élargissement de la caricature semblaient avoir du mal à résister au désir de faire rire à tout prix. Selon Aristophane lui-même, ses prédécesseurs comme ses rivaux, dans le seul et unique but de triompher au concours de comédies, auraient usé des ficelles les plus grossières du métier, sans lien aucun avec l'intelligence des personnages, et donc de la critique que ces grotesques assumaient. En effet, dans une nouvelle parabase composée pour une reprise des *Nuées*, Aristophane, meurtri de n'avoir point obtenu le premier prix lors de la représentation initiale, accuse ses rivaux, plus chanceux, d'avoir en quelque sorte forcé le trait, en l'épaississant des gestes les plus obscènes et des pantomimes les plus grossières, dont le lien avec la réflexion critique est inexistant, mais qui ont le privilège pervers de faire rire des spectateurs friands de grasses plaisanteries. Certes, le

---

5. Il convient, dans la parodie, de faire le départ entre ce qui relève d'une critique véritable et ce qui participe de la tonalité générale de la comédie grecque, qui se présente, dans ses rapports avec la tragédie, comme une « Trygédie ». De plus, la critique d'Euripide se double chez Aristophane d'un véritable engouement pour la poésie du grand tragique. Cratinos a souligné ce paradoxe, en créant en fr. 307 une épithète burlesque, mais perspicace, selon laquelle « Aristophane fait son Euripide » !

genre comique, dont la dette d'origine était conséquente à l'égard des
farces et pitreries des festivités dionysiaques, autorisait une grande
liberté de choix parmi les recettes éprouvées du rire populaire. Il
suffit, pour s'en convaincre, de considérer la manière dont se trouvent
affublés les personnages de la comédie, quand la petite statuaire ou la
peinture des vases les prennent pour motifs. Mais Aristophane était-il
bien autorisé à porter cette accusation, quand on le voit user des
procédés qu'il dénonce chez les autres ? Établir la liste de ces artifices
n'aurait d'intérêt que d'en susciter une autre, tout aussi bien représentée, qui soulignerait des moyens de caricature plus conséquents
dans l'usage, bien qu'ils parussent l'être fort peu dans la vision
caricaturale de l'auteur. Un seul exemple fera preuve. La fréquence du
jeu scénique qui apparie deux protagonistes, un homme et une femme,
dans la peinture du démagogue, l'une jouant les faire-valoir de l'autre,
incite à y voir un moyen de la caricature, qui peut avoir un lien à
l'origine avec l'histoire individuelle d'un homme et la vision critique
d'un auteur, mais dont la reprise systématique signifie que ce moyen
de caricature était, en quelque sorte, tombé dans le domaine commun
des artifices de la création comique, sans lien très évident avec l'intention caricaturale. Or, dans la pièce des *Cavaliers*, Aristophane reprend
le vieux schéma illustré par d'autres, en associant la double gueuserie
d'Agoracrite et de Cléon. Faut-il, alors, imaginer que ce genre de
propos fait lui aussi partie des recettes de la comédie, et qu'il convient
de n'y voir qu'un artifice de plus, tout aussi déconnecté de la critique
que les autres artifices qu'il prétend dénoncer ? L'acte d'accusation
serait fait de la même grossière farine que les faits incriminés ! Pourtant, à bien y réfléchir, ce n'est pas exactement le cas. Notons pour
l'instant, nous y reviendrons plus tard, qu'en substituant au faire-
valoir habituel l'entité bouffonne d'Agoracrite, Aristophane s'est
volontairement interdit d'user de procédés comiques, dont on imagine aisément la nature, quand il s'agit de personnages féminins [6]. De
plus, notre poète ne tient pas exactement les propos qu'on lui prête.
En effet il connaît bien le jeu comique. Lui-même prend soin, à
diverses reprises, de souligner qu'il a gravi tous les degrés de la
profession avant de faire jouer une pièce sous son nom. Certes, les ans
en sont aussi la cause, mais le propos qu'il tient veut souligner
l'expérience acquise tout autant que l'âge requis. Aristophane ne
refuse pas aux autres ce qu'il sait pertinemment faire lui-même. Il
prétend seulement, à tort ou à raison, qu'il n'a pas son pareil pour
intégrer, dans la logique d'une vision critique, les recettes, plus ou

---

6. Les couples abondent dans la peinture du démagogue, tels Périclès et Aspasie,
Hyperbolos et sa mère, Cléophon et la sienne...

moins éculées, du genre comique que la comédie lui a léguées ou que son imagination a créées. Alors que ses rivaux et devanciers tireraient à hue et à dia pour mener caricature, lui saurait affiner l'épaisseur du rire, en le mettant en perspective dans une peinture qui irait ainsi, sans faux-fuyant ni fausse raison, droit à son but, c'est-à-dire droit à la grande caricature, celle où l'éclat de rire, tout en restant énorme, est un des gouffres de l'esprit [7].

Sans émettre, pour l'instant, de jugement sur les autres poètes de l'ancienne comédie, du moins sur ceux dont nous ayons gardé quelques fragments assez conséquents qui nous autorisent à le faire, reconnaissons qu'Aristophane porte sur son œuvre un regard assez perspicace. Certes, il serait vain de vouloir justifier, dans toute caricature que brosse notre poète, chacun des moyens mis en œuvre, en faisant la preuve qu'ils sont tous conséquents avec la critique instruite à l'égard du modèle. Comment brider la liberté des acteurs ou la malice des auteurs dans tous les dits et gestes que présentent les personnages dont ils jouent ou imaginent le rôle ? Le mot qui fait image entraîne le bon mot, et le geste qui porte sens celui qui n'a d'autre prétention que de faire rire. Aristophane demeure un virtuose du vocabulaire et un créateur hors pair de situations burlesques. Pourtant, l'impression tenace demeure, qui perçoit, sous l'apparente diversité des caricatures, comme la déclinaison à l'infini d'un modèle unique, comme si tous les moyens mis en œuvre convergeaient vers une seule perspective et tiraient leur justification d'une même approche critique.

Déjà, Paul Mazon, au début de ce siècle, avait su percevoir, au travers de l'apparente diversité des épisodes que présentent les pièces conservées d'Aristophane, une structure qui s'imposait, avec la force d'une évidence inconsciente, au travail créateur du poète. Cette structure, qui courait sous la trame bigarrée des comédies, remontait haut dans le passé du genre, qu'elle rattachait, tel un cordon ombilical, à sa matrice religieuse. La comédie, comme son nom l'indique, était fille du *cômos*, du corso ou de la farandole grimaçante et gesticulante, dont les pitreries et surtout les lazzi s'intégraient aux fêtes sacrées que menait la collectivité. De cette sorte de carnaval à l'indiscipline rituellement organisée, elle avait donc hérité d'une séquence de cadres établis, qui lui assurait une étonnante unité de forme dans le désordre inventif qui semblait constituer, à première vue, la loi du genre. Certes, chemin faisant, elle avait su s'émanciper et se développer plus librement, mais, pour la période qui nous intéresse, elle manifestait, à une lecture attentive, une surprenante unité dans la

---

7. Cf. *Acharniens*, v. 656 et suiv., *Cavaliers*, v. 541 et suiv., *Nuées*, v. 518 et suiv.

diversité de ses formes [8]. Allait-on, de la même façon, retrouver, parmi les éclats de rire, la même unité du rire ? Et cette unité non plus de forme, mais de perspective, était-elle propre au génie d'Aristophane ? Ou, sans méconnaître son talent, s'imposait-elle aux poètes comiques avec la même attraction inconsciente que l'unité de structure ?

De fait, que les grotesques s'agitent dans l'espace scénique ou n'existent que par les propos des personnages eux-mêmes, qu'ils soient des individus reconnus par l'histoire du temps ou des entités sorties de l'imagination de l'auteur, la multiplicité des moyens mis en œuvre pour les camper dans la critique, loin de leur conférer une autonomie qui les rendrait irréductibles les uns aux autres, s'ordonne autour de quelques traits caractéristiques qui dessinent en creux un modèle et donc une caricature uniques. Cette unité dans l'approche critique a pour effet surprenant de leur donner à tous un air de famille qui les apparente étroitement, au point de susciter, quand on les fréquente un peu assidûment, le sentiment tenace qu'ils sont, en quelque sorte, interchangeables.

Le trait qui saille le mieux à une lecture attentive est, sans conteste, la mise en cause d'une certaine manière de parler. Certes, à première écoute, rien qui semble rapprocher le fracas torrentueux de l'éloquence démagogique d'un Cléon des inflexions amollies et ergoteuses d'un Euripide, ou les braillements des bravaches de tous poils des chicaneries des stipendiés du tribunal. Pourtant, quels que soient le timbre ou la puissance de la voix, ce qui est le plus constamment critiqué, c'est une sorte de débauche de la parole dans les deux sens du terme. Tous, en effet, dégoisent sans retenue aucune, comme un Cyclobore qui roulerait des eaux torrentueuses, ou une cliquette, un moulin à paroles, dont le flux lancinant ne s'arrêterait jamais. Cet écoulement incessant, qui charrie, pêle-mêle, mots orduriers et vocables alambiqués, assène l'argument et raffine l'argutie, interpelle et interrompt, proclame et pontifie. De la bouche de ces grotesques, les extrêmes confluent, comme si leur antagonisme apparent assurait leur unité, pour dessiner par opposition une parole simple et saine, dont on voit bien qu'elle se réfère à l'antique éloquence qui animait les rois d'Hésiode ou les valeureux combattants de Marathon, auxquels Aristophane confère, d'ailleurs, valeur d'exemplarité [9] ! Aussi ne

---

8. Voir P. Mazon, *Essai sur la composition des comédies d'Aristophane*, Paris, 1904.

9. Cf. *Cavaliers*, v. 137 et *Nuées*, v. 260. La puissance, comme la tonalité, de la voix ne remettent pas en cause son débit. La première assure simplement la distinction entre politiques et sophistes, la seconde permet d'individualiser les personnages. Par exemple, la parodie d'accents tragiques souligne systématiquement la haute élo-

faut-il pas s'étonner que par un effet à la Daumier, ce soit la bouche et son appendice naturel, la langue charnelle, ce battoir à mots, qui fassent saillie dans la peinture caricaturale. Plantée au milieu d'un orifice industrieux en diable, la langue s'effile et se défile, s'enroule et se déroule, emprunte les postures des prostituées et des invertis, se vautre dans le caniveau de la place publique ou les replis honteux des sexes de tous bords. En un sens, la critique englobe, dans une même vision caricaturale, la langue infâme du démagogue Cléon qui « englue la cité » pour la réduire au silence, celle, dégoûtante, d'un débauché, comme Ariphradès, qui « lèche d'immondes sécrétions » dans les lupanars, celle, efféminée, du poète Agathon qui provoque, quand elle s'agite, de « lascifs fourmillements entre les fesses » ou celle, artificieuse, d'Euripide dont l'agilité souille les nobles accents de la tragédie [10].

Mais cette manière de parler, verbeuse et inconvenante, qui s'agite en langue dans les cloaques de la politique, de la poésie, de la sophistique ou simplement de la rue, dénonce un autre trait constant de la caricature, et qui est naturellement lié au précédent. Lui correspond, en effet, et en tous points, une autre manière de penser, tout aussi pervertie et fureteuse, qu'elle se manifeste, d'ailleurs, dans la parole ou dans le chant. Ce lien étroit ne saurait surprendre quand on sait que les Grecs englobent, sous le même vocable de *logos*, pensée et parole. La pensée n'est, pour eux, qu'une parole muette, et la parole qu'une pensée sonore ! Aussi est-il parfaitement conséquent que, dans la vision critique d'Aristophane, la langue qui s'introduit partout, dans les domaines les plus sacrés qu'elle souille, comme dans les lieux ou les parties les plus infâmes dont elle fait ses délices, trouve des correspondances qui l'attachent étroitement à une pensée fureteuse, dont l'agitation fait lever, au cœur de la tradition, des zones d'impiété et d'immoralisme. Ce trait caractéristique abonde en exemples. Le plus évident demeure l'école de Socrate, où dans une pénombre

---

quence de Périclès, cependant que l'accumulation d'injures met en évidence l'éloquence, plus populaire, de Cléon : voir J.-M. Galy, « Les Borborotaraxes. Politique et politiciens dans la comédie grecque des vᵉ et ivᵉ siècles », dans *Hommage à René Braun* (Publication de la Faculté des lettres et sciences humaines de Nice, 56), 1990, p. 203 et suiv.

10. Les exemples ne manquent pas. Outre les passages cités (*Cavaliers*, v. 352, *Guêpes*, v. 1283, *Thesmophories*, v. 133, *Grenouilles*, v. 826-827), on pourra sélectionner, pour les spécialistes de la parole, *Nuées*, v. 424 et 1058, pour les poètes tragiques, *Grenouilles*, v. 892, 898 et fr. 628A où Aristophane désire « mesurer » la langue d'Euripide !, pour les politiques, *Cavaliers*, v. 637, pour les débauchés, tel Ariphradès, *Cavaliers*, v. 1284... Les mêmes images s'appliquent à des catégories différentes, cf. Cléon englue de sa langue ses adversaires (*Acharniens*, v. 380), comme Agathon ses auditeurs (*Thesmophories*, v. 131).

douteuse, des disciples émaciés se poussent du cul vers les étoiles pour en sonder, et donc en perturber, l'inaltérable pureté, cependant qu'ils fouillent de leur nez les tréfonds de la terre, dont l'insondable profondeur scelle aux humains d'impures et effrayantes ténèbres. Forts de cette science fumeuse et impie, maître et disciples ratiocinent et ergotent sans fin, pour empaumer le chaland, et le mettre hors de son bon sens et de la piété. Bien que présentée de manière burlesque, la charge, reprise tout au long de la comédie des *Nuées*, annonce l'acte d'accusation qui, plus tard, causera la mort du philosophe. Pourtant, ce trait ne sert pas à individualiser Socrate. On le retrouve au cœur même des autres caricatures [11], à condition de bien voir que l'accusation d'impiété n'est qu'une forme de la remise en cause systématique de la tradition. La religion grecque, en effet, est faite de rituels et de gestes consacrés, tout comme les autres domaines de l'activité humaine. Tout se déroule sous le signe de la tradition, que l'Athénien du ve siècle, comme celui d'autres civilisations antiques, conçoit comme une série de comportements qu'il serait impie et sacrilège de transgresser. De fait, lorsque, dans sa pièce des *Grenouilles*, Aristophane dénonce, avec humour et perspicacité, dans une critique exemplaire du genre tragique, les artifices d'Euripide auxquelles il oppose la grandeur des tragédies d'Eschyle, ou bien quand il raille dans les *Oiseaux* les inflexions amollies du nouveau lyrisme dont les trilles et les vibrations sonores mettent la musique à la torture, le procès mené a certes moins de conséquences dramatiques pour ceux que le poète cloue au pilori de la caricature, mais le fonds de la critique demeure le même ; Socrate, Euripide, Cinésias et tous les sectateurs de la pensée nouvelle sont coupables de ruiner la tradition, et donc la cité et ses divinités tutélaires [12]. Comme la langue bouleversait les mots et les

---

11. L'accusation d'impiété, dans le théâtre d'Aristophane, frappe toutes les catégories et tous les individus critiqués. Plutôt que d'en signaler toutes les références, cf. le fr. 569, 15 des *Saisons* où un personnage d'Aristophane déplore qu'Athènes soit devenue une nouvelle Egypte, adonnée à toutes les superstitions et avide de nouvelles divinités ! Cette critique se retrouve, d'ailleurs, chez d'autres poètes de l'ancienne comédie, cf., par exemple, Cratinos, qui dans sa pièce des *Panoptes*, fr. 153, raillait des sortes d'Argos philosophes à double face, dont les yeux étaient aussi fureteurs que les deux têtes des disciples de Socrate dans *Nuées*, v. 190 sq.

12. En raison du rôle éminent que joue la musique dans la formation de la jeunesse, ainsi que dans la vie de la cité ou dans le culte des dieux, les poètes comiques sont particulièrement attentifs à toutes les innovations qui pourraient la « mettre à la torture », c'est-à-dire en briser les saines harmonies. Bien entendu, par musique, il faut entendre cette *choréia* trinitaire, qui apparie le chant, la danse et le jeu instrumental. Dans ce domaine encore où la pensée se fait chant, geste ou son, l'unité de la comédie est remarquable, cf. le fr. 145 du *Chiron* de Phérécratès, qui en fournit un remarquable témoignage. Voir, pour de plus amples rapprochements, J.-M. Galy, « La musique dans

phrases, perturbait la ferme tonalité de la voix et l'harmonie ordon-
née d'une saine mélodie, la pensée brouille les frontières de ce qu'il
convient et de ce qu'il ne convient pas de faire. Elle entortille le
raisonnement, accumule les arguties, multiplie les chicaneries, mêle
les rythmes et torture les sons, donne à imaginer que ce qui est juste ne
l'est pas, et ce qui ne l'est pas le devient, et laboure, avec un acharne-
ment sacrilège, le domaine des valeurs traditionnelles, pour faire se
lever une moisson d'idées et de sonorités perverses dont l'objet est de
faire table rase du passé !

Ce renversement des valeurs que dénonce Aristophane n'est pas
uniquement le fait de quelques intellectuels ou de quelques artistes. Il
s'enracine dans une réalité tout aussi charnelle que la langue. Ces
idées et sonorités perverses, car nouvelles, et nouvelles, car perverses,
font ventre au sens plein de l'expression. Ainsi, le trait saillant de la
langue se prolonge dans celui, non moins proéminent, du ventre, mis
en touche caricaturale non seulement sous l'aspect de la panse qui
engloutit, mais plus largement de tout ce qui, sous le bas-ventre, de la
verge qui se tend jusqu'au trou anal, aspire aux jouissances les plus
grasses et les plus infâmes. La comédie, d'ailleurs, aidait à épaissir le
trait, en affublant, depuis l'origine, les acteurs de coussinets qui
faisaient rebondir les fesses et saillir le bedon, ainsi que d'une pen-
douille de cuir qui, à tout moment, pointait sa trogne rouge par tous
les mouvements lascifs de la tunique. Certes, ces accessoires pouvaient aider à souligner un jeu scénique de sens radicalement opposé.
A la fin de la pièce des *Acharniens*, Dicéopolis, qui incarne l'antique
Athènes « couronnée de violettes », se montre infatigable à remplir sa
panse et agiter sa verge. Mais Aristophane a pris soin de montrer qu'il
le fait au moment propice, dont l'opportunité survient toujours, dans
les antiques sociétés, selon un calendrier établi par la tradition et donc
par les dieux. Déjà, en effet, Dicéopolis avait mené, avec un grand
scrupule religieux, la fête des *Dionysies champêtres*, dont le déroulement prêtait à une paillardise rituelle. Il lui revenait donc de mener,
tout aussi rituellement, la grande bombance, par laquelle toute cité,
qui chasse les souffrances de la guerre, proclame dans la liesse le
retour des délices de la paix, eût-elle le goût virtuel de la farce
comique. Mais, que le personnage qui se déhanchait burlesquement
sur scène associât la double béance de sa gueule et de son cul, aussitôt
la charge était lancée de plus belle contre cette engeance qui n'avait
d'autre souci, à tout instant, que de remplir son ventre et besogner de
la verge. Dans ce registre, qui devait permettre aux poètes de faire

la comédie grecque des Vᵉ et IVᵉ siècles », dans *Hommage à Jean Granarolo* (Annales de
la Faculté des lettres et sciences humaines de Nice, 50), 1985, p. 77 et suiv.

donner, pour soulever le rire d'un public peu enclin à raffiner, la grosse
cavalerie des gags populaires, les exemples ne manquent pas. Citons,
pour faire image, le démagogue Cléon qui entend persuader l'assemblée des Athéniens en braillant de son gueuloir béant et en donnant de
grands coups de cul contre l'estrade publique, ou le poète Agathon
dont les postures de travesti rencontrent les impostures de l'artificieux
en langue. Il est, d'ailleurs, tout à fait probant que les douze spécialités, que devait proposer à ses clients Cyrénè, la célèbre prostituée,
servent à souligner la caricature de nombre de personnalités criti-
quées par Aristophane, ainsi, d'ailleurs, que par d'autres poètes de
l'ancienne comédie [13].

Mais, de même que l'agitation permanente et malsaine de la
langue, en soulignant d'images concrètes toutes les contorsions de la
parole, dénonçait une autre manière de penser, le ventre et ses appendices naturels, avides de toutes les goinfreries et turpitudes, rendaient
visible une autre manière de se comporter, afin de la mieux déchirer [14].
De fait, tous ces grotesques semblent n'assigner d'autre but à leur
activité que d'assouvir les instincts les plus bas. Ce ne sont que
beuveries et ripailles, débauche et luxure, licence et impudence. Rien
de ce qui est honteux ne leur est interdit. Dans cette quête effrénée de
jouissances, ils font fi de l'intérêt de la cité ou des préceptes des dieux.
Prêtres mendiants, diseurs d'oracles faméliques, politiques affamés de
pouvoir et de mangeaille, poètes sans inspiration autre que l'appel de
leur panse, tous se précipitent pour ramasser les miettes du festin que
d'autres ont préparé. Même Héraclès, par mimétisme burlesque, se
montre prompt, pour un bon repas, à dépouiller son père de la

---

13. Le thème de l'*euryprôctia* est tout aussi largement attesté que celui de la
glôssomania. Lui aussi touche toutes les catégories et tous les individus. Les exemples
abondent, que devait renforcer le jeu des acteurs qui, à tous moments, esquissaient
quelques gigues burlesques, dont les déhanchements et les béances anales étaient
empruntés à la danse propre à la Comédie, le *cordax*. Dans ce domaine aussi, plutôt
que d'accumuler les références, il suffit de rappeler que, dans l'*agôn* qui oppose
le Raisonnement juste et le Raisonnement injuste (*Nuées*, v. 1089 et suiv.), tous les
Athéniens sont accusés d'être des « larges culs », autant pour ce qu'ils font que pour
ce qu'on leur fait ! Il convient de noter que sous un vocable légèrement différent, le
« cul béant » est dénoncé chez Phidippide, le disciple doué de Socrate (*Nuées*, v. 1330),
ainsi, d'ailleurs, que chez Alcibiade dans les *Purificateurs* d'Eupolis, en fr. 351.
Ajoutons que les douze fameuses postures de Cyrènè accompagnent la critique d'Euripide (*Grenouilles*, v. 1327), d'Agathon (*Thesmophories*, v. 98). Platon le comique, en fr.
134, use de la même veine critique à l'égard de Xénoclès, le poète tragique, fils de
Carcinos.

14. Pour les images, par exemple, concernant les politiques, voir J. Taillardat,
Les images d'Aristophane, Paris, 1962, p. 407 et suiv., ainsi que A. M. Komornicka,
Métaphores, personnifications et comparaisons dans l'œuvre d'Aristophane, Krakow,
1964, p. 48 et suiv.

souveraineté céleste ! Mais le ventre appelle le sexe. C'est à qui se vautrera dans l'adultère ou se fera secouer avec le plus d'ardeur. A croire que le raifort que l'on enfonce dans le derrière des suborneurs est leur plus vif plaisir. D'ailleurs, rien ne vaut, pour enfiler les perles de la rhétorique, de se faire soi-même enfiler [15] ! La jouissance immédiate et sans retenue, tel est leur but permanent. Mais, pour y parvenir, il faut y mettre le prix. L'argent devient alors leur seule et unique préoccupation. Quelle frénésie s'empare des Athéniens, quand ils risquent d'être frustrés du jeton de présence dans les assemblées publiques, ou lorsqu'ils accèdent aux magistratures lucratives ! Les rares malheureux qui possèdent encore une fortune honnêtement acquise en savent quelque chose, ainsi que les métèques ou même les alliés, qu'ils pressurent comme figues trop mûres. Même Socrate, qui ne demandait, aux témoignages de Platon et de Xénophon, aucune rémunération à ceux qui suivaient ses leçons, ou Périclès, dont l'honnêteté ne peut apparemment pas être mise en cause, ne sont pas à l'abri, sur la scène comique, de telles accusations [16] ! Manifestement, la façon dont tous ces grotesques se comportent est aux antipodes de la tempérance et de la vertu qui ont fait, selon Aristophane, la gloire des anciens et le renom de la cité. Athènes semble, désormais, en proie à tous les débauchés, dont on perçoit bien qu'ils ont partie liée avec Euripide et Agathon, qu'ils préfèrent à Eschyle ou Pindare, ou avec Cléon et Hyperbolos, dont ils écoutent les hâbleries intéressées avec plus d'attention que les grands principes du sage Solon. Faut-il, alors, s'étonner que tout soit plein de maux, concupiscence, lâcheté, fourberie, mensonge, gueuserie... ? A croire que l'âge de fer, dont Hésiode prédisait avec angoisse et terreur les années de turpitude et d'impiété, règne, désormais, sur la scène comique [17].

---

15. Il serait tout aussi fastidieux de citer tous les passages tirés d'Aristophane que de multiplier les exemples empruntés à d'autres poètes. En fait, c'est toute la comédie qui mène la charge. Peut-être pourrait-on bénéficier de quelque indulgence en citant à la barre, comme ultime témoin, le fragment 373 que son anonymat autorise à rapporter à tous nos poètes : « le plus clair du temps n'est que gueule de bois, bains chauds, pots de vin et pots de chambre, oisiveté, beuverie » !

16. Pour Socrate, cf. *Nuées*, v. 1146 et le vol des affaires de Strepsiade, pour Périclès, cf. *Paix*, v. 605 et suiv. Notons que Trygée, quelques répliques plus loin, avoue n'avoir point entendu parler de l'affaire de Phidias concernant Périclès. Preuve que la force du modèle caricatural est telle qu'un même personnage est, dans le même temps, chargé et disculpé de la même accusation !

17. Ce thème court constamment sous la trame comique. Ne semblent rencontrer grâce aux yeux d'Aristophane que ceux qui appartiennent au bon vieux temps d'Athènes, à l'âge d'or de la victoire de Marathon. Cf. aussi, sur ce thème, les *Ploutoi* de Cratinos où il semble que le poète opposait l'âge d'or du règne de Cronos à celui de fer du règne de Zeus. Il est piquant de constater qu'une fois mort, l'individu (par exemple Lamachos), qui a servi de support à la critique, rejoint le paradis heureux des hommes

Ces lignes de force qui structurent la caricature, et autour desquelles semblent s'ordonner toutes les autres touches critiques, n'ont
pas, partout, chacune prise en elle-même et par rapport aux autres, la
même intensité. Elles forment, dans chaque cas, un dosage subtil dans
lequel se mesure l'habileté du poète à incorporer une vision plus large
de critique à la personnalité de chaque individu. Bien sûr, cet impératif disparaît quand le personnage mis en scène est une pure invention burlesque de l'auteur. Mais il surgit et s'impose, pour peu,
comme nous l'avons déjà souligné, que l'on veuille que l'individu mis
en caricature puisse être reconnu du public. C'est, sans aucun doute,
dans ce jeu mouvant qu'une partie de la réalité historique des personnalités du moment se laisse saisir. L'exemple de Socrate dans les
Nuées, par son caractère extrême, aura valeur d'exemple. En effet, il
est indéniable que la charge contre le philosophe dénonce essentiellement sa manière perverse de parler et de penser. Elle semble vouloir
lui épargner les accusations de débauche et de goinfrerie. Il est vrai
que ces attaques seraient en contradiction avec l'intention tenace de
dénoncer, chez le maître de Platon, un mode de vie qui n'est qu'une
préparation malsaine à la mort. Pourtant, lorsque Strepsiade ressor-
tira de l'école misérable de Socrate, il y aura laissé sa besace, ses
souliers et son manteau, preuve que cette misère affichée cache mal
des pratiques sordides. De plus, qui ne voit que le Raisonnement
injuste, dont l'infamie s'étale au grand jour, est comme un double de
Socrate, d'autant qu'un même acteur jouait les deux rôles et donc
prêtait la même voix et la même langue aux deux personnages, réel et
fictif, qui assumaient la charge contre la philosophie ? L'historien
peut donc légitimement tirer du portrait comique qu'Aristophane
brosse de Socrate l'évidence que ce dernier, dans son comportement
réel, se pliait mal à l'accusation incessante de débauche. Il n'en
demeure pas moins que la force de la vision critique était telle que, par
un biais ou un autre, ce trait constitutif de la caricature était introduit
dans la peinture d'ensemble. Mais, que le philosophe mis en scène ne
manifestât, dans sa personne et dans ses idées, aucune répugnance
particulière pour les plaisirs de la vie, alors le trait était inscrit
directement dans la caricature de l'individu. Il suffit, pour s'en
convaincre, de parcourir les fragments des *Rôtisseurs* d'Aristophane,
qui reprend, dans cette pièce, le même combat contre la philosophie.
Apparemment, sa victime n'est plus l'austère Socrate, mais un
sophiste mieux disposé à vivre, sans doute Prodicos de Céos, que
Platon nous montre, dans un de ses dialogues, douillettement enve-

---

de la race d'or. Un seul fait exception, Cléon, bien sûr ! Voir J.-M. Galy, *Le linceul de
pourpre*, J.M.G., 1990, p. 63 et suiv.

loppé de fourrures et de couvertures. Notre poète a, désormais, le stylet plus libre ; il ne nourrit aucun scrupule à faire de son personnage et de ceux qui l'entourent des ventres, attachés, selon le titre même de la comédie, à la poêle à frire [18]. Cet exercice, que l'on pourrait multiplier, porte témoignage que les individus se laissaient, malgré tout, reconnaître au miroir déformant des comédies d'Aristophane.

Ainsi, saillaient de la multiplicité des moyens mis en œuvre des traits en quelque sorte structurants, qui rendaient la diversité apparente, et faisaient courir, sous la trame bigarrée des caricatures, comme une caricature unique, dont toutes les autres n'étaient que des variantes empruntées à des personnalités et des milieux différents. Dans sa comédie des *Oiseaux*, Aristophane a su trouver le mot juste pour désigner cette réalité, tout à la fois multiple et unique, puisqu'elle constitue, au sens platonicien du terme, l'idée même des grotesques qu'il mettait en scène, ou qu'il évoquait dans les lazzi placés dans la bouche de ses personnages, en dénonçant « une méchante race d'englottogastres », c'est-à-dire justement cet archétype de toute caricature qui unit dans la perversité la langue et le ventre [19]. En outre, il serait tentant d'en reconnaître le représentant dans l'allégorie du Raisonnement injuste, qui tient à coups de gueule et d'infamie le haut de l'*agôn* dans la pièce des *Nuées*, à la condition expresse de n'en point cantonner la caricature à la seule sphère des professionnels de la parole, en raison d'un malentendu, aussi tenace que moderne, qui porte et sur l'interprétation du nom qu'on lui donne et sur l'intention critique qui anime le poète. En effet, une lecture attentive de ce passage capital montre qu'au travers du Raisonnement injuste, toute la cité, du moins dans ses parties novatrices, est incrimi-

---

18. Pour une analyse des fragments des *Rôtisseurs*, voir J.-M. Galy, « La philosophie et les philosophes dans la comédie grecque des ve et ive siècles », dans *Philologie, littératures et histoire anciennes* (Annales de la Faculté des lettres et sciences humaines de Nice, 35), 1979, p. 111 et suiv. La distinction que la comédie établit entre le philosophe crasseux, que la nécessité rend famélique, et celui qui mène grand pied et bonne chère se poursuit dans la comédie moyenne. Ainsi, les Pythagoriciens et les Cyniques seront les disciples burlesques de Socrate, cependant que les penseurs de l'Académie amplifieront la caricature des Prodicos, Protagoras ou Hippon.

19. Cf. *Oiseaux*, v. 1694 et suiv. Ce néologisme ne désigne pas seulement les sycophantes, dont l'espèce est, par ailleurs, rudement malmenée par Aristophane, mais aussi tous les professionnels de l'argumentation philosophique ou ceux de la harangue politique. Bien qu'Aristophane en dénonce l'engeance comme étrangère, la race des « englottogastres » est d'Athènes. En effet, c'est leur façon de penser et de se comporter, tout à fait nouvelle, qui fait d'eux des barbares, cf. *Grenouilles*, v. 730 et suiv. Le mot, d'ailleurs, dont on connaît la construction par antiphrase, met formidablement en évidence les deux saillies physiques, la langue et le ventre, qui bâtissent seules la silhouette de l'Athénien nouveau.

née. Relisons, en effet, le catalogue de tous ceux qui se rangent
finalement sous la bannière de la jouissance perverse : ils sont tous là,
les avocats, les poètes, les politiques... et ce chevelu là-bas, qui doit
pointer par dérision son crâne chauve, et qui pourrait bien être
Socrate, et tous les spectateurs, cette cité entière assemblée à l'occasion des fêtes de Dionysos, et à laquelle Aristophane fait la leçon, car
il perçoit en chacun de ses concitoyens, quelle que soit son activité,
philosophe ou politique, poète ou artisan, commerçant ou soldat,
marin ou paysan, un air de famille qui le range, avec tous, dans le
génos comique des englottogastres, dont le boyau culier, quand il est
béant, ouvre, selon l'expression même d'Aristophane, droit sur la
langue, à moins que ce ne soit l'inverse [20] !

Ainsi, Socrate, Cléon, Euripide, Agathon et les autres, ceux dont
l'histoire a conservé le nom, comme ceux que l'art comique tire de son
propre fonds, tous ces grotesques qui ébranlent le théâtre de contorsions en tous genres, sont moins critiqués pour ce qu'ils sont que pour
ceux dont ils sont les représentants les plus évidents, parce que
chargés par l'histoire de leur temps d'une part de la notoriété publique. Bien que se singularisant par des traits individuels et une activité
personnelle, ils ne sont que les têtes multiples de la même hydre contre
laquelle Aristophane mène le combat [21]. En fait, ils conjuguent à
l'infini la caricature de l'Athénien nouveau, dont on perçoit les traits
caricaturaux au travers du Raisonnement injuste, conçu par le poète
comique, et dans son nom et dans sa démarche et dans ses propos, non
pas comme l'image bouffonne de la sophistique, mais comme l'archétype de toute une génération d'hommes qui vivent d'une vie d'homme
en bonne terre attique. Il y a là une économie des moyens de la
caricature qui ploie toutes les railleries à une vision unique de la
critique.

De fait, rarement nom aura serré de plus près la réalité [22]. Nous
avons déjà rappelé que pour un Grec, pensée et parole sont une seule
et même activité que distingue seulement le fait que la première est un
logos muet, alors que la seconde est un *logos* sonore. Cette donnée de
psychologie et de vocabulaire n'étonnera que ceux qui oublient les

20. Cf. *Cavaliers*, v. 375 et suiv. Pour un amalgame tout aussi civique, cf. *Nuées*,
v. 331-334.

21. Cf. *Guêpes*, v. 1030 et suiv. et *Paix*, v. 752 et suiv. De la même façon, en fr. 186,
Platon le comique appelle de ses vœux un nouvel Iolaos « pour brûler ces têtes
d'orateurs ».

22. Le fait que l'adjectif injuste ne soit jamais accolé, dans la pièce des *Nuées*, au
mot de raisonnement, et qu'on ne le trouve ainsi disposé que dans les arguments, les
listes de personnages et les scholies, prouve bien que l'allégorie du Raisonnement
injuste était perçue comme le pendant négatif de celle du Raisonnement juste, dont la
signification dépassait de très loin le seul domaine de la parole.

leçons d'un Isocrate, qui pouvait affirmer, sans risque d'être détrompé, que l'apprentissage du bien parler débouche naturellement sur le bien penser [23]. Dis-moi comment tu parles, je te dirai comment tu penses ! Ou bien, sur l'air de la parodie, ce qui s'exprime bien se conçoit clairement, et les idées pour le penser arrivent aisément ! Le Raisonnement injuste, c'est avant tout une manière perverse de parler et donc de penser. Mais le mot grec que l'on rend, faute de mieux, par « injuste », est plus explicite encore, si l'on veut bien prendre le vocable grec d'*adikos* pour ce qu'il signifie exactement. Il est le qualificatif de sens contraire qui se rapporte à la *dikè*, c'est-à-dire qu'il englobe tout ce qui n'est pas conforme à la tradition. Comme dans toutes les autres civilisations antiques, la tradition demeure le maître mot de l'action individuelle de l'homme et de celle, collective, de la société. En effet, alors que de nos jours, le comportement humain doit répondre, en principe, à une libre appréciation morale de ce qu'il convient de faire, l'homme antique procède par négation. Est moral ce qu'il n'est pas interdit de faire. C'est ainsi que sous diverses formes, ces civilisations égrènent des listes d'interdits, qu'il s'agit scrupuleusement de respecter. Le catalogue des Mê en terre mésopotamienne, les interdits qu'édicte Maât sur les bords du Nil ou les préceptes négatifs du Pentateuque aux rives du Jourdain en constituent des exemples évidents. Il suffit de relire *Les Travaux et les Jours* d'Hésiode pour se persuader qu'il en allait ainsi aux rivages de la mer Égée. Cet état d'esprit vient de la certitude, commune à ces civilisations, qu'au Jour du Premier Jour ou au terme d'une succession de combats divins, Dieu ou les dieux, en tout cas le plus grand d'entre eux, ont mis ou fini de mettre le monde en parfait état de marche et le cosmos en parfaite harmonie. De ce point de vue, il est inutile de dire ce qu'il faut faire, puisque, depuis le plus lointain passé, les comportements ont été établis à la perfection et transmis par la tradition la plus vénérée. Il suffit donc de rappeler les actes qui pourraient nuire, s'ils étaient accomplis, au bon fonctionnement de l'univers et, par conséquent, de la société des hommes, qui en est partie intégrante, comme la société des dieux d'ailleurs, du moins dans les sociétés polythéistes. Dans l'Antiquité, la vertu cardinale n'est pas l'esprit d'innovation, mais la mémoire, conçue comme faculté de connaître et comprendre la tradition [24]. En Grèce, c'est bien la signification que possède dans l'usage commun le mot de *dikè*. Le Raisonnement injuste est bien coupable, par sa langue, de ruiner l'antique cité des

---

23. Cf. Isocrate, *Sur l'échange*, en particulier 253 et suiv.

24. Voir, sur ces notions, J.-M. Galy, *Le linceul de pourpre*, op. cit. (n. 17), p. 126 et suiv. et Id., *Quête d'éternité. Les chemins de l'au-delà dans l'Antiquité*, J.M.G., 1998, p. 83 et suiv.

Athéniens. Mais le nom n'est pas le seul à manifester la réalité
profonde de la critique, le physique lui-même fait, pour ainsi dire,
image. En effet, dans l'*agôn*, son adversaire, le Raisonnement juste,
qui symbolise la Tradition, et par rapport auquel il se pose en s'opposant, le décrit à merveille, quand il dénonce l'aspect physique de tous
ceux qui ont fini par lui ressembler à force de suivre ses funestes
leçons. Cette peinture critique est fort instructive. Tout est réduit à
presque rien : épaules étroites, petite poitrine..., seuls font saillie les
deux appendices des englottogastres, la langue et la verge, car l'une est
longue et l'autre énorme, et pour appuyer de manière décisive le trait,
le Raisonnement juste souligne que son adversaire s'adonne lui aussi
au vice immonde d'Antimachos, autre débauché tout aussi infâme
qu'Ariphradès [25]. Mais, ce qui frappe surtout, ce sont les attitudes et
les propos du Raisonnement injuste. En prenant systématiquement le
contre-pied de son rival, il ouvre un univers nouveau dont les valeurs
ne sont pas seulement l'envers funeste de celles qui guident le Raisonnement juste. Certes, chez lui, la liberté se fait licence, la piété perversion, le respect irrévérence, la vertu amoralisme, la parole bavardage
et la réflexion négation. Mais, en situant toute son action dans la
quête effrénée de la nouveauté, il se place dans une perspective plus
large qui ne fait plus du passé, désormais dépassé, la référence
suprême, parce qu'il voit, justement, dans le seul temps à venir, la
source, toujours renouvelée, de toute vertu. Que symbolise, alors, le
Raisonnement injuste, sinon cette capacité à bouleverser, par la langue et donc par la pensée, par le ventre et donc par le comportement,
la tradition sacrée, celle que les pères ont transmise et que protègent
les dieux tutélaires de la cité ? Selon Aristophane l'Athénien, Athènes
est coupable de sa propre perversion. Elle a bradé la tradition dans
tous les domaines de l'activité humaine, et cette trahison se laisse
même deviner dans la silhouette nouvelle de l'Athénien nouveau. Peu
importe, alors, que ses concitoyens soient philosophes, politiques ou
poètes ; ils sont tous coupables d'avoir attenté à l'antique manière
d'être et de penser, c'est-à-dire d'avoir mis bas la Civilisation, la seule
qui compte, celle héritée du passé. Tel est l'ultime et décisif moyen
qui, en dernière analyse, assure, dans l'apparente diversité des critiques, l'unité profonde de la caricature. Il nous reste, évidemment, à
voir comment cette vision critique s'inscrit dans l'économie des comédies d'Aristophane et, plus généralement, la manière dont elle s'incorpore aux données traditionnelles de l'ancienne comédie attique. Nous
pourrons, alors, tenter de mesurer, malgré le caractère très lacunaire
des fragments, la part de génie qu'Aristophane a manifesté dans son

---

25. Cf. *Nuées*, v. 889 et suiv., en particulier 1009-1023.

théâtre, et qui lui a assuré de passer, moins malmené que les autres, à la postérité. Peut-être serons-nous, alors, étonnés de constater que ce dont la Comédie grecque se moque ouvre sur un monde qui nous demeure encore très familier !

L'unité profonde des pièces d'Aristophane n'est pas seulement assurée par la structure scénique qui court sous la trame de l'ancienne Comédie ou par la cohésion de la vision critique que manifeste le poète ; elle l'est aussi par l'action, non pas celle, multiple et anecdotique, qui se trouve résumée dans les arguments placés en tête de chaque pièce par les commentateurs anciens, mais celle, inscrite dans un processus tenace, et qui incorpore chaque récit comique dans un conflit de générations. En effet, à suivre avec attention les épisodes de chacune des pièces conservées de notre poète, il apparaît que l'intrigue comique se résout constamment dans la victoire d'un père sur un fils ou, plus généralement, d'un vieux sur un jeune, ou du représentant du bon vieux temps d'Athènes sur celui des jours plus sombres que connaissent, pour les vivre au quotidien, les spectateurs et le poète. Une comédie, comme celle des *Nuées*, est à ce titre exemplaire. Elle devait reprendre, d'ailleurs, le schéma de la première pièce, créée par Aristophane, *Les Détaliens*. On y voyait un père lutter avec succès contre les débordements d'un fils débauché. Paradoxalement, *Les Guêpes*, loin de ruiner le modèle scénique, le renforcent. Alors même, en effet, que l'imagination du poète campe un père, fanatique de procès et éperdu de condamnation, face à son fils, qui veut, par affection filiale, le réformer, l'action même se renverse en un jeu opposé, qui voit, à la fin de la parade comique, le vieillard sortir de scène dans une gigue triomphante ! Mais, le plus souvent, il s'agit d'un conflit qui oppose héritiers de l'antique tradition et fanatiques de l'innovation. Les femmes de *Lysistrata*, comme celles de l'*Assemblée*, justement parce qu'elles sont par nature, aux dires de notre poète, attachées à la tradition, triomphent de cette génération d'hommes, dont l'humeur changeante se complaît à bouleverser sans cesse l'antique conduite de la cité, y compris au moyen de la guerre. Même dans le *Ploutos*, que l'on rapporte communément à la période moyenne de la comédie, c'est bien le retour de l'âge d'or que les spectateurs saluent, quand ils voient, le temps d'une fiction, l'antique Justice restaurée, et abolie l'Injustice criante de leur époque de misère ! En un sens, peu importe que, dans la réalité, les uns ne soient pas aussi vieux que l'antique Japet, et les autres aussi jeunes que les fils braillards de Lamachos ou de Cléonymos, ils ont tous l'âge de leur culture, l'une forgée en bonne et antique terre attique, et l'autre que fait lever, dans un terreau rapporté et malsain, le grain funeste de la modernité ! A chaque fois, le vieux triomphe du jeune, l'ancien du

nouveau, le père physique ou spirituel du fils que rend bâtard l'appel
aventureux et impie de la nouveauté.

Ce conflit, dont la résolution est si contraire aux données de nos
comédies modernes qui font du géronte le dindon de toute farce, ne
constitue pas la marque particulière du théâtre d'Aristophane. Au
travers des fragments qui nous sont parvenus des prédécesseurs ou
des rivaux de notre poète se laisse deviner la même forme d'affrontement. *Les Ploutoi* ou *Les Chirons* de Cratinos, *Zeus maltraité* de
Platon le comique, d'autres encore... assurent la permanence de la
confrontation [26]. La raison essentielle n'est pas à chercher dans la
reprise systématique d'un de ces procédés comiques, qui, pour avoir
plu une fois au public, sont sans cesse remis sur l'ouvrage, mais dans
la nature première du drame comique, dont nous avons déjà signalé
qu'il est issu du rituel sacré. Depuis longtemps déjà, la preuve a été
apportée que le rire comique est d'origine tout à la fois magique et
religieuse. Les antiques sociétés, en effet, ont toujours perçu l'écoulement du temps comme une corrosion de leurs forces vitales qu'il
convenait de restaurer, à date régulière, dans un éclat de vitalité, et
donc de rire, retrouvés. Elles en calquaient les moments sacrés sur le
cycle de l'année, qui semblait dans son déroulement affronter et
résoudre la même angoisse mortelle. Certes, des sociétés, comme
l'ancienne Égypte par exemple, se sont plus fortement ancrées dans
l'économie rituelle du cycle temporel qu'elles retrouvaient dans le
parcours journalier de l'astre solaire, dans la révolution de l'année, ou
dans les jubilés de leurs princes. La Grèce, dans ses manifestations
sacrées comme dans ses récits mythologiques, s'inscrit aussi dans
cette vision, même si la richesse des documents qui nous sont parvenus semble parfois en occulter la réalité. Il suffit, d'ailleurs, de relire
l'*Hymne à Déméter* pour se persuader qu'il existait, dans la pratique
religieuse des Grecs, toute une liturgie qui associait raillerie et revita-
lisation, iambe et rajeunissement, rire et renouveau. Tout relie, en
effet, la comédie grecque au drame sacré : la date des représentations,
la structure même du théâtre, le caractère collectif du spectacle et son
insertion dans le calendrier des fêtes dionysiaques, la volonté d'instruction publique que revendiquent haut et fort les poètes comiques,
jusqu'à cette structure intime, qui fait se succéder des épisodes conve-
nus, et transforme, au travers de la multiplicité des peintures et la
diversité des inventions, un vieillard, fatigué et trompé, ou simple-

---

26. Les *Chirons* devaient porter sur l'ancienne éducation, représentée sans doute
par Solon, cf. fr. 230, 235 et 236, surtout fr. 241, qui prélude à *Nuées*, v. 909. Les *Ploutoi*
opposaient, semble-t-il, l'âge d'or de Cronos à l'âge de fer de Zeus, cf. fr. 160, 165...
Peut-être peut-on encore citer l'*Ancylion* ou le *Cavalier* d'Alexis, qui assureraient la
permanence du thème au cours de la période moyenne de la comédie.

ment en situation difficile, en un gaillard, rajeuni et vigoureux, dont le triomphe final se confond avec celui de la tradition [27]. Induite, par ses origines, à user du rire pour revitaliser l'univers des dieux et la société des hommes aux périodes de grande lassitude et d'extrême vieillesse, la comédie ne se dégageait que lentement de cette étrange passion qui lui faisait concevoir le retour du passé comme l'avenir du monde, et toute innovation comme une atteinte sacrilège à l'ordre universel. Ainsi, la comédie n'était pas traditionnelle pour plaire à un public ou à un jury supposés conservateurs, elle était traditionnelle par essence, et cette manière d'être orientait sa vision critique et constituait, en dernier recours, l'ultime perspective, inconsciente sans doute, mais terriblement présente, qui guidait l'imagination du poète, et dont la force de cohésion doit nourrir, aujourd'hui encore, la réflexion du lecteur. Pour la même raison, les comédies d'Aristophane n'étaient pas d'inspiration conservatrice, parce que le poète était conservateur d'idées et de convictions — ce qu'il pouvait être d'ailleurs ! —, mais elles se situaient, toutes, de ce point de vue de critique qui faisait du passé d'Athènes, en ses anciennes générations confondues pour la démonstration dans celle qui avait triomphé à Marathon, l'âge d'or de la cité d'Athéna, alors que ceux-là même, qui peinaient dans la dure guerre du Péloponnèse et s'ouvraient à toutes les innovations, entraient, selon notre poète, dans un âge de fer, sacrilège et corrompu, dont la langue et le ventre constituaient les nouvelles divinités. C'est donc tout naturellement que le combat mené s'inscrivait dans un vaste conflit de générations, qui présentait tous les aspects d'un conflit de civilisations. Nous avons vu que ce schéma, qui s'imposait, somme toute, de soi, semblait être utilisé par d'autres représentants de l'ancienne comédie. Quelle pouvait donc être la nature particulière du génie d'Aristophane, alors même que nous n'avons cessé d'établir des correspondances avec ses prédécesseurs et ses rivaux, qui eût ainsi assuré sa survie jusqu'à l'époque contemporaine ?

Pris de manière isolée, il n'est pas un moyen de la caricature, mis en œuvre par notre poète, dont nous ne décelions la trace chez les autres représentants de l'ancienne comédie. Mais il semble entendu qu'Aristophane en a usé de façon plus sérieuse, ainsi qu'il le prétend lui-même dans la parabase des *Nuées*. Certes, il est difficile d'en juger, puisque nous n'avons conservé des autres poètes que des fragments,

---

27. Sur la nature du rire « magico-religieux », voir J.-M. Galy, « La critique religieuse dans la comédie grecque des ve et ive siècles », dans *Hommage à Pierre Fargues* (Annales de la Faculté des lettres de Nice, 21), 1974, p. 74 et suiv., surtout n° 2. Dans l'*Hymne à Dèmèter*, il est probant que la déesse, endeuillée par la perte de sa fille, retrouve le sourire grâce aux « saillies et railleries » de la vieille Iambè, dont le nom même évoque le mètre de la Comédie.

dont certains ne doivent d'avoir survécu au naufrage de la transmission des textes que pour des raisons très extérieures au genre comique.
C'est ainsi qu'au banquet des *Deipnosophistes*, dont la conversation
est émaillée de citations en tous genres, l'indéniable qualité des raisins
du monde grec nous a fourni nombre de passages de comédies, qui
sont de médiocre utilité pour taster, avec science, la production des
Lénéennes. De plus, les critères de choix, qui ont présidé, au cours de
l'époque gréco-romaine, à la sélection des comédies de notre poète, et
qui ont permis que onze d'entre elles fussent conservées, ne répon-
daient certainement pas tous au jugement de ceux qui tranchaient sur
le vif, par la chaleur ou la froideur de leurs applaudissements, entre les
comédies au concours, et ne répondent, sans doute pas non plus, à nos
préoccupations actuelles [28]. Le goût varie, les critères aussi, et ce que
l'on a estimé excellent hier peut le paraître moins aujourd'hui ! A
juger à l'aune des fragments conservés des autres comédies de notre
poète, il semble, alors, n'avoir pas été mieux traité que ses autres
grands rivaux, comme Cratinos ou Eupolis. Pourtant, à bien peser
tout ce que nous avons conservé de l'ancienne comédie, il apparaît
que c'est peut-être moins le sérieux de la critique que sa remarquable
unité qui caractérise le talent d'Aristophane. Quelques indices pourraient en porter témoignage. Dans la peinture du démagogue, nous
avons vu que les poètes comiques usent d'un canevas qui apparie,
dans le jeu scénique, deux personnages, dont l'un sert de faire-valoir à
l'autre. Généralement, le tandem burlesque est composé d'un leader
politique et de sa mère, dont on voit bien qu'il ouvre le champ a de
multiples plaisanteries, y compris les plus épaisses. Aristophane, lui,
conserve bien le canevas, mais apparie deux figures de démagogues,
dont l'une, celle qui sert, d'habitude, de faire-valoir à l'autre, s'élève
rapidement à la caricature d'espèce. Il y a là une économie de moyens
que l'on retrouve dans un autre tandem, plus subtil, celui qui lie
Socrate au Raisonnement injuste. Peut-être pourrait-on en trouver un
autre exemple dans le duo que constituent Euripide et son parent,
dans lequel il n'est pas impératif de voir, comme le spécifie un
Argument, son beau-père Mnèsiloche. De toutes façons, ce dernier,
moins connu que son gendre, prêtait plus aisément le flanc à une
critique plus libre. De plus, l'anonymat qui caractérise nombre de
personnages présents dans des épisodes secondaires ne s'explique pas
toujours par les lacunes des index, mais doit trouver sa pleine justification dans la volonté de dédoubler la critique nominale en une

---

28. Voir L. D. Reynolds, N. G. Wilson, *D'Homère à Erasme. La transmission des
classiques grecs et latins*, Éditions du C.N.R.S., 1984, p. 4 et suiv.

multitude plus libre de critiques d'espèce [29]. Le génie d'Aristophane tiendrait, alors, dans cette capacité à enraciner la critique nominale dans une critique plus vaste, à assurer ce dosage subtil, que nous avons déjà évoqué, et qui excelle à souligner, parmi les couleurs sans cesse changeantes des caricatures, ce ton soutenu, qui est seul garant de leur unité. Les critiques pouvaient ainsi toucher tous les milieux, toutes les professions, toutes les activités, tous les individus ; sans cesse, pourtant, se laissait reconnaître un personnage qui n'était d'aucun milieu ni d'aucune profession, parce qu'il participait de toutes les activités et de tous les individus. Cette silhouette aux têtes multiples, nous l'avons en partie reconnue dans l'allégorie du Raisonnement injuste. Il s'agit, maintenant, d'en mieux saisir la signification, car elle constitue le plus sûr moyen, dont nous disposions, pour accéder à cette vision critique qui assure l'unité de toutes les railleries.

Manifestement, les traits qui en assurent l'identité n'appartiennent pas aux seuls domaines de la sophistique et de la rhétorique. Le rire comique ne se laisse pas ainsi canaliser. Tous, philosophes, politiques, dramaturges, poètes dithyrambiques, joueurs de flûte, marchands d'armes et commerçants en tout genre, juges et ambassadeurs, membres de l'Assemblée comme du Conseil, bref tout un peuple s'agite autour du culte de la langue et du ventre, non pas que la critique ne sache détailler, mais parce que tous, ils appartiennent à cette même génération qui voue le passé aux gémonies. Seuls leur sont opposés de braves paysans dont on perçoit bien qu'ils vivent de la vie mythique de l'âge d'or d'Athènes. Car ce conflit de générations est bien un conflit de civilisations. En un sens, Aristophane et les autres représentants de l'ancienne comédie, chacun avec son talent particulier, instruisent le procès de la formidable mutation qui affecte la cité d'Athéna au cours du Ve siècle. A leur manière, ils portent témoignage, avec d'autres d'ailleurs, que quelque chose de profond a changé, entraînant une autre manière de se comporter, de penser, de parler, d'autres préoccupations plus individuelles, un esprit critique qui n'accepte plus les préjugés de la tradition, une façon plus libre d'être soi-même sur la terre des hommes, un mode d'être et de penser qui pose les premiers jalons de notre modernité, en se refusant à ne rêver d'avenir que sous la forme désuète d'un passé restauré. Déjà, Périclès, dans un discours célèbre, s'était félicité que les Athéniens, dans l'invention de la démocratie et donc du politique, n'eussent

---

29. Cf. Périclès et Aspasie dans les *Prospaltiens* d'Eupolis, le *Dionysalexandre*, les *Chirons*, la *Némésis* de Cratinos, Hyperbolos et sa mère dans le *Maricas*, qu'Eupolis dut créer, l'année suivant la représentation des *Cavaliers*, pour rivaliser avec le Cléon-Paphlagonien d'Aristophane, les *Boulangères* d'Hermippos, l'*Hyperbolos* de Platon le comique, et Cléophon et sa mère dans le *Cléophon* du même poète...

point de modèle pour n'avoir que des imitateurs. Ce sentiment, il aurait pu l'exprimer dans bien d'autres domaines de l'activité humaine, comme la philosophie, la science, la rhétorique, l'histoire même. Non pas qu'Athènes eût tout inventé, mais elle devait au courage de ses combattants, à la richesse de son commerce, à la liberté d'esprit qui y régnait, d'être devenue le lieu où confluaient toutes les inventions, parce qu'y affluaient tous les inventeurs ! Plus tard, au cours du IVe siècle, quand tout le mal eut été fait ou le bien — c'est affaire de perspective ! —, la cité d'Athéna pourra légitimement proclamer, par la bouche d'un de ses plus illustres représentants, qu'elle « a laissé si loin derrière elle les autres peuples que ce sont ses disciples qui sont devenus leurs maîtres » et que « grâce à elle, le nom d'Hellènes semble désigner moins une race qu'une forme de pensée, et l'on mérite plus encore d'être appelé Hellène, si l'on a reçu la culture athénienne que si l'on est seulement d'origine hellénique ». Chacun aura reconnu, sans qu'il soit besoin de détailler plus avant, l'avènement de cette génération et de cette pensée nouvelles, qui constituent l'essentiel du « miracle grec ». Aristophane le poète comique, qui menait le rude combat de la tradition, ne voulait y voir qu'une cour des miracles. Il n'est pas sûr qu'Aristophane l'Athénien, comme l'avait fait le représentant de l'antique Athènes dans l'*agôn* des *Nuées*, en passant, sans illusion aucune, à l'ennemi, n'ait pas rejoint, dans la vie de tous les jours et sans trop d'états d'âme, le camp de la modernité [30].

Jean-Michel GALY

---

30. Cf. Thucydide, *La guerre du Péloponnèse* II, XLI, 1 et Isocrate, *Panégyrique* IV, 50. E. Will, dans *Le Monde grec et l'Orient*, Presses universitaires de France, 1972, p. 685, définit ce penser autrement comme un « penser librement ». Des critiques ont soutenu, depuis longtemps, qu'Aristophane pouvait ne pas nourrir d'inimitié particulière envers ceux qu'il traînait sur la scène comique, voir, par exemple, en ce qui concerne Socrate, G. Murray, *Aristophanes. A study*, Oxford, 1933, p. 85 et suiv. Avec son « Aristophane faisant son Euripide », Cratinos ne dit pas autre chose. N'était-ce pas la loi du genre de bien rire de ceux que l'on aime bien, parce que justement on les connaît bien ? Nos marionnettes de la télévision en apportent, chaque jour, la preuve. Il n'empêche qu'Aristophane détestait Cléon !

LA STRUCTURE SCÉNIQUE
DANS LES *NUÉES* D'ARISTOPHANE

Les problèmes posés par la comédie grecque du point de vue de la représentation sont bien connus. L'absence de notations scéniques dans nos manuscrits, les conditions matérielles de la représentation, ainsi que les problèmes dus à la tradition manuscrite constituent un ensemble d'obstacles quasi insurmontables. Néanmoins, le caractère propre de la représentation comique nous fournit parfois des renseignements permettant de reconstituer les détails de l'action qui se déroulait sur scène. En effet, normalement les personnages présents sur scène annoncent que quelqu'un est en train d'entrer ou bien de sortir. Mais il n'est pas si rare qu'on ne dispose d'aucune indication sur les mouvements des personnages ; nous sommes alors obligés de mettre au jour dans le cadre de l'organisation de la pièce un mouvement scénique logique, en prenant garde de ne pas perdre de vue un aspect bien connu qui impose des limites strictes à la mise en scène : tous les rôles de la comédie sont joués par trois acteurs au maximum [1]. Si cette règle est sans doute pour nous cause de difficultés, elle n'en demeure pas moins un critère précieux pour le contrôle de nos hypothèses.

On le sait, la comédie est dotée d'une structure littéraire très précise, bien qu'elle ne soit pas canonique [2]. Une partie de cette structure résulte des conditions matérielles de la représentation : c'est le cas du prologue, de la *parodos*, de l'*exodos* et, peut-être aussi, de la parabase — tandis que l'*agôn* suit un schéma plutôt rhétorique et littéraire. Notons au passage que l'on ne trouve rien de semblable dans les scènes dites « iambiques », entièrement vouées au dialogue parlé. Par ailleurs, il faut aussi prendre en considération le fait suivant : la comédie est un genre burlesque et parodique ; cela imprègne toute la comédie, aussi bien du point de vue littéraire que du point de vue scénique. Si nous sommes assez bien informés sur le premier point de

---

1. P. Thiercy, *Aristophane : fiction et dramaturgie*, Paris, 1986, et Id., *Aristophane et l'ancienne comédie,* Paris, 1999, p. 25.

2. Cf. *ibid.*, 1999, p. 8.

vue, nos renseignements sont plutôt insuffisants sur le second, en raison de la disparition de tout témoignage concernant la danse et la musique. Bien sûr cette perte s'avère irrémédiable, mais, selon moi, il est encore possible d'accéder à quelques détails éclairant la nature burlesque de la représentation grâce à l'étude de la structure scénique des comédies d'Aristophane. De fait, toute pièce peut se diviser en unités scéniques, se définissant comme des moments durant lesquels les mêmes personnages se trouvent sur scène, l'entrée ou la sortie de l'un d'entre eux marquant le début d'une nouvelle scène. Pour étudier cette structure, il suffit alors de préciser les entrées et sorties des personnages du drame [3] et d'établir les relations possibles entre mouvement scénique et structure littéraire. J'ai déjà accompli ce travail pour les *Acharniens*, les *Cavaliers*, les *Oiseaux*, *Lysistrata* ainsi que les *Grenouilles* [4], et les résultats sont surprenants parce qu'ils montrent que ces pièces sont dotées d'une structure parfaitement équilibrée, avec maintes correspondances de nature symétrique.

Il est bien connu que la version des *Nuées* que nous possédons n'est pas celle qui fut présentée aux Grandes Dionysies de l'an 423, mais celle qui fut révisée par Aristophane vers 417 [5] — c'est-à-dire quelques années avant la représentation des *Oiseaux*. Nous ne disposons pas de renseignements assurés sur les différences entre les deux versions et nous ignorons même si la version révisée fut jouée [6]. Mais, si dans les pièces réellement représentées, à l'instar des *Acharniens* ou des *Grenouilles*, apparaît une structure parfaitement balancée, on peut supposer qu'une pièce révisée, mais non jouée, devait receler quelques imperfections pouvant être rectifiées au dernier moment, lors de la mise en scène.

---

3. Sur cette méthode voir E. Bodensteiner, *Szenischen Fragen über der Ort des Auftrettens und Aufgebens von Schauspielern und Chor in griechischen Drama* (Jahrbuch für class. Philol. Supp. Bd. XIX), 1893 ; E. García Novo, « Simetría estructural. Importancia de la escena en la tragedia griega », *Habis* 12, 1994, p. 43-57 et 13, 1995, p. 17-33.

4. Voir I. Rodríguez Alfageme, « La forma escénica de la comedia antigua. Un ejemplo : *Los acarnienses* », dans J. A. López Férez éd., p. 113-135, Id., « Aristófanes y la escena », dans E. García Novo et I. Rodríguez Alfageme éd., p. 273-287, Id., « División escénica de *Las aves* », *Cuadernos de Filología Clásica (egi)* 7, 1997, p. 55-69, Id., « *Lisístrata* : estructura escénica », *ibid.* 8, 1998, p. 53-73 et Id., « Aristófanes, *Ran.* (460-674) y la estructura escénica de la comedia », dans Χάρις διδασκαλίας. *Homenaje a Luis Gil*, R. Aguilar, M. López Salvá et I. Rodríguez Alfageme éd., Madrid, 1994, p. 357-370.

5. H. Erbse, « Über die ersten " Wolken " des Aristophanes », dans *Aristophanes und die alte Komödie*, H. J. Newiger éd., Darmstadt, 1975, p. 198-211.

6. Pour ces problèmes voir P. Thiercy, *ibid.*, p. 56 sq., et les éditions de K. J. Dover, p. lxxx-xcviii, A. Sommerstein, p. 2, et D. Del Corno, p. xviii-xxiii.

Ainsi, je me propose de présenter ici ce que j'ai décelé dans les *Nuées*, en découpant les scènes de cette pièce. On trouvera dans le schéma ci-après (p. 28 sq.) la visualisation des résultats de cette recherche. Pour comprendre les points sur lesquels celle-ci est établie, il faut presque étudier chaque scène séparément. Le prologue pose déjà le problème de son extension. En effet, nous ne savons pas à quel moment le chœur des Nuées fait son entrée [7]. Mais, les entrées et les sorties des personnages sont clairement signalées.

Prologue

La première scène est constituée d'un monologue comprenant 20 v. : le vieux Strepsiade se plaint de ses dettes jusqu'à ce qu'il demande à son esclave de lui apporter ses comptes (ἔκφερε, φέρ' ἴδω, scène 2, v. 21). La seconde se poursuit avec ce même monologue, mais comporte aussi un dialogue entre Strepsiade et son fils, endormi sur scène dès le commencement de la pièce. Les menaces à l'encontre de l'esclave (ἔλθ' ἵνα κλάῃς, scène 3, v. 59 ; « viens ici que je te batte ») qui déclenchent sa fuite [8], marquent la fin de la scène. On trouve ensuite un monologue au cours duquel Strepsiade découvre l'idée géniale qui lui permettra d'échapper au poids de ses dettes : il essaie de convaincre Phidippide d'aller apprendre le Raisonnement Vicieux auprès de Socrate. Mais l'idée ne plaît pas au fils qui laisse son père seul sur scène (εἴσειμι, σοῦ δ' οὐ φροντιῶ, scène 4, v. 125, « je m'en vais... sans plus me soucier de toi ») ; Strepsiade décide alors de se rendre lui-même à l'école. Ce groupe de quatre scènes (v. 1-132) constitue la première séquence formée de la parade et du boniment, pour reprendre les mots de P. Mazon [9].

La scène suivante (παῖ, παιδίον, scène 5, v. 133) introduit le début de l'action avec l'instruction de Strepsiade. Celle-ci se compose de deux parties : la première est à la charge du disciple de Socrate, et la seconde, qui a le caractère d'une initiation, est menée par le maître lui-même. A la cinquième scène le disciple met en lumière le génie de Socrate : il lui permet d'étudier non seulement la longueur des sauts d'une puce, mais aussi la provenance du bourdonnement des mous-

---

7. Voir I. Rodríguez Alfageme, « La structure scénique du prologue chez Aristophane », dans P. THIERCY et M. MENU éd., p. 48 ; par exemple P. Mazon, *Essai sur la composition des comédies d'Aristophane,* Paris, 1904, p. 51, signale le v. 287 et A. Sommerstein (p. 176) pense au v. 323.

8. Cf. K. J. DOVER, p. 11.

9. P. Mazon, *op. cit.* (n. 7).

I

1.	1	20	Entr. Phid. (invocation à la nuit)	mon.	**Prologue**
2.	21	38	Esclave	dial.	
3.	59	66	L'esclave sort à toute allure [10]	mon.	
4.	125	7	Phid. sort	mon.	
5.	133	51	Disc. (puce, moustique, lézard, voleur)	dial.	
6.	184	17	Entrée des disciples	dial.	(ἐκκύκλημα.)
7.	200	17	Disc. sortent (présentation des sciences) [11]	dial.	
8.	217	4	Entrée de Socr.	dial.	(μεχανή)
9.	221	54	Disc. sort	dial.	(initiation)
	275		Chœur		**Parodos**

II

10.	325		Entrée des Nuées	dial. int. par coryphée	
11.	510		Str. et Socr. sortent	**Parabase I**	

III

12.	627	8	Entrée de Socr. (Qu'il est sot !)	mon.
13.	634	64	Entrée de Str. (*enseignements*)	
14.	698		Sortie de Socr.	
			Chœur et Str.	
15.	723	80	Entrée de Socr. [12] (sottises de Str.)	dial.
16.	803		Sortie de Str. et Socr. (reste-t-il sur scène ?)	
			Chœur et Socr. ?	
17.	814	30	Socr. sort et entrent Str. et Phid. (interpr. des *enseignements*)	
18.	843	3	Str. sort	
19.	847	20	Str. entre	

---

10. Il y a un dialogue entre Str. et Phid. 21/45.
11. Les disciples ont laissé sur la scène leurs instruments.
12. Socr. entre au v. 713 et il dialogue avec Str. ; au v. 726 Str., lorsqu'il entend περικαλυπτέα, se cache sous les draps. Au v. 731 Socr. le découvre. Nous n'avons pas besoin de supposer que Socr. soit sortie de la scène au v. 729 et qu'il soit retourné au v. 731.

20.	868	20	Str. appelle Socr. qui entre		
21.	887		Sortie de Socr. <CHŒUR>		
22.	889	2	Entrée du Raisonnement Juste, Phid.		**Agôn**
23.	891	211	Entrée du Raisonnement Injuste (225)		
24.	1114		R. Juste, R. Injuste, Str. et Phid[13] sortent		**Parabase II**

IV

25.	1131	12	Entrée de Str.	mon.	
26.	1145	22	Socr. entre et perçoit son salaire	dial.	
27.	1167	13	Entrée de Phid.		
28.	1170	44	Sortie de Socr. (ἄπιθι συλλαβών)		
29.	1214	7	Sort. Phid., Str. ; entr. Créancier 1, témoin	mon.	
30.	1221	24	Entrée de Str.	dial.	
31.	1245	1	Str. sort (pour chercher le pétrin)		
32.	1246	12	Entrée de Str.	dial.	
33.	1258	44	Créancier 1 sort ; Créancier 2 entre	dial.	
34.	1300	2	Str. sort persécuté par le Créancier 2	dial.	
	1303	20	Chœur		

V

35.	1321	127	Str. entre poursuivie par Phid. (154)	dial.	**Agôn**
36.	1475	13	Sortie de Phid.	mon.	
37.	1488	3	Un esclave entre avec l'escalier	mon.	**Exode**
38.	1491	3	Un autre esclave entre avec la torche	mon.	
39.	1495	2	Disc. 1 entre	dial.	
40.	1497	5	Disc. 2 entre	dial.	
41.	1502	10	Socr. entre	dial.	

---

13. Ainsi les v. 1105-1106 et 1111 sont attribués au Raisonnement Injuste, qui est joué par le même acteur que celui qui interprète le rôle de Socrate.

tiques, que ce soit par la trompe ou par le derrière, ainsi que la façon
de détourner un himation dans la palestre. La porte du Réflectoire
s'ouvre alors (ἀλλ' ἄνοιγε τὴν θύραν, scène 6, v. 183, « mais ouvre donc
la porte ») et les élèves de Socrate apparaissent dans des attitudes
grotesques propres aux sujets de leurs recherches. Mais ils rentrent
aussitôt, car ils ne peuvent rester trop longtemps en plein air (οὐχ οἷον
ἔξω διατρίβειν, scène 7, v. 200, « mais il ne leur est pas possible de
rester hors de l'école trop longtemps »), et laissent sur la scène les
instruments des sciences (astronomie et géométrie) qui sont les thèmes d'étude habituels des sophistes. A ce moment-là Socrate juché sur
la *mechané* fait son apparition (τίς οὗτος, scène 8, v. 217) et presque
immédiatement le disciple sort (οὐ γάρ μοι σχολή, scène 9, v. 221, « je
n'ai pas le temps »). Nous arrivons alors à la neuvième scène au cours
de laquelle se déroule l'initiation de Strepsiade. On peut distinguer ici
deux parties : les 42 premiers vers qui sont consacrés à l'acceptation
de l'élève et aux premières leçons, puis les 12 vers suivants au cours
desquels Socrate invoque les Nuées pour pouvoir procéder à l'initiation de Strepsiade. Les deux parties du début de l'action sont constituées par deux séquences respectivement composées de trois et deux
scènes.

En général, le prologue ne pose pas de problèmes de mouvement
scénique, toutes les entrées et les sorties des personnages étant indiquées directement dans le texte lui-même. Ici, le prologue est constitué
par trois séquences divisées en scènes au nombre progressivement
décroissant : 4 pour la première, 3 pour la deuxième et 2 pour la
troisième. Quant aux dernières séquences, elles forment une unité
thématique signalée par la structure en anneau du double enseignement de Strepsiade : 51 vers sont à la charge du disciple et 54 à celle de
Socrate lui-même. Par ailleurs la première séquence est plus longue
que toutes les autres prises ensemble ; comme le remarque S. Hess [14],
cela s'explique par le fait que le thème comique évoqué ici, c'est-à-dire
le moyen d'échapper aux dettes, est plus compliqué que celui mis en
œuvre dans les comédies précédentes d'Aristophane.

Il faut relever également que la structure du début de la pièce est
très soignée. Au commencement nous trouvons les 20 vers du monologue de Strepsiade (dont 19 ne comptent pas l'exclamation initiale) :
les dettes ne le laissent pas dormir. La pièce débute donc de nuit.
Strepsiade demande à un esclave une lampe et les tablettes des comptes pour vérifier l'état de ses dettes, ce qui prend quatre vers. Ensuite,
pendant 16 vers, se déroule le dialogue démonstratif de sa situation
avec son fils, celui-ci étant d'abord endormi, puis éveillé. Le fils

14. *Studien zum Prolog in der attischen Komödie*, diss. Heidelberg, 1953, p. 61.

s'endort alors une seconde fois et Strepsiade dispose de 15 vers (16 avec l'exclamation initiale) pour conter son mariage, cause de ses malheurs. Son récit est interrompu parce que la lumière s'éteint et l'esclave sort en le laissant seul avec son fils, ce qui prend 4 vers. Puis Strepsiade peut continuer son récit en un monologue de 20 vers au cours duquel sont exposées les raisons qui ont conduit sa femme et lui-même à prénommer leur fils Phidippide. On découvre ainsi dans cette série de scènes, dont la fonction est d'exposer le thème de la pièce mais aussi de présenter la trouvaille de l'idée géniale, une structure en double anneau :

19 vers	monologue	nuit	dettes
4 vers	dialogue		lumière
16 vers	monologue à deux		situation : fils
15 vers	monologue		noces
4 vers	dialogue		lumière
20 vers	monologue	jour	nom du fils

Les deux parties sont signalées par l'interjection φεῦ. On pourrait parler d'une structure à quatre modules de 19/20 vers, semblables à ceux dont parlait Russo [15] à propos des *parodoi* dialoguées.

Après cette introduction, Strepsiade réveille Phidippide et essaie de le convaincre d'aller chez Socrate pour apprendre la façon d'échapper aux dettes, mais celui-ci sort en le laissant seul, tout comme l'esclave avant lui ; l'action comique peut commencer.

Parodos

Du point de vue scénique, la *parodos* et la première leçon de Strepsiade constituent une scène unique ; la raison en est que les Nuées participent à l'initiation de Strepsiade en qualité de parrains (elles-mêmes lui suggèrent plus tard d'amener son fils à l'école socratique). De ce point de vue, la discussion portant sur le moment de l'apparition des Nuées peut être laissée de côté. Mais je crois qu'un chant choral, comme celui que nous avons dans les vers 275=289, ne pouvait se dérouler entièrement hors de scène : sa compréhension, du moins, aurait été difficile pour le spectateur, comme le signale Dover [16] tout en concédant que le chœur « does not enter the orches-

---

15. C. F. Russo, « *Le Vespe* spaginate e un modulo di tetrametri 18 × 2 », *Belfagor* 23, 1968, p. 317-324 ; dans H. J. NEWIGER éd., p. 212-224.

16. *Ibid.* p. 137 ; et la discussion de D. DEL CORNO, p. 227 sq.

tra until 326 ». On peut considérer que le prologue prend fin avec
l'invocation des Nuées au v. 274, qu'on les entende ou non avant de les
voir [17]. On peut également supposer que Strepsiade cherche les Nuées
dans le ciel et que par conséquent il ne peut pas assister à leur entrée
; car Socrate est obligé de lui indiquer l'*eisodos* pour qu'il puisse les
voir (v. 326). Quoi qu'il en soit, leur entrée est très lente.

A partir du moment où les Nuées sont bel et bien présentes sur
scène (ἤδη γὰρ ὁρῶ κατιούσας ἡσυχῇ αὐτάς, v. 326, « déjà je les vois
qui descendent lentement ; ce sont elles »), on assiste à un long
dialogue entre Socrate et Strepsiade, auquel participe aussi le coryphée. C'est la première leçon de Strepsiade qui a lieu en présence des
Nuées. Son sujet n'est autre que la météorologie et l'astronomie
comme justification du caractère divin des Nuées. Bien sûr c'est aussi
la parodie de tous les enseignements vaporeux dispensés par les
sophistes, auxquels s'oppose la stupidité rustique de Strepsiade. Finalement Socrate ordonne à ce dernier d'enlever son himation (v. 497-
498) pour entrer au Réflectoire.

Parabase

La sortie des deux personnages permet au chœur de commencer
la parabase (scène 11, v. 510-626, ἀλλ' ἴθι χαίρων).

Troisième acte

Avec le retour de Socrate (0 scène 12, v. 627), désespéré par
l'incapacité de Strepsiade à comprendre quoi que ce soit dont l'utilité
ne se révèle pas immédiate, s'ouvre le troisième acte [18]. La présence de
Strepsiade (ποῦ Στρεψιάδης, scène 13, v. 634) ne fait que confirmer les
raisons des plaintes de Socrate : il est incapable de comprendre ni la
métrique ni les bases de la grammaire. Socrate le laisse alors seul (0
scène 14, v. 698) pour qu'il réfléchisse sur ses propres affaires avec le
concours des Nuées qui lui adressent ces paroles :

φρόντιζε δὴ καὶ διάθρει πάντα τρόπον τε σαυτὸν
στρόβει πυκνώσας, ταχὺς δ', ὅταν εἰς ἄπορον
    πέσῃς, ἐπ' ἄλλο πέδα
νόημα φρενός· ὕπνος δ' ἀπέστω γλυκύθυμος ὀμμάτων ;

---

17. Cf. P. Thiercy, *op. cit.* (n. 1), 1999, p. 61.
18. A. Sommerstein, « Act division in old comedy », *BICS* 31, 1984, p. 149.

« Oui, médite et spécule, tourne-toi sur toi-même dans tous les sens bien concentré ; et dès que tu tombes dans une impasse, vite, bondit sur un autre vue de l'esprit ; et que le Sommeil qui apaise l'âme reste éloigné de tes yeux. » (v. 700-706 ; trad. P. Thiercy).

Bien que ces vers soient attribués à Socrate par les manuscrits, les paroles qu'il prononce au commencement de la scène suivante constituent un fort indice en faveur de la thèse d'après laquelle Socrate n'aurait pas été sur scène pendant les v. 700-706, sans compter qu'ils démontrent que l'antistrophe (v. 804-810) devait être chantée par le chœur [19]. En effet, lors de la scène suivante (οὗτος τί ποιεῖς, scène 15, v. 723) Socrate surprend Strepsiade qui a la tête ailleurs. Nous sommes alors confrontés au premier problème concernant le mouvement scénique. Voici le passage en question :

Σω. οὗτος τι ποιεῖς ; οὐχὶ φροντίζεις ;
Στ.   ἐγώ ;
    νὴ τὸν Ποσειδῶ.
Σω.   καὶ τί δῆτ᾽ ἐφρόντισας ;
Στ. ὑπὸ τῶν κόρεων εἴ μου τι περιλειφθήσεται.   725
Σω. ἀπολεῖ κάκιστ᾽.
Στ.   ἀλλ᾽ ὦ ᾽γάθ᾽ ἀπόλωλ᾽ ἀρτίως.
Χο./Σω. οὐ μαλθακιστέ᾽ ἀλλὰ περικαλυπτέα.
    ἐξευρετέος γὰρ νοῦς ἀποστερητικός
    κἀπαιόλημ᾽.
Στ.   οἴμοι τίς ἂν δῆτ᾽ ἐπιβάλοι
    ἐξ ἀρνακίδων γνώμην ἀποστερητρίδα ;   730
Σω. φέρε νυν ἀθρήσω πρῶτον μ᾽ ὅ τι δρᾷ τουτονί.
    οὗτος καθεαύδεις ;

Socr. — Dis donc ! que fais-tu ? Tu ne médites pas ?
Str. — Moi ? Mais si, par Poséidon !
Socr. — Et quel a été le sujet de ta méditation ?
Str. — S'il restera quelque chose de moi après le passage des punaises.
Socr. — Ça finira très mal pour toi.
Str. — Mais, mon bon, je suis déjà fini depuis un moment.
Chor./Socr. — Pas de faiblesse ! Couvre-toi bien... il te faut trouver une pensée frauduleuse, une tromperie.
Str. — Misère ! Si seulement on pouvait jeter sur moi une idée frauduleuse au lieu de cette peau de mouton ?
Socr. — Eh bien, voyons ! que je surveille d'abord ce qu'il fait, celui-là. Dis donc ! tu dors ? (v. 723-732 ; trad. P. Thiercy).

---

19. Cf. K. J. Dover, p. 186.

Pour K. J. Dover [20], Socrate passe sa tête par la porte au v. 723 et ne sort sur scène qu'au v. 731 lorsqu'il s'écrie φέρε νυν, d'ailleurs tout comme D. Del Corno [21]. Mais ce dernier préfère attribuer, suivant en cela les manuscrits, les v. 726-728 à Socrate et non au coryphée, contrairement à K. J. Dover et à A. Sommerstein qui eux sont en accord avec ce que proposent M. W. Haslam [22] et A. Willems. La raison en est que le texte transmis rend nécessaire l'entrée de Socrate aux v. 723, 727 et 731, sans que ce mouvement frénétique ne trouve de justification dramatique [23]. La solution proposée par N. W. Haslam permet alors d'éliminer l'une des entrées de Socrate en attribuant ces vers au coryphée. Mais leur style, décliné par une série de trois adjectifs verbaux, rendrait, selon l'avis de D. Del Corno [24], préférable leur attribution à Socrate. Le point culminant de cette série d'adjectifs par une forme en -ικός constitue une belle parodie de la langue typique des sophistes [25], mais je crois que toutes ces entrées et sorties ne sont pas nécessaires, et que le changement d'attribution ne l'est pas davantage. Ainsi, Socrate fait son entrée au v. 723 et il peut donner à Strepsiade ses instructions pour mieux réfléchir aux v. 727-729, ou plutôt, c'est le chœur qui lui fait toutes les recommandations nécessaires pour qu'il pense mieux, aux v. 727, 740 et 762 [26], comme le propose M. W. Haslam [27].

Strepsiade, de son côté, en entendant le mot περικαλυπτέα (v. 727) [28], met la tête sous les draps de son lit, que soulève Socrate au v. 731 : φέρε νυν ἀθρήσω πρῶτον, ὅτι δρᾶ τουτονί. Alors il n'y a plus qu'une nouvelle scène dans ces vers : celle qui commence au v. 723.

Socrate finit par chasser Strepsiade (v. 789-790) qui demande conseil aux Nuées ; celles-ci lui conseillent d'amener son fils afin qu'il prenne sa place au Réflectoire. Strepsiade commence à marcher vers sa maison en priant Socrate de l'attendre (ἀλλ' ἐπάμεινόν μ' ὀλίγον εἰσελθὼν χρόνον, scène 16, v. 803) le temps qu'il ramène son fils (v. 814). Alors le chœur chante l'antistrophe des vers que nous avons vus auparavant :

---

20. *Ibid.*, p. 190 sq.
21. *Ibid.*, p. 280 sq.
22. M. W. Haslam, « Atribution and action in Aristophanes' *Clouds* », *HSCP* 80, 1976, p. 45 sqq.
23. D. DEL CORNO, p. 280.
24. *Ibid.*
25. Cf. A. López Eire, *La lengua coloquial de la comedia aristofánica*, Murcie, 1996, p. 21 sq.
26. V. 727 : Οὐ μαλθακιστέ' ἀλλὰ περικαλυπτέα ; v. 741 : ἴθι νῦν καλύπτου καὶ σχάσας τὴν φροντίδα... ; v. 762 : μὴ νυν περὶ σαυτὸν εἶλλε τὴν γνώμην αἰεί.
27. *Ibid.*
28. L'idée de l'enveloppement revient au v. 740 et aussi au v. 761 (ἴλλε).

ἆρ᾽ αἰσθάνει πλεῖστα δι᾽ ἡμᾶς ἀγάθ᾽ αὐτίχ᾽ ἕξων
μόνας θεῶν ; ὡς ἕτοιμος ὅδ᾽ ἐστίν ἅπαν-
    τα δρᾶν ὅσ᾽ ἂν κελεύῃς.
σὺ δ᾽ ἀνδρὸς ἐκπεπληγμένου καὶ φανερῶς ἐπηρμένου
γνοὺς ἀπολάψεις ὅτι πλεῖστον δύνασαι
ταχέως· φιλεῖ γάρ πως τὰ τοιαῦθ᾽ ἑτέρᾳ τρέπεσθαι ;

« Te rends-tu compte de tous les bénéfices
que tu auras bientôt grâce à nous,
et à nul autre des dieux ? Car il est prêt
à faire tout ce que tu lui ordonneras,
tandis que toi, conscient de l'égarement de cet homme,
de son exaltation manifeste,
tu vas lui laper tout ce que tu peux,
et rondement... car il est fréquent que, d'une façon ou d'une autre
de telles choses tournent autrement qu'on pouvait le penser »
(v. 804-813 ; trad. P. THIERCY).

C'est-à-dire que, de même qu'au v. 700 la strophe était adressée à Strepsiade à qui il était conseillé de réfléchir et de ne pas s'endormir ici, l'antistrophe s'adresse ici à Socrate auquel est rappelé combien de bénéfices il reçoit grâce aux Nuées [29]. Dans ce passage, on pourrait peut-être accepter la distribution proposée par Landfester [30], qui pense que les premiers vers sont adressés à Strepsiade, puisque c'est lui qui va gagner les bénéfices de la rhétorique — et alors le pronom ὅδε (v. 806) représenterait Socrate. Mais même ainsi les vers suivants (810) restent adressés à Socrate, comme le signale le changement de sujet (σὺ δέ), et dans ce cas il serait nécessaire de retarder la sortie de Strepsiade jusqu'au v. 810. A mon avis l'équilibre avec la strophe constitue un bel indice en faveur de l'interprétation de K. J. Dover. Avec les derniers mots du chœur, Socrate sort de scène et Strepsiade entre accompagné de Phidippide (0 scène 17, v. 814). Le vieil homme ordonne à Phidippide de prendre sa place et essaie de le convaincre en lui montrant tout ce qu'il vient d'apprendre, ou plutôt l'interprétation qu'il en fait. Celle-ci est, bien sûr, superbement grotesque. Même Phidippide, au vu de ce que Strepsiade profère, finit par croire que son père est saisi de folie, au moment où ce dernier sort (ἀλλ᾽ ἐπανάμεινόν μ᾽ ὀλίγον ἐνταυθοῖ χρόνον, scène 18, v. 843,) pour chercher la poule et le coq, la représentation scénique des connaissances en grammaire acquises par Strepsiade (φέρ᾽ ἴδω, scène 19, v. 847). Phidippide lui fait

---

29. Ainsi K. J. DOVER, *p. 197 ;* D. DEL CORNO, p. 286.
30. M. Landfester, « Beobachtungen zu den Wolken des Aristophanes », *Mnemosyne* 28, 1975, p. 386 sq. ; cf. aussi les éditions de A. SOMMERSTEIN, p. 200, et de G. MASTROMARCO.

alors remarquer qu'il a perdu son himation et ses chaussures lors de l'apprentissage, mais il accepte l'ordre de son père.

Strepsiade appelle Socrate (ἔξελθε, scène 20, v. 868) qui accepte le nouveau disciple, mais laisse la première leçon à la charge des deux Raisonnements, le Juste et le Vicieux. Les propres mots de Socrate nous indiquent qu'il sort au v. 888 (ἐγὼ δ' ἀπέσομαι), mais nous sommes toutefois confrontés à un problème, les *scholia* signalant ici une intervention du chœur dont il ne nous est rien parvenu [31]. De la même manière la distribution des vers diffère de celle des manuscrits : alors que RVAK attribuent les v. 886-888 à Socrate, le reste de la tradition les place dans la bouche de Strepsiade. Dans le premier cas, Strepsiade ainsi que Phidippide se trouvent sur scène tout au long de l'*agôn* des deux Raisonnements et l'acteur jouant Socrate serait alors chargé du rôle du Raisonnement Vicieux ; dans le seconde, ce serait Strepsiade qui quitterait la scène pour jouer l'un des deux Raisonnements. Mais un point demeure en suspens : qui interprétait alors l'autre Raisonnement ?

Il fallait deux acteurs pour interpréter ces deux personnages, qui ne sont en rien des rôles secondaires tant au vu de l'étendue de leur partie jouée que de leur importance dramatique. Naturellement la présence de Phidippide était nécessaire puisque c'est lui qui devait recevoir l'enseignement, quoiqu'au cours de cette longue scène il ne prononce qu'un seul vers (1112). De plus si l'on attribue le v. 887 à Strepsiade en suivant une partie de la tradition manuscrite [32], nous n'avons aucune raison pour faire sortir ce dernier de scène, d'autant qu'à la fin de l'*agôn*, le Raisonnement Vicieux victorieux s'adresse à Strepsiade — qui répond aux v. 1107-1110 — pour que celui-ci décide s'il va éduquer ou non son fils. Nous avons donc besoin en tout de quatre acteurs [33] pour ces scènes : le protagoniste assurant le rôle de Strepsiade, le deuteragoniste celui de Socrate et du Raisonnement Vicieux, le tritagoniste celui du Raisonnement Juste, et le quatrième acteur Phidippide, du v. 814 au v. 1112 (il récite 16 vers entiers). Nous pouvons alors avancer que la présence du chœur indiqué dans certains manuscrits après le v. 888 n'est pas nécessaire, quoique rien ne puisse s'opposer à sa présence. A ce moment Socrate sort (ἐγὼ δ' ἀπέσομαι, scène 21, v. 887), et un peu plus tard le Raisonnement Juste fait son entrée (0 scène 22, v. 889) suivi par le Raisonnement Vicieux (χώρει δευρί, scène 23, v. 891), qui est interprété, ne l'oublions pas,

31. Cf. K. J. DOVER, p. 208 ; D. DEL CORNO, p. 292.

32. Cf. K. J. DOVER, p. 208.

33. S. Tzililis, « A propósito de la representación de *Las nubes* », *Cuadernos de Filología Clásica (egi)* 10, 2000.

par le même acteur que celui assurant le rôle de Socrate. S'agit-il de Socrate déguisé ?

On peut découvrir un indice en faveur de l'attribution des rôles que nous avons suggérée dans les paroles adressés un peu plus loin par Strepsiade à Socrate :

καί μοι τὸν υἱόν, εἰ μεμάθηκε τὸν λόγον
ἐκεῖνον, εἶφ', ὃν ἀρτίως εἰσήγαγες ;

« Et mon fils, dis-moi s'il a appris ce fameux raisonnement... le garçon que tu as admis récemment chez toi » (v. 1148-1149 ; trad. P. Thiercy).

Le problème revient à déterminer l'antécédent du relatif : ce peut être υἱόν [34] tout aussi bien que λόγον [35]. Dans le premier cas, le sens du verbe εἰσήγαγες doit être compris comme une allusion à l'initiation de Phidippide [36], mais la syntaxe semble difficile et un peu forcée [37]. La seconde construction présente une syntaxe plus naturelle avec le démonstratif ἐκεῖνον enchevauché et alors εἰσήγαγες peut fonctionner avec un double sens. Εἰσάγω est employé dans le sens d'initier un procès judiciaire, mais surtout il est le terme propre pour évoquer la présentation d'une pièce de théâtre ; ainsi dit-on de l'auteur ou du metteur en scène qu'il « introduit » le chœur (Ar., *Ach.* XI, εἴσαγ', ὦ Θέογνι, τὸν χορόν) [38] . Alors Strepsiade dans sa simplicité peut-il dire à Socrate : « le Raisonnement que tu viens de faire représenter, ou plutôt, d'interpréter tout à l'heure » — une belle plaisanterie scénique fondée sur l'espèce de théâtre dans le théâtre qui constitue l'*agôn* des deux Raisonnements.

A la fin de l'*agôn* nous nous trouvons face à un autre problème pour l'attribution des rôles. Quand le Raisonnement Juste accepte sa défaite et offre son himation au vainqueur (v. 1103), le dialogue suivant a lieu :

A. τί δῆτα ; πότερα τοῦτον ἀπάγεσθαι λαβὼν
βούλει τὸν υἱόν, ἢ διδάσκω σοι λέγειν ;
B. δίδασκε καὶ κόλαζε καὶ μέμνησ' ὅπως
εὖ μοι στομώσεις αὐτόν, ἐπὶ μὲν θάτερα
οἷον δικιδίοις, τὴν δ' ἑτέραν αὐτοῦ γνάθον
στόμωσον οἵαν εἰς τὰ μείζω πράγματα.
A. ἀμέλει, κομιεῖ τοῦτον σοφιστὴν δεξιόν ;

---

34. Ainsi J. Van Leeuwen, G. Mastromarco, W. J. M. Starkie.
35. K. J. Dover, A. Sommerstein, D. Del Corno.
36. Voir S. Tzililis, *art. cit.* (n. 31).
37. Voir K. J. Dover, p. 232 sq.
38. Sur ce vers voir G. Mastromarco, « Publico e memoria teatrale nelle Atene di Aristofane », dans P. Thiercy et M. Menu éd., p. 541-548.

Le Raisonnement Injuste (A Strepsiade) — Eh bien, alors ? Préfères-tu emmener avec toi ton fils, là, ou dois-je lui enseigner l'éloquence ?
Str. — Instruis-le, réprimande-le, et souviens-toi de bien me l'affûter : un côté de la mâchoire à l'usage des petits litiges, et l'autre côté, affûte-le pour les affaires plus importantes.
Le Raisonnement Injuste — Ne t'inquiète pas : tu retrouveras en lui un sophiste accompli (v. 1105-1111 ; trad. P. Thiercy).

Tous les manuscrits attribuent les v. 1107-1110 à Strepsiade « B », mais la tradition est divisée en ce qui concerne l'attribution des autres rôles : si le manuscrit de Ravenne présente dans une addition de seconde main une abréviation pour Socrate, les *scholia* à R et V mentionnent le Raisonnement Vicieux [39] ; quant aux autres manuscrits, ils attribuent ces vers à Socrate. Pourtant Socrate est sans doute sorti au v. 887 afin que l'acteur puisse jouer le rôle du Raisonnement Vicieux ; on doit donc forcément faire entrer Socrate avant ce vers, alors même qu'il n'y a aucun signe d'entrée. La solution proposée par certains éditeurs, comme Del Corno [40], est de supposer un chant choral après le v. 1104. Mais cette intervention du chœur n'est signalée dans aucune source antique, sans compter qu'elle séparerait la fin de l'*agôn* de sa conclusion logique — nous aurions de plus une scène isolée entre le chant choral perdu et la parabase commençant 8 vers plus loin. En plus, on peut se demander quel sens peuvent avoir les mots ἢ διδάσκω σοι λέγειν adressés à Strepsiade, si on les attribue à Socrate, étant donné que Socrate a chassé Strepsiade auparavant (v. 789-790) — et rien n'est survenu pour le faire changer d'attitude. Il vaut donc mieux laisser ces vers au Raisonnement Vicieux, comme le font Dover [41] et Sommerstein, et ne pas supposer qu'un chœur puisse intervenir ici.

Parabase II

Une fois que Phidippide est accepté, tous les personnages sortent de scène et le chœur récite la seconde parabase (χωρεῖτε νῦν, scène 24, v. 1114-1130).
Naturellement, on peut établir ici quelques parallélismes entre l'initiation de Strepsiade et celle de Phidippide. Toutes deux sont constituées de trois parties : la première est à la charge d'un disciple (Chairéphon, Strepsiade), la seconde, sur scène, à celle de Socrate ou

39. D. Del Corno, p. 317 sq. ; S. Tzililis, *art. cit.* (n. 31).
40. *Ibid.*, p. 134 sqq.
41. *Ibid.*, p. 228 sq.

de la personnification des Raisonnements ; la troisième, qui se déroule hors de scène, a lieu pendant un temps indéterminé signalé au moyen d'une intervention du chœur [42]. Les scènes qui suivent ces interruptions de l'action exposent les suites de l'enseignement. C'est le cas de Strepsiade dans les vers qui succèdent à la première parabase (v. 627) et, après la seconde parabase, celui de Phidippide. La parabase a une fonction dramatique évidente : elle sert à ponctuer la représentation et, du point de vue dramatique, elle permet d'introduire des laps de temps au cours desquels l'action se déroule hors de scène.

Quatrième acte

Nous arrivons ainsi à la dernière partie de la comédie où nous allons pouvoir observer les conséquences de l'action.

Strepsiade fait son entrée (0 scène 25, v. 1131) en comptant les jours qui lui restent avant l'échéance de ses dettes, tout comme au début de la pièce. Il arrive au Réflectoire et appelle Socrate — qui sort sur le champ — (παῖ, ἠμί, παῖ, παῖ, scène 26, v. 1145) pour le payer et réclamer son fils déjà transformé.

On peut remarquer ici le changement d'attitude de Socrate depuis sa première apparition, juché sur la *méchané*, à la manière d'un dieu de la tragédie (τί με καλεῖς, ὦ 'φήμερε ; v. 223). Dans toutes les apparitions suivantes il fait montre d'une attitude clairement méprisante (v. 627, οὐκ εἶδον οὕτως ἄνδρ' ἄγροικον οὐδαμοῦ ; 723, οὗτος τί ποιεῖς ; οὐχὶ φροντίζεις ; 868, νηπύτιος γάρ ἐστ' ἔτι), mais quand il est sur le point de toucher la paye de son enseignement, aussitôt il accueille Strepsiade chaleureusement (v. 1145, Στρεψιάδην ἀσπάζομαι).

Après une monodie triomphale, Strepsiade reçoit son fils (ὅδ' ἐκεῖνος ἀνήρ, scène 27, v. 1167), Socrate sort (ἄπιθι λαβών, scène 28, v. 1170) et Strepsiade ramène son fils chez lui pendant que celui-ci lui expose les beaux enseignements qu'il a reçus. Ils arrivent à destination et Strepsiade prépare un festin pour accueillir le fils renouvelé (εἰσάγων σε, scène 29, v. 1214), tandis que le premier créancier entre en scène. Celui-ci appelle Strepsiade (τίς οὑτοσί, scène 30, v. 1221) qui emploie maints raisonnements déjà connus (le εἰκός, les nouveaux dieux), puis Strepsiade sort (ἔχε νῦν ἥσυχος, scène 31, v. 1245) pour revenir aussitôt (ποῦ 'σθ' οὗτος, scène 32, v. 1246) avec le pétrin qui

---

42. Cf. R. L. Hunter, « The comic chorus in the fourth century », *ZPE* 36, 1979, p. 29.

constituera l'argument décisif pour ne pas régler sa dette. En même temps que sort le premier créancier, entre le second qui utilise un signal d'entrée identique (τίς οὑτοσί, scène 33, v. 1259). Strepsiade réagit de la même manière que précédemment en exposant à ce dernier d'autres théories météorologiques (la quantité constante des eaux de la mer), puis finit par le chasser violemment. Tous deux sortent de cette façon et le chœur reste seul sur scène (φεύγεις, scène 34, v. 1300) pour annoncer le châtiment prochain de Strepsiade. En effet notre homme revient (0 scène 35, v. 1321) « en criant, battu par son propre fils qui se fait fort de lui expliquer qu'il a raison de battre son père » [43]. Cette longue scène constitue le parallèle de l'*agôn* des deux Raisonnements [44] et l'on y trouve les mêmes arguments et parfois les mêmes mots. Strepsiade reconnaît son erreur et Phidippide sort au v. 1475 (0 scène 36). Alors Strepsiade conseillé par Hermès décide de brûler le Réflectoire.

Exodos

Nous arrivons ainsi aux dernières scènes qui font partie de l'*exodos*. Les deux premières (δεῦρο, δεῦρο, ὦ Ξανθία, 37 et δᾷδ' ἐνεγκάτω τις, 38, v. 1488 et 1491) servent à introduire sur scène deux esclaves, Xantias ainsi qu'un autre, qui apportent un escalier et une torche. Ils se mettent tout de suite à l'œuvre et brûlent le toit du Réflectoire ; avec la première fumée sort un disciple (ἄνθρωπε, τί ποιεῖς, scène 39, v. 1495), puis un second qui demande qui est en train de brûler la maison (οἴμοι· τίς πυρπολεῖ, scène 40, v. 1497). Strepsiade lui répond que c'est celui auquel ils ont dérobé l'himation. Enfin Socrate sort en dernier (οὗτος τί ποιεῖς, scène 41, v. 1502) et la comédie se termine avec la fuite de Socrate et de ses élèves poursuivis par Strepsiade et ses esclaves. Ainsi s'accomplissent les desseins de Zeus qui avait envoyé les Nuées pour que soient punis les impies (v. 1458-1461) [45].

Les annonces de changement de scène sont régulières lors de presque toutes les entrées et sorties des personnages. Quant aux exceptions à cette règle, elles sont facilement explicables. C'est le cas de la scène 1 où l'on n'a nullement besoin d'annonce d'entrée en scène

---

43. P. Thiercy, *op. cit.* (n. 1), 1999, p. 63.
44. Cf. K. J. DOVER, p. 247 sq.
45. Sur le charactère des Nuées et son changement au long de la pièce voir Ch. Segal, « Aristophanes' Cloud-chorus », dans H. J. NEWIGER éd., p. 174-197.

d'un personnage et où d'ailleurs il n'est pas possible d'en faire une. Au même cas de figure se rattachent les scènes 12 et 24, après les parabases I et II. Notons qu'il reste encore 4 endroits où il n'y a pas d'indication de changement de scène : ce sont les scènes 17, 22, 35 et 36. Les scènes 17 et 35 prennent place après l'intervention du chœur. La première ne pose aucune difficulté ; les paroles prononcées par Strepsiade avant l'antistrophe du chœur ne laissent en effet pas de doute sur sa sortie de scène :

ἀλλ' ἐπάμεινόν μ' ὀλίγον εἰσελθὼν χρόνον ;
« Mais rentre et attends-moi un peu » (v. 803).

Ainsi que ces mots qui font comprendre qu'il revient sur scène :

οὔτοι μὰ τὴν Ὁμίχλην ἔτ' ἐνταυθοῖ μενεῖς ;
« Non, certes, par le Brouillard, tu ne resteras plus ici. »

Quant à la scène 35, elle suit l'intervention du chœur qui clôt les scènes des deux créanciers et annonce le châtiment de Strepsiade. La scène précédente supposait que Strepsiade était sorti en persécutant le dernier créancier. Il est alors possible de justifier l'absence d'annonce dans toutes ces scènes. Toutefois il en demeure deux qui posent difficulté : il s'agit des scènes 22 et 36. Dans la seconde, on peut relever que les propos prononcés par Phidippide semblent bien constituer des paroles d'adieux :

ἐνταῦθα σαυτῷ παραφρόνει καὶ φληνάφα ;
« Reste ici à délirer pour toi même et à dire des sottises » (v. 1475).

Ce sont tout proprement les mots du vainqueur de l'*agôn* qui vient de finir. L'adverbe ἐνταῦθα peut être compris ici comme une façon de dire à Strepsiade de rester, même si Phidippide s'en va, de la même manière que l'adverbe δεῦρο peut être employé pour demander à quelqu'un de s'approcher [46]. Le personnage de Phidippide ne joue plus aucun rôle après ce moment et tous les éditeurs supposent qu'il entre alors soit chez Strepsiade, soit dans le Réflectoire. Cela paraît d'autant moins vraisemblable qu'il est difficile d'accepter que Strepsiade veuille brûler la maison de Socrate alors que son fils serait à l'intérieur, comme le signale A. Sommerstein [47] lorsqu'il discute la proposition de M. Nussbaum [48], ce dernier affirmant que Phidippide

---

46. Cf. A. López Eire, *op. cit.* (n. 22), p. 41.
47. A. SOMMERSTEIN, p. 231.
48. M. Nussbaum, « Aristophanes and Socrates on learning practical wisdom », *YClS* 26, 1980, p. 78.

périt avec tous les occupants du Réflectoire. Dans l'*exodos* se trouvent
sur scène les quatre acteurs (Strepsiade, Socrate, Chairéphon, Disciple), et même deux autres utilisés pour les rôles des esclaves de
Strepsiade. On est tenté de penser que c'était là toute la troupe
nécessaire pour jouer la pièce.

Nous pouvons alors revenir à la dernière scène qui ne dispose pas
de signal : l'*agôn* des Raisonnements Juste et Vicieux (scène 22) : alors
que l'entrée du second Raisonnement est signalée comme toutes les
autres entrées, il n'en va pas de même pour le premier. Lors de la scène
précédente Socrate est sorti, comme nous l'avons vu, et nous avons
accepté que Strepsiade et Phidippide soient restés sur scène. Évidemment ces derniers ne peuvent annoncer l'entrée du Raisonnement
Juste, puisqu'ils ne le connaissent pas. Pourtant Socrate aurait pu
l'introduire et nous pouvons être sûrs qu'il aurait agi ainsi s'il avait été
présent sur scène ; on peut donc exclure sa présence. Cependant la
comparaison avec les autres cas d'absence de signal suggère aussi
qu'une intervention du chœur juste avant cette scène se soit produite,
comme l'indiquent d'ailleurs les manuscrits. Peut-être la mention de
ce chœur a-t-elle disparu, mais il semble plus vraisemblable qu'il n'ait
jamais été composé par Aristophane. Autrement dit, il y a ici une
interruption de l'action dont l'objectif est un nouveau développement de la comédie. Nous trouvons ainsi un témoignage de la seconde
rédaction des *Nuées* et nous pourrons peut-être en ajouter un autre à
la fin de cette étude.

Nous avons laissé pour la dernière partie de notre propos l'analyse des séquences, qui regroupent, rappelons-le, des scènes parta-
geant une unité thématique commune. On peut définir une séquence
comme une unité du point de vue, c'est-à-dire, une unité, plus brève
que l'acte, comprenant une ou plusieurs scènes.

Nous avons déjà établi que le prologue est composé par trois
séquences rassemblant un nombre de scènes décroissant (4, 3 et 2).
Selon les termes de P. Mazon, les 20 premiers vers correspondent à la
parade et le reste au boniment avec le thème comique (fuir les dettes)
et l'idée géniale (apprendre le Raisonnement pour ne pas payer). La
deuxième séquence, quant à elle, tourne autour des théories ensei-
gnées par Socrate et la troisième raconte l'initiation du nouvel élève,
laquelle se prolonge tout au long de la *parodos*.

Entre la première parabase et la seconde, on trouve cinq séquences clairement ponctuées par les interventions du chœur. La première,
constituée par trois scènes regroupant un total de 73 vers, parle de
l'enseignement de la grammaire et finit avec l'encouragement de
Strepsiade par le chœur. On pourrait intituler la deuxième séquence
(80 v.) : « passion et expulsion de Strepsiade ». C'est dans celle-ci que

se produit le revirement définitif de la comédie : Strepsiade constate son échec et décide de faire instruire son fils. Elle finit avec l'intervention du chœur qui dialogue avec Socrate. La troisième séquence, de même que la première, compte trois scènes. Sont exposées les connaissances acquises par Strepsiade, qui sont employées pour convaincre Phidippide d'accepter le projet de son père. Elle est suivie immédiatement par la quatrième séquence où Socrate accepte de prendre Phidippide comme élève. Ces deux séquences comptent en tout 73 vers, comme la première. Une intervention du chœur (perdue) ouvre l'*agôn* des Raisonnements rapportant l'initiation de Phidippide.

Tous les parallélismes entre cette partie de la pièce et le prologue, ou plutôt ses deux séquences (de 3 et 2 scènes) par lesquelles débute l'action sont, je crois, clairement visibles. Dans le troisième acte on trouve — si l'on accepte la division proposée par A. Sommerstein [49] — la même structure formée de deux variations, qui correspondent à Strepsiade et à Phidippide, et d'une amplification ; mais le progrès de l'action suit la même marche que celle du prologue : 3 scènes d'enseignement, chœur, 2 scènes de souffrances (en parallèle avec l'initiation du prologue), 3 scènes consacrées au premier enseignement de Phidippide, 2 à son acceptation, chœur, 2 à son initiation enfin.

Cet acte est construit selon une double séquence de 3 + 2 scènes, tout comme la deuxième partie du prologue, avec une coda constituée par l'*agôn* des deux Raisonnements.

Après la seconde parabase on voit que le rythme signalé auparavant se modifie. Une première séquence (2 scènes) tourne autour du paiement de Socrate et le triomphe de Strepsiade. La deuxième (2 scènes) relate l'accueil de bienvenue reçue par Phidippide et met en évidence les connaissances qu'il a acquises.

A partir de ce moment, la comédie opère un revirement et expose les applications pratiques des enseignements rendus par Socrate : les victimes sont d'abord les créanciers, ensuite Strepsiade et finalement Socrate lui-même. La troisième séquence compte quatre scènes ; elle a aussi autant de vers que la dernière (celle-ci a 46 et ici on trouve 44) et constitue le lieu de l'argumentation avec le premier créancier et de son expulsion. La quatrième séquence, on pourrait le dire d'avance, ne compte que deux scènes présentant le second créancier avec le même aboutissement que pour son devancier. Cette série de quatre séquences se termine par l'intervention du chœur. Après cela nous trouvons une séquence de deux scènes : l'*agôn* entre Strepsiade et Phidippide et les conséquences du triomphe de ce dernier.

---

49. « Act division in old comedy », *BICS* 31, 1984, p. 139-152.

Le quatrième acte constitue donc à lui seul une structure, mais avec le même nombre de scènes (10) que le troisième, suivies par un chœur et une coda constituée par une séquence de deux scènes. Dans les deux actes, remarquons que la coda est un *agôn*. Les différences existant entre ces deux actes mettent en valeur la manière employée par Aristophane pour accéder à la symétrie avec une variation. Le troisième acte est ponctué, nous l'avons vu, par les interventions du chœur de la façon suivante : 3 + chœur + 2 + chœur + (3+2) + <chœur> + 2 ; tandis que le quatrième acte suit un rythme avec une seule interruption du chœur : 2 + 2 + 4 + 2 + chœur + 2. Les différences d'organisation sont plus remarquables dans les quatre premières séquences de chaque acte, si l'on se rapporte au nombre des vers. Dans le troisième acte, le rythme est maintenu : 3 + chœur + 2 + chœur + (3 + 2), avec 72 + 80 + (73) vers ; dans le quatrième, le rythme est bipartite (2 + 2) + (4 + 2) avec 91 et 90 vers pour chaque partie.

Tous ces parallélismes nous permettent d'affirmer sans crainte qu'il y avait un chœur qui se serait perdu et qu'il faudrait placer dans le troisième acte à l'endroit signalé par les manuscrits, c'est-à-dire devant l'*agôn*.

L'*exodos*, quant à lui, rassemble également 5 scènes constituant deux séquences. La première est occupée par un monologue avec les entrées de deux esclaves, de même qu'au début de la pièce. La seconde met en scène le châtiment de Socrate et de ses élèves avec l'incendie du Réflectoire.

Pour conclure, on pourrait dire que les *Nuées* suivent une structure très précise sur la base de séquences de trois et de deux scènes. Ce rythme est marqué dans le prologue et continue jusqu'à la fin de la pièce. Par ailleurs, les séquences se rassemblent selon leur thème, de telle façon que celles qui ont trois scènes développent généralement le thème de l'enseignement et ses conséquences. De ce point de vue, on ne peut affirmer que le *textus receptus* de cette comédie soit une nouvelle rédaction très remaniée de la première version des *Nuées*, du moins en ce qui concerne la structure scénique — ce qui s'accorde avec les conclusions de H. Erbse [50]. Sur ce dernier point, il n'y a guère que l'absence d'un chœur avant l'*agôn* des deux Raisonnements qui se révèle significatif.

Enfin, ajoutons que la façon dont Aristophane signale les entrées et les sorties de ses personnages dans le texte est remarquablement soignée ; toutes les exceptions à cette règle ont leur justification.

---

50. *Art. cit.* (n. 5), p. 210 sq.

BIBLIOGRAPHIE

A. ÉDITIONS ET TRADUCTIONS :

V. COULON, *Aristophane*, Paris, 1923-1930.

D. DEL CORNO, *Aristofane. Le nuvole*, Milan, 1996.

K. J. DOVER, *Aristophanes Clouds*, Oxford, 1968.

G. MASTROMARCO, *Aristofane*, Turin, 1983.

A. SOMMERSTEIN, *Aristophanes : Clouds*, Warminster, 1981.

W. J. M. STARKIE, *The Clouds of Aristophanes*, Londres, 1911 (Amsterdam, 1966).

P. THIERCY, *Aristophane. Théâtre complet*, Paris, 1997.

J. VAN LEEUWEN, *Aristophanis, Nubes*, Leyde, 1968.

A. WILLEMS, *Aristophane. Traduction avec des notes et commentaires critiques*, Paris-Bruxelles, 1919.

B. ÉTUDES :

E. GARCÍA NOVO et I. RODRÍGUEZ ALFAGEME, éd., *Dramaturgia y puesta en escena en el teatro griego*, Madrid, 1998.

M. IMHOF, *Bemerkungen zu den Prologen der Sophokleischen und Euripideischen Tragödien*, Keller-Winterthur, 1957.

J. A. LÓPEZ FÉREZ éd., *La comedia griega y su influencia en la literatura española*, Madrid, 1998.

G. MASTROMARCO, *Introduzione a Aristofane*, Bari, 1994.

W. NESTLE, *Die Struktur des Eingangs in der attischen Tragödien*, Berlin, 1930.

H. J. NEWIGER, *Aristophanes und die alte Komödie*, Darmstadt, 1975.

P. THIERCY, M. MENU, *Aristophane : la langue, la scène, la cité. Actes du colloque de Toulouse 17-19 mars 1994*, Bari, 1997.

Ignacio RODRÍGUEZ ALFAGEME

L'UTILISATION DRAMATURGIQUE DU CHŒUR
DANS LES COMÉDIES D'ARISTOPHANE

A Athènes, au ve siècle av. J.-C., les pièces étaient présentées dans le cadre d'un concours dramatique. Tout dramaturge qui souhaitait être sélectionné pour les concours tragiques ou comiques, devait, selon l'expression consacrée, « demander un chœur » au magistrat chargé d'organiser le festival. Ce fait souligne bien deux points : premièrement, il n'y avait pas de théâtre en dehors de l'État ; deuxièmement, le chœur était perçu comme l'élément essentiel du spectacle.

Le chœur est en effet l'élément le plus spécifique du drame grec, le trait d'union entre les tragédies, les drames satyriques, les comédies et même le dithyrambe. Certes, l'utilisation des chœurs par les dramaturges est très variée et ne s'est pas faite de façon uniforme pendant le ve siècle.

J'étudierai aujourd'hui l'utilisation dramaturgique qu'en fait Aristophane en insistant sur un point qui me semble essentiel : l'interaction entre le chœur et le public puisque les choreutes étaient des amateurs, des citoyens athéniens représentants de la cité en lice pour un concours. Plus de mille citoyens participaient à chaque festival : les dramaturges avaient donc affaire à un public de connaisseurs, qui jouaient leur rôle fondamental de citoyens en participant au festival dramatique à tous les niveaux. C'est peut-être ce qui explique en partie la qualité de ces pièces et qu'un théâtre commandité par un État puisse éviter l'écueil d'être un théâtre d'État.

Le théâtre athénien est donc politique, en ce sens qu'il était organisé par et pour la *polis*, et prenait place dans le calendrier religieux traditionnel. Comme on le sait, les concours dramatiques se déroulaient à l'occasion de deux fêtes religieuses consacrées à Dionysos, les *Lénéennes*, qui se tenaient fin janvier-début février, et les *Grandes Dionysies*, célébrées fin mars-début avril. Celles-ci étaient placées sous la responsabilité du doyen des archontes, l'archonte-éponyme, et les *Lénéennes*, sous celle de l'archonte-roi, la principale autorité religieuse de la cité. Celui-ci était également chargé de l'ensemble des liturgies, ces impôts civils pour les plus riches, notamment celui de l'armement des trières ; ainsi, le théâtre et la guerre étaient-ils placés sur le même plan. Il attribuait également aux dramaturges choisis un acteur principal, payé sur les fonds publics, lui-même citoyen mais professionnel.

La pauvreté ne devait empêcher aucun citoyen athénien de jouer son plein rôle dans le débat démocratique [1], et celui-ci s'exerçait autant dans le théâtre que dans les autres instances publiques. Il existait du reste une taxe, le *théorikon*, destinée à assurer aux citoyens les plus pauvres leur entrée au spectacle. Le théâtre est donc à la fois le témoin et l'expression la plus manifeste de l'essor de cette démocratie au Ve siècle.

L'utilisation dramaturgique du chœur

Les sources antiques indiquent que le chœur des tragédies était formé de douze puis quinze personnes (*choreutes*) et ceux des comédies de vingt-quatre. Ce nombre est fondé en partie sur les *Oiseaux* (v. 267-269), où l'on compte vingt-quatre noms d'oiseaux à l'entrée du chœur. En fait, quatre oiseaux apparaissent avant cette *parodos*, ce qui porte ce nombre à vingt-huit, et rien n'indique qu'il ne s'agisse que de figurants. Ce nombre de vingt-quatre choreutes n'était donc peut-être pas impératif. En effet, il est compréhensible que les concurrents soient obligés d'utiliser le même nombre d'acteurs, payés par l'État, mais le chœur, lui, était composé d'amateurs et financé par un chorège athénien. Une certaine liberté en la matière ne me semble donc pas avoir été impossible, avec peut-être un nombre minimal de choreutes pour assurer la représentation, sans qu'il soit exclu de dépasser ce nombre. Après tout, un chœur de vingt-quatre personnes n'assure pas forcément un meilleur spectacle qu'un chœur de douze !

La forme circulaire (ou plus exactement polygonale à l'époque) du théâtre invitait le public à s'engager. On trouve ainsi une imbrication remarquable entre les pièces et les citoyens, entre les deux entités collectives : celle en scène — le chœur — et celle des gradins — le public. Ces spectateurs pouvaient servir de claque pour influencer l'attribution du prix du concours, mais il ne fallait en aucun cas que leur enthousiasme (ou leur mécontentement) troublât le bon déroulement de la représentation. Le problème, pour le poète comique, était

---

1. Cf. la remarque de Périclès dans le discours funéraire que lui prête Thucydide (II, 40).

donc de contrôler le public. C'est pour cela, sans doute, que l'on peut noter que la plupart des prologues commencent par des plaisanteries extérieures au sujet de la comédie, car il eût été imprudent d'exposer le thème dès les premiers vers, quand le silence ne s'était pas encore fait. Une quarantaine de vers sont ainsi généralement dévolus à cette séquence d'ouverture avant l'exposition du sujet. Le poète devait donc tenter d'amener le public à réagir selon ses prévisions, tantôt l'incluant dans le jeu dramatique, tantôt l'excluant.

La nature du chœur est un facteur déterminant dans l'utilisation que va en faire Aristophane par rapport à un public qu'il représentera plus ou moins fidèlement. On sait en effet que les contacts avec les spectateurs sont très nombreux dans ces comédies, mais Aristophane ne se contente pas de lancer des plaisanteries au public ou de lui donner des explications : il lui attribue aussi un rôle, comme à un quatrième acteur ou à un second chœur.

On peut ainsi diviser les comédies d'Aristophane en deux groupes sensiblement égaux, et cela selon la nature du chœur :

— quand le chœur est constitué de citoyens athéniens, le public est inclus dans l'action de la comédie. Il fonctionne alors comme un chœur au-delà du chœur, un chœur au second degré, mais qui ne suit pas forcément l'attitude du véritable chœur.

— dans les autres pièces, le chœur est au contraire « a-normal » : animaux, divinités ou, paradoxalement, femmes. Le public est alors exclu de l'action de la comédie et se trouve ainsi placé dans une situation de simple spectateur ou de témoin.

I. Les chœurs ordinaires

Ces chœurs sont ordinaires en ce sens qu'ils sont une émanation des spectateurs, qui, selon le sujet de la comédie, pouvaient avoir un comportement favorable, neutre ou hostile.

1. Attitude favorable ou neutre

Aristophane peut souvent compter sur une attitude *a priori* favorable du public, comme dans les *Cavaliers*, les *Guêpes,* la *Paix* et le *Ploutos*.

Dans les *Cavaliers*, le public va être sollicité pour venir prêter main forte au Marchand de Boudin qui doit vaincre l'abominable Paphlagon/Cléon. A cet effet, la séquence d'ouverture des deux esclaves est mêlée d'allusions aux spectateurs (v. 36-38) ; par la suite ceux-ci seront en quelque sorte intégrés dans l'action en tant que sujets qui tomberont sous la domination du futur vainqueur :

« Vois-tu ce peuple en rangs serrés ? » (v. 163) [2].

Les spectateurs intelligents et tous les braves gens sont donnés comme alliés effectifs du chœur des Cavaliers (v. 226-228), et cette intervention fictive du public est soulignée par les noms des deux Coryphées, Simon et Panétios, qui sont, selon le scholiaste, les Hipparques réellement en fonction cette année-là. On peut aussi noter le vœu de voir Cratinos échanger son statut d'auteur de théâtre contre celui de spectateur (v. 242 et 536).

Lorsque paraît Dèmos, personnage symbolique du peuple, cette fonction de chœur au second degré peut cesser. Le public, qui aura ainsi soutenu le poète durant toute la comédie, trouvera sa récompense dans la transfiguration finale de Dèmos, promesse du retour de l'âge d'or pour les Athéniens.

Dans les *Guêpes*, les spectateurs sont invités à jouer un rôle d'arbitre. Le chœur est en effet d'une nature ambiguë : ce ne sont ni de véritables guêpes, ni de simples Athéniens. Cette ambiguïté est d'ailleurs contagieuse puisque certains Athéniens se transforment ou agissent en guêpes ou en abeilles : parmi ses incarnations, Philocléon devient une petite abeille (v. 366), alors qu'il ne porte sans doute pas le costume des choreutes, et Lachès ne possède pas un coffre, mais une ruche (v. 241). Dès lors, en dehors de la parabase, ce n'est pas le chœur qui s'adressera au public, mais les acteurs. Lors de l'agôn, Bdélycléon décide de prendre pour arbitres les choreutes, mais aussi les spectateurs :

« ...et même, je veux bien prendre ces gens-là pour arbitres » (v. 521).

Cette association entre les choreutes et les spectateurs montre bien que le public est dorénavant mis en position de chœur au second degré, ce qui devient possible puisque les choreutes vont passer du côté de Bdélycléon, le type même du bon citoyen.

C'est dans la *Paix* que les spectateurs jouent le rôle le plus important, à tel point que l'on pourrait dire que les deux principaux personnages de cette comédie sont Trygée et le public ; celui-ci ne se contentera pas d'être impliqué dans l'action : il fournira également le chœur et même certains des personnages secondaires.

Cependant, quand arrive la *parodos*, le poète se heurte au problème de l'entrée du chœur. Contrairement à ce qu'on a souvent

---

2. Toutes les traductions sont tirées de mon édition du *Théâtre complet d'Aristophane*, Bibliothèque de La Pléiade, Gallimard, Paris, 1997.

prétendu, Aristophane se préoccupe réellement de la logique interne de l'action de ses comédies, et les choreutes n'ont en fait aucune raison de se trouver au ciel, à portée de voix, près de la maison de Zeus, puisqu'ils ne sont pas des héros et n'ont pas eu à leur disposition ce moyen de transport fabuleux qu'est le scarabée géant. Les seules personnes qui remplissent ces conditions sont les spectateurs, qui ont en quelque sorte accompagné Trygée dans son voyage. Je pense donc que les choreutes — qui ne portent aucun costume spécial — étaient dissimulés dans les gradins et bondissaient dans l'*orchestra* à l'appel du héros (v. 292-300). C'est pour cela qu'ils n'ont besoin d'aucune explication de Trygée, puisqu'ils sont déjà au courant du développement de l'action, tout comme les spectateurs dont ils sont issus.

Pour revenir sur terre, Trygée empruntera un chemin aérien, guidé par la déesse, mais le chœur ne pourra le suivre. Il faut donc que ce dernier réintègre progressivement sa fonction de chœur comique, ce qui lui permettra de prononcer la parabase et de se retrouver à Athènes pour la seconde partie.

Dans celle-ci, les spectateurs auront ainsi repris leur statut habituel, mais le héros ne cessera de les associer à son triomphe, notamment par le don de Théôria, qui correspond à ses propres noces avec Opôra, qui représenteront ainsi en quelque sorte la hiérogamie du Basileus et de la Basilinna.

Dans le *Ploutos*, le chœur d'Athéniens pauvres est l'exact reflet de la majorité des spectateurs, et il apporte à Chrémyle une aide que personne ne saurait lui refuser. Pourtant, le rôle de ce chœur est très modeste, si bien que le public qu'il représente aura lui aussi un rôle très effacé. En fait, le chœur n'est plus qu'un spectateur, et du coup c'est lui qui s'assimile aux spectateurs et non plus le public au chœur. La raison en est simple : nous ne sommes plus dans l'ancienne comédie.

2. *attitude hostile*

Le problème qui se pose au tout jeune Aristophane dans les *Acharniens* est un problème politique majeur : Dicéopolis va défendre en pleine guerre le point de vue des Lacédémoniens devant les Athéniens. Il y a donc un risque certain que le poète soit pris pour un véritable traître, que le public manifeste par des mouvements, des cris, des jets de projectiles ; un scandale aurait lieu, qui interromprait la représentation et interdirait à Aristophane de pouvoir redemander un chœur pour les prochains concours (Cléon y veillerait sans aucun doute !).

Aristophane va donc devoir s'entourer de précautions oratoires, et c'est dans cet esprit qu'il traitera le chœur dans toute la première partie de la pièce, afin de manipuler le public pour l'amener à rester tranquille.

Au début de la comédie, Aristophane ne risque rien car l'attitude mesurée de Dicéopolis lui attirera certainement la sympathie du public ; l'acteur parle alors au nom de tous les Athéniens : Amphithéos voulait faire la paix « pour notre bien » :

« cet homme qui voulait nous
conclure une trêve et raccrocher les boucliers » (v. 57-58).

Mais au moment où Dicéopolis signe sa trêve personnelle, il se sépare des Athéniens et devient ainsi un dissident, donc un ennemi de la *polis*. Aristophane ne peut certes pas laisser le public réagir, et il lui propose aussitôt un porte-parole, le chœur des Acharniens. Cette alliance du chœur et du public se manifeste dès le début de la *parodos* par le jeu de scène du chœur qui demande aux « passants » leur aide pour trouver la canaille qui les trahit (v. 204-207).

Le public pourra ainsi se tranquilliser en constatant que le traître est près d'être châtié. Dicéopolis va donc prendre les habits de Télèphe, un roi mendiant d'Euripide, mais ce faisant, les masques tomberont. Dans toute la scène avec Euripide, Dicéopolis parlera en effet ouvertement au nom d'Aristophane, à la première personne (v. 377-382), et en même temps le chœur perdra sa fonction de représentant des spectateurs ; le poète passera par-dessus le chœur, comme le montre une étrange réflexion de Dicéopolis qui explique que les spectateurs pourront le reconnaître, mais pas le chœur :

« Les spectateurs peuvent me connaître pour ce que je suis vraiment,
mais les choreutes doivent rester plantés là comme des idiots,
attendu que je vais leur faire la figue avec mes formulettes ! » (v. 442-443).

Aristophane s'adresse ainsi directement aux spectateurs, aux Athéniens, ces deux qualificatifs étant unis dans la même adresse :

« Ne m'en veuillez pas, Messieurs les spectateurs,
si moi, un mendiant, je vais pourtant parler devant les Athéniens
de politique, en pleine trygédie » (v. 496-497).

Le poète continue de parsemer son discours de précautions oratoires : il insiste sur le fait qu'il ne critique pas l'ensemble de la cité, mais seulement quelques individus :

« En fait, il y a chez nous des hommes — je ne dis pas la cité...
remarquez-le bien, je ne dis pas la cité » (v. 515-516) ;

D'ailleurs, tout cela se dit au théâtre, dans le cadre « intime » du
concours des *Lénéennes* (v. 496) et après tout, les spectateurs et lui
sont « entre amis » :

« Pourtant — nous discutons entre amis, pas vrai ? » (v. 513).

Fort habilement, Aristophane ne va pas proclamer la victoire de
son héros à l'issue de cet *agôn*, mais revenir à cet échange chœur
réel / chœur au second degré, les sentiments des spectateurs étant sans
doute encore partagés et ambigus. Un demi-chœur défend la position
des Athéniens toujours hostiles, et un second demi-chœur celle des
Athéniens convaincus par Dicéopolis : chaque spectateur se trouve
ainsi représenté par des choreutes et peut rester tranquille. Quand le
second demi-chœur admet enfin le bien fondé des déclarations de
Dicéopolis, Aristophane est rassuré : le chœur se déclare persuadé
ainsi que, au-delà de lui, le peuple entier, comme le dit expressément le
Coryphée :

« L'homme triomphe grâce à ses arguments et convertit le peuple
au sujet de sa trêve » (v. 626 sq.).

La parabase peut enfin commencer, et Aristophane continuer
son plaidoyer *pro domo*, en critiquant ses concitoyens pour leur
versatilité et en proclamant bien haut son rôle de conscience politique
des Athéniens.

Dans la seconde partie de la comédie, Dicéopolis voit sa dissi-
dence admise par la cité, et Aristophane son propos accepté par le
public ; le poète n'a donc plus besoin d'utiliser les spectateurs et son
héros n'aura affaire qu'à des personnages situés sur le seul plan de la
réalité théâtrale : le public abandonne alors définitivement son rôle de
chœur au second degré.

II. les chœurs extraordinaires

Dans les comédies d'Aristophane où le chœur n'est pas composé
de citoyens athéniens, le public va être exclu du monde représenté sur
scène. Le poète devra alors le cantonner dans un rôle de spectateur ou
de témoin, fonction plus discrète mais indispensable à la conduite de
l'action, qui n'exclura pas les adresses aux spectateurs.

On peut diviser ces comédies en deux groupes ; le premier
rassemble les pièces dont le chœur est animal ou surnaturel (*Nuées,*

Oiseaux, Grenouilles), le second celles qui comportent un chœur féminin (*Lysistrata, Thesmophorieuses, Femmes à l'Assemblée*).

1. *Chœur animal ou surnaturel*

Dans les *Nuées*, le chœur n'est pas constitué d'Athéniens et la réalité représentée est une réalité différente, celle de Socrate. Le chœur, composé de divinités (féminines, notons-le), a plutôt un comportement de chœur tragique puisque les Nuées vont en réalité châtier l'*hybris* de Socrate et de Strepsiade. Quant au monde de Socrate, c'est un monde où tout est inversé et les spectateurs ne sont naturellement pas invités à y pénétrer.

Le public ne joue ainsi aucun rôle d'arbitre puisqu'il ne doit ni s'associer au chœur ni s'y substituer.

On trouve une démarche semblable dans les *Oiseaux* : les spectateurs sont exclus du monde représenté, bien que cette comédie soit celle qui contient le plus d'allusions aux citoyens d'Athènes, mais alors que le monde de Socrate était négatif, celui des Oiseaux est positif. Contrairement à ce qui se passait dans la *Paix*, les spectateurs ne pourront pas accompagner le héros dans son voyage dans l'autre monde, car ils ne peuvent pas s'associer au chœur, composé d'oiseaux, ni aux Athéniens qui se rendront à Néphélococcygie, et qui seront tous des parasites ou des canailles.

Quand le chœur voudra montrer aux spectateurs les avantages qu'ils pourraient tirer de cette royauté des Oiseaux, ce seront les ailes qui viendront aux Athéniens et non l'inverse (v. 785-800) ; en revanche, les seuls visiteurs humains qui parviendront à Néphélococcygie seront des personnages douteux, qui repartiront battus et démunis d'ailes.

Dans cette comédie, le public n'est ainsi qu'un témoin qui assiste, admiratif, au triomphe du héros, triomphe individuel et non collectif, mais qui ne peut prendre toute sa valeur que face à la Cité représentée par le public, futur peuple des Oiseaux.

L'atmosphère change dans les *Grenouilles*, mais une nouvelle fois les spectateurs seront exclus du monde représenté sur scène. Cette comédie est consacrée à l'étude de la création théâtrale : la première partie est dédiée à la comédie et la seconde à la tragédie. Le rôle du public est alors clair : il tient la partie du public, présence indispensable à tout jeu théâtral. Cette position ambiguë de spectateurs jouant un rôle de spectateurs est concrétisée dès la première phrase par Xanthias qui se heurte à semblable difficulté, car il est à la fois personnage en situation et acteur comique jouant au théâtre :

« Est-ce que je dois dire une des plaisanteries habituelles
qui font rire le public à tout coup, maître ? »

Le public est dans une situation analogue. Aucune possibilité
pour les spectateurs de s'intégrer à l'action : le chœur principal est
composé de morts, le chœur secondaire de grenouilles, les personnages sont des morts, des dieux ou des esclaves. Devant le public des
Grenouilles se lève le voile des mystères de la création théâtrale et de la
mort, mais le spectateur n'est qu'un profane, dans les deux sens du
terme, et il doit se contenter d'observer et de se réjouir.

2. *Chœur féminin*

Comme on le constate souvent quand on étudie l'œuvre d'Aristophane, on retrouve dans un même groupe les trois comédies « féminines » : *Lysistrata*, les *Thesmophorieuses* et les *Femmes à l'Assemblée*.
Ces ressemblances sont évidemment dues au chœur féminin de ces
comédies, trait d'unité plus fort que les différences pourtant nombreuses qui les séparent. L'exclusion du public, qui est très nette dans
les trois cas, est riche d'enseignements, autant par ce qui est dit que
par ce qui ne l'est pas. On ne trouve ainsi aucune précaution oratoire : le public est un public d'hommes, comme nous l'allons voir, et
il n'a aucune raison de se formaliser de ces attaques et moqueries
contre les femmes. Il y a aussi fort peu d'adresses aux spectateurs en
dehors des parabases : aucune dans les *Thesmophorieuses*, une seule
dans *Lysistrata* et quelques-unes dans les *Femmes à l'Assemblée*, et
cela pour des raisons différentes.

Avant d'étudier ces comédies, il faut poser brièvement la
question de la présence de femmes dans l'assistance. On n'a jamais
prouvé qu'au Ve siècle des femmes (ni même des hétaïres) assistaient
aux représentations théâtrales (pas plus qu'aux concours sportifs),
peut-être pour des raisons de convenances, parce qu'elles n'étaient
pas citoyennes, ou tout simplement parce que le nombre de places
n'était pas suffisant. Le texte d'Aristophane semble au contraire
souligner cette absence : dans aucun passage on ne trouve en effet la
moindre adresse à des femmes, même dans les trois comédies féminines ; en revanche, on peut relever beaucoup d'indices dans le sens
contraire :

— toutes les adresses au public sont toujours au masculin ou concernent des hommes ;
— dans la *Paix*, la description des spectateurs indique bien les hommes, les jeunes gens et les garçons, mais ne fait aucune allusion à des

femmes (v. 50-53). Plus loin, une plaisanterie grivoise indique clairement que les femmes ne peuvent attraper les grains que jettent les
acteurs (v. 962-974) : elles sont donc absentes, ou placées dans les
gradins du haut ;

— dans les *Oiseaux*, un galant aperçoit dans l'assistance un bouleute
dont l'épouse est sa maîtresse : il pourra la rejoindre d'un coup d'aile
et regagner sa place de la même façon après leur étreinte (v. 793-796).
Cette plaisanterie montre que les femmes « bien », au moins, n'assistaient pas aux comédies ;

— dans les *Thesmophorieuses*, les femmes se plaignent qu'après avoir
vu une tragédie d'Euripide les maris cherchent s'il n'y a pas d'amant
sous le lit (v. 395-397). On pourrait conclure de ces vers que les
femmes n'assistaient pas non plus aux tragédies.

Pourtant, l'argument qui me semble déterminant est le fait que
lorsque le chœur est composé d'Athéniens, il y a toujours de nombreuses adresses au public, alors que dès qu'il s'agit d'un chœur
féminin, c'est le silence.

On trouve ainsi deux demi-chœurs dans *Lysistrata*, l'un masculin, l'autre féminin. On pourrait penser que les spectateurs s'associe-
ront au demi-chœur des Hommes, et les éventuelles spectatrices au
demi-chœur des Femmes, mais il n'en est rien. Quand Lysistrata
appelle ses troupes à l'aide, elle spécifie qu'elles sont à l'intérieur de la
skènè (v. 456), alors qu'en pareil cas les personnages masculins se
tournent toujours vers l'assistance. Ces femmes du chœur sont
d'ailleurs presque aussi bizarres que les Guêpes : elles se comparent
elles-mêmes à des abeilles (v. 353, 474-475) ou à des orties, et disent
qu'on ne voit que la dix millième partie de leur troupe (v. 355).

L'absence de femmes dans l'assistance serait une explication
pour la réserve du demi-chœur féminin, mais non pour celle du
demi-chœur des Hommes. Ceux-ci sont pourtant des Athéniens
« normaux » et pourraient appeler à l'aide leurs concitoyens comme
dans les autres comédies. La raison en est peut-être que les spectateurs
ne peuvent s'incarner dans ce demi-chœur justement parce qu'il est
incomplet. Ces choreutes sont de plus des admirateurs d'Euripide
(v. 283 et 368), ce qui les rend naturellement suspects selon la logique
aristophanienne.

La seule adresse des femmes au public se situe dans la pseudo-
parabase (v. 638), « pseudo » seulement, car une véritable parabase
est impossible puisque le chœur est toujours scindé.

Les adresses aux spectateurs commenceront d'ailleurs dès que les
deux demi-chœurs seront réunis (v. 1044-1071 et 1189-1215), mais en

disant seulement « Messieurs », ce qui semble confirmer l'absence de femmes dans le public.

Dans les *Thesmophorieuses*, le chœur est exclusivement féminin et le public est totalement ignoré en dehors de la courte parabase en situation. Le sujet n'est annoncé qu'au v. 76, mais les deux personnages masculins ne profitent pas de cette longue séquence d'ouverture pour s'adresser au public. On a du reste l'impression que le thème de la comédie est le travestissement, et les rares hommes en scène sont soit déguisés en femmes soit des invertis. D'ailleurs, quand les femmes du chœur se mettent à la recherche d'un autre homme après avoir découvert le parent d'Euripide, elles disent n'en trouver aucun (v. 659-688). Elles peuvent ainsi s'exclamer à bon droit qu'elles sont seules :

> « nous sommes seules, et pas un mot ne transpirera ! » (v. 472).

Dans les *Femmes à l'Assemblée*, au contraire, on retrouve des allusions aux spectateurs bien que le chœur soit féminin, mais sans adresses directes. Une femme désigne bien l'assistance à un moment (v. 167-168), mais c'est précisément pour dire qu'elle croyait s'adresser à des femmes à la vue de l'inverti Épigonos (qui apparaît donc comme la seule « femme » dans le public). Si le public était ignoré dans les *Thesmophorieuses*, il semble dans les *Femmes à l'Assemblée* être tout à fait méprisé : la Jeune Fille sait que sa chanson ennuiera les spectateurs, mais elle s'en moque (v. 887-888). Praxagora et le chœur se demanderont bien si les spectateurs oseront innover (v. 578-585), mais les seules adresses directes, seront des appels aux juges et aux spectateurs pour la victoire, agrémentés d'une invitation à souper. En fait ces invites ne sont formulées que dans les derniers vers (1141-1142 et 1154-1162), et elles sont destinées à entourer l'intervention d'un homme, Blépyros, qui décrit une nouvelle fois un public composé exclusivement d'hommes (v. 1141-1143).

De toute façon, le dîner en question ne sera qu'un leurre, comme tout ce que peuvent promettre les femmes. Leur monde est perverti, les hommes qui acceptent de s'y intégrer se féminisent : tout ce qu'elles entreprendront sera voué à l'échec. Ces trois comédies féminines excluent donc ce public d'hommes. Le spectateur ne peut plus être qu'un témoin de ce qui se passe dans ces gynécocraties. De plus, les femmes athéniennes n'ont pas d'existence en tant que corps constitué : elles ne peuvent donc fonctionner comme un véritable chœur, groupe par définition totalement homogène. La meilleure preuve en est que dans aucune de ces comédies elles ne réussissent même à organiser une véritable *parodos* : leurs entrées en scène sont toujours informelles.

Conclusion

Parvenus au terme de ces réflexions, nous pouvons peut-être mieux comprendre pourquoi les chœurs dramatiques étaient composés de citoyens athéniens et non de professionnels. Le chœur, spécialement le chœur comique, était le représentant sur scène de la communauté civique athénienne, et endossait ainsi les sentiments du public, tel un médiateur.

Lorsque le chœur était composé de personnages auxquels pouvaient s'identifier les spectateurs, certains problèmes de l'auteur se résolvaient d'eux-mêmes puisque le dialogue ou la discussion pouvaient s'engager avec le public par le truchement du chœur. Inversement, quand les choreutes représentaient des personnages qui n'étaient pas susceptibles de représenter les Athéniens (ce qui est le cas, notamment, des chœurs féminins), le poète ne pouvait établir ce lien avec l'assistance, ce qui l'empêchait d'intégrer les spectateurs dans l'action, mais non d'interpeller le public. Pour de telles adresses, toutefois, l'action était suspendue, et Aristophane, généralement soucieux de respecter la cohérence de l'action de sa comédie, choisissait pour ce faire les parabases, qui n'avaient pas besoin de faire parler le chœur en situation.

La disparition de ces parabases, puis du chœur de citoyens expliquent ainsi en partie l'évolution même des comédies qui ont progressivement exclu les spectateurs de l'action, marquant ainsi la fin de l'ancienne comédie.

Pascal THIERCY

LA MUSIQUE DANS L'ŒUVRE D'ARISTOPHANE

Je ne puis qualifier que d'aubaine l'invitation récemment reçue de participer au présent colloque sur la comédie grecque, réuni en cette Villa Kérylos où j'ai eu naguère le plaisir d'organiser deux autres colloques sous l'égide de l'Institut de France [1]. Pour y répondre judicieusement, j'ai dû revisiter un champ de recherches que j'avais jadis longuement cultivé, et d'où un nombre de textes, d'une unité jugée remarquable [2], sur la philosophie de la musique dans le théâtre grec étaient issus. Ensemble, ils pourraient servir d'introduction à mon étude sur *La musique dans l'œuvre de Platon* [3]. Ils furent effectivement réunis, il y a longtemps, en un volume portant le titre général : *La philosophie de la musique dans la dramaturgie antique. Formation et structure* [4]. C'est pour mon plus grand bénéfice personnel que je me suis replongé dans mes notes de l'époque. En reprenant ici certaines de mes conclusions je ne fais, me semble-t-il, que confirmer la portée d'au moins une partie de mon ancien travail.

On a prétendu [5] que la source principale de Platon dans le domaine de la musique aurait été vraisemblablement un traité de Démocrite sur l'*Harmonie*. Je crois cependant avoir montré que, même dans le cas où cette hypothèse serait plausible, elle ne suffit pas à expliquer, à elle seule, la formation de la théorie platonicienne qui déborde le cadre d'une simple spéculation sur le monde, pour s'attacher surtout à l'homme [6]. En fait, Platon n'avait qu'à puiser dans une théorie toute constituée, bien qu'insuffisamment exprimée de façon

---

1. Leurs *Actes* furent édités respectivement sous les titres (a) *Platonisme et néoplatonisme*, Athènes, 1991 ; et (b) *L'idée de la Grèce à l'ère romantique*, Athènes, 1994, dans la série des publications de la Villa Kérylos.

2. Cf. F. Robert, dans *Revue des Études grecques* 91, 1978, p. 228 sq.

3. Paris, P.U.F., 1959 ; 2e éd., Paris, P.U.F., 1989.

4. Athènes, Hermès, 1975 ; 2e éd., Paris, Vrin, 1999.

5. Cf. E. Frank, *Plato und die sogenannte Pythagoreer. Ein Kapitel aus der Geschichte des griechischen Geistes*, Halle, 1920, p. 10.

6. Cf. E. Moutsopoulos, « Mouvement musical et psychologie dans les derniers dialogues de Platon », dans *Musique et philosophie*, Dijon, Société bourguignonne de Philosophie, 1985, p. 3-14.

systématique, dans l'œuvre des tragiques. La portée du mythe des cigales, dans le *Phèdre* [7], condensation dynamique de la pensée du philosophe, en témoigne tout particulièrement. Autrement dit, Platon n'aurait eu qu'à regrouper, de façon géniale, il est vrai, des considérations et des faits attestés déjà avant lui, en une synthèse qui s'accordât parfaitement avec le caractère et la portée de sa propre pensée.

Ainsi, bien que ne disposant que d'indications éparses, on est en droit de parler d'une philosophie de la musique dans la dramaturgie antique. Il ne s'agit pas d'une doctrine nouvelle, mais d'un aspect à part d'une doctrine qui, diffuse dans les limites de la pensée grecque, cherche à se constituer systématiquement. A ce stade elle n'est pas, à proprement parler, une doctrine ; elle est plutôt un tissu de courants et de tendances, les uns très anciens, les autres plus récents, les uns constituant un héritage « barbare », voire préhistorique, les autres ayant été mis en évidence par des esprits éclairés. Le contenu de cette philosophie est toutefois facilement réductible à un seul principe, celui de la primauté du rythme, de l'harmonie, du mouvement, sur le plan psychologique et cosmologique. Les théoriciens de la musique, qui en ont été les « logiciens », tout en ayant analysé les formes, avaient tenté d'en expliquer, par celles-ci mêmes, les effets sur l'âme humaine. La notion d'*éthos* musical, qui souligne cet aspect purement humain, en découlait. En adoptant ces données, les Tragiques reconnaissaient à la musique un rôle prépondérant dans la constitution et l'agencement de l'âme. Sa transcendance n'est considérée dans leur œuvre qu'en vertu de son immanence par rapport au facteur humain. Ils auraient ainsi rendu quatre services majeurs à la pensée musicale hellénique : ils furent des musiciens de génie ; ils surent conserver une tradition des plus anciennes ; ils recueillirent des idées nouvelles et les ont amalgamées avec les idées traditionnelles, offrant ainsi à leurs successeurs philosophes la possibilité de donner à cet ensemble d'idées la forme la plus systématique possible ; enfin, ils ont montré l'importance du fait musical en tant que vécu permanent, indispensable à l'épanouissement de leurs héros, idéalisations de types humains réels, et participant esthétiquement à la vie autant que ces derniers.

Il existe, certes, un « climat » musical particulier à la tragédie, compte tenu, il est vrai, des variantes offertes par l'œuvre personnelle de chacun des trois grands poètes ; ce « climat », qui reflète la tradition dithyrambique, est à la fois religieux et pessimiste : « l'atmosphère d'angoisse et de malheur qui règne dans la tragédie est l'héri-

---

7. 259d-e.

tage naturel des lamentations sur le sort de Dionysos. » [8] Par contre, le climat créé par Aristophane diffère du précédent dans la mesure où, à travers le comique des mots, des personnages ou des situations, c'est vers le triomphe de la « bonne » cause que chaque pièce s'achemine ἀνωδύνως καὶ οὐ φθαρτικῶς [9], conformément au sentiment moral de l'Athénien de la fin du Ve siècle. De plus, le ton de la comédie étant moins pathétique que celui de la tragédie, on assiste à une sorte de dégradation de la puissance et de la portée dramatique des modèles de celle-ci. Ces deux caractères antinomiques de la comédie s'expliquent d'abord par sa provenance [10], ensuite par le fait que le type de l'ancienne comédie s'est formé à une époque où celui de la tragédie était définitivement constitué. La comédie en a adopté la structure épisodique en l'adaptant à ses propres besoins, les parties chorales étant traitées avec autant de verve que celles de la tragédie, qu'elles imitent si souvent. Bref, la comédie est une réplique *sotto voce* à la clameur des poètes tragiques. On verra, notamment, dans quelle mesure Aristophane adopte l'idée générale et les développements de la philosophie musicale des Tragiques.

Je me limiterai aux onze pièces d'Aristophane parvenues jusqu'à nous plus ou moins intégralement, sans recourir à ses fragments, pour deux raisons principales : d'abord, parce que l'examen exhaustif analogue entrepris dans les limites de l'œuvre des Tragiques [11] a simplement confirmé les résultats de mes recherches précédentes ; ensuite, parce que je me propose de montrer uniquement combien certains thèmes de la philosophie de la musique sont communs à l'ensemble de la production théâtrale à peu près contemporaine du jeune Platon qui bannit les poètes de sa Cité, non sans avoir, au préalable, tenu compte de certaines de leurs considérations. J'examinerai tour à tour les éléments irrationnels, esthétiques et cosmologiques de la pensée musicale du poète, à côté desquels il faudra distinguer des éléments techniques.

1. « Ode » et « épode » : musique et incantation. « Les chants sont, en réalité, des incantations », affirme Platon, et le caractère d'irrationalité qui peut être reconnu au climat de la comédie devient

---

8. Cf. E. Moutsopoulos, « Une philosophie de la musique chez Eschyle », *Revue des Études grecques* 72, 1959, p. 18-56.

9. Cf. Aristote, *Poétique* V, 1449 a, 33.

10. Cf. L. Breitholz, *Die dorische Farce im griechischen Mutterland vor dem 5. Jahrhundert. Hypothese oder Realität ?* (coll. Studia Graeca et Latina Gothoburgensia, X), Göteborg, Almquist, Wiksell, 1960.

11. On pourrait, en paraphrasant la formule célèbre de Bergson à propos du comique (*Le rire*, 103e éd., Paris, P.U.F., 1956, p. 29) : « du mécanique plaqué sur le vivant », qualifier le *ton* de la comédie, de *raillerie plaquée sur du pathétique*.

évident dès que la musicalité de l'irrationnel est mise en lumière [12]. L'invocation de l'élément divin est censée déclencher une intervention immédiate de celui-ci en faveur de l'implorant : le théâtre d'Aristophane adopte volontiers cette manifestation musicale de la mentalité primitive dans la mesure où le panthéon grec dans son ensemble est invoqué dans de nombreuses circonstances. Un chant *ad hoc* est ainsi entonné par le prêtre des *Oiseaux* [13]. Dans les *Guêpes*, l'invocation à laquelle Philocléon a recours possède une vertu mystique efficace [14], tout comme celle du jeune amoureux de l'*Assemblée des femmes* [15], ou celle du chœur des *Acharniens* [16]. En général, c'est la manifestation d'un fait merveilleux qui appelle une telle réaction [17].

Zeus tout-puissant est invoqué dans diverses circonstances [18], soit en même temps que d'autres dieux, soit en leur nom [19]. Dans les *Cavaliers*, en proie à un enchantement, Démos invoque le père des dieux, qu'il prend à témoin de la beauté de Trève [20]. Dans les *Oiseaux*, Zeus est invoqué à deux reprises à propos de la fascination exercée sur les personnages de la pièce par la beauté du rossignol, ainsi que par le son de l'aulos qui en imite le chant [21]. Traitée de façon inconsidérée, la vertu magique de l'invocation tend à dégénérer. Toutefois, selon la tradition tragique la plus pure [22], elle acquiert souvent le sens d'une action de grâces [23]. Poséidon et Héra sont invoqués dans des circonstances analogues [24].

---

12. Cf. Platon, *Lois* II, 659e ; 665e ; 666e ; 670e ; X, 887d. L. Lévy-Brühl, *La mentalité primitive*, 15ᵉ éd., Paris, P.U.F., 1960, p. 128 et suiv., 392 et suiv.

13. Cf. *Oiseaux*, v. 896-898.

14. Cf. *Guêpes*, v. 1001-1002 ; cf. l'invocation du Sycophante, dans *Ploutos*, v. 898.

15. *Assemblée des femmes*, v. 947. Cf. aussi, dans *Ploutos*, v. 1050, l'invocation du jeune homme déçu.

16. *Cf. Acharniens*, v. 225.

17. *Lysistrata*, v. 777 ; 1287 ; *Grenouilles*, v. 484, *Ploutos*, v. 438 ; 734.

18. *Ploutos*, v. 898 ; *Acharniens*, v. 225. Cf. *Lysistrata*, v. 476 ; cf. *ibid.*, v. 96 ; 971 ; 1031, tour à tour par Cinésias, par le chœur de vieillards et par celui des femmes. Cf. *Guêpes*, v. 652 ; *Thesmophories*, v. 1 ; 71.

19. Cf. *Ploutos*, v. 80, où les dieux, les démons et Apollon en particulier sont également invoqués par Chrémylos ; cf. *Nuées*, v. 563 et suiv. ; *Thesmophories*, v. 315 et suiv. ; 369 ; *Lysistata*, 1285 et suiv.

20. *Cavaliers*, v. 1390. Cf. *Paix*, v. 58, où le dieu est invoqué par le serviteur de Trygée ; cf. *ibid.*, v. 62, nouvelle invocation par Trygée même ; v. 376, où Hermès invoque Zeus pour dénoncer la tentative de Trygée.

21. *Oiseaux*, v. 667 et 223, respectivement.

22. *Cavaliers*, v. 1253 ; *Assemblée des femmes*, v. 1118.

23. *Cavaliers*, v. 551 et suiv. ; *Oiseaux*, v. 295 ; 1131 ; *Ploutos*, v. 1050 ; *Nuées*, v. 566-567 ; *Thesmophories*, v. 322 ; *Paix*, v. 564 ; *Guêpes*, v. 143.

24. *Lysistrata*, v. 1286.

Apollon est, lui aussi, invoqué soit comme guérisseur (ἰήιος) [25], soit comme préservateur (ἀποτρόπαιος) [26], musicien (χρυσολύρας) [27], et même comme dieu des oracles [28]. Le chœur des *Guêpes* adresse un chant de remerciement à Apollon, qui l'a délivré de ses erreurs, alors que Bdélycléon l'invoque sous le nom d'Agyieus [29]. Les noms d'Artémis [30] et d'Athéna [31] sont souvent associés, dans les invocations des mortels, à celui d'Aphrodite [32]. Selon les cas, c'est également Hermès [33], ou encore Asclépios [34], qui est invoqué. D'autres divinités sont moins souvent invoquées dans la tragédie, mais leur souvenir s'est perpétué surtout dans les pièces d'Aristophane. Tout se passe comme dans les cas précédents : la gravité des motifs seule fait désormais défaut. *L'effet comique est produit grâce à une disproportion entre le ton de l'invocation et l'insignifiance du fait qui l'occasionne.* Les divers personnages comiques ont souvent recours aux deux « déesses thesmophores », Déméter et Coré [35].

Le culte de Cybèle a déjà perdu, chez Aristophane, tout son sens primitif, encore présent chez les Tragiques : l'invocation de Pisthétairos à la déesse, dans les *Oiseaux*, est, en fait, adressée à une autruche [36] ! De même, la divinité désignée sous le nom de *nourrice de la jeunesse* (κουροτρόφος), est censée être ici la Terre [37] ; là Aphrodite, Artémis, Hécate [38], indistinctement. Enfin, Dionysos, invoqué sous

25. *Ibid.*, v. 1281 ; *Nuées*, v. 595-597 ; *Acharniens*, v. 989, où Lamachos, blessé, l'invoque sous le nom de Péan.

26. *Paix*, v. 238 ; *Grenouilles*, v. 658 ; 754 ; *Oiseaux*, v. 61 ; 295 ; *Ploutos*, v. 359 ; 438 ; *Nuées*, v. 1370 ; *Guêpes*, v. 161 ; *Cavaliers*, v. 1407.

27. *Thesmophories*, v. 107-110 ; 111-113 ; 129 ; 315 ; 972.

28. *Cavaliers*, v. 1240 ; *Nuées*, v. 968 ; *Guêpes*, v. 160-161 ; cf. les reproches faits à Apollon Loxias dans *Ploutos*, v. 8-10.

29. *Guêpes*, v. 869-874.

30. *Lysistrata*, v. 1262-1263 ; v. 1271 ; v. 1280 ; *Nuées*, v. 598-600 ; Thesmophories, v. 320 ; 114-118.

31. *Cavaliers*, v. 581 et suiv. ; *Nuées*, v. 601-603 ; *Lysistrata*, v. 341 ; 346-647 ; *Paix*, v. 271 ; *Thesmophories*, v. 1137 et suiv. ; 315.

32. *Lysistrata*, v. 384 ; *Assemblée des femmes*, v. 965 (cf. *ibid.*, v. 958 et 966, où les deux amoureux invoquent respectivement Éros). Cf. *Lysistrata*, v. 1290, où la réconciliation est considérée comme une œuvre d'Aphrodite. On serait tenté de voir dans cette considération un souvenir de la notion de φιλότης chez Empédocle ; cf. E. Moutsopoulos, *op. cit.* (n. 3), § 70 et la n. 6.

33. Cf. *Acharniens*, v. 816 ; *Thesmophories*, v. 300 ; v. 977 ; cf. *Nuées*, v. 1478 : invocation à une statue d'Hermès.

34. Cf. *Ploutos*, v. 639 et suiv.

35. Cf. *Thesmophories*, v. 282 ; 286-287 ; 295-300 ; 594 ; 1148 et suiv. ; *Ploutos*, v. 555 ; 872 ; *Grenouilles*, v. 337 ; 372-376 ; 377-379 ; 383-393.

36. *Oiseaux*, v. 877 ; cf. cependant *ibid.*, v. 744 : σεμνά τε Ματρί χορεύματ᾽ ὀρεία.

37. Cf. *Thesmophories*, v. 295-300.

38. Cf. H. van Daele, édition d'Aristophane, t. IV, p. 31, n. 5.

des noms divers [39], est une des rares divinités dont le culte semble s'être perpétué dans la comédie autant que dans la tragédie [40]. Quant aux Muses, elles demeurent les grandes inspiratrices des poètes et des chœurs, et c'est par eux qu'elles sont le plus souvent invoquées [41], dans une perspective comique faussant à dessein la portée primitive de cette manifestation musicale.

Toute invocation trahit, sauf dans les cas où il s'agit d'actions de grâces, un état effectif de détresse manifesté également par des gémissements, formes primitives condensées de chants lugubres, ayant une vertu mystique du fait qu'ils soulagent le cœur [42]. Ainsi, prédire à quelqu'un de longs gémissements équivaut à le menacer de grands ennuis [43]. A l'inverse des gémissements (οἰμώζειν), les cris de joie (ὀλολύζειν, εὐφήμειν, παιωνίζειν) trahissent un état de liesse [44]. Des cris à peine articulés expriment les sentiments de tristesse [45] ou de joie [46]. Plusieurs de ces derniers ont pu constituer des formules cul-

---

39. Cf. *Lysistrata*, v. 280 ; *Thesmophories*, v. 988 ; 990-994 ; *Acharniens*, v. 247 ; *Nuées*, v. 603-606 ; *Grenouilles*, v. 397-414.
40. Sur ce culte, cf. *infra*, et la n. 51.
41. Cf. *Oiseaux*, v. 737 et suiv. ; *Paix*, v. 773 ; le caractère grave de ces deux invocations est dû à l'allusion qu'elles font à d'anciens poètes. A la suite de la première, c'est le nom de Phrynichos qui est mentionné ; la deuxième serait, d'après le Scholiaste, le début d'un chant de Stésichore ; cf. H. van Daele, *op. cit.* (n. 38), t. II, p. 131, n. 4 ; cf. aussi *Grenouilles*, v. 674-675 ; Lysistrata, v. 1248-1249 ; *Oiseaux*, v. 904-905 (parodie esquissée du chœur célèbre d'*Œdipe à Colone*, v. 668 et suiv.) ; *Assemblée des femmes,* v. 880-883 ; cf. E. Moutsopoulos, *op. cit.* (n. 3), § 11, à propos de la théorie platonicienne de l'inspiration. L'idée du culte des Muses et du poète-serviteur des Muses remonte aux *Hymnes homériques* XXXII, 19 : ἀοιδοί, Μουσάων θεράποντες. Cf. *Oiseaux*, v. 909 : Μουσάων θεράπων ; *Thesmophories*, v. 40-42 ; *Acharniens*, v. 665-666 ; 672-674. Dans les *Oiseaux*, v. 737 et suiv., c'est la Muse bocagère qui est invoquée par le chœur. *Grenouilles*, v. 875-884. Les Muses participent, avec d'autres divinités, aux danses humaines. Cf. *Oiseaux*, v. 782-783 ; *Thesmophories*, v. 972-978 ; cf. E. Moutsopoulos, *op. cit.* (n. 3), § 79. Cf. cependant, *Oiseaux*, 737 et suiv.
42. Cf. *Guêpes*, v. 90-91 ; 179-181 ; 315 ; *Assemblée des femmes*, v. 464 ; 462 ; 809 ; *Oiseaux*, v. 845-846 ; *Nuées*, v. 1386-1387 ; *Cavaliers*, v. 11-12.
43. Cf. *Thesmophories*, 1001 ; *Nuées*, v. 217 ; *Oiseaux*, v. 1207 ; *Ploutos*, v. 934.
44. *Cavaliers*, v. 616 ; 1316-1318 ; 1327. Pour les termes adéquats, cf. notre *Sophocle*, § 8. Cf. *Oiseaux*, v. 783.
45. Ἰού, ἰού, *Paix*, v. 317 ; *Lysistrata*, v. 295 ; 304-305 ; *Ploutos*, v. 478 ; 852 ; *Oiseaux*, v. 1170 ; *Nuées*, v. 1 ; 1170 ; *Cavaliers*, v. 451 ; ἰώ, ἰώ, *Acharniens*, v. 1205 ; *Nuées*, v. 1154 ; 1170 ; ὔ, ὔ, *Ploutos*, v. 895 ; μῦ, μῦ, *Thesmophories*, v. 230 ; *Cavaliers*, v. 9-10 : « flûtons ensemble en gémissant sur un air d'Olympos » ; ἀπαπαῖ, *Guêpes*, v. 309 et *Nuées*, v. 706 ; *Thesmophories*, v. 1005 ; ἰατταταῖ, *Cavaliers*, v. 1 ; *Thesmophories*, v. 1005 ; ἰατταταιάξ, *Cavaliers*, v. 1. Cf. le cri de dégoût, αἰβοῖ, *Guêpes*, v. 37-38 ; *Cavaliers*, v. 274 : κέκραγας.
46. *Lysistrata*, v. 1291 ; *Acharniens*, v. 1206 ; *Paix*, v. 453 ; 456 ; *Thesmophories*, v. 310 ; ἰαί : *Lysistrata*, v. 1292 ; 1293 : εὐοῖ, εὐαῖ ; *Lysistrata*, v. 1294 ; toutes ces

tuelles dont la valeur musicale double la valeur mystique proprement dite. On peut considérer comme telles les formules ἰὴ παιών [47], ou Ὑμὴν ὤ [48], qui servent de clausules à des strophes d'épithalames, ou encore αἰαῖ Ἄδωνιν [49], Ὑμέναι ὤ [50]. Chez Aristophane, cependant, ces formules sont dépouillées de tout sens réel et ne sont utilisées que comme allusions à des expressions analogues des tragiques chez qui elles gardent leur valeur mystique d'origine.

2. Cultes et musiques. Les cultes mystiques, d'origine asiatique en général, font état, sous leur forme hellénique, de l'importance accordée à leur aspect musical. Celui de Cybèle, est mentionné avec quelque bienveillance, mais seulement sous sa forme orchestique [51] ; de même, celui des Nuées est présenté par le Socrate de la pièce homonyme en tant qu'initiation musicale à des mystères [52]. Quant à celui de Dionysos, le poète affirme à maintes reprises son caractère orgiaque manifesté par des chants et des danses dont le rythme constitue un moyen de *participation* de l'humain au divin : « Tu marches sur les montagnes, chante au dieu le chœur des *Thesmophories*, prenant plaisir aux hymnes aimables des Nymphes, — Evios ! Evios ! Evohé ! — et... menant la danse. » [53] Le chœur des *Nuées* célèbre, pour sa part, « celui qui, occupant la roche Parnassienne, luit au milieu des torches, parmi les Bacchantes delphiennes, noble figure, l'ami du cômos, Dionysos » [54]. Et, dans les *Grenouilles*, le coryphée, déguisé en hiérophante, parodie quelque formule consacrée : « Que l'on se recueille et que cède la place à nos chœurs qui n'est pas versé dans un pareil langage ; qui n'est pas pur d'esprit, qui ne vit ni ne célébra par des danses les

---

appellations pourraient être ramenées au principe du « poppysme », émission de sons inarticulés, dans un but incantatoire. De même, les suites de voyelles, ι, η, (ἰή), ε, υ, ο, ι, (εὐοῖ) (cf. aussi la note précédente), présentent quelque analogie avec les voyelles des hymnes égyptiens ; αλαλαί, *Oiseaux*, v. 1763 ; *Lysistrata*, v. 1291. Cf. des onomatopées comme θρεττανελό, imitation du son des cordes de la cithare ; cf. Liddell-Scott, *s. v.* ; cf. *Ploutos*, v. 290 ; τοφλαττόθρατ, *Grenouilles*, v. 1286 ; cf. H. van Daele, *op. cit.* (n. 38), t. IV, p. 115, n. 3 : « raillerie du style à propos de manifestations collectives d'approbation : ἐθορύβησαν... κἀνέκραγον ἀνεβορβόρυξαν » ; cf. ibid., v. 399 : ὁ δῆμος ἀναβοᾷ...

47. *Lysistrata*, v. 1291 ; *Thesmophories*, v. 310 ; *Oiseaux*, v. 1763 ; *Cavaliers*, v. 407.

48. Cf. *Oiseaux*, v. 1736 ; 1742 ; 1754.

49. Cf. *Lysistrata*, v. 393.

50. Cf. *ibid.*, v. 396.

51. Cf. P. Masson-Oursel, *La philosophie en Orient*, fasc. suppl. à É. Bréhier, *Histoire de la philosophie,* Paris, P.U.F., 1957, p. 21 sq. Cf. *Guêpes*, v. 8, où il est fait mention de la transe dans laquelle étaient censés entrer les corybantes.

52. Cf. *Nuées*, v. 252.

53. *Thesmophories*, v. 990-994.

54. *Nuées*, v. 603-606 ; cf. Euripide, *Ion*, v. 716-717 ; *Bacchantes*, v. 132.

mystères des nobles Muses [55] ; qui ne fut pas initié aux accents bachiques de Cratinos le Taurophage [56] ; qui se plaît à des vers bouffons qui le sont mal à propos ; qui embrène les images d'Hécate tout en prêtant sa voix aux chœurs cycliques ; qui [...] rogne le salaire des poètes pour avoir été joué dans les flûtes [...] de Dionysos. A ceux-ci je dis [...] de céder la place aux œuvres des mystes [57]. Vous, avivez votre chant pour célébrer nos veillées comme il convient à cette fête. » [58] Les fêtes de Dionysos sont, ailleurs, localisées à Athènes : « Le printemps y ramène la fête de Bromios [59], l'exaltation des chœurs [60] mélodieux et le frémissement [61] grave des flûtes. » [62]

Les femmes sont les compagnes les plus fidèles de Dionysos, le tempérament féminin se prêtant davantage au caractère orgiaque du culte du dieu. Le chœur de *Lysistrate* invoque Bacchos, dieu de Nysa, « dont les yeux étincellent parmi les Ménades » [63]. Mais les vieillards ne sont pas exclus de ces rites [64], dont l'expression précise est l'Iacchos, à la fois cortège de Dionysos et génie de ce cortège [65], chant

---

55. Cf. *supra*, et la n. 41.

56. « Taurophage » est une épithète de Dionysos, que le poète attribue à titre d'honneur à Cratinos, son rival de jadis (cf. *Cavaliers*, v. 400 ; 426 et suiv. ; *Paix,* v. 700 et suiv.).

57. Cf. Euripide, *Bacchantes*,v. 474 ; 482 ; 83-87.

58. *Grenouilles*, v. 354-358 ; 366-371.

59. Cf. H. van Daele, *op. cit.* (n. 38), t. I. p. 176, n. 3 : « Les grandes Dionysies, avec concours de chœurs tragiques et comiques. » C'est à Athènes que le poète situe également la célébration des « rites ineffables » de Déméter et de Coré. Cf. *Nuées*, v. 302-304.

60. Tout le morceau est une imitation condensée du chœur célèbre *d'Œdipe* à *Colone*, v. 669 et suiv.

61. Les *auloi* sont associés à la musique orgiaque (cf. E. Moutsopoulos, *op. cit.* [n. 3], § 55 et suiv. ; 109 et suiv. ; 146 et suiv.) ; de même, les *tympana* (cf. *Lysistrata*, v. 3 ; 338 ; *Guêpes*, v. 119 ; *Paix*, v. 873 ; cf. E. Moutsopoulos, « Euripide et la philosophie de la musique », *Revue des Études grecques* 75, 1962, p. 398-452, § 12 et la n. 7), ainsi que les trompettes le sont à la fête des Conges, qui avait lieu au cours du deuxième jour des Anthestéries, en l'honneur de Dionysos Lénéen, et à l'occasion de laquelle un concours de buveurs était organisé. Cf. H. Van Daele, *op. cit.* (n. 38), t. I, p. *55*, n. 1. Cf. *Acharniens*, v. 960 et 1000. Sur la valeur rituelle et musicale de ces manifestations, cf. Euripide, *Iphigénie en Tauride,* v. 956-957.

62. *Nuées*, v. 311-313.

63. Cf. *Lysistrata*, v. 1280. Cf. Euripide, *Ion*, v. 716-717. Cf. les travaux de L. B. Lawler sur la danse des ménades, d'après leur représentation sur des vases grecs. Cf. H. Jeanmaire, « Le Satyre et la Ménade », dans *Mélanges Ch. Picard*, Paris, P.U.F., 1949.

64. Cf. *Grenouilles*, v. 34.

65. Cf. H. Van Daele, *op. cit.* (n. 38), t. IV, p. 101, n. 3 : « Iacchos est le nom du génie (δαίμων) qui personnifie le cortège dionysiaque. Les initiés continuent aux Enfers à célébrer les cérémonies qu'ils accomplissaient chaque année le 19e jour du mois Boédromion (septembre), quand ils allaient en procession solennelle d'Athènes, par la voie sacrée, à Éleusis. On se réunissait, hommes et femmes, à l'Agora que le cortège traversait au départ.... et l'on arrivait à Éleusis vers le soir, toutes torches allumées. »

particulier [66], ou encore substitut du nom du dieu [67] : « Iacchos, ô très vénéré, viens danser dans cette prairie, viens parmi les membres du saint thiase, en agitant autour de la tête une couronne de myrtes..., et, d'un pied hardi frappant le sol [68], dirige la danse pétulante et folâtre, toute pleine de grâces [69], la sainte danse sacrée de tes mystes pieux » [70], à la lueur des torches [71]. Si la description précise d'une telle danse orgiaque fait défaut chez Aristophane, nous possédons par contre celle d'une autre danse sacrée dans les *Thesmophories* : « En avant ! pars d'un pied léger ; allons, ferme le cercle ; les mains enlacées aux mains [72], que chacune avance en marquant le rythme de la danse sacré. Marche de tes pieds agiles... Et qu'en même temps chacune célèbre la race des dieux olympiens et chante en son honneur, transportée par la danse » [73] ; et ailleurs : « Commence le double pas, charme de la danse » [74] ; enfin : « Bondis, retourne-toi d'un pied cadencé ; tournoie en chantant à pleine voix » [75].

Il y a lieu de faire ici deux remarques sur la chorée, musique chantée et dansée à la fois [76]. D'une part, elle devient *expres-*

---

66. Cf. *Grenouilles*, v. 320 : ᾄδουσι... τὸν Ἴακχον ; v. 317 : Ἴακχ', ὦ Ἴακχε ; invocation en forme de ritournelle : *Grenouilles*, v. 397 ; 405-414 : Ἴακχε φιλοχορευτά, συμπρόπεμπέ με.

67. Cf. pourtant *Oiseaux*, v. 769, où Iacchos est rapproché d'Apollon.

68. *Grenouilles*, v. 331-332 : ἐγκατακρούων ποδί ; *Ploutos*, v. 292, cf Sophocle, *Antigone*, v. 154-155 ; Horace, *Odes* III, 18, 16 : *ter pede terram...* ; I, 37, 1-2 : *nunc pede libero pulsanda tellus* ; Virgile, *Énéide* VI, 664 : *pedibus plaudunt choreas*. Cf. Aristophane, *Grenouilles*, v. 374 (cf. H. van Daele, *op. cit.* [n. 38], t. IV, p. 102, n. 1), *Ploutos*, v. 291 : τοῖν ποδοῖν ὡδὶ παρενσαλεύων ; *ibid.*, v. 758-759 : ἐκτυπεῖτο δὲ | ἐμβὰς γερόντων εὐρύθμοις προβλήμασι.

69. Les Grâces président à toutes les manifestations artistiques du domaine de Dionysos ; cf. H. van Daele, *op. cit.* (n. 38), t. IV, p. 2, n. 2.

70. *Grenouilles*, v. 324-327.

71. *Ibid.*, v. 304-353 ; cf. Euripide., *Ion*, v. 716-717.

72. Sur cette ronde, dont il existe actuellement des formes de survie, cf. H. van Daele, *op. cit.* (n. 38), t. IV, p. 58, n. 2 ; L. Séchan, *La danse grecque antique*, Paris, de Boccard, 1930, p. 78 ; E. Buschor, *Satyrtänze und frühes Drama* (SB. d. Bayer. Ak. d. Wiss., Phil.-hist. Abt., Jhg. 1943, Heft 5).

73. *Thesmophories*, v. 953-961 ; *Lysistrata*, v. 1316-1317 : « Que ta main entoure ta chevelure d'une bandelette et de tes pieds bondis, telle une biche ; en même temps, fais entendre un battement qui aide à la danse. »

74. *Thesmophories*, v. 981-982 ; le double pas caractérisait une des danses de rythme rapide ; cf. Hésychius, *s. v.* χορεία ; cf. Pollux, IV, 155 ; pour une autre mention de la « dipodie », danse lacédémonienne, cf. *Lysistrata*, v. 1242-1244 ; cf. *Assemblée des femmes*, v. 1165-1167 : κρητικῶς... τὼ πόδε... | ...κίνει... καὶ τάσδε λαγαρὰς | τοῖν σκελίσκοιν τὸν ῥυθμόν...

75. *Thesmophories*, v. 985-986.

76. Cf. Platon, *Lois*, II, 654a-655b ; cf. E. Moutsopoulos, *op. cit.* (n. 3), § 151 et la n. 5.

sion [77] d'un sentiment religieux, manifestation formelle et sensible de mouvements internes au rythme desquels l'âme est soumise [78]. La musique est sensibilisation de sentiments vécus. C'est par elle que s'apaise la détresse ou que la liesse peut être communiquée. Chants, danses et paroles [79] constituent des charmes [80] dont la structure mélodique et rythmique influence le rythme des mouvements de l'âme et du corps [81]. C'est d'ailleurs sur ce principe que repose toute musique de travail [82]. Une deuxième remarque s'applique à ce que l'on pourrait appeler la *dialectique chorale* qui se compose de deux phases distinctes dont l'une peut être qualifiée d'*ordonnante*, l'autre d'*exécutive*. A l'invitation de la coryphée d'invoquer « Léto et les sons de l'instrument asiatique [83] dont la cadence accentue le rythme des pieds dans les danses tournoyantes des Grâces phrygiennes » [84], le chœur des *Thesmophories* répond avec empressement : « Avec vénération je

---

77. Sur le sens d'« expression » reconnu au terme de *mimésis*, cf. H. Koller, *Die Mimesis in der Antike. Nachahmung, Darstellung, Ausdruck*, Berne, A. Francke, 1954 (coll. Diss. Bernenses, ser. 1, fasc. 5).

78. Cf. E. Moutsopoulos, *art. cit.* (n. 6).

79. Cf. *Oiseaux*, v. 1744 ; *Guêpes*, v. 572 ; 641 ; 688. Cf. *Lysistrata*, v. 1110 : τῇ σῇ ληφθέντες ἴυγγι. On remarquera ici l'emploi, par métaphore, du nom d'un oiseau utilisé à des fins magiques, au lieu de : « charme » ; cf. P.-M. Schuhl, *Études sur la fabulation platonicienne,* Paris, P.U.F., 1947, p. 83, n. 4.

80. On peut avoir recours à leur vertu incantatoire, afin de susciter le courage (*Guêpes*, v. 226-227), d'exercer quelque attrait (*Assemblée des femmes*, v. 882-883), de mettre l'ennemi en déroute (*Guêpes*, v. 462 ; *Cavaliers*, v. 275 ; 285-287) ; *Thesmophories*, v. 696-671), de tromper l'ennui (*Nuées*, v. 721 ; *Assemblée des femmes*, v. 880 ; *Oiseaux*, v. 1414 ; *Guêpes*, v. 219 ; cf. Platon, *République* IV, 411a ; Eschyle, *Agamemnon*, v. 16 ; Sophocle, *Œdipe à Colone*, v. 671), ou encore d'exorciser un danger (*Guêpes*, v. 626 : ποππύζουσιν ; le terme, signifie : claquer les lèvres pour apaiser un animal, cf. Pline, *Histoire naturelle* XXVIII, 4 ; on faisait de même quand il éclairait ; cf. H. van Daele, *op. cit.* [n. 38], t. II, p. 44, n. 4). Tout ceci s'intègre dans un système de magie musicale. Cf. L. Lévy-Brühl, *op. cit.* (n. 12), p. 128 et suiv. ; 392 et suiv.

81. Cette conception sera adoptée non seulement par Platon, mais aussi par les néoplatoniciens, ainsi que par les pères de l'Église. Cf. par ex. Jean Chrysostome, t. V, p. 132. Il s'agit ainsi d'une *psychagogie* et d'une *syn-kinésis* ; cf. Arist. Quint., XVIII, p. 107 (Meïboin) ; Athénée, XIV, 628 ; cf. J. Regner. *Platos Musiktheorie*, Diss., Halle, 1924, chap. II (compte rendu par K. G. Fellerer, dans *Jahresbericht über die Forschritte der Klass. Alt. Wiss.* 246, 1935, p. 30 et suiv.). Sur la valeur magique et incantatoire de la musique, du point de vue comique, cf. *Assemblée des femmes*, v. 1153 : ἐπᾴσομαι μέλος τι μελλοδειπνικόν.

82. L'auteur chrétien précédent ignore cependant le pouvoir du rythme dont il évite d'analyser les effets ; il se contente de considérer la vertu incantatoire des chants. Sur la théorie du rythme musical du travail, cf. K. Bücher, *Arbeit und Rhythmus*, 3ᵉ éd., 1902, p. 315 et suiv.

83. Cf. J. Duchesne-Guillemin, « Sur l'origine asiatique de la cithare grecque », *L'Antiquité classique*, 1935, p. 117-124 ; cf. E. Moutsopoulos, *op. cit.* (n. 3), § 24-27.

84. *Thesmophories*, v. 120-122 ; cf. Euripide, *Iphigénie à Aulis*, 438 : πληγαῖς Φρυγίαις.

salue et Léto souveraine et la cithare mère des hymnes rehaussés par de mâles accents. » [85] A plusieurs reprises [86], les chœurs de diverses comédies d'Aristophane sont invités, en termes bien précis, à danser ou à chanter ; ils répondent, en général, promptement à cet ordre [87], imitant ainsi, à plus d'un égard, les chœurs de travailleurs dont l'activité est facilitée par un effort cadencé [88]. En suggérant la cadence, l'« ordre » est, à son tour, complété par l'exécution musicale [89].

L'« ordre » en question n'est souvent qu'implicite ; c'est le cas des danses orgiaques et corybantiques qui débutent dès qu'un air spécial, suggéré par le son d'un aulos, ait envahi le sujet délirant auquel il imprime des mouvements, le plus souvent apparemment désordonnés, compte tenu de la résistance inconsciente du « corybante » [90], jusqu'à l'apaisement final [91]. La notion damonienne d'*éthos* [92] rationalise simplement le fait de l'adhérence psychologique à une donnée musicale. Ainsi Trygée, partisan acharné de la paix,

---

85. *Thesmophories*, v. 123-125 ; cf. *Oiseaux*, v. 853-854 : « Que des hymnes de procession longs et solennels soient adressés aux dieux. » Cf. ibid., v. 856 : « Que monte... la clameur pythienne. » Cf. H. van Daele, *op. cit.* (n. 38), t. III, p. 65, n. 3 : « Selon une Scholiaste, une clameur avec accompagnement de flûte, comme on faisait en l'honneur d'Apollon pythien, c'est-à-dire d'un péan. »

86. Cf. *Thesmophories*, v. 102-103 ; 655 et suiv. ; 953-961 ; 981-982 ; *Assemblée des femmes*, 514-515 ; 1165-1167 ; *Cavaliers*, v. 247-254 ; 387-390 ; *Lysistrata*, v. 1295-1305.

87. Cf. *Assemblée des femmes*, v. 277-278 ; 478 ; 480-481 ; *Paix*, v. 34 ; 338, *Ploutos*, v. 290-295 ; 760 ; *Guêpes*, 218-221 ; 268-270 ; 271-272 ; *Oiseaux*, v. 342-324 ; 364 ; 401-402 ; *Lysistrata*, v. 1083 ; *Acharniens*, v. 281 ; 283 ; 733.

88. Cf. *Paix*, v. 428-429 ; 459 et suiv. ; 465 ; 512-519 ; *Guêpes*, v. 909 ; *Cavaliers*, v. 602 ; *Grenouilles*, 180 ; 202-208 ; 1073.

89. Il arrive que certains chants constituent des contre-incantations ; cf. *Assemblée des femmes*, 885 : ἀντᾴσομαι.

90. Cf. E. Moutsopoulos, *op. cit.* (n. 3), § 67-76. Cf. *Guêpes*, v. 1476-1479 : ὁ γὰρ | γέρων, ὡς ἔπιε... | ἤκουσέ τ'αὐλοῦ περιχαρὴς τῷ πράγματι | ὀρχούμενος οὐδὲν παύεται τ' ἀρχαί' ἐκεῖν' οἷς Θέσπις, ἠγωνίζετο. *Ibid.*, v. 1485 : σχήματος ἀρχή ; *ibid.*, v. 1486 : μᾶλλον... μανίας ἀρχή ; *ibid.*, v. 1487 : ...πλευρὰν λυγίσαντες ἀπὸ ῥύμης (cf. Euripide, *Troyennes*, v. 116-121) ; cf. *Guêpes*, v. 1488-1489 ; 1305 (cf. H. van Daele, *op. cit.* [n. 38], et *Notice* à l'édition des *Guêpes*, p. 11-12). De même, les mouvements du chœur dénotent une réaction ou une adhésion à l'*éthos* de la danse exécutée ; cf. *Grenouilles*, v. 484-485, où le serviteur Xanthias avoue que son cœur δείδασα... εἰς τὴν κάτω κοιλίαν καθείρπυσεν.

91. Il y a comme un écho de cette dernière conception chez Aristophane, *Ploutos*, v. 189-190 : ἔστι πλησμονὴ... μουσικῆς. L'idée de *saturation musicale* posséderait un fondement réel. Cf. cependant *Lysistrata*, v. 541 : οὔποτ' ἂν κάμοιμ' ὀρχουμένη, ce qui, malgré tout, est une prétention manifeste.

92. Sur ce problème, cf. E. Moutsopoulos, *op. cit.* (n. 3), § 42-47. *L'Aréopagitique* de Damon date d'environ 443 av. notre ère. Cf. F. Lassère, *Plutarque : « De la musique »*, Olten-Lausanne, Urs Graf., 1954, Introduction, chap. V.

s'élève contre les marches militaires chantées par les enfants, et censées leur donner des goûts guerriers [93]. Il devient clair que, dans ces conditions, la musique s'inscrit dans le même cadre de magie, de charme et d'irrationnel en général dans lequel elle avait été placée par la tradition tragique, à cette différence près que tout se passe désormais sur *un plan d'atténuation de la tension dramatique*, autrement dit sur un plan de liberté critique où tout fait musical est constamment objectivé. La tradition de la tragédie n'est, chez Aristophane, qu'une *allusion libre* au tragique musical. On pourrait insister à loisir sur le pouvoir magique du verbe et du silence chez Aristophane. C'est pourquoi j'estime nécessaire, pour l'économie de mon propos, de ne point m'y attarder.

3. Une esthétique musicale. Les appréciations esthético-musicales d'Aristophane reposent sur deux principes majeurs, tous deux définis par Damon et adoptés par Platon [94] ; le premier se réfère aux effets directs de la musique sur l'âme, d'où la conception *éthique* de la musique ; le second, à une conception antiprogressiste de l'histoire de l'art en général, d'où, chez notre poète, un conservatisme musical « platonicien » avant la lettre [95]. Toutefois, indépendamment de ses propres convictions théoriques, Aristophane demeure un artiste de talent extrêmement sensible à la qualité esthétique de toute manifestation musicale. Cette sensibilité le rend tout particulièrement agressif vis-à-vis des divers musiciens de son temps, à qui il reproche de n'avoir, à défaut de talent, aucun respect de la dignité de l'art. Aussi voit-on apparaître successivement à travers ses vers les « personnalités » des musiciens contemporains du poète les plus discutés, à côté de noms universellement estimés [96].

---

93. *Paix*, v. 309-310 ; 318 ; 1270 ; 1273-1274 ; 1286-1286 ; 1298-1299 ; c'est dans le même esprit que l'exercice de la pyrrhique sera recommandé par Platon, *Lois* VII, 796c ; 803e ; 813e ; cf. *Thesmophories*, v. 130, où l'audition d'un chant efféminé est censé avoir certains effets sur les auditeurs.

94. Cf. E. Moutsopoulos, *op. cit.* (n. 3), § 176 et suiv.

95. Cf. *ibid.*, § 210.

96. Mention d'Hipponax, *Grenouilles*, v. 661 ; de Thespis, *Guêpes*, v. 1479-1481 ; de Simonide, *Paix*, v. 697 ; *Guêpes*, v. 1410 ; de Lasos d'Hermioné, *ibid.* ; de Sophocle, *Paix*, v. 530-532 ; 697 ; de Dexithéos, *Acharniens*, v. 14 ; de Molon, *Grenouilles*, v. 55 ; d'Arignotos, l'ami d'Aristophane, excellent citharède (cf. Athénée, V, 220 b), *Cavaliers*, v. 1278 (cf. H. van Daele, *op. cit.* [n. 38], t. I, p. 136, n. 2) ; d'Ion de Chios, *Paix*, v. 892 (cf. cependant, Platon, *Ion* 530 a et suiv.) ; de Phrynichos, *Oiseaux*, v. 747-748 ; *Guêpes*, v. 268-270 ; cf. cependant *Grenouilles*, v. 910 où il est fait allusion au manque d'action dans les tragédies de ce poète, en raison de l'unique acteur qu'il mettait sur scène ; d'Eschyle, *Acharniens*, v. 10 ; de Cratinos, *Grenouilles*, v. 354-358 ; 366-371 ; *Cavaliers*, v. 400 ; *Paix*, v. 700 et suiv. ; d'Ibycos, d'Anacréon de Téos, d'Alcée, de Phrynichos, cf. *Thesmophories*, v. 155-156 ; d'Orphée, de Musée, d'Homère, d'Hésiode, cf. *Grenouilles*, v. 1032-1034.

Il est ainsi fait mention de Cinésias, poète sans verve [97] ; d'Acestor, poète tragique [98], cité aussi sous le nom de Sacas [99] ; de Morsimos, autre poète froid [100], tout comme Théognis [101] de Phérécrate [102], de Magnès [103] et de Cratès [104], poètes de l'ancienne comédie ; d'Hiéronyme [105], d'Œonichos [106] ; d'Iophon, fils de Sophocle, qui composait des tragédies avec le secours de son illustre père [107] ; de Pythangélos [108], de Xénoclès [109] et de son père Carcinos, innovateur dans un sens qui indisposait Aristophane [110] autant que ces Athéniens qui, pour des raisons analogues, avaient porté plainte contre Diagoras de Mélos [111]. C'est dans le même esprit que notre poète, imprégné de la doctrine psychagogique damonienne, condamne les innovations

---

97. Cf. *Grenouilles*, v. 153 ; 1437 ; *Oiseaux*, v. 1373 et suiv.

98. Cf. *Guêpes*, v. 1221 ; il est à signaler qu'Aristophane mentionne, selon le même procédé, et en général dans un esprit de désapprobation, divers devins à l'art desquels il attribue une valeur non seulement mystique, mais aussi, dans une certaine mesure, esthétique.

99. Cf. *Oiseaux*, v. 31, cf. H. van Daele, *op. cit.* (n. 38), t. III, p. 24, n. 3 : « C'est un nom donné aux Scythes », cf. Hérodote, VII, 64.

100. Au propre et au figuré ; cf. *Paix*, v. 800 et suiv. ; *Grenouilles*, v. 150 et suiv. ; *Cavaliers*, 400-401 ; cf. le Scholiaste, *ad loc.*

101. Cf. *Acharniens*, v. 11 ; 138-140 ; *Thesmophories*, v. 169-170 ; cf. H. van Daele, *op. cit.* (n. 38), t. I, p. 12, n. 3 : le froid Théognis aurait été surnommé « la neige » !

102. Cf. *Lysistrata*, v. 158.

103. Cf. *Cavaliers*, v. 519-525, où le chœur, s'adressant aux spectateurs, souligne que le poète en cause, malgré ses victoires précédentes, dès qu'il ne fut plus en mesure de susciter le rire, « a eu beau vous faire entendre des accents de toute sorte, faire " le joueur de luth ", l'oiseau " battant des ailes ", jouer " le Lydien ", " le pinceron ", se teindre en vert " grenouille ", il se vit chasser de la scène ».

104. Cf. *Cavaliers*, v. 537, où il est question des succès et des échecs alternés de ce poète.

105. Cf. *Acharniens*, v. 338 ; *Nuées*, v. 349 ; cf. H. van Daele, *op. cit.* (n. 38), *ad loc.* : « Hiéronyme, poète lyrique, un débauché. »

106. Cf. *Cavaliers*, v. 1287 ; il s'agit vraisemblablement du musicien cité seulement par Hésychius, *s. v.*

107. Cf. *Grenouilles*, v. 73.

108. Cf. *ibid.*, v. 87 ; aucune mention n'est faite par ailleurs de ce poète tragique.

109. Cf. *Grenouilles*, v. 86 ; poète tragique sans valeur ; cf. la note suivante ; cf. *Nuées*, v. 1261-1265 ; *Paix*, v. 790-795 ; *Thesmophories*, v. 168 ; cf. *Paix*, v. 802 et suiv., où il est question de Morsimos, fils de Philoclès et poète tragique médiocre ; cf. *Guêpes*, v. 462 ; *Cavaliers*, v. 401 ; *Grenouilles*, v. 151. Sur Philoclès, cf. *Thesmophories*, v. 167 ; *Guêpes*, v. 462 ; *Cavaliers*, 401 ; *Grenouilles*, v. 151 ; *Oiseaux*, v. 1295.

110. Cf. *Guêpes*, v. 1261 ; cf. H. van Daele, *op. cit.* (n. 38), t. I, p. 248, n. 3 : « Carcinos, poète tragique, avait introduit dans un drame des dieux qui se lamentaient » ; cf. *Guêpes*, v. 1501 et suiv. ; *Paix*, v. 782 et suiv. ; *Thesmophories*, v. 441.

111. Poète lyrique mentionné dans *Oiseaux*, v. 1072, pour avoir divulgué ou raillé des mystères, « il avait été accusé et condamné d'athéisme et d'impiété » (H. van Daele, *op. cit.* [n. 38], *ad loc*).

d'Euripide [112] , et d'Agathon [113]. Diverses catégories d'artistes sont également mentionnées par Aristophane : des instrumentistes, par exemple, des aulètes notamment, dont les uns, tels Déxithéos [114], ou Polymnestos de Colophon [115], sont loués ; les autres, tels Moschos [116], ou Chéris [117], âprement critiqués ; des danseurs ensuite, tels

---

112. Cf. *Paix.*, v. 530-532, à propos d'« innovations musicales proprement dites ». Cf. *Grenouilles*, v. 944, où il est fait mention de Céphisophon, « ami et collaborateur d'Euripide, si l'on en juge par ce passage, par les vers 1408-1452, enfin par le fragment 580 » (H. van Daele, *op. cit.* [n. 38], t. IV, p. 130, n. 4). Cf. Id., *Notice* à l'édition des *Guêpes*, t. II, p. 11 sq. : « Le conservateur Aristophane est [...] ennemi de toutes les manifestations de l'esprit nouveau en art... (I) a voulu ridiculiser ceux qui, à la suite de Phrynichos, avaient introduit dans la tragédie, à la place de la grave *emméleia* d'antan, des danses nouvelles consistant en contorsions, sauts et pirouettes... (qui) compromettaient... la dignité de l'art [...] (II) a montré à ceux-ci que leur soi-disant art n'était que grossièreté, et ne dépassait en rien les gestes anti-esthétiques et fous d'un homme ivre. » Il existe une différence esthétique entre danses orgiaques et danses grotesques (cf. *Guêpes*, v. 1305 : ἀνήλλετ᾽, ἐσκίρτα ; 1476 et suiv.). Platon classera ces dernières parmi celles du genre φαῦλον (cf. E. Moutsopoulos, *op. cit.* [n. 3], § 109 et suiv.). Sur les innovations en matière de sujet, cf. *Nuées*, v. 1370.

113. Cf. *Grenouilles*, v. 83 ; *Thesmophories*, v. 29 ; 39 ; 265 ; cf. H. van Daele, *op. cit.* (n. 38), t. IV, p. 19, n. 1 : « Agathon, élève des sophistes... introduisit dans ses tragédies deux innovations importantes : il inventa les sujets de pure imagination, il substitua aux anciens chants de chœur des intermèdes sans rapport avec l'action... » Sur ces faits ainsi que sur l'introduction du genre enharmonique dans la musique de la tragédie, cf. la thèse de P. Lévêque sur *Agathon*. Cf. aussi J. Estève, *Les innovations musicales dans la tragédie grecque à l'époque d'Euripide*, thèse, Nîmes, 1902. De même, le célèbre poète lyrique Polymnestos de Colophon, dont font mention des poètes de la valeur de Pindare et d'Alcman, est considéré par Aristophane comme auteur de chants lascifs (*Cavaliers*, v. 1287, et H. van Daele, *op. cit.* [n. 38], *ad loc.*). Enfin, après avoir raillé Cratinos, poète comique, de son vivant (*Cavaliers*, v. 400 ; 426 et suiv. ; 529-534 ; *Paix*, v. 700 et suiv.), Aristophane l'honore, à sa façon, après sa mort (*Grenouilles*, v. 354-358 ; 366-371).

114. Cf. *Acharniens*, v. 13-14 : « J'eus (un autre) plaisir, la fois qu'après Moschos, Dexithéos entra en scène pour jouer un air béotien. » Sur la virtuosité et l'ingéniosité des aulètes béotiens, cf. E. Moutsopoulos, *op. cit.* (n. 3), § 55 et suiv. ; 131 et suiv. Cf. *Guêpes*, v. 1278, où il est question d'un des fils d'Automénès, « bon » citharède.

115. Cf. *Cavaliers*, v. 1287.

116. Cf. *Acharniens*, v. 13.

117. Cf. *Paix*, v. 866 ; 951 ; cf. *Acharniens*, v. 16 ; *Oiseaux*, v. 853-857, où le comique d'une situation imaginaire est dû à la mention du nom de Chéris (et de son « art ») à propos de chants adressés aux dieux ; cf. *Acharniens*, v. 866, des aulètes : « essaim de l'espèce de Chéris, qui vient faire entendre à ma porte leur bourdonnement de flûtes. » Parmi les musiciens critiqués, le « vulgaire » (cf. *Cavaliers*, v. 534) Connas (déformation péjorative du nom du célèbre Connos ; cf. Platon, *Ménéxène* 235 e-236 a), cf. *Paix*, v. 802 et suiv., où Aristophane critique Mélanthios et Morsimos... ; cf. *Paix*, v. 1009 ; *Oiseaux*, v. 151 ; H. van Daele, *op. cit.* (n. 38), t. II, p. 132, n. 3 : « Mélanthios avait joué le principal rôle dans *Médée*, tragédie de son frère, où il avait chanté de sa voix aigre (πικροτάτην) les monodies de Jason. »

Phrynichos [118] ou les fils du poète Carcinos [119], novateurs en matière d'attitudes et de mouvements. Tous ces artistes, quand ils ne sont pas ridiculisés, sont tout simplement dédaignés par notre poète [120].

Outre ces mentions directes, des allusions indirectes à divers poètes-musiciens sont très fréquentes chez Aristophane par le truchement de citations de chants qui leur étaient attribués, ou encore de formes précises à la paternité desquelles ils auraient pu prétendre. Dans bien des cas, des passages connus de poètes célèbres, notamment d'Eschyle [121], d'Alcée [122], mais aussi (et surtout) d'Euripide [123], sont parodiés. Par ailleurs, d'autres chants devenus populaires, au point que les noms de leurs compositeurs aient été oubliés, sont cités, tels l'« Harmodios » [124], le « Clitagoras » [125], le « Télamon » [126]. On peut citer encore un certain nombre d'autres chants de genre ana-

---

118. Ne pas confondre ce novateur en matière de danse, avec le poète tragique du même nom ; cf. *Guêpes*, v. 68-272 ; 1302 ; 1490-1495 : « Phrynichos s'accroupit, tel un coq [...] en lançant sa jambe au ciel [...] (;) [...] dans mes articulations mon fémur tourne avec souplesse » (allusion à une figure de danse propre à Phrynichos) ; 1520 : πηδᾶτε ; 1523-1527 : ταχὺν πόδα κυκλοσοβεῖτε | καὶ τὸ φρυνίχειον | ἐκλακτισάτω τις, ὅπως | ἰδόντες ἄνω σκέλος ὤ | ζωσιν οἱ θεαταὶ (sur la théâtrocratie et ses fondements, cf. E. Moutsopoulos, *op. cit.* [n. 3], § 214-217) ; 1529 : « Tournoie, défile en cercle, frappe-toi le ventre, lance ta jambe au ciel ; faites-vous tourbillons » ; 1302 : οἱ περὶ Φρύνιχον.

119. Cf. H. van Daele, *op. cit.* (n. 38), édition de la *Paix*, t. II, p. 132, n. 1 : « leurs danses nouvelles agitées et plastiques... paraissaient ne pas avoir été goûtées » ; cf. *Guêpes*, v. 1497 et suiv. ; *Paix*, v. 864, où les Carcinites sont appelés *toupies* (στρόβιλοι).

120. Tel, par exemple, l'instructeur de chœurs Callimachos ; *Assemblée des femmes*, v. 809.

121. Cf. *Oiseaux*, v. 1247-1248 (parodie de *Niobé*) ; cf. toute la dernière partie des *Grenouilles*. Il en est de même de l'*Orestie* de Stésichore, dont on retrouve une reproduction presque textuelle (d'après les Scholies) dans la *Paix*, v. 796 et suiv.

122. Cf. *Guêpes*, v. 1234-1235.

123. Cf. *Oiseaux*, v. 1238-1242 (parodie du *Licymnios*) ; *Nuées*, v. 1154-1155 (parodie du *Pélée*) : βοάσομαι... τὰν ὑπέρτονον | βοάν ; *Thesmophories*, v. 1034-1036 (le parent d'Euripide, contrefaisant Andromède) ; γαμήλιον μὲν οὐ ξὺν | παιῶνι δεσμίῳ δὲ | νοᾶσθέ μ'. D'autres passages ne peuvent être identifiés avec certitude, cf. *Nuées*, v. 967, à Lamproclès ou à Stésichore : τηλέπορόν τι βόαμα, « début d'un autre chant d'un auteur inconnu » (H. van Daele, *op. cit.* [n. 38], *ad loc.*). Cf. *Cavaliers*, v. 529-533.

124. Cf. *Guêpes*, v. 1225-1226 ; cf. *Acharniens*, v. 979, où il est question de l'« Harmodios », est considéré comme un *scolion*, une chanson de table (cf. H. van Daele, *op. cit.* [n. 38], édition des *Acharniens*, t. I, p. 56, n. 1), dont le début était : Φίλταθ' Ἁρμόδιε ; cf. *Acharniens*, v. 1093.

125. *Lysistrata*, v. 1237 ; *Guêpes*, v. 1245-1247 : Χρήματα καὶ βίον | Κλειταγόρᾳ τε κἀ|μοὶ μετὰ Θετταλῶν ; cf. H. van Daele, *op. cit.* (n. 38), *ad. loc.*, t. II, p. 71, n. 3 : « Nous ne savons rien de certain ni sur Clitagore ni sur l'origine et le sens de ce « scolion ».

126. Cf. *Lysistrata*, v. 1237 ; cf. H. van Daele, *op. cit.* (n. 38), *ad loc.*, t. III, p. 174, n. 1 ; cf. Athénée, XV, 69b-c, où le début du chant est cité.

logue [127] ou de chants qui remonteraient à une tradition déjà
ancienne, qui représenteraient les deux tendances, apollinienne [128] et
dionysiaque [129].

Aristophane se réfère non seulement à des chants précis, mais
aussi à des formes musicales en général, qui constituaient des modèles
traditionnels de composition, tels les *nomes* [130], notamment au nome
orthien [131]. Dans les *Oiseaux* [132], le poète déclare qu'il a composé,
pour la Cité des Nuées, des mélodies « cycliques » [133], des chœurs
pour jeunes filles [134], des œuvres à la manière de Simonide [135]. Dans
les *Guêpes*, les héliastes sont censés fredonner de vieux « airs sido-
niens, doux comme miel, de Phrynichos » [136]. Dans les *Grenouilles*,
Eschyle accuse Euripide de collectionner des « monodies cré-

---

127. Cf. *Cavaliers*, v. 1238 : Ἀδμήτου λόγον (cf. Athénée, XV, 695c) ; 1240-1241 :
σὺκ ἔστιν ἀλωπεκίζειν ; *Cavaliers*, v. 406 : πῖνε, πῖν' ἐπὶ συμφοραῖς ; *Paix*, v. 1168 : ὧραι
φίλαι.

128. Cf. *Cavaliers*, v. 407-408 : ἰηπαιωνίσαι ; cf. *supra*, p. 213 et la n. 4 ; cf. *Oiseaux*,
v. 856 : ἴτω... πυθιὰς βοά ; cf. H. Van Daele, *op. cit.* (n. 38), t. III, p. 65, n. 3 : « Selon le
Scholiaste, une clameur avec accompagnement de flûte, comme on faisait en l'honneur
d'Apollon Pythien, c'est-à-dire un péan. »

129. Cf. *Cavaliers*, v. 408 : βακχέβακχον ᾆσαι. On pourrait intégrer dans la même
tradition le chant phallique, hymne adressé à Phalès, personnification du phallos ; cf.
Acharniens, v. 260 ; 263-266 ; « Phalès, compagnon de Bacchos, joyeux convive... »

130. Cf. E. Moutsopoulos, *op. cit.* (n. 3), § 203 ; F. Lassèrre, *op. cit.* (n. 92),
p. 135.

131. Cf. *Acharniens*, v. 16 ; *Cavaliers*, v. 1279 ; on rencontre ce nom pour la
première fois chez Hérodote, I, 24, dans le sens de mélodie aiguë ; cf. Eschyle,
Agamemnon, v. 1153 ; cf. Pseudo-Plutarque, *De la musique* 1140, p. 123, l. 32-33 (Lass.).
Il s'agirait d'un qualificatif attribué à un rythme et, en même temps, à une forme
d'origine rituelle et populaire, remontant au culte spartiate d'Artémis Orthia. Indépendamment de cette acception, *Orthien* signifierait, d'après l'auteur des *Problèmes* (aris-
totéliciens), XIX, 37, 920 b 20, la mélodie exécutée dans un registre aigu. Ces deux
acceptions semblent toutefois contredire, chacune de son côté, l'affirmation de H. van
Daele qui soutient que le nome Orthien serait « un hymne guerrier » (t. I, p. 13 et la
note), « vif et entraînant » (t. I, p. 136, n. 3).

132. Cf. *Oiseaux*, v. 917.

133. Cf. *Nuées*, v. 333 ; *Grenouilles*, v. 336 ; H. van Daele, *op. cit.* (n. 38), édition
des *Oiseaux*, p. 68, n. 1, affirme qu'il s'agit d'une forme dithyrambique.

134. Cf. *ibid.*, n. 2 ; « Des chœurs pour jeunes filles, Alcman, Pindare, Simonide et
Bacchylide en avaient composé en grand nombre (cf. Plutarque, *Moral. [De lamus.]*
1136f). Ce genre de chants commençait à être suranné. Cf. *Nuées*, v. 1352-1362.

135. *Oiseaux*, v. 919 : κατὰ τὰ Σιμωνίδου. Il s'agit vraisemblablement d'œuvres en
strophes mixtes comportant des vers à dominante dactylique.

136. *Guêpes*, v. 221 : μελισιδωνοφρυνιχήρατα. Cf. H. van Daele, *op. cit.* (n. 38),
t. II, p. 26, n. 2 : « Long mot forgé par le poète. Allusion aux *Phéniciennes* de
Phrynichos », cf. *Guêpes*, v. 268-272. *Oiseaux*, v. 746-749 : ... ὡσπερεὶ μέλιττα |
Φρύνιχος ἀμβροσίαν μελέων ἀπε|βόσκετο καρπὸν ἀεὶ φέρων γλυκεῖαν ᾠδάν.

toises » [137], sortes d'hyporchèmes [138]. Dans les *Acharniens*, il est question d'une mélodie typiquement béotienne [139]. Dans la *Paix* enfin, Trygée mentionne les ἀναβολαί, préludes lyriques d'inspiration élevée, et dont les sujets se référaient de préférence à la beauté de la nature [140]. Aristophane semble attacher une grande importance esthétique à ces formes musicales. Son intérêt se concentre toutefois surtout sur les innovations de toutes sortes en matière de composition et d'exécution.

Ce qui semble toutefois retenir sérieusement son attention, c'est la façon dont le domaine de la création et de l'exécution musicale lui paraît devoir être abordé. Tout comme Platon le fera plus d'un demi-siècle après lui [141], il condamne le principe de la *théâtrocratie*, qui exige la soumission de l'art en général, et des compositions musicales en particulier, au goût éphémère d'un public mal averti qui se complaît à bien accueillir des œuvres qui flattent ses propres faiblesses, tout en condamnant des créations élevées qui lui demandent un certain effort d'appréciation esthétique. La conception sérieuse de la comédie exigeait son dépouillement de tout élément inutile, pour ne mettre le point que sur l'essentiel du comique, la parole. Les procédés dont se servaient les prédécesseurs d'Aristophane ne devaient pas différer de ceux utilisés par la *Commedia dell'arte*, ainsi que le poète lui-même nous le suggère dans la parabase de la *Paix*, où il se vante d'avoir le premier débarrassé la comédie des cris et des gémissements bouffons [142], ne craignant pas d'aller à l'encontre des préjugés, des habitudes et des préférences du public, et de compromettre, par conséquent, le succès de ses pièces [143]. Les

---

137. *Grenouilles*, v. 849.

138. Cf., par exemple, Euripide, *Oreste*, v. 987 ; 1369 et suiv. ; *Phéniciennes*, v. 301 et suiv.

139. *Acharniens*, 14 ; cf. H. van Daele, *op. cit.* (n. 38), t. I, p. 12 et la n. 3 : « ... L'air béotien semble avoir été un air rustique. » Cf. *Thesmophories*, v. 1175, où il est question d'un air persique, sans doute lascif. A propos de noms « topiques » (sur la signification de ce terme, et son emploi pour désigner des qualifications d'« harmonies », cf. J. Chailley, « Le mythe des modes grecs », *Acta Musicologica* 28/4, p. 137-163 ; Id., dans *Revue de Musicologie* 38, 1956, p. 96 sqq., cf. *Guêpes*, v. 1259, où il s'agit de contes ésopiques et *sybaritiques*.

140. *Paix*, v. 829 et suiv. Pour des exemples caractéristiques de ce genre de compositions, cf. *Oiseaux*, v. 1372-1381 ; 1393 et suiv. ; 1386-1390, où leur inspiration est attribuée aux Nuées.

141. Cf. E. Moutsopoulos, *op. cit.* (n. 3), § 205 et suiv. ; § 214 et suiv.

142. *Paix*, v. 733 et suiv.

143. Cf. *Nuées*, v. 540. L'échec de la première représentation de la pièce est attribué à l'absence d'une partie « chorégraphique » où le *cordax*, danse comique bouffonne et licencieuse, était de rigueur. Il en est de même des chœurs tragiques : *Oiseaux*, v. 787.

chœurs de la comédie en particulier, les τρυγῳδικοὶ χοροὶ [144] peuvent, de par leur constitution et leur apparence, gagner la faveur du public, à la condition que le compositeur accepte de faire des concessions à la vogue et au mauvais goût. Si toutefois, désireux que sa muse ne soit pas « entremetteuse », il instruit ses chœurs « honnêtement » [145], il court le risque de demeurer incompris pendant longtemps. Or l'attitude d'Aristophane constitue en soi une gageure ; car, outre les difficultés et les risques que comporte la présentation d'une pièce comique, il opte pour ce qu'il considère être le premier devoir du poète, autrement dit, pour la vérité et pour l'appui de la juste cause, quitte à s'attirer l'indifférence [146]. C'est d'ailleurs dans ce contexte d'idées d'origine damonienne que, dans les *Oiseaux*, craignant que la présence du poète, flatteur du grand public, n'entraîne des maux pour la Cité, Pisthétairos, à l'image des dirigeants de la cité platonicienne [147], veut le congédier [148].

A ce niveau, l'esthétique se confond, à la limite, avec l'éthique, thèse que Damon avait déjà avancée, et que Platon reprendra. L'*éthos* musical n'est que l'aspect artistique d'un caractère moral propre, manifesté au moyen de la *mimésis*, adaptation des mouvements de l'âme à ceux d'une réalité psychagogique. C'est là vraisemblablement la position théorique d'une grande partie des esprits éclairés de l'époque, à la seule différence que certains d'entre eux, tel Euripide,

---

144. Cf. *Acharniens*, v. 886 (parabase).

145. Cf. *Guêpes*, v. 1015-1050 (parabase). La musique « sérieuse » avait atteint ce stade depuis longtemps. Mais les goûts du public avaient évolué vers la fin du Vᵉ siècle. Cf. *Nuées*, v. 1355-1358 (Strepsiade, de son fils) : αὐτὸν τὴν λύραν λαβόντ᾽ ἐγὼ ᾽κέλευσα | ᾆσαι Σιμωνίδου μέλος... | ὁ δ᾽... ἀρχαῖον ἔφασκε τὸ κιθαρίζειν | ᾄδειν τε πίνονθ᾽... L'un des postulats esthétiques de Platon sera le retour aux formes musicales anciennes. Sur l'évolution des goûts du public cf. *Nuées*, v. 1362-1367, où Strepsiade affirme que son fils aurait considéré Simonide comme un mauvais poète, et Eschyle, comme « plein de bruit, incohérent, grandiloquent, faiseur de mots-précipices » (κρημνοποιόν). Aristophane réagit contre cette conception dans les *Grenouilles*, v. 92-97, en faisant dire à Dionysos des poètes tragiques contemporains et de leurs œuvres : « Grapaille..., babillage, musique d'hirondelles ; des corrupteurs de l'art... Mais un poète généreux, tu n'en trouveras plus... qui fasse entendre une noble parole. » Cf. *Grenouilles*, v. 937 et suiv., où Euripide reproche à Eschyle sa grandiloquence et sa tendance au « merveilleux » ; Eschyle à Euripide, son réalisme et la minutie dans son travail ; cf. *ibid.*, v. 779-780 ; cf. *Thesmophories*, v. 52-57, à propos du style élégant d'Agathon : « il courbe des jantes de vers nouvelles ; ici il passe au tour, là il assemble, frappe des sentences, oppose des mots, coule en cire, arrondit, entonne... » ; cf. *ibid.*, v. 100.

146. Cf. *Acharniens*, v. 628-658. Il n'hésite pas cependant de s'adresser directement aux spectateurs pour leur demander de l'applaudir et de l'« escorter d'une clameur favorable », afin qu'il goûte sa réussite (cf. *Cavaliers*, v. 546-550).

147. *République* II, 377a-III, 392b ; X, 595a-608b ; *Lois* VII, 810d ; 810e-811b.

148. *Oiseaux*, v. 931. Sur le besoin d'un jugement esthétique rationnel, cf. *Assemblée des femmes*, v. 1159-1160.

voudront en adopter les conséquences extrêmes. Si donc Aristophane raille l'esthétique de celui-ci, c'est qu'elle lui semble exagérée, ce qui ne l'empêchera pas d'en adopter certains aspects, notamment celui de la conformité forcée des habitudes du poète avec ses personnages [149]. « Tu composes les pieds en l'air... », dit Dicéopolis à Euripide, dans les *Acharniens* ; « je comprends que tu crées des boiteux. Mais pourquoi ces haillons... costume pitoyable ?... tu crées des mendiants. » [150] Aristophane reviendra sur ce sujet dans les *Thesmophories* où Agathon est présenté comme porte-parole de la nouvelle esthétique « damonienne » : interrogé sur le rapport invraisemblable pouvant exister entre le chant qu'il est en train de composer et son déguisement en femme [151], il soutient que le musicien doit avoir une nature et un comportement conformes au caractère « éthique » de ses compositions [152] : « Considère que le fameux Ibycos, Anacréon de Téos et Alcée, qui donnèrent tant de saveur à l'harmonie, portaient le bandeau des femmes et menaient une vie efféminée à l'ionienne. Et Phrynichos..., beau de sa personne, portait de beaux vêtements ; et conséquemment ses drames étaient beaux. » C'est donc une nécessité que de composer suivant sa nature [153], et que, d'autre part, les qualités « éthiques » qui nous font défaut puissent être acquises grâce à la *mimésis* [154]. Aussi la prédilection pour un certain « éthos » musical dénote-t-elle, dès l'enfance, le caractère d'un sujet. C'est le cas de Cléon, présenté de façon à la fois plaisante et ingénieuse dans les *Cavaliers*, comme s'étant attaché à la seule harmonie dorienne en vertu non pas du caractère viril de celle-ci [155], mais d'un certain jeu de mots [156] qui fait allusion à la politique du démagogue.

---

149. H. van Daele, *op. cit.* (n. 38), t. I, p. 29, n. 1.
150. *Acharniens*, v. 410-415.
151. *Thesmophories*, v. 137-138.
152. *Ibid.*, v. 149-150
153. *Ibid.*, v. 159 et suiv. : ὅμοια γὰρ ποιεῖν ἀνάγκη τῇ φύσει. On comprend ainsi également la causalité « mimétique » des « qualités » esthétiques des œuvres de Philoclès, de Xénoclès et de Théognis (cf. *ibid.*, v. 170). On comprend encore que, inversement, Périclès ait édicté des lois contre les Mégariens (cf. *Acharniens*, v. 532) dans le style des chansons (νόμους ὥσπερ σκόλια γεγραμμένους), pour que les citoyens puissent mieux s'y conformer. Les *Lois* de Platon font une allusion à la forme chantée des lois primitives.
154. *Thesmophories*, v. 155-156. Pascal n'affirmera rien de plus en exigeant le ploiement de la « machine » humaine, forcée de se conformer aux prescriptions et formules religieuses, afin que l'habitude puisse exercer une influence déterminante sur l'âme.
155. Cf. Platon, *Lachès* 188d ; *République* III, 399a et suiv. ; Aristote, *Polit.* VIII, 7.
156. Cf. *Cavaliers*, v. 984-986 : δωριστί-δωροδοκιστί. Sur l'« éthos » des harmonies, cf. E. Moutsopoulos, *op. cit.* (n. 3), § 42 et suiv.

Cette dernière considération rend évidente l'importance que le poète attache à l'éducation musicale : platonicien avant la lettre [157], ou plutôt damonien comme plus tard Platon, il considère l'éducation musicale comme le fondement de l'instruction, comme une garantie de l'intégrité morale [158]. En ce sens, les poésies d'Orphée, de Musée, d'Homère, d'Hésiode, sont d'une grande utilité [159]. A part l'étude des harmonies, il préconise celle des rythmes [160], selon le plan du traité de Damon [161]. Enfin, l'institution de concours musicaux [162], pourra, selon lui, contribuer à l'amélioration de la Cité [163], désormais possible grâce à l'existence de citoyens sages et musiciens à la fois [164], au point qu'il nous soit permis de prétendre, sans risque d'exagération, que l'esthétique musicale platonicienne est, dans une certaine mesure, déjà préfigurée dans les pièces d'Aristophane.

4. Un univers musical. L'élément marquant la transition vers l'objectivation, voire vers la « transcendantisation » de la musique, est sans conteste l'instrument musical auquel une provenance quasi surhumaine, due à l'ingéniosité de quelque divinité, est reconnue. Les instruments à cordes, phorminx, cithare, lyre, sont considérés comme l'apanage d'Apollon et des Muses [165], alors que les instruments à vent sont jugés plus conformes à l'esprit dionysiaque [166]. Toutefois, les deux familles d'instruments prolongent le dynamisme musical, puisqu'elles facilitent l'irruption de l'humain dans le cosmique, tout en permettant à l'âme de se mettre à l'unisson de la nature, ce qui implique une « psychagogie » agréable : « il est doux de boire au coin du feu au son de l'aulos », dira Dicéopolis dans les *Acharniens* [167]. C'est pourquoi, dans plus d'une pièce, notre poète introduit une atmosphère de liesse où les chants alternent avec les mélodies des

---

157. Cf. *ibid.*, § 148 et suiv.
158. Cf. *Cavaliers*, v. 188-189 ; 190-191 ; *Guêpes*, v. 959-960 ; 989.
159. Cf. *Grenouilles*, v. 1032-1034.
160. *Nuées*, v. 636-638 ; 648.
161. Cf. F. Lassère, *op. cit.* (n. 92), p. 58 et suiv. Sur l'« eurythmie » des danseurs, cf. *Guêpes*, v. 1504.
162. Cf. *Ploutos*, v. 1163.
163. Cf. *Grenouilles*, v. 686.
164. Cf. *Guêpes*, v. 1243. Sur sa provenance, d'après la mythologie, cf. *Hymne à Hermès*, v. 47-51.
165. Cf. *Grenouilles*, v. 231 : ὁ φορμικτὰς Ἀπόλλων ; 229 ; εὔλυροι Μοῦσαι ; cf. *Thesmophories*, v. 120 ; 124.
166. Cf. *Grenouilles*, v. 230 : Πάν, ὁ καλαμόφθογγα παίζων ; *Oiseaux*, v. 743 : Πανὶ νόμους ἱερούς ἀναφαίνω.
167. *Acharniens*, v. 752 : ἢν αὐλὸς παρῇ.

joueuses d'aulos [168]. Le niveau supérieur d'objectivation du principe de la musique se situe, comme chez les Tragiques, sur le plan des oiseaux [169] dont le chant paraît être, dans une certaine mesure, le substrat de celui des instruments à vent en même temps que le substitut de la voix humaine [170]. L'oiseau musical par excellence, le rossignol, est mentionné à plusieurs reprises [171]. A celui-ci est apparenté l'hirondelle [172] qui, de plus, est un oiseau-augure dès lors que son apparition constitue un message précis, au même titre que le chant du coq [173]. Bien que le « chant » de certains animaux, tel le coassement des grenouilles [174], ne soit pas agréable à l'ouïe, il est néanmoins considéré comme une manifestation de joie [175]. Le « chant » des cigales est comparé à une « douce mélodie » [176], pour des raisons plutôt « anesthétiques » ramenées à la croyance relative à leur nature et à leur destination [177], croyance dont Platon fera, dans le mythe du *Phèdre*, l'expression condensée de sa propre philosophie de la musique [178].

On peut, du plan des oiseaux, passer à celui des autres animaux ; il suffit de confondre désormais sons et bruits auxquels la même fonction « musicale » est reconnue. La transition se fait grâce aux

---

168. Cf. *Guêpes*, v. 1219-1922 : αὐλητρὶς ἀνεφύσησεν ; cf. *ibid.*, où la musicienne est appelée ἡ Δαρδανίς, du nom de son lieu d'origine, au Nord de la Troade, patrie de nombreuses joueuses d'aulos. Sur l'origine de cet instrument, cf. K. Schlesinger, *The Greek Aulos*, Londres, Methuen, 1938, p. 49 et suiv. Cf. *Assemblée des femmes*, v. 890-892 : σὺ δὲ αὐλητά, | ... τοὺς αὐλοὺς (aulos double) λαβών, | ἄξιον ἐμοῦ καὶ σοῦ προσαύλησον μέλος ; *Lysistrata*, v. 1245 : λαβὲ ... τὰς φυσαλλίδας ; *Grenouilles*, v. 312-313 ; *Oiseaux*, v. 861, où il est question d'une « mentonnière » portée par les aulètes en vue de faciliter l'articulation ; cf. *Guêpes*, v. 581 ; Sophocle, fr. 753 ; cf. H. van Daele, *op. cit.* (n. 38), t. III, p. 65, n. 4.

169. Cf. *Oiseaux*, v. 859 ; 861, à propos d'un corbeau déguisé en aulète.

170. Cf. *ibid.*, v. 1300, où les hommes, épris des oiseaux, ᾖδον ὑπὸ φιλορνιθίας πάντες μέλη ; 1330-1333, où, par synecdoque, le chœur divise les plumes en trois catégories : musicales, divinatoires, marines, selon les caractères respectifs des divers oiseaux.

171. Cf. *ibid.*, v. 203 (allusion à la légende de Philomèle) ; 208 ; 347 ; 659-660 ; 665 ; 667-669 ; 742 ; 1380 : ὄρνις γενέσθαι βούλομαι, λιγύφθογγος ἀηδών ; 1393-1395.

172. Cf. *Grenouilles*, v. 680-683 : ἐπιβρέμεται | ... χελιδών | ... | τρύζει δ' ἐπίκλαυτον ἀηδόνιον νόμον ; cf. *Paix*, v. 799-801 : ὅταν ἠρινὰ μὲν | φωνῇ χελιδὼν | ἑζομένη κελαδῇ ; il en est de même du cygne ; cf. *Oiseaux*, v. 769 et suiv.

173. Cf. *Assemblée des femmes*, v. 739-741 ; cf. *ibid.*, v. 283 ; 377 ; *Oiseaux*, v. 489.

174. Cf. *Grenouilles*, v. 247-249.

175. Cf. *ibid.*, v. 210-217.

176. Cf. *Paix*, v. 1159-1160 : ἡδὺν νόμον.

177. Cf. *Oiseaux*, v. 39-41 ; *Nuées*, v. 1355-1360.

178. Cf. *Phèdre* 259d-e. Cf. E. Moutsopoulos, *op. cit.* (n. 3), § 7 et 266. Cf. *Oiseaux*, v. 1095-1096 : ἡνίκ' ἂν ὁ θεσπέσιος ὀξύμελος ἀχέτας | ... ἡλιομανὴς βοᾷ ; cf. *Paix*, v. 1159 ; cf. Virgile, *Bucoliques* II, 2 : *raucis sole sub ardenti resonant arbusta cicadis*.

oiseaux qui remplissent l'espace du bruissement de leurs ailes, dont
les chants des poètes forment l'écho [179]. Le bruit d'un animal se
déplaçant, par exemple, peut en signaler la présence. C'est ainsi que
Xanthias, serviteur de Dionysos dans les *Grenouilles*, devine la présence d'Empuse [180], et qu'Héraclès, en imitant le mugissement d'un
fauve, inspire la peur [181]. Quant aux inanimés, leur présence peut
s'affirmer « musicalement » par le truchement d'un dieu ou d'un
homme, mais peut aussi, inversement, par une sorte de « participation existentielle » révéler la présence sous-jacente du facteur
humain [182]. Il existe, enfin, dans un contexte de considérations ani-
mistes, des bruits d'éléments de la nature, qui sont comme des réponses musicales à l'action de forces mystiques. L'univers [183] résonne du
grondement des Nuées [184]. Dans les *Oiseaux*, il est question du pouvoir du chant des cygnes : « à travers la nue éthérée passe leur cri :
alors se blottissent les tribus... des animaux sauvages, les flots sont
assoupis, pas un souffle dans le ciel serein [185], tout l'Olympe reten-
tit [186] ; une stupeur a saisi les dieux ; les Charites à ces accents et les
Muses olympiennes répondent par des clameurs. » [187]

---

179. Cf. *Oiseaux*, v. 1390.

180. *Grenouilles*, v. 285.

181. Cf. *ibid.*, v. 562 : κάμυκᾶτο ; cf. Euripide, *Héraklès*, v. 1370, ou le héros, en
transe, mugit également. Les bruits des membres du corps ont, eux aussi, une signification particulière, codifiée en quelque sorte. Cf. *Cavaliers*, v. 546 : « applaudissez » ;
Ploutos, v. 275 : αἱ κνημαί σου βοῶσιν (il s'agit d'une « clameur » silencieuse).

182. Cf. *Acharniens*, v. 545-546 : ἡ πόλις πλέα | θορύβου στρατιωτῶν, περὶ
τριηράρχου βοῆς | ... | στοᾶς στεναχούσης... ; 551 : αὐλητρίδων ; 554 : αὐλῶν,
κελευστῶν, νιγλάρων, συριγμάτων (les contemporains de Platon n'hésiteront pas de
porter tous ces vacarmes sur la scène) ; *Cavaliers*, v. 1300 : φασὶν ἀλλήλας συνελθεῖν τὰς
τριήρεις εἰς λόγον ; 1326 : ἀνοιγομένων... λόφος τῶν προπυλαίων ; *Paix*, v. 233 (Hermès,
de Polémos) : θορυβεῖ... ἔνδοθεν ; 243-245 (Trygée) : ᾐσθόμην | ... θυείας φθέγμα
πολεμιστηρίας ; 539 (Hermès, à Trygée) : πρὸς ἀλλήλας λαλοῦσιν αἱ πόλεις (de
contentement).

183. Cf. *Nuées*, v. 277 (d'Océan) ; 283 (des rivières) ; 284 (de la mer).

184. Cf. *ibid.*, v. 284 ; 292 (et 293-294) ; 374 : βροντῶσι κυλινδούμεναι ; 583 :
βροντὴ ἐρράγη δι' ἀστραπῆς (cf. Sophocle., *Teucros*, fr. 507).

185. Cf. *Thesmophories*, v. 43-45 : Ἐχέτω δὲ πνοὰς νήνεμος αἰθὴρ | κῦμα δὲ
πόντου μὴ κελαδείτω | γλαυκόν. Cf. Euripide, *Phéniciennes*, v. 211-213 ; *Iphigénie à
Aulis*, v. 9-10 ; *Bacchanales*, v. 1083-1085. De même, quand volent les rapaces, « par
l'impétuosité de leur vol et le sifflement de leurs ailes, tout l'air est remué » (*Oiseaux*,
v. 1180-1181 ; cf. *Oiseaux*, v. 1198 : δίνης πτερωτὸς φθόγγος ἐξακούεται ; cf. pourtant,
ibid., v. 1217, où Iris est censée voler sans bruit).

186. Cf. *Thesmophories*, v. 990-994 ; Ἀμφὶ δὲ συγκτυπεῖται | κιθαιρώνιος ἠχὼ |
μελάμφυλλά τ' ὄρη | δάσκια, πετρώ | δεις τε νάπαι βρέμονται (cf. *Guêpes*, v. 436 :
πολλῶν ἀκούσας οἶδα θηρίων τὸν ψόφον ; cf. H. van Daele, *op. cit.* [n. 38], *ad loc.*, qui commente : « un bruit vain » : expression proverbiale.

187. *Oiseaux*, v. 769-783.

Le niveau suivant est purement cosmologique. Les éléments de la nature participent de l'harmonie universelle dont Platon parlera plus particulièrement dans le Timée [188] : « L'Éther, soutient l'Euripide des *Thesmophories* [189], quand tout d'abord il se sépara du Chaos [190] et procréa en lui-même des animaux doués de mouvement [191], pour qui doit voir d'abord fabriqua un œil calqué sur le disque du soleil, et pour l'audition creusa un entonnoir : les oreilles [192]. » Le finalisme musical d'Aristophane ne s'apparente d'ailleurs pas à celui de Platon sur le seul plan de l'homme ou du monde, mais aussi sur celui de l'eschatologie : « Je veux devenir oiseau, mélodieux rossignol », chante Cinésias [193], préfigurant une image que Platon reprendra volontiers dans le dernier livre de la *République* [194]. Il est dit, par ailleurs, que les morts se transforment en étoiles [195], et que le poète Ion de Chios est, dans le ciel, l'astre, même que jadis il nomma, dans une des ses compositions, « étoile matinale » [196]. Il n'y aura désormais qu'un pas à faire pour arriver à la conception de l'harmonie des sphères [197]. L'objectivation du principe de la musique se parachève ainsi sur un plan quasi métaphysique. Le modèle de la conception de la musique chez Platon se précise de plus en plus, et il ne restera à celui-ci qu'à y apporter le souffle unificateur de son génie.

Dès lors, quelques conclusions s'imposent. En premier lieu, la pensée d'Aristophane, en ce qui concerne l'appréciation philosophique de la musique, se meut dans le cadre défini par les Tragiques, enrichi d'ailleurs par l'apport de Damon auquel il se réfère toutes les fois que, directement ou indirectement, il est question, dans son œuvre, des perspectives « éthiques » de la musique. Le caractère irrationnel des manifestations musicales affirmé par Eschyle, puis partiellement mis en doute par Sophocle, pour être repris en considé-

---

188. Cf. E. Moutsopoulos, *op. cit.* (n. 3), § 255 et suiv.

189. *Thesmophories*, v. 14.

190. Cf. *Nuées*, v. 264 ; *Thesmophories*, v. 272, *Grenouilles*, v. 892 ; *Oiseaux*, v. 693 ; ici l'Éther divinisé assume la fonction créatrice du dieu du Timée.

191. Aristophane ne distingue pas encore les mouvements ordonnés des mouvements désordonnés, ainsi que le fera Platon, *Timée* 30a ; *Lois* II, 653 d-654a. Cf. E. Moutsopoulos, *art. cit.* (n. 6).

192. Cf. *Timée*, 47a-e. Il s'agit déjà, chez Aristophane, d'une conception finaliste de l'audition (et de la musique).

193. *Oiseaux*, v. 1376.

194. Cf. *République* X, 620a.

195. *Paix*, v. 832 ; cette eschatologie diffère, il est vrai, sur bien des points, de celle de la *République* ; elle se rattache cependant, et au même titre que celle-ci, à des préoccupations à la fois astronomiques, musicales et philosophiques de la fin du Vᵉ siècle.

196. *Paix*, v. 834-837.

197. Cf. E. Moutsopoulos, *op. cit.* (n. 3), § 261 et suiv.

ration par Euripide, constitue un fait fondamental dont le représentant de l'ancienne comédie tient évidemment compte. Les conceptions de ses prédécesseurs sont élargies avant d'atteindre, chez lui, le domaine de l'esthétique musicale.

En second lieu, on constate, chez Aristophane, une tendance à doter des vues déjà traditionnelles, d'une saveur toute nouvelle, grâce à des procédés dont les théories intellectualistes du comique, celle de Bergson en particulier, nous offrent des possibilités d'analyse assez satisfaisantes. Par ailleurs, l'attrait que l'actuel présente pour la comédie rend suffisamment compte, à plusieurs égards, sinon de la prédilection, du moins de l'intérêt du poète pour les questions d'esthétique musicale. « L'art difficile de la comédie » [198], dont le rôle principal est de « faire entendre aux citoyens la bonne cause » [199], autrement dit de les corriger en leur montrant leurs défauts, n'assure-t-il pas, en ce sens, une fonction parallèle à celle de la philosophie proprement dite, du moins telle que le Socrate de Platon l'envisage ?

Enfin, je pense avoir indiqué les principales raisons pour lesquelles on pourrait être porté à affirmer que la conception de la musique chez Aristophane, dans laquelle se prolonge et s'épanouit la tradition tragique en fonction de l'apport damonien, se présente comme un ensemble d'idées d'une netteté, d'une vigueur et d'une « actualité » suffisantes pour qu'il soit possible d'y voir l'une des préfigurations parallèles, très réduite, il est vrai, mais assez suggestive, d'un noyau à partir duquel Platon, inspiré par bien d'autres sources encore, aurait savamment construit sa propre dialectique musicale [200].

Evanghelos MOUTSOPOULOS

---

198. Cf. *Cavaliers*, v. 515-516.

199. Cf. *Oiseaux*, v. 931 ; cf. *Acharniens*, v. 628-658 ; *Assemblée des femmes*, v. 1159-1160.

200. Cf. E. Moutsopoulos, « Dialectique musicale et dialectique philosophique chez Platon », *Annales de la Faculté des Lettres et Sciences Humaines d'Aix* 37, 1963, p. 159-163.

LES TRIBUNAUX COMIQUES D'ATHÈNES

Le terme de « tribunaux comiques » n'évoque sans doute rien à l'esprit de la plupart de nos contemporains. Il a pourtant joui d'une modeste célébrité vers la fin du siècle dernier, quand Jules Moinaux, père de Georges Courteline, publiait sous ce titre des chroniques hautes en couleur, inspirées par son assiduité de journaliste aux séances des tribunaux correctionnels [1]. Disons que le choix de ce titre vise surtout à rappeler la permanence d'une veine comique qui part d'Aristophane, passe par les *Plaideurs* de Racine, le Brid'Oison de Beaumarchais et les caricatures de Daumier, pour aboutir aux chroniques de Jules Moinaux, au *Commissaire est bon enfant* de Courteline, ou à *La tête des autres* de Marcel Aymé : la satire d'une fonction sociale hautement respectable, certes, l'administration de la justice, mais dont les inévitables imperfections, dues aux faiblesses humaines, appellent la colère des uns et le rire des autres.

Pourtant, une des grandeurs de la civilisation grecque est d'avoir placé très haut les notions de justice et de droit. Dès l'origine, c'est le roi des dieux, Zeus, qui en est le garant [2], avec son épouse Thémis et sa fille Dikè. « Aux hommes , dit Hésiode, Zeus a fait don de la justice, qui est de beaucoup le premier des biens » (*Les Travaux et les Jours*, v. 279-280). Aux temps héroïques, c'est naturellement aux rois que revient de dire le droit et de punir les coupables. Aussi Agamemnon, au nom de Zeus Xénios, poursuit-il une juste vengeance contre la patrie du prince Pâris, coupable de rapt et de vol. Mais les dénis de justice ne manquent pas pour autant chez les rois homériques : c'est Agamemnon lui-même qui s'empare indûment de la captive d'Achille ; Ulysse qui fait condamner à mort son rival Palamède, après avoir caché lui-même sous sa tente les pièces à conviction visant à tromper les juges [3] ; c'est encore Ulysse qui, aidé par les manœuvres des Atrides, se fait remettre les armes d'Achille, alors qu'elles auraient

---

1. J. Moinaux, *Tribunaux comiques*, 2 séries, Paris, 1881-1888.
2. Cf. H. Lloyd-Jones, *The Justice of Zeus*, Berkeley-Los Angeles, 1971, p. 1-54.
3. C'était le thème des trois *Palamède* d'Eschyle, Sophocle et Euripide.

dû revenir au brave Ajax, causant la folie et le suicide de ce dernier [4] ;
c'est le « petit Ajax », le fils d'Oïlée, qui est scandaleusement acquitté,
malgré la violence sacrilège exercée sur Cassandre lors de la prise de
Troie. Dans l'*Iliade* même, un passage évoque la colère de Zeus envers
« ceux qui, sur la grand'place, brutalement, prononcent des sentences
torses, sans souci du respect dû aux dieux » (XVI, 386-388).

Même son de cloche dans les *Travaux et les Jours*, où Hésiode
affirme sa préférence pour « un bon arbitrage, rendu au nom de
Zeus » (v. 35-36) sur les « sentences torses » édictées par les rois
« mangeurs de présents » [5]. L'âge archaïque a cru remédier à ces
défauts en confiant la justice à un collectif de vieillards, supposés
assagis par l'âge et peu accessibles à la corruption : ainsi pour les
gérontes ou les éphores de Sparte ou les aréopagites d'Athènes. Mais
ces derniers même pouvaient devenir suspects, du fait de leur origine
aristocratique. Aussi la démocratie établie à Athènes par Clisthène à
la fin du VIe siècle a-t-elle résolu de confier les décisions de justice à des
tribunaux populaires, rendant leur sentence au nom du peuple athénien, et trop nombreux pour pouvoir être manipulés ou corrompus.
C'est à ce système judiciaire, désormais rôdé par près d'un siècle de
pratique, et placé au cœur de la vie publique, qu'il est sans cesse fait
référence dans le théâtre d'Aristophane, tout particulièrement dans la
comédie des *Guêpes* [6], où l'institution se trouve mise à nu et fortement
malmenée.

L'action se passe, non au tribunal, mais devant la maison d'un
vieux dicaste, Philocléon (« l'ami de Cléon », le chef du parti populaire) et de son fils Bdélycléon (« celui qui hait Cléon »). Atteint d'une
judicomanie morbide, le vieillard n'est heureux qu'au tribunal, et
pour s'y rendre il essaie en vain de s'évader de la maison par toutes
sortes de ruses, que son fils parvient à déjouer avec ses esclaves [7].
Après ces scènes trépidantes, Philocléon reçoit le soutien, au moins
moral, du chœur, formé de vieux dicastes, ses anciens compagnons
d'armes, venus le chercher pour aller au tribunal. Ils sont armés d'un
aiguillon, qui traduit symboliquement le caractère hargneux des juges
populaires, toujours prêts, comme un essaim de guêpes, à fondre sur le

---

4. Épisode mis en scène dans le *Jugement des Armes* d'Eschyle et l'*Ajax* de
Sophocle.

5. δωροφάγοι (v. 221 et 264).

6. Principales éditions commentées : W. Starkie, Londres, 1897 , réimp. Amsterdam, 1968 ; B. B. Rodgers, *Clouds, Wasps*, Londres, 1916 ; D. M. MacDowell, Oxford,
1971 ; G. Paduano, Milan, 1990 ; A. Sommerstein, Warminster, 1997. Les traductions
données ici sont empruntées à P. Thiercy, *Aristophane, Théâtre complet*, Paris, N.R.F.
(collection de la Pléiade), 1997.

7. *Guêpes*, v. 1-229.

prévenu qui les a irrités [8]. Un débat s'instaure entre Bdélycléon et Philocléon, en présence du chœur, sur les mérites et les démérites des jurys populaires, sur leur grandeur et leur servitude [9]. Au bout du compte, le raisonnable Bdélycléon parvient à convaincre les dicastes, qui s'étaient d'abord rangés au parti de leur camarade, qu'ils ne sont pas, comme ils le croyaient, les maîtres de la cité : en réalité, ils sont les dupes des démagogues conduits par Cléon, qui les méprisent et les utilisent à leurs fins personnelles. Si le chœur se dit convaincu, Philocléon n'est pas guéri pour autant et persiste à vouloir juger. Aussi son fils lui organise-t-il un petit tribunal domestique, en lui donnant à trancher un procès entre les deux chiens de la maison : c'est le procès que Racine a si plaisamment transposé dans les *Plaideurs*. Le verdict imprévu de celui-ci met un terme à la manie de Philocléon, et dans le dernier tiers de la pièce [10], le vieillard déploiera sa vitalité dans d'autres domaines.

Mais dans ses deux premiers tiers, la comédie ne cesse de se dérouler dans un climat judiciaire. L'*agôn* lui-même entre le père et le fils évoque une des formes les plus quotidiennes de l'exercice de la justice, où les plaideurs soumettaient des litiges mineurs à un arbitre (rôle tenu ici par le chœur [11]), dont le verdict (v. 726-727) s'impose aux parties. Par ailleurs, la comédie ne nous présente que la parodie bouffonne d'une séance de la cour avec le procès des deux chiens. Pourtant, l'évocation des pratiques judiciaires, conduite par petites touches tout au long de l'action, est si précise et si vivante qu'elle nous transporte par l'imagination au tribunal, et nous permet même de saisir l'esprit du système. Cette reconstitution formera notre premier point. Nous en verrons ensuite l'illustration par l'absurde dans le procès du chien voleur de fromage. Enfin, sans oublier la part du grossissement comique, nous dresserons la somme de tout ce que le poète semble condamner dans le système judiciaire d'Athènes. A la suite d'Aristophane, nous ferons en quelque sorte, à notre tour, le procès du juge, du « giudice judicato », selon le titre d'un brillant essai de Guido Paduano [12].

On peut se demander au préalable pourquoi l'institution judiciaire tient une telle place dans la vie publique athénienne. Certes, on peut alléguer le goût invétéré de la chicane que les Anciens attri-

---

8. V. 404-408 et 420-432.

9. V. 471-727.

10. V. 1009-1537.

11. V. 521 : le père et le fils s'accordent pour prendre les choreutes pour arbitres (τουτοῖσί γ' ἐπιτρέψαι). Sur la fonction des διαιτῆται voir Aristote, *Constitution d'Athènes* LIII. Ils devaient avoir atteint 60 ans.

12. G. Paduano, *Il giudice judicato*, Bologne, 1974.

buaient aux Athéniens, et qu'ils se reconnaissaient eux-mêmes [13] :
quand, dans les *Nuées*, un disciple de Socrate montre à Strepsiade
l'emplacement d'Athènes sur la carte, celui-ci s'écrie : « Je ne te crois
pas : je ne vois pas les juges en train de siéger ! » (v. 207-208).
L'Évelpide des *Oiseaux* déclare : « Les Athéniens ne cessent de chanter, juchés sur leurs litiges, leur vie durant » (v. 40-41). Philocléon
lui-même rapporte un propos qu'il avait entendu, selon lequel « les
Athéniens finiraient par juger leurs procès à domicile, et [...] chaque
citoyen ferait construire sur le pas de sa porte, pour son propre usage,
un mini-tribunal vraiment minuscule » (v. 800-803). Mais il faut
surtout dire que, malgré le développement des services publics et des
magistratures depuis le début du siècle, les tribunaux remplissaient
encore une bonne partie des fonctions administratives, civiles, péna-
les, politiques, et même législatives, d'un État moderne [14]. Philocléon
souligne pour sa part la prédominance des tribunaux populaires sur
les organes politiques, Assemblée et Conseil :

> « Quand le Conseil et le peuple hésitent à trancher une affaire d'impor-
> tance, ils décrètent que les inculpés seront déférés devant les dicastes »
> (v. 590-591).

Sans compter des juridictions mineures ou spécialisées [15], dix
cours principales, formant l'Héliée, fonctionnaient simultanément
trois cents jours par an à travers la ville [16], et c'était donc des milliers
de procès, privés ou publics, grands ou petits, qui se déroulaient tout
au long de l'année. On se plaignait même déjà de l'engorgement des
tribunaux — on en perçoit un écho dans les *Guêpes* [17] — et un
contemporain se plaint d'avoir attendu une année pour voir passer
son affaire. Pour juger les procès dans ces dix cours principales, avec
des jurys allant suivant les cas de 200 à 1000 membres, et plus, il fallait

---

13. Cf. R. J. Bonner, *Lawyers and Litigants in Ancient Athens*, Chicago, 1927
(réimp. anast., Rome, 1970), ch. 6 : « Athenian Litigiousness », p. 96 sqq.

14. Sur ces diverses fonctions, on pourra consulter R. J. Bonner, *op. cit.* (n. 13),
p. 98-106 ; G. Glotz, *Histoire grecque. II, Le Ve siècle*, Paris, 1938, p. 317-337 ;
Cl. Mossé, *Les institutions politiques grecques à l'époque classique*, Paris, 1967, p. 69-
74 ; V. Ehrenberg, *L'État grec*, Paris, 1976, p. 127-130.

15. Dont l'Aréopage, dépouillé de la plupart de ses privilèges depuis 463 (Cl.
Mossé, *op. cit.* [n. 14], p. 69 sq.).

16. Sûrement moins, toutefois, que ne le dit Aristophane, compte tenu en particulier des nombreux jours de fête ([Xénophon], *République d'Athènes* III, 2 ; 8). Les
locaux où siégeaient les diverses sections étaient répartis à travers la ville (cf. *Guêpes*,
v. 1108-1110).

17. V. 400-402 : Philocléon invoque par leur nom des citoyens dans le public en
instance de procès, pour qu'ils l'aident à rejoindre le tribunal. Sur l'engorgement des
tribunaux, voir [Xénophon], *République d'Athènes* II, 1 ; 2 ; 6 ; R. J. Bonner, *op. cit.*
(n. 13), p. 112.

un personnel considérable, et notre pièce confirme ce que nous savons par ailleurs : on tirait au sort chaque année, parmi les citoyens volontaires âgés de plus de trente ans et de bonne vie et mœurs, un corps de 6000 jurés, 600 par tribu, répartis à leur tour suivant de nouveaux tirages au sort entre les dix cours [18]. Ceux-ci assuraient, contre rétribution, le fonctionnement quotidien des tribunaux. 6000 hommes, cela représente environ un tiers de la classe la plus pauvre, celle des thètes, à peu près un citoyen sur six ou sept, une proportion bien supérieure à celle des fonctionnaires d'un de nos États. Si on ajoute aux 6000 dicastes les magistrats et le petit personnel nécessaire au fonctionnement de cette grande machine — secrétaires, greffiers, crieurs, gardes, policiers, bourreaux — la foule des plaideurs eux-mêmes... et celle du public qui se pressait au-delà des barrières, on mesure à quel point la ville était impliquée dans la vie judiciaire. Aussi le poète pouvait-il faire allusion aux détails les plus précis de la procédure avec la certitude d'être compris de son public. Les préliminaires du procès, par le sujet même, occupent une large place dans l'action des *Guêpes*. Avant même que la nuit ne s'achève, les « cojurés » de Philocléon sont venus le chercher, comme à l'accoutumée. Leur manteau court et leur bâton [19] attestent de leur qualité de jurés. Ils sont âgés, sinon fort âgés, si l'on en croit les références à leurs prouesses passées [20], et très pauvres : il leur faut épargner l'huile de la lampe, acheter une figue sèche serait une vraie folie, et la pensée que le tribunal pourrait chômer un jour normal les plonge dans l'angoisse [21]. S'ils sont si matinaux, c'est qu'ils veulent être sûrs d'être engagés : « Quiconque arrivera après le signal ne recevra pas son triobole » (v. 689-690), les a avertis un magistrat. « Une fois les débats engagés, nous ne laisserons entrer personne », crie le greffier (v. 891-92), et celui qui aura fait la grasse matinée, le président du tribunal lui fermera la grille au nez (v. 775). C'est pourquoi l'habitude de Philocléon était de venir se coller « comme une patelle » des heures à l'avance à la colonne d'affichage, pour être sûr d'entrer dans les

---

18. Voir Aristote, *Constitution d'Athènes* LIX, 7 ; LXIII, 1. Les chapitres LXIII à LXIX de ce traité constituent notre source principale pour la forme et le fonctionnement de ces tribunaux, mais tout n'y est pas parfaitement clair. Voir A. R. W. Harrison, *The Laws of Athens*, II, Oxford, 1971, p. 1-68 : *The Judicial Machine*.

19. τριβώνιον et βακτηρία, v. 33 ; 116.

20. Le siège de Byzance en 478 (v. 236), la prise de Naxos en 470 (v. 355), remontant à près d'un demi-siècle, sans parler de la bataille de Salamine (v. 1078-1088), près de 60 ans avant les *Guêpes* !

21. V. 251-253 ; 291-315 ; cf. encore v. 673-674.

premiers [22]. Le poète ne donne pas de détails sur la distribution des juges entre les diverses cours, mais l'opération était nécessairement longue et laborieuse, au début de la matinée, et on sait mal comment s'effectuaient les affectations. Ce qu'il y a de certain, c'est que, par précaution contre la brigue, les jurés ne découvraient qu'au dernier moment l'affaire unique (dans les procès publics), ou les trois ou quatre (dans les procès privés) sur lesquelles ils auraient à statuer au cours de la séance. Chacun dispose d'une tablette à son nom, d'un bâton et d'un insigne à la couleur de sa salle de tribunal, marquée de plus par une lettre de l'alphabet, de Alpha à Kappa [23]. Mais avant même d'entrer, il est en proie aux sollicitations des plaideurs, comme le raconte Philocléon :

> « L'un d'eux met dans ma dextre sa main lissée par le vol des fonds publics ; il m'implore avec des courbettes d'une voix pitoyable : Aie pitié de moi, ô père, je t'en prie, si tu as toi aussi commis des détournements en exerçant une magistrature, ou à l'armée, en faisant le marché pour la popote » (v. 554-557).

Entrés enfin dans l'enceinte, les jurés franchissent un par un le portillon de la « barre » du tribunal [24], qui va les séparer des plaideurs. Les plus matinaux ou les plus vigoureux peuvent prendre place sur les bancs proches de la barre. Mais, dans des locaux parfois trop étroits pour le grand nombre des jurés, le coryphée décrit des dicastes qui « le long des murs se tiennent en grappes compactes, penchés vers la terre, bougeant à peine, comme des larves dans leurs alvéoles » (v. 1109-1111). Tout le monde installé et les rites religieux accomplis, le thesmothète, qui préside la séance, met en route la première cause en ouvrant les scellés contenant les pièces rassemblées au cours de l'instruction [25]. Mais son rôle se limite à assurer le respect de la procédure et à introduire les témoins. Il n'intervient en aucune façon sur le fond. Le procès consiste donc en un combat singulier entre l'accusateur et le défendeur, s'appuyant chacun sur leurs pièces justi-

---

22. V. 105 : ὥσπερ λεπὰς προσεχόμενος τῇ κίονι. La colonne est celle sur laquelle étaient affichées sur des planchettes (σανίδες, v. 349 ; 848) les causes à juger ; cf. v. 89-90 : « Il grogne s'il ne siège pas à un banc du premier rang. »

23. Sur le détail de ces opérations très minutieuses, voir *Constitution d'Athènes* LXIII-LXIV. On a retrouvé sur l'agora d'Athènes les éléments de machines à tirer au sort destinées à hâter ces opérations (κληρωτήρια) ; voir *The Athenian Citizen* (American School of Classical Studies at Athens), Princeton, 1960, fig. 23 et 24.

24. Respectivement κίγχλις (v. 93, 124 et 775) et δρύφακτος (v. 386 et 835).

25. Le terme général est γραφαί. Divers noms d'actes sont indiqués ici ou là : ἀντωμοσίαι, serments introductifs (v. 544-545 et 1041), πρόσκλησις, assignation, v. 1041 (προσκαλεῖσθαι, v. 1406 et 1417) ; μαρτυρίαι, témoignages, v. 1041.

ficatives (dont les citations de lois), leurs témoins et, le cas échéant, leurs avocats. Le temps de parole de chaque partie est limité par l'eau de la clepsydre [26]. Les justiciables, à en croire Philocléon, en appellent plus aux sentiments des jurés qu'à leur raison :

> « Je les écoute débiter tous les arguments possibles pour obtenir un acquittement. Croyez-moi, il n'y a pas un numéro que l'on ne fasse alors au dicaste. Certains pleurent sur leur pauvreté et en rajoutent ; d'autres nous récitent des fables, d'autres un bon mot d'Ésope, d'autres encore font des plaisanteries pour fléchir mon humeur en me faisant rire. Si cela reste sans effet sur nous, le prévenu s'empresse de traîner sa marmaille, filles et garçons, par la main jusqu'à la tribune : courbant la tête ensemble, ils se mettent à bêler en chœur ; et puis leur père, en leur nom, m'implore en tremblant, comme si j'étais un dieu, de lui donner quitus pour sa gestion [...] et alors nous détendons un peu la cheville de notre colère » (v. 563-571 et 574).

Les jurés les plus consciencieux prennent des notes [27]. D'autres interviennent, questionnent les orateurs, applaudissent ou conspuent. A l'auteur dramatique, on réclame une belle tirade, à l'aulète un air de musique, et les hommes politiques sont là pour affirmer leur attachement indéfectible aux intérêts du peuple et flatter les juges par tous les moyens [28]. Le tumulte est parfois tel que le passant compare le fracas du tribunal au tonnerre de Zeus ! [29] A l'issue des débats intervient le vote, par oui ou par non [30], deux urnes recevant les jetons — soit des cailloux, soit des coquilles [31] ; puis on renverse les urnes sur une dalle pour compter les suffrages (v. 332-333 ; 992). Il y a toujours un résultat, puisque le nombre des jurés *doit* être impair : 201, 501, 1001...Quand il y a lieu de déterminer une peine, chaque juré trace avec l'ongle une ligne sur la cire de sa tablette personnelle, courte pour une peine légère, longue pour une peine lourde [32].

La dernière affaire terminée, chaque juré se rend auprès du trésorier-payeur, le colacrète (v. 695), qui lui verse ses trois oboles. Philocléon conte à ce propos une mésaventure personnelle qui contient un amusant trait de mœurs : un jour où le colacrète, à court

---

26. V. 92 et 857-858. Voir *op. cit.* (n. 23), fig. 25-26.

27. V. 529, 538, 559-576 et 588.

28. V. 579-582 et 592-601.On passera sur d'autres privilèges propres à chatouiller la *libido* du vieux dicaste (v. 572-573 et 578).

29. V. 622-625.

30. Pour les retardataires, le héraut proclame : « Qui n'a pas voté ? Levez-vous ! » (v. 752-753).

31. Respectivement ψῆφος (v. 94 et 105) et χοιρίνη (v. 333 et 389).

32. Sur le πινάκιον τιμητικόν, v. 106-108, 167 et 850. Naturellement, comme Philocléon trace toujours la ligne longue, il a les ongles pleins de cire ! (v. 108).

de monnaie, avait donné une drachme (pour deux) à son collègue, à charge de faire le change, le malhonnête personnage glissa dans la main de Philocléon des écailles de poisson au lieu des petites pièces d'argent, ce dont ce dernier ne s'aperçut qu'en les mettant dans sa bouche, dont les Athéniens du commun se servaient à l'occasion comme de porte-monnaie [33]. Riche de ses trois oboles, le dicaste rentre chez lui, où il est fêté par les femmes de la maison : « Ma fille, dit Philocléon, se penche vers moi pour m'embrasser, elle m'appelle son papounet, tout en essayant de pêcher le triobole avec sa langue ! » (v. 608-609).

Le triobole ! Le salaire des juges, de deux oboles sous Périclès, était passé deux ans avant à trois oboles, sur l'initiative de Cléon [34]. Imaginez un gouvernement moderne qui augmenterait d'un seul coup ses fonctionnaires de 50 %. Il ne pourrait que s'assurer leur dévotion, et c'est ce qui était arrivé à Cléon, même si la reconnaissance des dicastes pour le service rendu ne supprimait pas, semble-t-il, leurs réserves sur le personnage [35]. Certains auteurs, déjà dans l'Antiquité, avaient jugé pernicieuse pour la moralité l'idée de salarier les jurés [36]. Il était pourtant légitime — et nécessaire — d'assurer la subsistance de ceux qui se consacraient toute l'année à rendre la justice. De nos jours même, dans les cours d'assises, des indemnités sont dévolues aux jurés. Celles-ci sont calculées suivant un barème qui exclut toute idée de luxe, et il en allait de même du triobole : « De ce salaire de misère (μισθαρίον), dit le coryphée à son fils, je dois acheter pour nous trois de la farine, du bois et de la nourriture, et tu réclames des figues ! » [37] Il ne faut tout de même pas prendre cette exclamation au pied de la lettre. Ce n'était pas absolument un salaire de misère, dans la mesure où on estime que le revenu moyen d'une famille athénienne de quatre personnes était de cinq oboles par jour [38], dans

---

33. V. 787-793. L'affaire se termine, bien sûr, en justice.

34. Il y est fait plusieurs fois référence dans les *Cavaliers* (v. 51 et 800), comme à une mesure toute fraîche. Le « Paphlagonien » (Cléon) appelle à son secours les Héliastes, « confrères du triobole » (φράτερες τριωβόλου, v. 225).

35. Par exemple, v. 759 et 904.

36. En particulier, Platon (*Gorgias* 515e) et à sa suite Aristote (*Constitution d'Athènes* XXVIII, 3-5). Il n'apparaît pas qu'Aristophane ait condamné cet emploi des fonds publics.

37. V. 300-302. Bdélycléon surenchérit : de cette « royauté » dont son père se targue, « tu ne tires, dit-il, aucun bénéfice, à part ton salaire riquiqui (ἀκαρῆ), et encore c'est avec un brin de laine qu'ils te le distillent, goutte à goutte comme l'huile... juste assez pour vivre » (v. 701-702).

38. Cela correspond à la tranche supérieure de la classe des petits cultivateurs (zeugites), gagnant moins de 300 drachmes par an. Il est pourtant significatif qu'ils n'aient même pas un serviteur (v. 248).

une société, il est vrai, où la frugalité était de règle. Il s'agit donc d'une sorte de « smic » que reçoivent les jurés, complément pour les uns, mais ressource principale des inactifs (par exemple les paysans bloqués en ville par la guerre) et des vieillards ; il figure en particulier une « retraite » des anciens combattants, auxquels le chœur des *Guêpes* voudrait même en réserver le bénéfice [39]. Tel quel, en tout cas, ce salaire constituait un des postes les plus lourds du budget de l'État athénien. Bdélycléon, à l'intention du chœur, en établit le montant par un calcul simple : 6000 jurés à 3 oboles pendant 300 jours, cela constitue une somme impressionnante de 150 talents, sur un total des revenus publics évalué par lui à 2000 talents, soit quelque 7,5 %. Aucun État actuel n'en dépense autant pour sa Justice ! Cela n'empêche pas le chœur de s'indigner de la disproportion entre ces sommes. La réponse de Bdélycléon est simpliste : oubliant toutes les autres charges de l'État, il déclare que le reste va dans la bourse des politiciens [40] !

Quoi qu'il en soit, le triobole ne fera pas problème pour Philocléon, puisque son fils, qui est visiblement assez à l'aise, promet de lui fournir son salaire dans le petit tribunal domestique qu'il improvise (v. 785). Le comique de l'épisode qui va suivre réside précisément dans le transfert de la Cour du cadre imposant de l'Héliée à une simple maison privée. Cette miniaturisation est réussie grâce à un ingénieux emploi des ressources du foyer : une vieille caisse pour l'estrade, et un tabouret pour le fauteuil du juge [41], des gobelets pour les urnes, un pot de chambre pour la clepsydre, une claie de l'enclos à cochons pour la barre [42]. Bdélycléon y ajoute, il est vrai, deux éléments de confort inédits dans un tribunal : un réchaud avec un plat de purée de lentilles, et un coq pour réveiller le juge s'il s'endort pendant une plaidoirie (v. 811-817). La matière du procès est fournie à point nommé par le chien de la maison, Labès, qui vient de dévorer un gros fromage de Sicile, l'accusateur étant l'autre chien du foyer. Nous croyons être dans le domaine de la pure fantaisie. En réalité, la

---

39. V. 684-685 ; v. 1117-1121.

40. V. 655-667. Sur l'arbitraire de ces calculs, voir A. H. Sommerstein, comment. *ad loc.*

41. Le βῆμα n'est pas directement mentionné, mais, comme le « fauteuil », il doit faire partie du matériel apporté sur scène par Bdélycléon et ses serviteurs (v. 805-806). Son existence est impliquée par l'abondance des notations marquant une montée ou une descente : ἀναϐαίνειν, v. 905, 944, 963 et 977 ; καταϐαίνειν, v. 979-980. De même pour le siège du juge : v. 824-825 et 940.

42. ἀρυστικούς, gobelets, ou plus exactement louches ou puisettes (855) ; ἀμίς, pot de chambre (v. 827 et 857-858) ; χοιροκομεῖον, claie pour enclore une soue (v. 830-831 et 844-846).

référence à l'actualité — qui subsistera, d'ailleurs, sous une forme
atténuée dans l'épisode des *Plaideurs* [43] — commande toute la
scène [44] : Labès (« celui qui empoche », Labescroc dans la traduction
Thiercy), c'est Lachès, un général qui avait commandé en Sicile en
425, un des chefs du parti conservateur, soupçonné de malversations
au cours de cette campagne ; le Chien (Κυών en grec, Clébard pour
Thiercy), c'est bien sûr notre Κλέων, son adversaire politique. Après
une reproduction, raccourcie mais fidèle, des rites qui précédaient
toute séance de l'Héliée — sacrifice et prières [45] (un genre de scène qui
plaisait toujours au public) — l'acte d'accusation est présenté dans les
formes : « Plainte a été déposée par Clébard le Cydathénien (le dème
de Cléon) contre Labescroc d'Aixonè (le dème de Lachès), coupable
d'avoir boulotté à lui tout seul le fromage de Sicile. Peine demandée :
un collier de bois de figuier (un carcan) » (v. 894-897). *A lui tout seul*
signifie que la faute du prévenu réside surtout dans le fait que
Cléon/Clébard n'a pas eu sa part du « fromage » ! Réduit aux abois et
la langue paralysée, le chien prévenu doit prendre un avocat : c'est
Bdélycléon qui se désigne [46], tandis qu'un des deux serviteurs du
prologue parle pour Clébard. Tous deux rivalisent de brio oratoire,
dans le pur style de l'éloquence judiciaire athénienne. L'avocat de
Labès produit les témoins appropriés à l'affaire, Lepilon, Larapafro-
mage, Lamarmite, et pour attendrir le juge, il fait comparaître les
« jeunes enfants » du prévenu, une troupe de chiots auxquels il crie :
« Montez, malheureux, et en jappant, priez, suppliez, pleurez »
(v. 977-978). Ils se jettent sur le pauvre juge, qui ne peut s'empêcher de
verser une larme, avant de se reprendre et de condamner le prévenu,
selon son habitude invétérée. Il faut que son fils use d'un subterfuge,
en lui faisant poser son vote dans la mauvaise urne, pour provoquer
un acquittement involontaire (v. 991-994), dont il ne se consolera pas.

---

43. « Il ne faut pas oublier que la comédie de Racine venait juste au moment où
l'on réformait la justice, mal en point depuis que la Fronde avait agité le monde des gens
de robe » (L. Dubech, *Théâtre de Racine*, II, p. 6).

44. Sur l'ensemble, et en particulier sur la teneur politique de cet épisode, on lira
de G. Mastromarco, *Storia di una commedia di Atene*, Florence, 1974, p. 55-66 et 85-96.
La saveur comique est accentuée par le fait que le procès fictif du chien Labès se
substitue au vrai procès de Lachès, pour lequel Cléon avait, au début de la pièce,
convoqué les dicastes du chœur (v. 242-244).

45. V. 860-890 : offrandes rituelles au foyer, vœu du chœur avec appel à l'εὐφημία,
prière du chœur à Phoibos Apollon Pythien, puis invocation de Bdélycléon à Apollon
Agyeus (dont la statue figure normalement sur la scène), avec un souhait de guérison de
la δυσκολία de son père, couplet final du chœur, qui félicite le meneur de jeu de son
comportement.

46. Il est significatif des intentions d'Aristophane que la défense de Labès soit
assurée par celui qui incarne dans la pièce le bon sens et l'honnêteté.

On serait à première vue tenté de voir dans cette succession de scènes d'une grande drôlerie un divertissement proposé par le poète à son public, auquel s'ajouterait une simple touche de malice politique. Mais le comique de la farce est loin d'occulter la dénonciation des vices et des abus qui dénaturent la fonction judiciaire. Ils constituent, comme le dit Philocléon, « une maladie qui est depuis longtemps endémique dans notre cité » (v. 651). Il est certain que celle-ci souffrait du manque d'un corps de juges spécialisés [47]. Les cohortes de jurés, recrutés pour la plupart dans la partie la moins instruite de la population, pouvaient comporter leur lot de braves gens, mais il s'agissait malgré tout de citoyens incompétents et peu armés contre les avocats retors, les témoins sujets à caution, les orateurs qui, comme ceux de l'ecclésia, étaient habiles à manipuler les masses, en exploitant chez eux la colère ou la pitié [48]. Ils avaient, certes, en début d'année prêté un serment solennel d'être impartiaux, de ne pas se laisser corrompre, de décider suivant les lois, ou à défaut d'après le meilleur de leur jugement [49]. Dans la pièce, ces belles résolutions semblent bien oubliées, et les juges se montrent avant tout soucieux de leurs propres intérêts. Ils ont l'air grisés par une liberté de décision que rien ne peut contraindre : « Si un père, sur son lit de mort, dit Philocléon, désigne un mari pour sa fille, son unique héritière, nous disons au testament d'aller se faire voir [...] et nous donnons la fille au premier qui a su nous toucher par ses supplications [...], et tout cela, nous le faisons sans avoir de comptes à rendre : aucune magistrature n'a ce privilège. » [50] D'où l'incohérence, d'une cause à l'autre, de décisions d'autant plus graves qu'elles sont sans appel et aussitôt exécutoires, alors que l'analyse raisonnée des faits n'y tient guère de place. Cette liberté presque illimitée suscite un sentiment de supériorité que Philocléon exprime naïvement : « La toute-puissance qui est la nôtre ne cède à aucune souveraineté » (v. 548-549). « Je suis leur maître à tous » [51], et sa puissance, prétend-il, ne le cède guère à celle de Zeus (v. 619-627). D'où, loin d'être impartiaux, les dicastes se

---

47. C'est le reproche majeur qui semble faire l'unanimité des critiques et des historiens modernes.

48. Voir par exemple la Notice de l'édition Rodgers, p. XXXVII.

49. Le *Contre Timarque* de Démosthène (148-149) contient une version détaillée du serment des Héliastes, probablement conforme à son esprit, sinon à sa lettre. Le serment était prêté chaque année par les juges avant leur entrée en fonction.

50. V. 583-587. Le contrôle des tutelles et du statut des filles épiclères était du ressort de l'Héliée, mandatée par l'archonte éponyme (Aristote, *Constitution d'Athènes* LVI, 6-7). ; cf. A. R. W. Harrison, *op. cit.* (n. 18), I, 1968.

51. ἄρχω τῶν ἁπάντων, v. 519. On rappellera le jugement d'Aristote (*Constitution d'Athènes* IX, 1) : « Quand le peuple est maître du vote, il est maître du gouvernement. »

montrent susceptibles et jaloux de leur pouvoir. Philocléon évoque
« la bile qui nous vient quand quelqu'un met en colère notre guêpier »
(v. 405). « Il est difficile d'amollir ma colère, dit le coryphée, quand on
est en désaccord avec moi » (v. 646-647). A en croire le poète, les jurés
sont systématiquement hostiles au justiciable et plus enclins à
condamner qu'à acquitter. Philocléon porte ce trait à son point
extrême, si bien qu'il inflige le maximum à tout le monde (v. 106).
« Pour sûr, dit le chœur, il était bien de loin le plus âcre d'entre nous
et le seul à ne jamais se laisser fléchir. Non, quand quelqu'un venait
se jeter à ses pieds, il baissait la tête [...] en disant : " Tu veux faire
cuire un caillou ? " » [52] Lui-même donne une justification plaisante
de son comportement : « Le dieu m'a jadis révélé à Delphes, quand
je consultais son oracle, que le jour où je laisserais un accusé s'en tirer,
je me ratatinerais aussitôt » (v. 159-160). Et, quand au terme du
procès du chien voleur de fromage il s'aperçoit qu'il a acquitté
l'accusé, il tombe en pâmoison : « Comment pourrai-je supporter ce
poids sur ma conscience : avoir acquitté un accusé ? Que va-t-il
m'arriver ? Allons, ô dieux tant vénérés, pardonnez-moi : c'est
malgré moi que j'ai fait cela... Ce n'est pas dans mon style » (v. 999-
1002).

De plus, en 422, la guerre qui dure depuis dix ans a durci le
comportement des jurés populaires. Les Athéniens se sont appauvris,
les denrées ont renchéri, le tribut des alliés rentre mal : d'où un
surcroît de sévérité des juges, dans la crainte que si le produit des
amendes et des confiscations diminuait, l'État ne puisse plus assurer
leur salaire [53]. Il s'y joint la jalousie des pauvres à l'égard des riches et
des puissants, les « gros » [54]. Ainsi le chœur espère-t-il que le général
Lachès « qui a de l'argent plein sa ruche » (v. 241) va, dans le procès
qui s'annonce, « passer à la casserole » [55]. Philocléon se réjouit de
provoquer la panique — la colique, dit-il — des riches et des notables
(v. 625-627). La guerre et les tensions intérieures entretiennent encore
chez les juges une constante suspicion. L'accusation, aussi vague que
dangereuse, d'être un « comploteur » (ξυνωμότης) revient plusieurs
fois dans la pièce (v. 345, 483 et 487). Plus précisément, on accuse ses

---

52. V. 278-280. La scène du procès montre un Philocléon bien résolu, en tout état
de cause, à condamner l'accusé (v. 847, 850, 895, 901, 921, 931-932 et 953). Plus grave :
juger est pour lui synonyme de commettre une mauvaise action (v. 320-322 et 340 ; cf.
v. 1263). La comédie exagère seulement une tendance dénoncée par les orateurs à
privilégier l'accusation, par exemple, Isocrate, *Échange* 19-22.

53. Cf. Lysias, *Contre Épicratès* 1. Sur ces effets pervers de la guerre, voir G.
Murray, *Aristophanes. A Study*, Oxford, 1933, p. 70-73.

54. παχεῖς, v. 287 ; cf. *Paix*, v. 639.

55. Rend au plus près le verbe ἐγχυτρίζειν, v. 289.

adversaires de saper la démocratie et de vouloir établir la tyrannie (nous dirions la dictature), d'être au service des ennemis, de se laisser acheter. Bdélycléon, accusé d'entraver le cours de la justice en empêchant son père d'aller au tribunal, combine tous les crimes : « Espèce d'ennemi du peuple (μισόδημος), d'amoureux de la monarchie, de complice de Brasidas ! », lui crie le chœur. Ses vêtements même et la forme de sa barbe trahissent de plus le partisan de Sparte [56]. Le Chœur voit la tyrannie « subrepticement s'insinuer pour nous mettre le grappin dessus » (v. 465). Mais Bdélycléon proteste énergiquement :

> « Vraiment, vous voyez partout de la tyrannie et des conspirations, dès qu'on vous désapprouve [...] La tyrannie ! Il y a bien cinquante ans que je n'en ai pas entendu parler, alors qu'en ce moment on la trouve à meilleur marché que les harengs saurs ! » (v. 488-491).

Les déboires récents d'Athènes en Sicile et en Thrace sont attribués soit à la trahison, soit aux malversations de Lachès, qui s'est, selon l'ingénieuse traduction de P. Thiercy, « rassasilié » d'un gros fromage [57]. La hantise de la corruption conduit même Philocléon à prétendre que des magistrats soumis à examen avaient soudoyé son coq pour le réveiller trop tard et retarder leur comparution ! (v. 100-102).

Plus néfaste encore est la collusion des dicastes avec les chefs du parti populaire, conduits par Cléon. Depuis le début de sa carrière, Aristophane n'a cessé de rompre des lances avec lui, dans les *Acharniens*, les *Cavaliers*, la pièce perdue des *Babyloniens*. Cléon avait même tenté de le faire condamner en justice [58]. Le poète reprend de plus belle, dans les *Guêpes*, ce grief de collusion : s'estimant brimé par son fils, Philocléon s'écrie : « Holà, mes cojurés, holà Cléon, au secours ! » (v. 197). Les choreutes l'appellent « notre patron » (κηδεμὼν ἡμῶν) et lui obéissent comme des soldats à leur officier, lorsqu'il leur commande « d'arriver à l'heure, munis de trois jours de provisions de colère maligne contre celui-ci (Lachès), pour le punir de ses forfaits » (v. 242-244). En fait, leur explique Bdélycléon, ils ne sont que des esclaves [59], les jouets de politiciens égoïstes, « ces messieurs les je-ne-trahirai-pas-la-masse-athénienne et je-lutterai-toujours-pour-le-bien-du-peuple » (v. 666-667). Alors que des Athéniens devraient être les maîtres des richesses de l'Empire, Cléon et ses acolytes

---

56. V. 474-476 ; cf. encore v. 464-470, 487 et 507.
57. V. 910-911 : τύρον πολὺν... κατεσικέλιζε ; v. 288-289.
58. Allusion à ce conflit, v. 1280-1291.
59. V. 681-682 ; 703-705. Le grand pouvoir dont se flatte Philocléon est en réalité une grande servitude (v. 515-519 ; 682-683).

« veulent que tu sois pauvre [...] pour que tu reconnaisses ton dompteur [...] : du coup, il n'a, lui, qu'à siffler et à t'exciter contre un de ses ennemis, pour que tu leur sautes sauvagement à la gorge » (v. 703-705).

Mais dans le dos des juges, ils accordent leurs affaires avec un autre magistrat, ou avec un des accusés, qui « débourse quelque chose » (v. 692-93). Ils exploitent en particulier les cités alliées et, affirme Bdélycléon,

« ils touchent des pots-de-vin de cinquante talents à force de les menacer et de les terrifier [...]. Et les alliés offrent à ces gens-là pots de salaisons, vins, draperies, fromages, miel, sésame, coussins, calices, capes, couronnes, colliers, coupes, richesse et santé [...] alors que toi, pas un seul n'irait te donner la moindre tête d'ail pour ta soupe de poisson » (v. 676-679).

Tout au plus, quand ils prennent peur, ils font des promesses mirifiques... qu'ils ne tiennent pas [60]. On n'a pas beaucoup innové depuis les temps d'Aristophane !

Reste peut-être le pire fléau de l'institution, qui se confond en partie avec le précédent : le règne de l'engeance des sycophantes (συκοφάνται) un terme dont l'exégèse reste très controversée [61] : il y a de la figue (σῦκον) dans le premier élément, l'idée de *découverte* ou de *révélation* dans le second, mais on ne sait comment associer les deux, malgré les explications anciennes et les multiples suggestions des modernes. La réalité, elle, est sans équivoque. Comme la législation de Solon permettait à tout citoyen de dénoncer devant le tribunal quiconque contrevenait aux lois de la cité, les filous s'étaient multipliés, qui, sous couleur de défendre le bien public, dénonçaient à tort et à travers pour tirer leur part de l'amende ou de la confiscation de biens que décideraient les juges. Les risques (de procédure abusive) étaient faibles, et les profits alléchants. Qui plus est, la simple menace d'une action en justice suffisait souvent, auprès de riches citoyens, âgés ou craintifs et de ce fait peu enclins à affronter les risques d'un procès devant des juges imprévisibles, ou auprès d'étrangers qui se savaient victimes *a priori* d'un préjugé défavorable : ces gens préféraient débourser une somme relativement modique pour échapper à un grand risque. La plupart même des démagogues, Cléon et ses affiliés,

---

60. V. 715-718. Allusion à une affaire récente, peu claire pour nous, relative à des livraisons de blé venu d'Eubée.

61. Voir P. Chantraine, *Dictionnaire étymolologique*, s. v. συκοφάντης ; K. Latte, *Pauly-Wissowa.*, V, A, 1 (1931), qui donne une longue liste d'exégèses modernes du terme ; J. Labarde, « Physiologie du sycophanthe », *Bull. Ac. Belg.* VII, 1996, p. 143-171.

Théôros ou Cléonymos, prétendent, comme le sycophante du *Plou-tos* [62], être des bienfaiteurs publics, mais ils n'agissent pas autrement que lui. Aristophane s'accorde sur ce point avec tous les auteurs de son temps, de Lysias à Aristote, pour voir là une des plus grandes plaies du régime, le pire moyen de dévier la justice, en sorte de faire condamner des innocents et acquitter des coupables, un vice surtout de nature à soulever contre Athènes la haine des cités alliées [63]. Un sycophante est présent dans plusieurs comédies (les *Acharniens*, où le terme revient à satiété, les *Oiseaux*, le *Ploutos*). Le mot n'apparaît ici que sous la forme détournée de jeux de mots (v. 145-146, 505 et 897), mais la parabase donne une image particulièrement sombre de ces escrocs. Le chœur y loue le courage montré par le poète, dans une pièce non conservée :

> « Il s'est attaqué l'an dernier à ces démons des cauchemars et des fièvres, qui durant la nuit étranglaient nos pères, étouffaient nos grands-pères, et, perchés au-dessus des lits, sur ceux de vous qui se tiennent à l'écart des affaires, accumulaient prestations de serments, citations et témoignages, tant et si bien que nombre de ces gens-là, terrifiés, sautaient de leur lit et couraient chez le polémarque. » [64]

Dans les *Guêpes,* Aristophane avait choisi un sujet de société par excellence, où les Athéniens se retrouvaient en terrain connu. Il est probable qu'ils étaient moins choqués que nous ne le sommes par des dérives que consacrait l'usage et des pratiques frauduleuses connues seulement d'un petit nombre d'initiés. Aristophane a dénoncé ces « bavures », mais sans la hargne d'un redresseur de tort, et, pour faire rire, il a délibérément forcé le trait. A la décharge de l'institution, on peut pourtant dire qu'en réalité un jury nombreux était assez protégé contre la brigue et l'intimidation. A défaut de culture juridique, une pratique quotidienne rendait les juges familiers de la procédure, les mettait en garde contre la mauvaise foi ou les arguties des plaideurs, et la plupart étaient moins intolérants que l'« obsédé » Philocléon [65]. Les Athéniens se satisfaisaient en tout cas du système, et ce n'était pas une comédie qui pouvait les engager à le réformer. On s'est souvent

---

62. *Guêpes*, v. 592-600. Pour le sycophante du *Ploutos,* qui prétendait « venir en aide aux lois établies et ne pas laisser les gens se mal conduire » (v. 914-915), voir toute la scène (v. 850-950), qui finit par la rossée qu'il reçoit de « l'Honnête Homme ».

63. Sur ce point, voir entre autres Lysias, XXV, 26 ; VI, 31 ; R. J. Bonner, *op. cit.* (n. 13), p. 59-67.

64. V. 1038-1042. On pourra comparer le portrait du sycophante donné par Démosthène (*Contre Aristogiton* I, 52). La référence au polémarque semble indiquer que certains de ces sycophantes étaient des métèques, qui dépendaient de ce magistrat.

65. Pour la défense du système athénien, voir par exemple G. Murray, *op. cit.* (n. 53), p. 68 sq.

interrogé sur l'impact politique du théâtre à Athènes. S'il est vrai,
comme on l'a avancé [66], que dans cette pièce représentée aux *Lénéennes*, peu de jours avant l'élection des stratèges pour 422/421, le poète
se proposait de saper la candidature de Cléon au profit de celle de
Lachès, l'opinion publique ne l'a pas suivi, puisque Cléon fut réélu. Il
n'est pourtant pas exclu que le procès ridicule des chiens ait dissuadé
ce dernier de traîner Lachès en justice, comme il semble en avoir eu
l'intention. Dans les mois qui suivirent, Cléon-Clébard qui, selon son
adversaire, ne faisait que « garder la maison et rester sur place », se vit
contraint d'aller prendre la tête des troupes athéniennes en Thrace. Il
devait y trouver la mort à l'automne de la même année, en même
temps du reste que son adversaire spartiate Brasidas [67] : la Moire
atteignait, en mettant Cléon hors de jeu, le but auquel le poète
comique n'avait pu parvenir.

François JOUAN

---

66. Nous nous référons à la démonstration de G. Mastromarco, *op. cit.* (n. 44), qui
a détecté (p. 55 sqq.) des traces de modifications de dernière heure apportées à cet effet
au schéma initial de la pièce.
67. Thucydide, V, 10.

ARISTOPHANE, LECTEUR D'EURIPIDE

Au début des *Guêpes*, le serviteur de Philocléon énumère toutes les bouffonneries que l'on ne trouvera pas dans cette comédie et précise que le spectateur ne verra pas « Euripide malmené une fois de plus » [1]. Cette affirmation peut faire sourire quand on sait que le poète comique ne cesse, dans son œuvre, de railler, parodier, caricaturer le poète tragique.

La critique d'Aristophane à l'égard d'Euripide porte à première vue sur tous les aspects d'un théâtre ressenti comme moderne et novateur : d'abord, sur la forme rhétorique et intellectuelle d'une œuvre constamment qualifiée de « bavarde » et de « savante » ; ensuite, sur la peinture psychologique de héros souvent soumis aux faiblesses des êtres ordinaires » — ainsi dans les *Grenouilles*, Eschyle accuse Euripide de montrer les hommes tels qu'ils sont, non tels qu'ils devraient être, de ne créer qu'une foule de boiteux, mendiants et loqueteux ; son adversaire en revanche se targue de faire parler « démocratiquement » aussi bien l'esclave que le héros, délogé du piédestal qui le séparait de l'humanité ordinaire [2]. En même temps que la dégradation de l'héroïsme sont raillés le réalisme de la mise en scène, ainsi que la recherche du pathétique par des moyens spectaculaires, et l'enrichissement de tous les éléments du spectacle, grâce à des modes musicaux plus suggestifs et plus adaptés à l'expression de l'émotion, mais aussi grâce à l'utilisation des machines et des ressources du costume théâtral.

Cette critique littéraire recouvre une critique morale et revêt une portée politique : dans les *Nuées* et dans les *Grenouilles*, le poète est assimilé à l'engeance des sophistes, Socrates et autres intellectuels blêmes qui corrompent la jeunesse et entérinent le déclin de l'Athènes d'antan [3]. Sur la scène comique sont caricaturés l'homme et son

---

1. *Guêpes*, v. 61 : οὐδ' αὖθις ἀνασελγαινόμενος Εὐριπίδης.
2. *Acharniens*, v. 410-433 ; *Grenouilles*, v. 842 et 1053-1054. Réponse d'Euripide : *Grenouilles*, v. 940-967.
3. *Nuées*, v. 1371-1372 et 1377-1378 ; *Grenouilles*, v. 1069-1073 et 1079-1088. Dans un fragment d'Aristophane, l'association entre Euripide et Socrate est explicite

œuvre, inséparables, puisque le personnage comique Euripide est en quelque sorte une personnification de la tragédie euripidéenne. Le portrait est celui d'une œuvre et d'une créature immorales : Euripide aux Enfers, qualifié de πανοῦργος, règne sur les voleurs, les parricides et les bandits de toute espèce [4], tandis que son œuvre est dénoncée comme immorale par Eschyle qui lui reproche de mettre en scène des femmes débauchées, Phèdres, Mélanippes et autres « prostituées » [5]. Les railleries d'Aristophane attaquent également les conceptions religieuses d'Euripide. Que ce soit dans les *Thesmophories* ou les *Grenouilles*, le poète ne cesse de jurer par l'Éther, signe de son goût pour des divinités peu orthodoxes [6], et dans les *Thesmophories*, une malheureuse marchande de couronnes se plaint de ne plus pouvoir nourrir sa famille depuis qu'Euripide a persuadé les hommes que les dieux n'existent pas (vers 450-451). Les maximes paradoxales et sophistiquées du poète tragique enseignent la dissolution des valeurs et portent l'empreinte des théories nouvelles [7].

Ainsi sur la scène d'Aristophane, Euripide devient un personnage du répertoire comique, un type caricatural plus qu'un individu, et la critique littéraire se mêle étroitement à la satire : satire railleuse de l'intellectuel méprisant, du sophiste roué, du bavard intrigant, d'un côté ; de l'autre, parodies et pastiches d'une œuvre littéraire qui révèlent une perception fine de tout ce qui fait l'originalité du théâtre d'Euripide. Or, en théorie, la distinction entre satire et parodie est claire : la satire vise un comportement social ; la parodie vise une œuvre et des conventions littéraires. Dans le premier cas, le rire a pour vocation de ridiculiser ; dans le second cas, la parodie ne dévalue pas nécessairement l'œuvre qu'elle prend pour cible [8], elle peut même s'apparenter à un hommage. Mais dans la mesure où Euripide est la fois l'objet de la satire et de la parodie dans les comédies d'Aristo-

---

(fr. 392 Kassel-Austin — première version des *Nuées*, cité par Diogène Laërce, II, 18) : « Celui qui fait pour Euripide ces tragédies pleines de babillages, ces tragédies savantes, le voici. » Le personnage ici désigné est Socrate.

4. *Grenouilles*, v. 80 et 771-776.

5. *Ibid.*, v. 850, 1044 et 1079-1082 ; *Thesmophories*, v. 547-548.

6. *Thesmophories*, v. 272 ; *Grenouilles*, v. 892.

7. Cette caricature d'Euripide en intellectuel ne semble pas particulière à la comédie d'Aristophane. Les *Vies* anciennes d'Euripide et Diogène Laërce rapportent des citations d'autres poètes comiques raillant son duo avec Socrate. Cf. Callias, fr. 15 Kassel-Austin (Diogène Laërce, II, 18) ; Téléclidès, fr. 41-42 Kassel-Austin où sont évoqués des « Euripides chevillés avec du Socrate ».

8. Cf. L. Hutcheon, « Ironie et parodie », *Poétique* 36, 1978, p. 467-477, notamment p. 468. M. S. Silk, « Aristophanic Paratragedy », dans *Tragedy, Comedy and the Polis*, A. H. Sommerstein, S. Halliwell, J. Henderson et B. Zimmermann éd., Bari, Levante Editori, 1993, p. 477-504, distingue pour sa part parodie imitative et parodie déconstructive (p. 490).

phane, il est souvent difficile de faire la part entre l'intention ludique
et satirique. Aussi les commentateurs ont-ils toujours été partagés,
quand il s'agissait d'interpréter le rapport d'Aristophane à Euripide.
On a aussi bien soutenu l'idée de la polémique la plus violente que de
l'admiration la plus vive.

Mais s'en tenir à évaluer le contenu de cette critique serait
méconnaître l'extrême richesse de la lecture d'Euripide par Aristophane. Car l'auteur comique exploite l'œuvre d'Euripide à ses propres
fins — le rire — par des procédés variés. Loin d'épuiser le sujet, seuls
quelques-uns de ces procédés parodiques seront étudiés ici [9], pour
distinguer deux effets : si la parodie permet à Aristophane de jouer sur
des discordances entre deux univers étrangers l'un à l'autre, et ainsi de
tourner en dérision le modèle tragique, elle est aussi le moyen
d'annexer sur la scène comique tous les procédés dramaturgiques
développés par Euripide. Le rire naît alors moins de la reconnaissance
du modèle et de la perception d'un contraste que du spectacle lui-
même.

D'un point de vue formel, les emprunts à l'œuvre d'Euripide
dans le théâtre d'Aristophane sont de nature extrêmement diverse. Ce
que l'on regroupe sous le terme « parodie » renvoie à toutes sortes de
procédés d'écriture et d'emprunts dramaturgiques. Leur dénomina-
teur commun est la création d'une discordance entre le modèle tragique et sa reprise comique, et tout l'effet comique de la parodie repose
sur la perception de ce contraste.

Pour créer cette discordance, Aristophane peut tout d'abord
citer avec exactitude les vers de la tragédie d'Euripide, et l'effet de
contraste est obtenu, non par un changement de la lettre du texte,
mais par un changement de contexte. Le plus souvent ne sont citées
exactement que des formules « brèves, notoires et caractéristiques » [10] de l'œuvre d'Euripide. L'exemple le plus fameux de ce
procédé est la parodie du v. 612 d'*Hippolyte* : ἡ γλῶσσ' ὀμώμοχ', ἡ δὲ
φρὴν ἀνώμοτος ; « ma langue seule a juré, mais mon esprit n'a pas
juré ». Or, l'analyse du contexte tragique permet de saisir l'ampleur
de la déformation comique créée par Aristophane. Dans la tragédie,
c'est Hippolyte qui prononce ce vers au moment des révélations de la
nourrice. Celle-ci lui a fait jurer de ne rien révéler à son père, et, si le
jeune homme prononce ces mots qui semblent à première vue renier le

---

9. Sur cette question, cf. P. Rau, *Paratragodia*, Munich, Beck, 1967, qui renvoie
aux travaux antérieurs, et notamment à P. Pucci, « Aristofane ed Euripide. Ricerche
metriche e stilistiche », *Atti dell'Accademia nazionale dei Lincei, Memorie, Classe di
Scienze Morali, Storiche e Filologiche* 10, 1962, p. 277-422.

10. Cf. G. Genette, *Palimpsestes*, Paris, Seuil, 1982, p. 44 : « Tout énoncé bref,
notoire et caractéristique est pour ainsi dire voué à la parodie. »

serment, c'est uniquement parce qu'il est en proie à la colère la plus vive, sous le choc des révélations qui heurtent son sens moral. On sait que, par la suite, Hippolyte meurt justement parce qu'il ne s'est pas parjuré, et c'est en réalité la fidélité à ce serment qui définit tout l'héroïsme du personnage. Or, Aristophane place ce vers dans la bouche de héros comiques qui entendent bien se parjurer grâce à cette sentence euripidéenne. Dionysos à la fin des *Grenouilles* explique son revirement en faveur d'Eschyle, au moment où Euripide lui rappelle son serment : Ἡ γλῶττ' ὀμώμοκ', Αἰσχύλον δ' αἱρήσομαι ; « Ma langue seule a juré, c'est Eschyle que je choisirai » [11]. Le rire naît du fait qu'Euripide est battu par sa propre formule, selon le schéma du trompeur trompé — c'est lui-même qui a fourni cet expédient ingénieux pour que Dionysos se libère de sa parole —, mais le déplacement de contexte crée également tout l'humour de la citation. Dans la tragédie, ce vers était placé dans la bouche d'un héros caractérisé par son extrême rigueur morale ; par un tour malicieux d'Aristophane, ces mots servent d'alibi, sur la scène comique, à toutes les libertés avec le serment et deviennent même la preuve de l'immoralisme de l'œuvre du tragique. De plus, par ce déplacement de contexte, la complexité du drame psychologique qui se joue dans le héros d'Euripide, drame que ce vers résume en quelque sorte, est expulsée de l'univers comique, totalement étranger à ces dilemmes.

Ainsi la parodie, dans la mesure où elle superpose un contexte tragique et un contexte comique, opère la rencontre entre les deux univers, au détriment du tragique ; car le monde comique n'a que faire du sérieux et de la détresse tragiques et il les exclut d'un éclat de rire. La comédie n'évoque les pesanteurs tragiques que pour s'en libérer.

Cependant, la citation est rarement exacte. Le plus souvent, elle est déformée, ne serait-ce que par la substitution d'un seul terme. Ainsi au vers 1415 des *Nuées*, Phidippide, instruit à l'école de Socrate, justifie les coups qu'il donne à son père par ce raisonnement : κλάουσι παῖδες, πατέρα δ' οὐ κλάειν δοκεῖς ; « Les enfants pleurent, crois-tu que le père ne doive pas pleurer ? » C'est la parodie du v. 691 de l'*Alceste* d'Euripide : χαίρεις ὁρῶν φῶς· πατέρα δ' οὐ χαίρειν δοκεῖς ;

---

11. *Grenouilles*, v. 1471. Cf. aussi *Thesmophories*, v. 275 ; *Grenouilles*, v. 101-102. Cf. H. C. Avery, « My Tongue Swore, but My Mind is Unsworn », *Transactions of the American Philological Association* 99, 1968, p. 19-35. Le même procédé de citation exacte est utilisé pour le v. 691 de l'*Alceste* d'Euripide, mots par lesquels Phérès annonce son refus de mourir à son fils. Agathon le cite au v. 194 des *Thesmophories* pour annoncer à Euripide qu'il refuse de se substituer à lui pour affronter l'assemblée de femmes enragées contre le poète tragique. Euripide, personnage comique, est battu par son œuvre même.

« Tu te réjouis de voir le jour ; crois-tu que ton père ne s'en réjouisse pas ? » Par ce vers fameux, Phérès, père d'Admète, explique son refus de se sacrifier pour son fils. A la substitution du verbe χαίρειν par κλάειν, particulièrement savoureuse puisque « pleurer » est l'antonyme exact de « se réjouir », s'ajoute une autre substitution : dans le texte d'Euripide, c'est un père qui parle à son fils ; sur la scène comique, c'est le fils qui parle à son père. Le renversement effectué par la comédie rend manifeste les bouleversements introduits par Socrate et les siens, dont Phidippide vient de suivre l'enseignement. La parodie accuse ainsi l'œuvre d'Euripide d'être responsable de tels raisonnements.

Dans cette citation, un seul terme de l'original est changé, mais la facture sonore et rythmique du vers d'Euripide n'est pas altérée, car κλάειν et χαίρειν sont très proches. La pointe repose sur un effet de surprise (l'*aprosdokèton* des commentateurs anciens) et suppose donc la reconnaissance du modèle.

Cependant, en d'autres passages, le vers d'Euripide est soumis à des transformations plus radicales. Il peut s'agir, dans un contexte paratragique, d'adapter un passage tragique aux besoins de l'intrigue comique, en changeant les noms des protagonistes par exemple [12], mais le plus souvent, la citation tragique est soumise à une dégradation par l'intrusion d'un mot de registre comique — mot du langage trivial, diminutif, nom propre renvoyant à l'univers des spectateurs. Ainsi *Dionysos*, au début des *Grenouilles*, explique à Héraclès pourquoi il éprouve un amour fou pour Euripide, et croit citer son poète préféré en prononçant « Éther, petite maison de Zeus » (*Grenouilles* vers 100 : αἰθέρα Διὸς δωμάτιον). La majesté du style tragique est égratignée par le diminutif « petite maison », en totale contradiction avec l'immensité du domaine de Zeus.

A un objet du monde tragique, la parodie peut aussi substituer un mot faisant référence à une réalité triviale. Ainsi aux vers 1250-1252 des *Cavaliers*, le Paphlagonien prend congé de sa couronne en imitant les adieux d'Alceste à sa couche nuptiale [13] : Ὦ στέφανε, χαίρων ἄπιθι, καί σ᾽ ἄκων ἐγὼ | λείπω· σὲ δ᾽ ἄλλος τις λαβὼν κεκτήσεται, | κλέπτης μὲν οὐκ ἂν μᾶλλον, εὐτυχὴς δ᾽ ἴσως ; « Ô ma couronne, adieu, va-t-en, chère couronne ! A contrecœur, je t'abandonne. Tu seras la propriété d'un autre maître, pas plus voleur certes, mais plus heureux peutêtre ». Le comique naît d'une double incongruence : d'abord d'un écart entre le registre sublime et pathétique de l'adieu, et la trivialité de l'objet désigné, visible sur la scène ; ensuite, de la superposition du

---

12. Cf. *Acharniens*, v. 497-499.
13. *Alceste*, v. 177-182.

contexte tragique et du contexte comique, qui fait apparaître la distance entre l'héroïne tragique pure et droite, et le Paphlagonien, voleur et ambitieux, qui exprime son affection désespérée pour le symbole de sa suprématie déchue avec les expressions de l'amour conjugal d'Alceste.

La même discordance entre le cri d'amour tragique et l'objet de cet amour apparaît aux vers 750-756 des *Guêpes*, où Philocléon exprime sa passion pour le tribunal et les urnes de vote avec les mots des héros d'Euripide. Le registre de la passion amoureuse, totalement incongru, rend manifeste la *mania* du vieil homme. Ici encore, la parodie repose sur un effet de contraste. Les citations de quelques tragédies d'Euripide sont enclavées entre des évocations très prosaïques des procédures de tribunaux.

C'est sur un procédé identique de contraste que joue aussi, mais à une échelle plus large, la parodie de la monodie d'Andromède, dans les *Thesmophories* [14]. Le comique de ce chant du parent d'Euripide repose sur l'oscillation perpétuelle entre le texte tragique respecté dans sa lettre, et les allusions à la situation personnelle de l'acteur qui n'hésite pas à évoquer les malheurs qu'il a subis sur la scène comique. Le parent commence sa plainte en s'adressant aux « Amies, vierges amies » — qui ne sont autres que les femmes, mariées et ennemies, du chœur de la comédie —, il respecte donc à la lettre le texte d'Euripide, mais ce début prometteur est, contre toute attente, brisé lorsqu'il exprime son désir d'échapper au Scythe, ou plus loin, d'aller retrouver sa femme. Le même procédé est réitéré quand le parent abandonne sa *persona* tragique de jeune fille vouée au malheur pour évoquer ses tortures depuis le début de la comédie : on l'a rasé, revêtu d'une robe safran, remis entre les mains d'une « sale vieille », et livré en pâture aux corbeaux. L'illusion dramatique que le parent est censé respecter en tant qu'« acteur tragique » improvisé est brisée par cette oscillation perpétuelle entre situations comique et tragique, entre le féminin que réclame le rôle d'Andromède et le masculin du rôle comique, mais aussi par l'intrusion de mots du registre de la comédie, tels que « sale vieille » (v. 1024), « corbeaux » (v. 1028), ou l'évocation incongrue de l'« urne aux suffrages » (v. 1031). A ces discordances du langage qui créent de constants effets de surprise s'ajoute le spectacle visuel, qui dégrade le tableau d'ouverture de la tragédie d'Euripide en une réplique burlesque : un vieil homme déguisé en femme à la place d'une frêle vierge, un temple comme décor marin, un poteau pour un rocher,

---

14. V. 1015-1055. Cf. W. Mitsdörffer, « Das Mnesilochoslied in Aristophanes' Thesmophoriazusen. Die Parodie einer tragischen Monodie », *Philologus* 98, 1954, p. 59-93.

un archer scythe pour monstre marin [15]. S'ajoute aussi la parodie musicale, que l'on peut supposer outrée par le chant d'un vieil homme à la voix de fausset.

A ces diverses techniques de citation exacte ou déformée, on peut opposer un autre type d'emprunt à Euripide : le pastiche de style [16]. La monodie placée dans la bouche d'Eschyle, aux v. 1331-1363 des *Grenouilles*, où une fileuse de laine conte ses mésaventures et constate que son coq a été volé par sa voisine, offre l'exemple le plus fameux de cette technique. Or, si la citation suppose la transposition du texte parodié et implique le plus souvent la reconnaissance, par le public, du contexte tragique, la technique du pastiche est toute différente, dans la mesure où le poète ne cite pas un texte préexistant, mais écrit « à la manière » d'Euripide. Le terme τρόπος, dont use Aristophane dans le vers qui introduit le pastiche : τὸν τῶν μονῳδιῶν διεξελθεῖν τρόπον (*Grenouilles*, v. 1330), montre bien qu'il s'agit d'imiter une « manière ». Aristophane reproduit des particularités du style d'Euripide : tics de vocabulaire, répétitions, accumulations de composés tels que les composés privatifs en α, alliances de mots contradictoires, thèmes privilégiés... L'effet comique résulte de la condensation de ces particularités que le pastiche accumule dans l'espace le plus restreint possible. Ainsi on ne compte pas moins de trois répétitions aux v. 1353-1355 de cette monodie : ἐμοὶ δ' ἄχε' ἄχεα κατέλιπε / δάκρυα δάκρυά τ' ἀπ' ὀμμάτων / ἔβαλον ἔβαλον ἁ τλάμων ; « A moi, il m'a laissé des chagrins, des chagrins ; des larmes, des larmes de mes yeux ont coulé, ont coulé, à moi l'infortunée ». Cette condensation a pour effet de dévoiler et de mettre en relief des procédés qui, dilués dans l'œuvre originale, demeurent discrets. Aussi le pastiche est-il par excellence le véhicule de la critique littéraire. De fait, ces morceaux témoignent d'un fin travail de critique et d'une attention aiguë à toutes les particularités du style d'Euripide.

La mise en scène du personnage d'Euripide est aussi le prétexte au pastiche de la langue du tragique, qu'il soit placé dans la bouche du poète, ou de son serviteur, parfait représentant de la pensée du maître dans les *Acharniens*. Selon le principe comique de la *mimesis* entre l'auteur et ses personnages, Euripide s'exprime comme ses créations.

---

15. Sur cette parodie visuelle, cf. E. M. Hall, « The Archer Scene in Aristophanes' Thesmophoriazusae », *Philologus* 133, 1989, p. 38-54 ; K. Sier, « Die Rolle des Skythen in den *Thesmophoriazusen* des Aristophanes », dans *Zum Umgang mit fremden Sprachen in der griechisch-römischen Antike*, C. W. Müller, K. Sier et J. Werner éd., Stuttgart, Franz Steiner, 1992, p. 63-83, notamment p. 67.

16. Sur la distinction entre ces deux formes, dont l'une repose sur la transformation du texte parodié, l'autre sur l'imitation, cf. G. Genette, *op. cit.* (n. 10), p. 34.

Il a recours à la sentence, pour expliquer à l'archer scythe sa passion pour Andromède (vers 1116-1117) : Φέρε, Σκύθ᾽· ἀνθρώποισι γάρ νοσήματα / ἅπασίν ἐστιν· ἐμὲ δὲ καὐτὸν τῆς κόρης / ταύτης ἔρως εἴληφεν ; « Voyons, Scythe, tous les hommes ont leurs maladies. Moi, c'est l'amour de cette jeune fille qui s'est emparé de moi ». On reconnaît dans la formule ἀνθρώποισι γάρ νοσήματα ἅπασίν ἐστιν la tournure caractéristique des γνῶμαι qui abondent dans le théâtre d'Euripide. C'est aussi la facture paradoxale de certains vers d'Euripide qui fait l'objet d'un pastiche au vers 396 des *Acharniens*, quand le serviteur d'Euripide répond à Dicéopolis : « Il n'est pas là et il est là » ; Οὐκ ἔνδον ἔνδον ἐστίν. Le pastiche met en évidence des tournures syntaxiques caractéristiques.

Citation ou pastiche : ce sont là des formes de parodie reposant exclusivement sur l'adaptation ou l'imitation de la *langue* d'Euripide. Or, celles-ci ne constituent qu'un aspect de l'emprunt d'Aristophane au tragique. La parodie concerne aussi des séquences plus développées de tragédies, notamment de scènes typiques telles que prologues, stichomythies, récits de messager, scènes de supplication, de reconnaissance, d'adieux [17] — scènes typiques pour lesquelles il est difficile d'évaluer précisément la part de la référence à Euripide, dans la mesure où ces scènes relèvent plus des conventions de la tragédie en général, que de l'œuvre d'Euripide en particulier.

En revanche, trois comédies d'Aristophane offrent la parodie de scènes empruntées à des tragédies d'Euripide : celle de *Télèphe* dans les *Acharniens*, de *Bellérophon* dans la *Paix*, de *Télèphe, Palamède, Hélène* et *Andromède* dans les *Thesmophories* [18]. Dès lors, la scène comique absorbe la tragédie d'Euripide et les intrigues de chacune des œuvres se superposent momentanément.

Car, dans ces scènes, les héros comiques prétendent imiter les héros tragiques. Soit ils entendent, comme Dicéopolis dans les *Acharniens*, Trygée dans la *Paix*, le parent d'Euripide parodiant *Télèphe* et *Palamède* dans les *Thesmophories*, emprunter un expédient à la tragédie d'Euripide pour leurs fins personnelles — ils imitent une prise d'otage, un déguisement, un discours habile, un moyen de monter au ciel, une ruse pour délivrer un message en le gravant sur du bois ; soit, plus radicalement, comme Euripide et son parent lors des parodies

---

17. J. Jouanna, « Structures scéniques et personnages : essai de comparaison entre les *Acharniens* et les *Thesmophories* », dans *Aristophane : la langue, la scène, la cité*, M. Menu et P. Thiercy éd., Bari, Levante Editori, 1997, p. 253-268, a montré que l'intrigue des *Thesmophories* comprend la parodie d'une scène d'espionnage, d'une scène de supplication, et l'idée d'une substitution de personnage inspirée du modèle tragique de l'*Alceste*.

18. Pour une analyse très précise de ces parodies, cf. P. Rau, *op. cit.* (n. 9).

d'*Hélène* et d'*Andromède* dans les *Thesmophories*, les personnages rejouent la tragédie sur scène, espérant captiver et attirer dans l'illusion dramatique les personnages qu'ils veulent soumettre à leur volonté. Dans le premier cas, la tragédie fournit l'idée d'une ruse ; dans le second cas, le jeu tragique lui-même est censé agir comme une ruse.

Dans tous les cas, le point de départ de la parodie est l'analogie ponctuelle entre l'intrigue comique et l'intrigue tragique. Dicéopolis face au chœur des Acharniens se trouve dans la situation du héros d'Euripide devant une assemblée hostile, et la tragédie d'Euripide fournit en quelque sorte au héros comique le dénouement d'une situation bloquée : déguisé en Télèphe loqueteux, il éveille la pitié de l'assistance et réussit à convaincre le chœur du bien-fondé de la paix. De même, en s'inspirant de Bellérophon, Trygée parvient à monter au ciel, et réussit même là où le héros comique avait échoué, puisque celui-ci avait été désarçonné par sa monture — donnant ainsi matière, en tant que héros boiteux, à une tragédie d'Euripide, comme le souligne malicieusement Aristophane (*Paix*, v. 148).

Dans les *Thesmophories*, l'analogie entre intrigue comique et intrigue tragique, analogie qui constitue le prétexte à la parodie, est systématique. Dès le début, Aristophane place Euripide, personnage principal de la comédie avec son parent, dans la situation typique d'une de ses propres tragédies : le poète tragique est menacé de mort et doit imaginer un moyen de sauver sa vie. La comédie d'Aristophane se noue ensuite à partir de ce postulat : en tant que spécialiste de l'intrigue, le poète n'a qu'à puiser dans son œuvre. L'essentiel de l'intrigue des *Thesmophories* consiste donc en une suite de scènes calquées sur la tragédie d'Euripide. Ce recours à la tragédie comme expédient échoue toujours, ce qui dramatiquement donne lieu à de nouvelles parodies. Quand un moyen de sauvetage ne réussit pas, un autre est essayé : l'échec de chaque tentative tragique est dramatiquement nécessaire pour que la comédie se poursuive [19].

Ainsi la parodie, dans les *Thesmophories*, mais aussi dans les *Acharniens* ou la *Paix*, ne se limite pas à des effets de langage ponctuels, elle implique tous les aspects du spectacle dans la mesure où l'intrigue comique copie l'intrigue tragique.

Comme la référence au modèle tragique est le plus souvent explicite, l'allusion crée une discordance burlesque, et l'effet comique repose, comme dans les exemples de parodie textuelle cités plus haut,

---

19. Cf. F. Zeitlin, « Travesties of Gender and Genre in Aristophanes' *Thesmophoriazousae* », dans *Playing the Other*, Chicago, The University of Chicago Press, 1996, p. 375-416 (article de 1981), p. 387.

sur le contraste offert par le spectacle sur la scène et son modèle
tragique soumis à une dégradation radicale — le cheval Pégase
devient un bousier affamé, l'enfant Oreste un sac de charbon dans
les *Acharniens*, et une outre à vin dans les *Thesmophories*, la belle
Hélène est jouée par un vieil homme qui a du mal à cacher son phallus
de cuir sous sa robe safran, et l'on pourrait multiplier à l'infini les
exemples de discordance comique. Le rire tient au burlesque des
situations.

Cependant, cet effet de contraste qui tourne en dérision l'univers
tragique n'est pas le seul ressort du rire.

De fait, la référence au modèle tragique peut être implicite :
c'est le cas lors de la prise d'otage du sac de charbon dans les
Acharniens (v. 326-342), et de la première partie de l'intrigue du
Télèphe, dans les *Thesmophories* : comme Télèphe, le parent est
déguisé pour s'introduire incognito dans l'assemblée ennemie, il prononce un discours de défense qui suscite l'émoi des auditrices, puis est
démasqué et a recours à la prise d'otage. Le langage ne révèle la
parodie tragique qu'au moment de cet épisode mouvementé et pathétique. Et l'on ne sait si Aristophane imite Euripide ou s'imite lui-
même, puisque c'est la deuxième version comique du Télèphe dans
son théâtre : la référence au modèle n'est donc pas le seul ressort du
rire.

Car le rire naît, sans que la perception d'un contraste entre
tragédie et comédie soit absolument nécessaire, du spectacle même
offert par la scène, et l'on peut parler d'une véritable appropriation,
par Aristophane, des ressorts spectaculaires du théâtre d'Euripide. Ce
sont en effet des scènes où se déploient toutes les ressources dramaturgiques offertes par le théâtre : scènes mouvementées où l'acteur se
déplace avec des accessoires — épée, « otages » de diverses natures,
qu'il s'agisse d'un panier à charbon ou d'une outre à vin déguisée en
petite fille. Parfois même, l'accessoire comique est emprunté, non pas
à la scène, mais au texte d'Euripide : dans son discours de défense,
Télèphe évoquait l'image de l'orateur parlant la tête sur le billot ; et
par un procédé comparable à celui de la métaphore réalisée, dans les
Acharniens, Aristophane fait parler son orateur devant un billot qu'il
apporte sur la scène comique (v. 366). Ce qui n'était évoqué qu'à
l'irréel dans la tragédie devient une réalité sur la scène comique. La
parodie des scènes d'Euripide permet aussi l'utilisation spectaculaire
de la *mèchanè*, comme dans la *Paix* où Bellérophon s'envole dans les
airs juché sur son escarbot (v. 173 sqq.). Ces scènes de parodie sont
aussi prétexte à l'utilisation théâtrale du costume et du déguisement :
après une longue scène de supplication chez Euripide, Dicéopolis s'en
va affublé des guenilles, du chapeau et des petits accessoires de

Télèphe (*Acharniens*, v. 410-479) ; dans les *Thesmophories*, Euripide apparaît en haillons pour jouer le rôle du célèbre naufragé Ménélas (Critylla le prend pour un « ravaudeur de voiles » — v. 935) ; dans cette même pièce, le déguisement du parent en femme, pour les besoins de l'intrigue imitée du Télèphe, fournit l'occasion d'une scène de pure farce, et Aristophane développe ainsi à l'extrême les potentialités comiques du déguisement dont l'idée lui a été suggérée par le modèle tragique (v. 213-268). Plus spectaculaire encore, la scène d'Écho, qui voit resurgir dans les *Thesmophories* ce personnage qui « l'année dernière, aidait Euripide à concourir » (v. 1060-1061), dégénère en un moment de farce où Euripide joue si scrupuleusement son rôle qu'il agace son parent et répète même les injures en mauvais grec de l'archer Scythe. Les virtualités comiques de la répétition, inspirées par le modèle tragique, sont ainsi développées dans leurs ultimes conséquences par Aristophane ; la scène tragique se mue en une scène de pure comédie, et c'est désormais Aristophane qu'Écho aide à concourir.

Ainsi, de même que, dans les *Acharniens*, Euripide peu à peu subjugué par l'éloquence insistante de Dicéopolis se dépouille de tous ses accessoires, de même, la tragédie d'Euripide fournit au théâtre d'Aristophane ses procédés spectaculaires : costumes, accessoires, machinerie, et même ses héros boiteux — si l'on songe au retour piteux de Lamachos, à la fin des *Acharniens* (v. 1174). Au-delà de la caricature d'un auteur ressenti comme moderne, Aristophane trouve chez Euripide non seulement une œuvre qui se prête à toutes les discordances comiques, mais aussi la possibilité d'un jeu riche de toutes les ressources du théâtre [20].

Dans une scholie à l'*Apologie de Socrate*, on peut lire la fameuse critique formulée par Cratinos à l'égard de son rival : εὐριπιδαριστοφανίζειν. Le scholiaste commente ainsi la teneur de ce

---

20. Il n'hésite d'ailleurs pas à dénoncer ces procédés comme des artifices de théâtre, car les scènes de parodie sont très souvent le prétexte à des allusions aux conditions mêmes de la représentation. Cf. *Paix*, v. 173-174 (Trygée sur la *mèchanè*) : Οἴμ' ὡς δέδοικα, κοὐκέτι σκώπτων λέγω. | Ὦ μηχανοποιέ, πρόσεχε τὸν νοῦν. ; « Oh ! Que j'ai peur ! Et je ne le dis plus pour rire ! Machiniste, fais attention ! » — *Acharniens*, v. 383-384 (Dicéopolis au moment d'aller chez Euripide) : Νῦν οὖν με πρῶτον πρὶν λέγειν ἐάσατε | ἐνσκευάσασθαί μ' οἷον ἀθλιώτατον ; « Maintenant, avant de parler, permettez que je revête le costume le plus pitoyable possible ». La parodie, en mettant à nu les procédés par lesquels se construit l'illusion théâtrale, dévoile l'essence du théâtre. Cf. F. Muecke, « Playing with the Play : Theatrical Self-consciousness in Aristophanes », *Antichton* 11, 1977, p. 52-67 ; O. Taplin, *Comic Angels and Other Approaches to Greek Drama through Vase-Paintings*, Oxford, Clarendon Press, 1993, p. 68.

reproche : Ἀριστοφάνης ἐκωμῳδεῖτο ἐπὶ τῷ σκώπτειν μὲν Εὐριπίδην, μιμεῖσθαι δ' αὐτόν [21]. On peut se demander parfois si Aristophane ne raille pas Euripide pour mieux l'imiter [22].

Christine HUNZINGER

---

21. Scholie à Platon, *Apologie* 19c. Cf. Cratinos, fr. 342 Kassel-Austin.

22. Cet aspect est loin d'épuiser toutes les fonctions de la parodie d'Euripide dans l'œuvre d'Aristophane. Cf. H. P. Foley, « Tragedy and Politics in Aristophanes' *Acharnians* », *Journal of Hellenic Studies* 108, 1988, p. 33-47, notamment p. 47 : « Mockery of Euripides may in fact be incidental to Aristophanes' main goals. » Elle peut être par exemple un moyen de délivrer un discours voilé, comme c'est le cas dans les *Acharniens*. Sur la paratragédie comme « précaution politique » dans cette comédie, cf. F. Jouan, « La paratragédie dans les *Acharniens* », *Thalie. Cahiers du GITA* 5, 1989, p. 17-30.

ARISTOPHANE ET LES INTELLECTUELS : LE PORTRAIT DE SOCRATE ET DES « SOPHISTES » DANS LES *NUÉES*

Chez les commentateurs anciens et modernes, il est un jugement très répandu sur Aristophane : il serait un « pourfendeur » des innovations intellectuelles de son temps, un *laudator temporis acti*. L'exemple que l'on donne le plus souvent est celui des *Nuées*. On connaît l'intrigue : le personnage principal, Strepsiade, vieux paysan mal marié à une citadine de noble naissance, est désireux d'apprendre les deux raisonnements dispensés par les maîtres à la mode pour ne pas avoir à rembourser les dettes dues à la passion très aristocratique de son fils, Phidippide, pour les chevaux. S'il veut suivre cet enseignement, c'est parce que, selon ses propres termes (v. 112-115) : « il y a chez eux, dit-on, à la fois les deux raisonnements, le fort, tel quel, et le faible. L'un de ces deux raisonnements, le faible, l'emporte, dit-on, en plaidant les causes injustes. » [1] Il va donc trouver Socrate dans son école, le φροντιστήριον (le « pensoir »), et se met à suivre ses leçons ; devant sa propre incapacité à apprendre, il enverra ensuite auprès du maître Phidippide, ce dont il se repentira rapidement, parce que ce dernier s'autorisera alors à le corriger au motif que « les

---

1. Εἶναι παρ' αὐτοῖς φασὶν ἄμφω τὼ λόγω,
   τὸν κρείττον', ὅστις ἐστίν, καὶ τὸν ἥττονα.
   Τούτοιν τὸν ἕτερον τοῖν λόγοιν, τὸν ἥττονα,
   νικᾶν λέγοντά φασι τἀδικώτερα.

De même, Strepsiade veut que Phidippide aille trouver Socrate (v. 882-885) :

Ὅπως δ' ἐκείνω τὼ λόγω μαθήσεται,
τὸν κρείττον', ὅστις ἐστί, καὶ τὸν ἥττονα,
ὃς τἄδικα λέγων ἀνατρέπει τὸν κρείττονα·
ἐὰν δὲ μή, τὸν γοῦν ἄδικον πάσῃ τέχνῃ.

Sauf indication contraire, nous citons le texte de l'édition établie par V. Coulon dans la CUF et la traduction de H. van Daele.

vieillards sont deux fois enfants » (v. 1417) et que donc, si l'on corrige les enfants, [...] Ulcéré par le résultat de cette éducation nouvelle, Strepsiade n'aura de cesse de mettre le feu au « pensoir ».

Pourtant, l'interprétation de cette pièce n'est pas aussi simple qu'il y paraît : tout d'abord, il semble que le Socrate d'Aristophane ne corresponde pas au Socrate de Xénophon et de Platon, qui proclame à l'envi sa différence avec les sophistes, ses rivaux, qui ne donne pas de contenu à son enseignement (encore moins, comme dans la pièce, la géométrie et les « choses d'en haut », τὰ μετέωρα), qui, enfin, ne se fait pas payer et n'a pas d'école. Aristophane connaît-il réellement ou feint-il d'ignorer la différence entre Socrate et les sophistes ? C'est en tout cas ce que suggère Platon lorsque, dans l'*Apologie de Socrate*, il présente Aristophane comme faisant partie des anciens accusateurs de Socrate, de ceux qui ont accoutumé depuis l'enfance les Athéniens à le critiquer et ont contribué bien avant Anytos et les autres à sa mort : « Voilà bien ce que vous avez vu dans la comédie d'Aristophane : un certain Socrate qu'on portait à travers la scène, déclarant qu'il se promenait dans les airs en débitant toute sorte de sottises à propos de choses où je n'entends rien. » [2] Historiens de la philosophie et spécialistes d'Aristophane discutent encore de ce problème : ainsi, pour un des meilleurs éditeurs des *Nuées*, Sir Kenneth Dover [3], Socrate est présenté par Aristophane sous les traits d'un sophiste, sans prendre en considération la spécificité du Socrate historique, qu'aucun Athénien moyen, pas plus peut-être qu'Aristophane lui-même, n'était en mesure de percevoir [4], peu intéressé qu'il était par l'activité intellectuelle en général ; d'un avis tout à fait différent est un autre spécialiste d'Aristophane, Ewen Bowie, qui, par souci de défendre le poète de cette calomnieuse imputation de n'être pas un intellectuel, dans un article récent, publié en 1998 par M. Trédé et Philippe Hoffmann dans les Actes du colloque sur « Le Rire des Anciens » [5], cherche au contraire à montrer que le poète établit bien une distance entre les deux types d'enseignement et connaît donc beaucoup mieux le philosophe qu'il n'y paraît ; la position de E. Bowie rejoint les conclusions de Martha Nussbaum, qui retrouvait dans le

---

2. *Apologie de Socrate*, 19c (traduction Croiset).

3. Oxford, 1968.

4. Sir K. Dover, p. LII : « We *study* Greek Literature and philosophy, and in this study we set ourselves very high standards of accuracy. But in order to understand *Nu.* we must make an imaginative effort to adopt an entirely different position, the position of someone to whom all philosophical and scientific speculation, all disinterested intellectual curiosity, is boring and silly. »

5. *Le rire des Anciens. Actes du colloque international (Université de Rouen, École normale supérieure, 11-13 janvier 1995)*, Paris, 1998 (Études de littérature ancienne, 8).

portrait qu'Aristophane fait de Socrate des éléments présents chez Platon et Xénophon [6].

A cette première difficulté s'en ajoute une autre : les déclarations d'Aristophane lui-même concernant sa pièce ; on sait que cette dernière connut un échec auprès des Athéniens, puisqu'elle fut classée aux Grandes Dionysies de 423 à la troisième et dernière place, après la *Bouteille* de Cratinos, où l'auteur se mettait en scène entre la Comédie, sa femme, et l'Ivresse, sa maîtresse, répondant ainsi à ceux qui se moquaient de son ivrognerie ; la deuxième place était échue au *Konnos* d'Ameipsias. Aristophane mentionne avec amertume cet échec dans la parabase des *Guêpes*, représentées l'année suivante, puis dans la deuxième version de la parabase des *Nuées*, lorsqu'il recompose cette dernière quelques années plus tard. La version que nous avons conservée de la pièce est donc une version postérieure à la représentation de 423. On dispute encore sur l'étendue des modifications, pour des raisons qu'il serait trop long d'exposer ici [7]. Néanmoins, il est intéressant de constater que la parabase offre un commentaire du poète sur sa propre pièce et sur son échec. Or, à quoi l'attribue-t-il ? Après avoir salué les efforts de Strepsiade qui, à un âge aussi avancé, veut apprendre les idées nouvelles (νεωτέροις... πράγμασιν) et rechercher la σοφία [8], le poète (par l'intermédiaire du chœur, composé des divinités nouvelles, les Nuées), se proclame alors σοφός ; cette comédie, affirme-t-il, est « la plus savante (σοφώτατ') de mes comédies » (v. 520) [9]. Il se plaint que les spectateurs, qu'il nomme à plusieurs reprises σοφοί, n'aient pas réservé à cette pièce le même accueil qu'au Vertueux et au Débauché [10], alors qu'il s'efforce, contrairement à ses devanciers, de ne pas représenter des sujets rebattus ou grossiers ; mais, affirme-t-il :

ἀλλ' ἀεὶ καινὰς ἰδέας εἰσφέρων σοφίζομαι,
οὐδὲν ἀλλήλαισιν ὁμοίας καὶ πάσας δεξιάς ·

« toujours je vous apporte des fictions nouvelles, produit de mon art, qui ne se ressemblent en rien et sont toutes ingénieuses » (v. 547-548).

---

6. « Aristophanes and Socrates on learning practical wisdom », *Yale Classical Studies* 26, 1982, p. 43-97. On trouvera un exposé très utile de l'évolution de la critique moderne sur la question socratique dans M. Montuori, *The Socratic Problem. The History. The Solutions from the 18th century to the present time. 61 extracts from 54 authors in their historical context*, Amsterdam, 1992.

7. Sur cette question, cf. Sir K. Dover, *op. cit.* (n. 3), p. LXXX-XCVIII ; on trouvera un état récent de la question dans l'édition de A. H. Sommerstein, *The Comedies of Aristophanes. III, Clouds*, Warminster, 1998 [2], p. 4 et n. 10.

8. *Nuées*, v. 512 sqq.

9. Traduction modifiée.

10. C'est-à-dire les *Daitales*, représentées en 427.

Or, les adjectifs que le poète emploie lorsqu'il parle de son œuvre, de lui-même, et des spectateurs capables de l'apprécier, δεξιός, καινός et σοφός, ou les termes de la famille d'εὑρίσκω, sont en général liés dans la pièce à Socrate et à son enseignement [11] et se rapportent donc aux idées nouvelles qu'Aristophane est censé pourfendre. Pour décrire son activité, Aristophane emploie le verbe σοφίζομαι, sur lequel est formé le substantif σοφιστής. Si l'on ne voit dans les *Nuées* que le reflet de l'attitude conservatrice des Athéniens vis-à-vis de la nouveauté, les déclarations du poètes ont de quoi surprendre.

Dans un ouvrage récent consacré à l'usage de la parabase chez Aristophane, T. K. Hubbard a tenté de montrer que cette dernière participe en réalité de la fiction dramatique, le thème de la nouveauté constituant un de ses éléments essentiels et l'un des moins originaux [12] : il serait donc impossible de prendre au pied de la lettre les proclamations des *Nuées*. Mais une telle analyse soulève plus de problèmes qu'elle n'en résout : même s'il est vrai que la parabase participe du ton général de la pièce, on peut se demander si tous les spectateurs athéniens étaient à même de comprendre cette subtilité sur laquelle discutent encore les critiques modernes [13] et de différencier la nouveauté proclamée d'Aristophane de la nouvelle éducation proposée par Socrate. N'est-ce pas là justement la preuve que, contrairement à ce qu'on croit souvent, Aristophane ne reflète pas parfaitement les idées de la majorité du public athénien ?

Il faut donc reposer ici la question des rapports d'Aristophane et des intellectuels en général et de Socrate en particulier dans les

---

11. Pour δεξιός : v. (81), 148, 418, 428, 521, 527, 548, (734), 757, 834, 852, 950, 1111, 1399 ; pour σοφός et σοφία : 94, 361, 412, 489, 491, 517, 520, 526, 535, 575, 764, 773, 841, 877 (θυμόσοφος), 895, 899, 925, 956, 1024, 1057, 1202, 1207, 1309, 1370, 1378 (2 fois) ; pour εὑρίσκω et εὕρημα : 561, 728, 737, 896, 1311 ; pour καινός : 480, 547, 936, 943, 1032, 1397, 1399, 1423. Ce sont les mêmes termes qu'Aristophane employait déjà dans la parabase des *Guêpes*, quelques mois seulement après l'échec des *Nuées*, pour reprocher aux Athéniens leur manque de discernement : πέρυσιν καταπροΰδοτε καινοτάτας σπείραντ' αὐτὸν διανοίας (v. 1044)... Ἀλλὰ τὸ λοιπὸν τῶν ποιητῶν, | ὦ δαιμόνιοι, τοὺς ζητοῦντας | καινόν τι λέγειν κἀξευρίσκειν, | στέργετε μᾶλλον καὶ θεραπεύετε... (v. 1051-1055).

12. Cf. T. K. Hubbard, *The Mask of Comedy. Aristophanes and the intertextual Parabasis*, Ithaca, 1991, p. 33 : « we can be sure that there was nothing less original than the claim of originality. » Sur les *Nuées*, voir aussi p. 88-112.

13. Les analyses de T. K. Hubbard supposent de la part d'Aristophane une subtilité hors du commun : « The text thus manipulates its audience by appealing to more than one level of understanding and by employing more than one level of irony » (p. 98).

Nuées [14]. Nous le ferons d'abord en cherchant à déterminer quels sont les « intellectuels » visés dans la pièce ; puis en nous interrogeant sur l'attitude d'Aristophane à leur égard, telle du moins qu'on peut la déterminer à travers les conventions de la scène comique. La réponse sur ces points nous permettra d'envisager sur des bases nouvelles le problème des rapports entre le Socrate d'Aristophane et celui de Platon.

*
**

Quels sont les « intellectuels » visés dans les *Nuées* ? Le premier nom auquel on pense est, bien sûr, Socrate. Il ne s'agit pas d'une nouveauté : malgré notre connaissance très fragmentaire des œuvres des poètes comiques contemporains d'Aristophane, nous savons que Socrate était déjà mentionné par Télésiclès et Callias ; peut-être même avait-il été déjà mis en scène par Aristophane en 427 dans les *Daitales* (les *Banqueteurs*), où un père décidait de faire élever ses deux fils l'un selon l'éducation ancienne, l'autre selon l'éducation nouvelle [15]. Si l'on en croit Diogène Laërce, il semble bien avoir été un des personnages du *Konnos* d'Ameipsias, pièce qui, comme nous l'avons dit, fut classée deuxième en 423 devant les *Nuées* [16].

L'ensemble des fragments conservés suggère que l'apparence de Socrate était volontiers mentionnée par les comiques ; on retrouve la même idée chez Aristophane, surtout liée aux disciples du maître : c'est un motif récurrent que l'aspect très sommaire de leur équipement (Strepsiade se plaindra à plusieurs reprises de son grabat plein de punaises) et le complet mépris de la vie quotidienne qu'illustre le teint pâle des disciples, et notamment de Chéréphon, un ami de Socrate dans les dialogues platoniciens, auquel les comiques donnèrent le nom de chauve-souris, à cause de l'habitude qu'il avait de travailler la nuit... Dans le texte des *Nuées*, nombreuses sont les allusions à la lune, qui rythme le travail dans le Pensoir, mais qui fait

---

14. Nous nous contenterons d'examiner ici le problème complexe des relations d'Aristophane et des intellectuels dans le cadre des *Nuées*. Il nous semble cependant possible d'étendre nos conclusions à l'ensemble des pièces. Malgré la coïncidence des titres, l'article de B. Zimmermann, « Aristophanes und die Intellektuellen », dans les *Entretiens de la Fondation Hardt sur l'Antiquité classique* XXXVIII, *Aristophane*, Vandœuvres-Genève, 1993, p. 255-280, traite d'un sujet un peu différent du nôtre : la constitution du personnage de l'intellectuel sur la scène comique.

15. Sur cette pièce, nous renvoyons à l'article de J.-Cl. Carrière, « L'Aristophane perdu... », dans le présent volume.

16. II, 28. Sur ce point, cf. A. Patzer, « Sokrates in der attischen Komödie », dans *Orchestra : Drama, Mythos, Bühne*, A. Bierl et P. von Möllendorff éd., Stuttgart-Leipzig, 1994, p. 50-81.

aussi, malheureusement, courir les échéances de Strepsiade, calculées au mois lunaire [17].

Le vocabulaire suggère aussi que la « pensée » de Socrate est mieux connue qu'on ne croit d'ordinaire : ce n'est sans doute pas innocemment que le disciple accueillant (mal) Strepsiade qui frappe à la porte (v. 135-137), l'accuse d'avoir « fait avorter une idée toute trouvée ». L'usage métaphorique du verbe ἐξαμβλόω (« avorter ») rappelle que Socrate, fils d'une accoucheuse, une *maia* en grec, pratiquait la maïeutique, l'art d'accoucher les âmes. De même, lorsque les Nuées se déclarent spécialistes de διάλεξις (v. 317), on est tenté d'y voir une allusion à la dialectique [18].

Il est toutefois vain de chercher ici le Socrate historique : le Socrate d'Aristophane est avant tout un personnage, à la fois représentant du groupe et individu, ce qui entraîne des déformations certainement non vérifiables. Le même problème se pose pour le démagogue Cléon, personnage d'Aristophane dans les *Cavaliers*, qui est d'abord le représentant des hommes politiques de l'époque, et dont la caricature a pour fonction essentielle de faire rire tout en se nourrissant des traits particuliers du Cléon véritable. En l'occurrence, « Socrate » n'est pas autrement constitué que les autres cibles réelles de la scène comique.

Les cibles d'Aristophane dans les *Nuées* sont-elles plus généralement les « sophistes » ? Le personnage de Socrate paraît en effet constitué de certains traits empruntés à d'autres penseurs contemporains. On trouve des allusions assez précises à l'enseignement de Protagoras : le discours fort et le discours faible, qui semblent avoir été une de ses spécialités [19] ; de même, si l'on en croit Aristote, les distinctions entre le masculin et le féminin, qui obligent le malheureux Strepsiade à « féminiser » son vocabulaire, en inventant au besoin des espèces [20] ; ainsi, au motif que le grec n'a pas de masculin pour le « coq » (ἀλεκτρυών), il faut imaginer une forme féminine, ἀλεκτρύαινα (v. 666 : « coqueresse » ?), qui a de grandes chance de n'avoir pas de représentant dans la gent ailée ! Il est aussi question de Prodicos, que les Nuées semblent avoir en grande estime (v. 361). Il s'agit dans ces deux cas de personnages qui sont nommés « sophistes » chez Platon. Peut-on en conclure que la cible d'Aristophane est constituée par les mêmes « sophistes » ? Rien n'est moins certain pour deux raisons :

---

17. Cf. notamment v. 607-626.
18. Sur ces questions, cf. Sir K. Dover, *op. cit.* (n. 3), p. XLII.
19. DK 80 A21 = Aristote, *Rhétorique* II, 24, 10402b23.
20. DK 80 A28 = Aristote, *Réf. soph.* 14, 173b17.

1) Une grande partie des doctrines représentées dans la pièce est empruntée à un penseur ionien contemporain, Diogène d'Apollonie, qui n'est pas considéré, en règle générale, comme un sophiste. Selon ce dernier, le principe constitutif de l'univers, l'air, est un dieu [21] et il est λεπτομερέστατον, « la plus fine » de toutes les substances, l'âme elle-même, qui est λεπτότατον, étant composée d'air. La pensée est produite par l'air pur et sec, qui se trouve le plus éloigné du sol [22]. Ainsi s'explique la position élevée de Socrate suspendu dans la *mèchanè* lors de sa première rencontre avec Strepsiade, parce que, dit-il, « jamais je n'aurais pu démêler exactement les choses célestes, si je n'avais suspendu mon esprit et confondu ma pensée subtile avec l'air similaire » (v. 228-230). C'est pourquoi aussi le chœur est composé de Nuées, qui constituent, explique Socrate à Strepsiade, le principe de tout, de la pluie aux tourbillons, en passant par les troubles gastriques dus à la sauce ingérée par ledit Strepsiade au moment des Panathénées (v. 374-393).

2) On peut mettre sur le compte de la déformation comique l'irruption de Diogène dans la représentation des exercices sophistiques. Il apparaît néanmoins que, si les Nuées sont bien le portrait de l'enseignement sophistique, il n'est pas certain que les « sophistes » brocardés par Aristophane soient les mêmes que ceux de Platon ou les nôtres. L'étude des occurrences du terme « sophiste » dans la pièce permet de mettre en lumière la différence. Σοφιστής apparaît quatre fois dans le texte, ce qui n'est pas le cas dans les autres pièces conservées d'Aristophane : le simple σοφισταί (v. 331) désigne ceux qui se trouvent nourris par le chœur des Nuées, nommés aussi un peu plus loin par ces dernières μετεωροσοφισταί (v. 360), « sophistes qui s'intéressent aux choses d'en haut », mais aussi « sophistes qui se trouvent dans les hauteurs », allusion plaisante à la position initiale de Socrate ; le troisième se trouve v. 1111, où le Raisonnement faible (ou, selon les manuscrits, Socrate) [23] promet de faire de son fils Phidippide un σοφιστήν δεξιόν ; le dernier (v. 1309) est une remarque ironique du chœur concernant Strepsiade qui se réjouit un peu trop tôt de voir son fils habile à mettre en fuite les créanciers : « ce que c'est que d'aimer les mauvaises affaires. Notre vieillard qui a cette passion veut frustrer ses créanciers de l'argent qu'il emprunta. Aussi ne peut-il manquer de lui arriver aujourd'hui quelque aventure qui fera que ce

---

21. DK 64 B5.

22. DK 64 A20. Sur la pensée (νόησις, cf. DK 64 B5), cf. DK 64 A20, § 44-45. Cf. aussi *Maladie Sacrée* XVI : τὴν δὲ φρόνησιν ὁ ἀὴρ παρέχεται.

23. Sur ces questions, nous renvoyons à la communication d'I. Rodríguez Alfageme dans le présent volume.

" sophiste " pour prix des fourberies qu'il a tramées, recevra un coup soudain » (v. 1303-1311).

Qui se trouve ainsi désigné ? Parmi les μετεωροσοφισταί sont nommés explicitement Socrate et Prodicos. Mais les σοφισταί entretenus par les Nuées sont, selon Socrate (v. 332-333) :

Θουριομάντεις, ἰατροτέχνας, σφραγιδονυχαργοκομήτας,
κυκλίων τε χορῶν ᾀσματοκάμπτας, ἄνδρας μετεωροφένακας...

« devins de Thourioi [24], artistes médecins [25], oisifs chevelus occupés de leurs bagues et de leurs ongles, tourneurs de strophes pour les chœurs cycliques, mystificateurs aériens... »

La catégorie des sophistes est donc beaucoup plus large que les seuls adversaires de Platon : elle comprend de nombreuses activités, notamment celle des auteurs de dithyrambes, auxquels font allusion les chœurs cycliques. Elle incluait probablement aussi, à l'origine, Euripide, puisqu'un fragment tiré des premières Nuées faisait de Socrate l'auteur véritable de certaines pièces du poète [26]. Le terme a donc une valeur plus polémique que descriptive. Il semble être employé ici avec une nuance péjorative, parfois difficile à distinguer, comme synonyme de σοφός. Ainsi, au v. 1202, Strepsiade se compte parmi les σοφοί par procuration, parce que son fils a bien parlé devant les créanciers, tandis qu'au v. 1309 le chœur des Nuées le nommera, pour la même raison, nous l'avons vu, « sophiste » [27]. C'est bien la σοφία que les Nuées, dans la paratase, ont félicité Strepsiade de chercher auprès de Socrate. De même, lorsque le poète désignant son

---

24. Colonie fondée à l'instigation de Périclès en 443, où les devins semblent avoir été nombreux. Cf. Sir K. Dover, *op. cit.* (n. 3), p. 144 sq.

25. Sur le couple ἰατρός / ἰατροτέχνης, probablement construit sur le modèle σοφός / σοφιστής, nous renvoyons à la communication de J. Jouanna dans le présent volume.

26. Fr. 392 Kassel-Austin : Εὐριπίδῃ δ᾽ ὁ τὰς τραγῳδίας ποιῶν | τὰς περιλαλούσας οὗτός ἐστι, τὰς σοφάς. De fait, le Socrate des *Nuées* et l'Euripide des *Acharniens*, des *Thesmophories* et des *Grenouilles* sont conçus sur le même modèle : dans les *Grenouilles*, Euripide jure par l'Éther comme le Socrate des *Nuées* (v. 892) ; après la défaite d'Euripide, le chœur se réjouit de ne pas rester assis à bavarder près de Socrate (λαλεῖν, v. 1491). On notera aussi que la scène des *Acharniens* où Dicéopolis va trouver Euripide qui compose les pieds en l'air (ἀναβάδην, v. 399) et qui sera reprise dans les *Thesmophories* (l'auteur sortant sur l'eccyclème étant cette fois Agathon) repose sur le même effet comique que la scène des *Nuées* où Strepsiade découvre Socrate suspendu dans la *mèchanè*.

27. V. 1202. Contrairement au commentaire de H. van Daele, *ad loc.*, p. 221, qui y voit « un titre ironique donné par le chœur à Strepsiade qui lui-même s'appelait " sage " », il n'y pas là, à notre avis, de véritable ironie, mais la reprise de termes à peu près équivalents.

activité dans la même parabase, se glorifie de σοφίζεσθαι, c'est bien dans l'intention d'être nommé σοφός par ses concitoyens (v. 520).

Il ne s'agit pas d'un emploi remarquable que ferait Aristophane du terme « sophiste » : au vᵉ siècle, le terme est un équivalent de σοφός, qui désigne la compétence dans n'importe quelle discipline [28]. On trouve cet emploi chez les poètes comiques contemporains d'Aristophane : Platon le Comique nomme σοφιστής l'aulète Bacckylides (fr. 149 Kassel-Austin) ; Phrynichos, le musicien Lampros (fr. 74 Kassel-Austin) ; Eupolis (fr. 483 Kassel-Austin), les rhapsodes ; Cratinos, les poètes en général (fr. 2 Kassel-Austin). Par ailleurs, il n'y a pas d'opposition à cette époque entre cette activité et celle du philosophe. Ainsi, dans un traité médical de la fin du vᵉ siècle, l'*Ancienne Médecine*, dans lequel apparaît pour la première fois le terme φιλοσοφία, cette dernière est avant tout l'activité des σοφισταί. Dans ce texte, l'auteur s'oppose aux médecins et aux « σοφισταί », qui, comme Empédocle, affirment que l'on ne peut connaître la médecine sans savoir ce qu'est l'homme. Mais, proteste l'auteur du traité (c. 20), leur discours « tend vers la philosophie (τείνει δὲ αὐτέοισιν ὁ λόγος ἐς φιλοσοφίην) ».

Si le σοφός d'Aristophane n'est pas un anti-philosophe, qu'est-ce qui le caractérise ? Il est essentiellement celui qui pense. Il s'agit d'une nouveauté, car la catégorie du σοφός ancien est plus large : le σοφός est un homme compétent dans une branche ou l'autre du savoir, y compris du savoir technique ; telle est l'acception du terme qu'illustre Strepsiade lorsque, pour convaincre Socrate des bonnes dispositions naturelles de son fils, il souligne l'ingéniosité dont il a su faire preuve depuis l'enfance (v. 877 et suiv.) : « il est industrieux (θυμόσοφός ἐστιν)

---

28. Le Liddell-Scott-Jones propose trois acceptions du terme :
— 1) master of one's craft ;
— 2) wise, prudent, or statesmanlike man ;
— 3) from late V B. C. a sophist, *i. e.* one who gave lessons in grammar, rhetoric, politics, mathematics, for money, such as Prodicos, Gorgias, Protagoras.
Les trois rubriques n'en forment en réalité que deux si l'on considère que 1) et 2) font de σοφιστής l'exact équivalent de σοφός. Par ailleurs, l'opposition entre 1), 2) et 3) nous paraît en réalité parfaitement injustifiée au vᵉ siècle. Le terme ne se « spécialise » qu'au ivᵉ siècle dans un contexte polémique pour désigner ceux que Platon se refuse à nommer φιλόσοφοι, sans que jamais, par ailleurs, son sens premier soit oublié. C'est pourquoi nous ne sommes pas d'accord avec le commentaire de Sir K. Dover, *op. cit.* (n. 3), p. 144 (suivi par A. H. Sommerstein, *op. cit.* [n. 7], p. 178), au v. 331 des *Nuées* : « our passage may be the earliest example of the sense "teacher of undesirable or superfluous accomplishments". » Ce n'est pas un sens nouveau du terme σοφιστής qui apparaît ici, mais un personnage nouveau, celui de l'intellectuel, que l'on désigne à l'aide de termes plus anciens à peu près équivalents : σοφός et σοφιστής.

de nature. Il était encore tout mioche, pas plus haut que ça, qu'il modelait chez nous des maisons, sculptait des bateaux, construisait de petits chariots de cuir et, avec l'écorce des grenades, faisait des grenouilles à merveille. » Dans la conception ancienne de la « sagesse », le sage se définit d'abord par ce qu'il fait. Mais, dans la conception nouvelle de la sagesse qui apparaît dans cette dernière partie du Vᵉ siècle, l'activité du σοφός est liée essentiellement à l'activité de la pensée. Ce registre est particulièrement remarquable dans les *Nuées*, où cette dernière se trouve déclinée sur tous les plans, celui du vocabulaire comme celui de la mise en scène. Ainsi, au registre de la σοφία, que nous avons déjà mentionné, fait exactement écho à celui de φροντίς (« souci, pensée ») : on trouve, en effet, φροντίς (six occurrences [29]), φρόντισμα (une occurrence [30]), φροντίζω (douze occurrences [31]), φροντιστής (v. 266) et φροντιστήριον (v. 128, 142, etc.), ce dernier étant le lieu de l'action, dans lequel s'incarne l'activité de penseur de Socrate. Il en va de même, semble-t-il, pour μεριμνοφροντισταί, *médito-penseurs* (v. 101), terme par lequel Strepsiade désigne avec quelque redondance Socrate et ses disciples avant de les rencontrer. Aristophane, qui n'use guère du terme simple μέριμνα ailleurs, l'emploie trois fois dans les *Nuées* (v. 420, 952 et 1404), avec l'adverbe ἀπεριμερίμνως (v. 136) [32].

L'activité intellectuelle est aussi caractérisée par une nouvelle manière de s'exprimer, qui repose sur le passage du langage courant et concret au langage abstrait. Dans les *Nuées*, ce passage est particulièrement bien illustré par le champ sémantique de la λεπτότης, un terme qui exprime à la fois la « petitesse » et la « subtilité » et qui reflète sans doute, dans son sens abstrait, un usage particulier du terme lié à cette fin de siècle [33]. Aristophane joue sur la polysémie du mot, dont il fait tout à la fois la marque de l'invention sophistique et l'instrument de sa critique. Ainsi, Strepsiade, ébahi par les démons-

---

29. V. 136, 229, 233, 740, 763 et 951.

30. V. 155.

31. V. 75, 125, 189, 215, 700, 723, 724, 735, 1345, ἐκ- 695, 697, κατα- 857.

32. Cf. J. D. Denniston, « Technical Terms in Aristophanes », *Classical Quaterly* 21, 1927, p. 113-121 (p. 120). Pour être complet, il faudrait également citer les termes appartenant à la famille de γιγνώσκειν et de νοεῖν, très nombreux eux aussi dans la pièce. Sur les emprunts d'Aristophane au lexique intellectuel, nous renvoyons à notre article : « Mots nouveaux et idées nouvelles dans les *Nuées* d'Aristophane », *Ktèma* 22, 1997, p. 173-184.

33. De fait, la première attestation du terme dans un sens intellectuel (« subtil ») se trouve chez Euripide, *Médée*, v. 529 (νοῦς λεπτός). Sur ce point, on consultera J. D. Denniston, *art. cit.* (n. 32), p. 119 sq.

trations des disciples de Socrate, qui lui expliquent comment ce dernier est parvenu à mesurer les pattes d'une puce, s'exclame (v. 153) :
τῆς λεπτότητος τῶν φρένων (« quelle subtilité d'esprit ! »). Mais,
entre autres exemples, au v. 161, c'est l'intestin du cousin qui est
λεπτός (« grêle ») et στενός (« étroit »). A partir de ces deux termes
concrets, sont formés par Strepsiade deux verbes qui définissent son
activité de (nouveau) penseur : λεπτολογεῖν et στενολεσχεῖν [34].

A travers ce registre nouveau de la σοφία, c'est donc le personnage de l'intellectuel qui apparaît ici. Il n'est plus un simple σοφός,
mais aussi un σοφιστής ; le suffixe -της indique qu'il s'agit d'un nom
d'agent, composé sur le verbe σοφίζομαι, qui définit une catégorie
particulière de la population (comme πολιτής). Il semble bien corres-
pondre à une nouvelle attitude du σοφός, qui, de simple savant,
devient celui qui recherche activement la σοφία par la pensée. Il
correspond pour nous parfaitement à l'intellectuel : comme l'intellectuel moderne, il s'agit d'un terme à la fois laudatif, mais aussi polémique et péjoratif.

Cette conclusion résout en partie le problème posé en général
par les critiques : pourquoi Socrate est-il choisi pour représenter la
catégorie des sophistes ? C'est qu'il est, lui aussi, un de ces intellectuels qui construisent leur recherche de la σοφία par la parole et
l'intelligence spéculative ; c'est seulement au IVe siècle que s'établit
une distinction entre vrai et faux « savant » et que le terme prend aussi
(mais pas de manière exclusive) le sens de faux savant, double négatif
du philosophe [35]. Ce sont notamment les socratiques qui ont contribué alors à mettre en lumière en quoi Socrate se distinguait des autres
intellectuels en le nommant φιλόσοφος. Mais il s'agit là d'une distinction postérieure : accuser Aristophane de ne pas savoir la faire, c'est
une accusation anachronique au Ve siècle. En ce sens, nous ne rejoi-
gnons ni la conclusion de Dover ni celle de Bowie que nous avions
mentionnées plus haut. Nous pensons que personne ne peut distin-

---

34. V. 320 De même aussi διαλεπτολογοῦμαι, « je " diasubtilise " avec les poutres
de la maison » (v. 1496), cri de vengeance de Strepsiade au moment de mettre le feu au
Pensoir. La même λεπτότης caractérise, bien sûr, le chœur des Nuées, qui symbolise les
théories physiques des penseurs (notamment Diogène) autant que leur subtilité. Sur ces
points, cf. M.-P. Noël, *art. cit.* (n. 32) ; D. Ambrosino, « Nuages et sens. Autour des
Nuées d'Aristophane », *Quaderni di Storia* 18, 1983, p. 3-60.

35. Pour l'utilisation du terme chez Aristote, cf. C. J. Classen, « Aristotle's picture
of the sophists », dans *The Sophists and their Legacy*, G. B. Kerferd éd., Wiesbaden,
1981, p. 7-24. Pour son utilisation chez Sextus, cf. C. J. Classen, « L'esposizione dei
Sofisti e della Sofistica in Sesto Empirico », *Elenchos* XIII, 1992, p. 59-79. Ni Aristote
ni Sextus n'entendent par « sophistes » les auteurs que nous regroupons traditionnellement dans cette catégorie, à savoir les adversaires de Socrate.

guer la spécificité de Socrate selon des critères qui n'existent pas encore [36].

*
* *

Cette dernière conclusion nous permet alors de reposer la question : quelle est l'attitude d'Aristophane vis-à-vis de ces « intellectuels » ? L'opinion courante, nous l'avons dit, est que le poète serait partisan des valeurs anciennes, et d'une conception plus traditionnelle de la σοφία représentée, dans l'*agôn* principal de la pièce par le personnage du Raisonnement Fort (κρείττων λόγος), qui fait l'éloge du temps béni où il professait la justice et où la tempérance était à l'honneur (v. 961-1023). Pour convaincre Strepsiade et Phidippide de l'intérêt de l'éducation qu'il dispense, Socrate va en effet laisser ce dernier aux mains des deux raisonnements, ceux-là mêmes que Strepsiade voulait connaître pour effacer ses dettes. Ces deux personnages s'affrontent et, on le sait, c'est le discours faible qui va, en retournant tous les éléments de son aîné, rester maître du terrain.

Qu'Aristophane ait été « du côté » du malheureux vaincu se heurte à deux objections :

1) tout d'abord, le Raisonnement Fort est par moment tout aussi ridicule que son adversaire : il apparaît comme un vieillard incapable de se défendre, au point même de passer dans le camp des vainqueurs ; de sorte qu'il ressemble beaucoup à Strepsiade, qui est comme lui un vieillard un peu rustre que les idées nouvelles dépassent. Le Raisonnement Faible apparaît, lui, comme un jeune écervelé suivant la dernière mode et apte à contredire les anciens, comme Phidippide. C'est si vrai que le père et le fils rejoueront cette même scène d'ἀγών à la fin de la pièce, Phidippide reprenant le rôle du

---

36. C'est la raison pour laquelle, nous semble-t-il, on pose aussi en vain la question des rapports entre Euripide et les sophistes : Euripide est bien un sophiste au sens où il participe de ces idées nouvelles et de cette nouvelle conception de la σοφία que l'on pourrait qualifier, au risque d'un anachronisme, d'« intellectualiste ». Sur le sens qu'il convient de donner au terme « sophiste » et sur l'inexistence d'un « mouvement sophistique » ou d'une « ancienne sophistique » qui seraient représentés par un certain nombre de penseurs de la fin du ve siècle, adversaires de Socrate, nous nous contentons ici de renvoyer à nos articles : « Lectures, relectures et mélectures des sophistes », *Noesis* 2, 1998, p. 19-36, et « Vies de sophistes anciennes et modernes », dans *Vies anciennes d'auteurs grecs : mythe et biographie*, Ph. Brunet et M.-P. Noël éd., Tours, 1998 (Archipel Égéen, n. s., n° 1, 1994-1995), p. 47-59. Pour notre part, nous considérons l'« ancienne sophistique » sur laquelle travaillent les critiques modernes comme une invention de l'édition Diels des *Vorsokratiker* reposant sur une reconstruction proposée par Philostrate dans ses *Vies des sophistes*.

Raisonnement Faible et Strepsiade celui du Raisonnement Fort pour se disputer sur les mérites d'Euripide et d'Eschyle et sur les droits du fils à battre son père [37].

Il n'y a là aucune incohérence : dans le couple comique que forment Strepsiade et son fils ou le Raisonnement Fort et le Raisonnement Faible, les personnages se définissent les uns en fonction des autres dans un rapport d'opposition (ancien/nouveau, jeune/vieux, juste/injuste, etc.), sans qu'il y ait à proprement parler de « bon côté ». C'est pourquoi il convient de rester prudent sur les idées politiques et morales d'Aristophane, surtout en l'absence des pièces des autres poètes comiques, qui nous permettraient des comparaisons plus éclairantes : ce qui prévaut chez Aristophane n'est pas le souci de donner des leçons, mais de faire rire en respectant les conventions de la scène comique et en se conformant aux goûts des spectateurs [38].

2) L'autre objection est que l'interprétation traditionnelle des Nuées repose sur un problème de texte : en l'occurrence, ce sont les didascalies postérieures à Aristophane qui nomment systématiquement ces personnages Raisonnement Juste et Injuste [39]. Cette lecture normative a des conséquences assez graves sur l'interprétation de la pièce et ne permet pas toujours d'en mesurer la subtilité. Dans la pièce, les deux raisonnements sont en réalité nommés presque toujours « faible » et « fort », c'est-à-dire définis en grec par des comparatifs, qui servent à opposer deux groupes ou deux individus : l'un est plus faible que l'autre et vice-versa ; ainsi, bien loin de constituer deux positions opposées et incompatibles, qui représenteraient deux choix de vie possibles, ils sont fondamentalement indissociables et font tous

---

37. Ἑλοῦ δ'ὁπότερον τοῖν λόγοιν βούλει λέγειν. Str. — Ποίοιν λόγοιν ; — τὸν κρείττον' ἢ τὸν ἥττονα, répond Phidippide (v. 1336-1337).

38. Sur ce point, nous renvoyons à l'article fondamental de A. W. Gomme, « Aristophanes and Politics », *Classical Review* 52, 1938, p. 97-109. La position de Gomme n'est pas acceptée par tous les critiques ; on trouvera une mise au point des différentes positions dans l'article de J. M. Bremer, « Aristophanes on his own Poetry », *Entretiens de la Fondation Hardt sur l'Antiquité classique* XXXVIII, *Aristophane*, Vandœuvres-Genève, 1993, p. 125-165. Nous ne prétendons pas ici que la comédie n'a pas de rôle ni de dimension politique à Athènes et qu'elle ne constitue qu'un simple divertissement, ce qui est évidemment absurde, mais qu'il est impossible de connaître les idées véritables d'Aristophane, certaines attitudes que nous lui prêtons n'étant peut-être qu'un héritage de ses prédécesseurs, un *topos* comique ou une simple reprise de thèmes à la mode.

39. A savoir dans les *hypotheseis* de la pièce, les scholies et les listes de *dramatis personae* des manuscrits. Seul Strepsiade nomme le raisonnement faible tantôt ἥττων (v. 113, 114 et 883), tantôt τὸν ἄδικον τοῦτον λόγον (v. 116), τὸν ἀδικώτατον λόγον (v. 657), τὸν γοῦν ἄδικον (v. 885). Jamais il ne nomme le raisonnement fort δίκαιος. Les autres personnages (y compris les deux raisonnements) n'usent que des comparatifs κρείττων et ἥττων. Sur ce point, cf. Sir K. Dover, *op. cit.* (n. 3), p. LVII sq.

deux partie de l'enseignement même de Socrate. C'est bien ainsi que Strepsiade les décrit (112-15). « Il y a chez eux, dit-on, à la fois les deux
raisonnements, le fort (τὸν κρείττον'), tel quel, et le faible (τὸν
ἥττονα) », déclare-t-il. Puis, il explique :

> Τούτοιν τὸν ἕτερον τοῖν λόγοιν, τὸν ἥττονα,
> νικᾶν λέγοντά φασι τἀδικώτερα

« L'un de ces deux raisonnements, le faible, l'emporte, dit-on, en
plaidant les causes injustes », traduit Van Daele, de façon inexacte : il
s'agit des « causes plus injustes » ... que les autres : en introduisant un
nouveau comparatif (τἀδικώτερα) à la place de τἄδικα, qu'on peut
légitimement attendre ici, Aristophane souligne lui-même l'interprétation qu'il faut donner du passage : tout est relatif [40]. De fait, les deux
raisonnements sont indissociables : dans l'ἀγών, le raisonnement
faible ne peut exister que par rapport à l'autre, dont il reprend les
arguments en les renversant (v. 1038 sqq.) ; mais le raisonnement
fort, lui, est prédisposé à céder au faible [41], dans lequel, en se
laissant vaincre, il se transforme [42]. Comme l'avait prédit à Socrate
le chœur des *Nuées* (v. 812) : φιλεῖ γάρ πως τὰ τοιαῦθ' ἑτέρᾳ τρέπεσθαι (« [car] d'habitude de telles choses tournent à la situation
inverse » [43]).

En cela, Aristophane se montre un remarquable connaisseur
du principe même qui guide l'antilogie : l'extrême équivalence des
discours opposés [44]. S'il est difficile de savoir quelle est la position

---

40. De même, Strepsiade veut que Phidippide aille trouver Socrate pour apprendre les *deux* formes d'argument (v. 882-885) :
ὅπως δ' ἐκείνω τὼ λόγω μαθήσεται,
τὸν κρείττον', ὅστις ἐστί, καὶ τὸν ἥττονα,
ὃς τἄδικα λέγων ἀνατρέπει τὸν κρείττονα·
ἐὰν δὲ μή, τὸν γοῦν ἄδικον πάσῃ τέχνῃ.

41. Sur les modifications probablement introduites dans cette scène par Aristophane lors de la refonte des *Nuées* en 419-417, cf. A. H. Sommerstein, « The Silence of
Strepsiades and the *agon* of the first *Clouds* », dans *Aristophane : la langue, la scène, la
cité*, actes du colloque de Toulouse 17-19 mars 1994, P. Thiercy et M. Menu éd., Bari,
1997, p. 269-282.

42. V. 1102 : ἡττήμεθ'. Le même lien indissoluble entre les deux raisonnements se
retrouve dans la dispute du père et du fils, qui semble rejouer cette même scène d'ἀγών
(v. 1336-1337 ; cf. n. 37). Dans les *Guêpes*, le chœur fait du malheureux Bdélycléon,
dépassé par son propre père, cet éloge ironique (1470-1471) : Τί γὰρ ἐκεῖνος ἀντιλέγων
| οὐ κρείττων ἦν ;

43. Traduction modifiée.

44. On peut ajouter que la même structure « tournante », pour reprendre un
terme de Pascal Thiercy (*Aristophane : Fiction et Dramaturgie*, Paris, 1986, p. 354 sq.),

d'Aristophane face aux thèses des « sophistes », on peut donc reconnaître qu'il en est un très bon illustrateur, au point que la structure même de la pièce repose sur le principe du renversement, qui en constitue le ressort comique : que peut-on en conclure, sinon que, dans l'invention dramatique, la subtilité du poète reproduit et rejoint celle des intellectuels qu'il dépeint ?

Comme l'affirmait Aristophane lui-même, les *Nuées* sont donc une pièce très « sophistique ». Sans doute est-ce là une des raisons principales de son échec.

*
* *

La preuve la plus éclatante des liens entre Aristophane et les intellectuels peut être donnée par la relative « continuité » [45] qui existe entre l'œuvre du poète et celle de Platon.

Il y a d'abord continuité entre les dialogues platoniciens et la comédie, Platon usant fréquemment de situations empruntées aux poètes comiques. Le phénomène a été souvent signalé : ainsi, le début du *Protagoras* est un emprunt aux *Flatteurs* d'Eupolis, dans lesquels le chœur des Flatteurs comprenait certainement Protagoras et Alcibiade, peut-être même Socrate, et évoluait dans la maison de Callias [46] ; dans le dialogue de Platon, l'entrée du jeune Hippocrate et de Socrate dans la maison de Callias, où ils sont arrêtés

---

se retrouve dans la conception du chœur, dont on note souvent avec étonnement qu'il semble être à la fois partisan des idées nouvelles et anciennes, de sorte que les critiques cherchent désespérément à justifier cette étonnante versatilité, dans laquelle certains voient de la duplicité. Les commentateurs les plus récents cherchent souvent à démontrer qu'il est en réalité du côté du bon sens et du raisonnement juste. Mais, si cohérence il y a, peut-être réside-t-elle précisément dans cette ambiguïté même ! Sur ce point, cf. aussi C. Segal, « Aristophanes Cloud-Chorus », dans *Oxford Readings in Aristophanes*, E. Segal éd., Oxford, 1996, p. 162-181.

45. Nous avons parfaitement conscience du caractère polémique de ce terme. Il va de soi que nous ne considérons en aucun cas Platon comme un continuateur d'Aristophane *stricto sensu*. Mais il nous semble qu'en ne considérant le philosophe que comme un réfutateur d'Aristophane, toujours occupé à redresser les fausses accusations des *Nuées*, on oublie souvent qu'il reprend les termes mêmes qui sont ceux du poète, manifestant ainsi, comme le fait remarquer très justement N. Loraux, dans la discussion qui suit son exposé sur « Aristophane, les femmes d'Athènes et le théâtre », dans les *Entretiens de la Fondation Hardt sur l'Antiquité classique* XXXVIII, *Aristophane*, Vandœuvres-Genève, 1993, p. 248, une véritable « inspiration aristophanesque » encore insuffisamment étudiée.

46. *Protagoras* 314c-e. Sur les emprunts de Platon à Eupolis et à Aristophane, cf. M. Dorati, « Platone ed Eupoli (Protagora 314c-316a) », *Quaderni urbinati di Cultura classica*, n. s., 50, 1995, p. 87-103.

par un portier mal disposé à l'égard des sophistes, rappelle aussi l'entrée du Strepsiade des *Nuées*, mal accueilli par le disciple dans le pensoir [47].

Les personnages platoniciens empruntent également de nombreux éléments à la comédie. Il ne fait aucun doute que le « sophiste » de Platon, arrogant et ridicule, rappelle le σοφιστής de la scène comique. La même continuité se trouve, plus paradoxalement, dans les traits prêtés à Socrate. Ainsi, le personnage du *Banquet*, décrit comme ressemblant à une statue de Silène est un personnage de comédie [48]. De même, la description qui est faite par Alcibiade de son endurance à la faim et au froid, se souciant fort peu des réalités matérielles (219d et suiv.), rappelle-t-elle le portrait du « penseur » que faisait Socrate à Strepsiade : « Ô homme qui as désiré apprendre de nous la grande sagesse, que tu seras heureux parmi les Athéniens et les Hellènes, si tu as de la mémoire, si tu es méditatif (φροντιστὴς) et si l'endurance siège en ton âme ; si tu t'abstiens et de gymnases et des autres sottises... » (v. 412 et suiv.) [49].

Il est vrai que l'on interprète le *Banquet* en général et ce passage en particulier comme une réponse au portrait de Socrate dans les *Nuées* ; mais c'est là réduire singulièrement la création platonicienne que d'en faire une simple polémique contre le poète comique. Aristophane est, avec Agathon, un des personnages principaux du dialogue ; lorsqu'à la fin du banquet tout le monde est endormi, c'est avec Agathon et Aristophane que Socrate poursuit sa conversation, pour les convaincre qu'« il appartient au même homme de savoir composer comédie et tragédie » (223d) [50]. Or, ce « même homme », c'est sans conteste le philosophe (Socrate), qui apparaît supérieur au poète comique (Aristophane) et au poète tragique (Agathon), mais aussi l'auteur des dialogues philosophiques (Platon), qui reconnaît par là-même, tout en les dépassant, ses deux grands modèles, à savoir la comédie et la tragédie. Qu'est-ce à dire, sinon que le Socrate de Platon est conçu comme un

---

47. Les emprunts aux poètes tragiques, notamment Euripide, ne sont pas rares non plus chez Platon. Ainsi, on a pu reconnaître, parmi les modèles du *Gorgias*, certains passages d'une tragédie malheureusement perdue d'Euripide : l'*Antiope*. Cf. A. W. Nightingale, « Plato's *Gorgias* and Euripides' *Antiope* : A Study in Generic Transformation », *Classical Antiquity* 11, 1992, p. 121-141.

48. L'ensemble de l'épisode est construit sur un modèle comique : l'arrivée d'Alcibiade ivre, image du dieu du vin, la « scène de ménage » entre Alcibiade et Socrate, etc.

49. Outre les *Nuées*, Platon s'inspire probablement aussi des *Daitales*. Sur cette question, cf. L. M. Segoloni, *Socrate a banchetto. Il* Simposio *di Platone e i* Banchettanti *di Aristofane*, Rome, 1994.

50. Traduction Croiset.

dépassement, non comme une simple réfutation du Socrate d'Aristophane ?

On ne s'étonnera donc pas de retrouver dans le portrait de Socrate dressé par les socratiques en général, et notamment par Platon, des traits qui apparentent le Socrate philosophe au Socrate comique : ainsi, il s'agit là aussi d'un personnage, qui est construit dans une tension permanente entre le Socrate réel et l'idéal du philosophe, dont il est le modèle. Il est donc inutile de chercher à reconstituer le Socrate historique à partir de l'un ou l'autre de ces auteurs. La différence entre les socratiques et Aristophane ne réside donc pas dans le fait que les uns présentent le Socrate historique, l'autre un Socrate imaginaire, mais dans le fait que le personnage du Socrate / « penseur » représenté par Aristophane a évolué pour devenir, notamment chez Platon, un personnage de Socrate / philosophe. C'est que Platon introduit ainsi, dans le champ du savoir, une opposition inconnue d'Aristophane : l'opposition entre philosophe et sophiste, celle du vrai et du faux savoir.

Le personnage du philosophe est en effet un personnage nouveau, construit par Platon à partir du « penseur » de la comédie, dont il reprend les traits principaux tout en modifiant leur signification, pour le dissocier du « sophiste », double négatif issu lui aussi du même modèle [51]. Ainsi, dans le *Théétète* (172c et suiv.), le philosophe est défini, par opposition à celui qui fréquente les assemblées d'Athènes, notamment les tribunaux, comme paraissant particulièrement maladroit et ignorant des intrigues mondaines, tel Thalès qui « observait les astres... et, le regard aux cieux, venait choir dans le puits. Quelque Thrace, accorte et plaisante soubrette, de le railler, ce dit-on, de son zèle à savoir ce qui se passe au ciel, lui qui ne savait voir ce qu'il avait devant lui, à ses pieds » (174a). Pourtant, « qu'il ignore tout cela, lui-même ne le sait point ; car, s'il s'en abstient, ce n'est point par gloriole : c'est qu'en réalité son corps seul a, dans la ville, localisation et séjour. Sa pensée, pour qui tout cela n'est que mesquinerie et néant, dont elle ne tient compte, promène partout son vol, comme dit Pindare, " sondant les abîmes de la terre " et mesurant ses étendues (γεωμετροῦσα), " au terme des profondeurs célestes " poursuivant la marche des astres (ἀστρονομοῦσα), et, de chaque réalité, scrutant la nature en son détail et son ensemble, sans que jamais elle se laisse

---

51. Les différents éléments composant le « penseur » comique sont ainsi redistribués entre les deux personnages du sophiste et du philosophe. Le soin que prend Platon à distinguer ces derniers ne doit pas masquer le fait que cette distinction est nouvelle et n'apparaît pas sous cette forme au Ve siècle.

redescendre à ce qui est immédiatement proche » (173d-e) [52]. Dans ce célèbre et magnifique portrait du philosophe, on reconnaît, sous la réécriture platonicienne, les traits principaux du penseur des *Nuées* !

Quelle plus belle preuve peut-on invoquer de l'appartenance d'Aristophane à la communauté des « intellectuels » du ve siècle que cet hommage du philosophe au poète comique ?

Marie-Pierre NOËL

---

52. Traduction Mgr. A. Diès.

ARISTOPHANE, CRITIQUE LITTÉRAIRE

Un aveu s'impose d'emblée : le sujet n'est pas neuf. Sans remonter au-delà de la Seconde Guerre mondiale, on constate que, dès 1946, Bruno Snell dans son étude fameuse sur les origines grecques de la culture européenne consacrait un chapitre à « Aristophane et l'esthétique » [1]. Il se centrait sur l'analyse aristophanienne de la tragédie et dégageait la filiation entre les critiques formulées contre Euripide dans les *Grenouilles* et celles émises par Schlegel dans son *Cours de littérature dramatique* ou par le jeune Nietzsche de *La naissance de la tragédie*. Vingt ans plus tard R. Cantarella, dans son article des *Mélanges Koster* [2], déplorait que « dans l'immense bibliographie aristophanienne manque encore une étude complète, exhaustive sur Aristophane théoricien et critique de la poésie ». Cette affirmation reste vraie aujourd'hui malgré le livre de R. Harriott sur les débuts de la critique [3] en Grèce, malgré les études de J. W. H. Atkins [4] ou de A. Russell [5] sur la critique littéraire dans l'Antiquité, malgré la publication en 1983 de l'ouvrage de Maria de Fatima Sousa e Silva qui consacre six cents pages à la critique littéraire dans la comédie grecque ancienne, mais se limite, une fois encore, au seul genre dramatique [6], et malgré les données complémentaires apportées par Neil O'Sullivan dans l'étude qu'il a consacrée aux débuts de la stylistique grecque chez Aristophane [7].

---

1. B. Snell, *Die Entdeckung des Geistes*, Hambourg, 1946. Ch. 6.
2. R. Cantarella, « Agatone e il prologo del Tesmoforiazuse », dans Κωμωδοτρα-γήματα, *in honorem W. J. W. Koster*, Amsterdam, 1967. La phrase que nous citons ouvre la n. 1 de l'article (p. 7). Voir dans ce même esprit la remarque de J. M. Bremer, dans sa communication « Aristophanes on his own poetry » publiée par la Fondation Hardt dans *Entretiens de la Fondation Hardt* XXXVIII, *Aristophanes*, Vandœuvre-Genève, 1993. Il note p. 126 « as far as I know there is as yet no comprehensive treatment of this subject (=Aristophanes'poetics) in the form of a monograph or an essay... »
3. R. Harriott, *Poetry and early criticism before Plato*, Londres, 1969.
4. J. W. H. Atkins, *Literary Criticism in Antiquity*, Gloucester, 1961.
5. A. Russell, *Criticism in Antiquity*, Londres, 1981.
6. M. de Fatima Sousa e Silva, *Critica literaria na comedia greca (genero dramatico)*, Coimbra, 1983.
7. N. O'Sullivan, *Alcidamas, Aristophanes and the beginnings of Greek Stylistic Theory* (Hermes Einzelschriften, 60), Stuttgart, 1992.

Le but de cette brève communication est donc encore largement programmatique. Nous passerons en revue dans un premier temps un certain nombre de thèmes qui devraient donner lieu à des enquêtes systématiques dans l'étude que Cantarella appelait de ses vœux. Suite à ce « catalogue illustré » nous tenterons de montrer comment ce thème de la critique littéraire, thème central de la comédie ancienne — ce qui n'a rien d'étonnant si l'on veut bien mettre en rapport le rôle que l'étude des poètes jouait dans l'éducation des Anciens et les ambitions éducatives qu'affichent les poètes comiques [8] — est adapté à l'idée comique de chaque pièce et mis au service du rire ; ce qui induit souvent un certain schématisme sur la signification duquel nous nous interrogerons pour finir.

I. Les thèmes obligés d'une étude sur la critique littéraire dans la comédie d'Aristophane

Les comédies d'Aristophane se présentent au lecteur attentif comme un *pot-pourri* de tous les genres littéraires connus en son temps : épopée, poésie lyrique (de l'iambe à la lyrique chorale, en passant par Sappho, Alcée, Stésichore ou Anacréon), tragédie, comédie, aussi bien que discours prononcés à la tribune ou au prétoire. Ces allusions et déformations incessantes, que les scholies nous aident parfois à repérer, devaient faire la joie des contemporains pénétrés de ces textes qu'ils récitaient ou chantaient depuis l'enfance, de même que le public du Second Empire se plaisait à reconnaître au détour d'une orchestration d'Offenbach un souvenir amusé de Verdi...

1. *Le jeu sur les textes épiques*

Cedric H. Whitman a bien montré dans son étude sur le héros comique [9] comment l'Ulysse de l'*Odyssée* en est l'ancêtre incontestable. Inventifs, débrouillards, jamais en peine d'un nouveau stratagème, Dicéopolis et Trygée sont bien les émules de l'« industrieux Ulysse ». Ce fait est parfaitement illustré par la scène des *Guêpes* au cours de laquelle Philocléon tente de s'enfuir de la demeure où son fils le retient prisonnier. Philocléon se cache, suspendu au ventre d'un

---

8. On rappellera pour mémoire l'affirmation d'Aristophane : « Pour les enfants, l'éducateur c'est le maître d'école ; pour les adultes, c'est le poète » (*Grenouilles*, v. 1054-1055). Voir aussi *Acharniens*, v. 656 ; *Cavaliers*, v. 510 ; etc. autant de rappels de la « sagesse » du poète-conseiller.

9. C. Hubbell Whitman, *Aristophanes and the Comic Hero* (Martin Classical Lectures, XIX), Harvard University Press, 1964. Voir en particulier le chap. 2, p. 21-58, « Comic Heroism ».

âne, comme Ulysse avait fui l'antre du Cyclope caché sous un bélier (*Guêpes*, v. 169 et suiv.). L'âne, dont le surnom κλητήρ, « celui qui appelle, qui braille », désigne aussi l'huissier du tribunal, est le substitut idéal, dans l'univers des tribunaux comiques, du bélier qui symbolisait l'univers pastoral chez Homère.

Le souvenir homérique est non seulement illustré, mis en scène, mais souligné au sein même du dialogue puisqu'aux questions de Bdélycléon, Philocléon répond, pour que nul n'en ignore, en paraphrasant Homère :

> « Je suis Personne (Οὖτις), originaire d'Ithaque et fils d'Escampette »
> (*Guêpes*, v. 185).

Il n'est pas rare en effet qu'Aristophane mentionne prudemment le nom du poète dont il entend se jouer. C'est ce qu'on trouve à la fin de la *Paix*, dans la scène entre Hiéroclès et Trygée, scène qui est tout entière une imitation libre de l'*Iliade*. Aristophane y parodie le style de l'épopée guerrière pour mieux signifier ainsi la disparition du monde des armes que consacre le retour de la paix en Grèce. Le héros comique Trygée, « La Vendange » — symbole de la τρυγῳδία, le chant du vin, autre dénomination de la κωμῳδία — triomphe ici d'Homère. L'ensemble de la scène (v. 1063-1114) est en hexamètres dactyliques et l'on reconnaît ici ou là quelques formules homériques. Dans ce libre pastiche la surprise est créée aux v. 1097-1098 par l'irruption d'une citation exacte de l'*Iliade*, reprise des v. 63 et 64 du chant IX ; la citation est solennellement annoncée par Trygée :

> « Mais Homère, le sage, a dit, par Zeus, fort bien :
> Il est sans parents, sans lois, sans foyer
> Ἀφρήτωρ, ἀθέμιστος ἀνέστιός ἐστιν ἐκεῖνος
> celui qui se plait aux horreurs de la guerre intestine. »
> ὃς πολέμου ἔραται ἐπιδημίου ὀκρυόεντος.

L'effet, *mutatis mutandis*, est proche de celui obtenu par Obaldia dans sa fantaisie inspirée « Du vent dans les branches de sassafras » quand, à un moment critique de l'action, il confie au personnage de « la putain au grand cœur » une longue tirade en alexandrins. Le public saisi par le caractère incongru de ce changement de ton, s'esclaffe ; il se délecte, de plus, en reconnaissant ici ou là une transposition du vocabulaire et des rythmes de la tragédie classique [10].

---

10. Voir par exemple :
« Ô terreur inconnue.... Ô nature trompeuse...
...Ce ne sont que soupirs, plaintes, gémissements... »
(*Du vent dans les branches de sassafras*, Acte I, scène 5).

C'est avec le même brio qu'Aristophane aime à jouer sur tous les tons
de la parole poétique.

Les exemples de ce genre sont chez lui légion, chaque fois différents et toujours en situation. Citons pour mémoire l'analyse des
causes de la guerre du Péloponnèse qu'expose Dicéopolis aux Acharniens : encore une histoire de femmes enlevées ; mais il ne s'agit plus ici
de l'enlèvement d'Hélène, prix du concours entre les trois déesses.
Plus prosaïquement, à l'enlèvement d'une courtisane de Mégare,
répondit en représailles l'enlèvement de deux suivantes d'Aspasie par
des Mégariens. Et la guerre a éclaté pour trois catins. C'est bien là
Homère revu par Hérodote que réinterprète Aristophane [11].

Quand Lysistrata proclame que « la guerre doit devenir l'affaire
des femmes » (*Lysistrata*, v. 538), elle renverse la phrase célèbre
qu'Hector adressait à Andromaque au v. 492 du chant VI, pour lui
rappeler que « la guerre est l'affaire des hommes ». Plusieurs siècles
après l'*Iliade* une athénienne répond ainsi à Homère.

Ces jeux sur le texte de l'épopée sont bien connus et aisément
identifiables. Mais tel n'est pas toujours le cas. Comme l'a subtilement
montré Charles de Lamberterie dans un article récent [12], le jeu sur le
formulaire épique cache souvent des allusions obscènes ; il en est ainsi
de la formule μέγας καὶ παχύς, utilisée pour qualifier κέρκος, « la
queue », au v. 785 et suiv. des *Acharniens*, ou, plus clairement encore,
πέος, « le membre viril », dans *Lysistrata* ; ou encore de l'expression
hésiodique ἔργα, « les travaux », pour dénoter des travaux spécifique-
ment féminins... Si la découverte de ces « signifiés clandestins » [13]
n'est plus pour nous immédiate, on peut supposer que, lors de la
représentation, les effets de voix et les gestes des acteurs en facilitaient
l'interprétation pour le public athénien et déclenchaient les rires.

2. Les formes du lyrisme

Au même titre qu'Homère, les poètes lyriques — Archiloque,
Sappho, Alcée, Anacréon, voire Pindare — sont convoqués pour le

---

11. On sait que certains ont vu dans ces vers des *Acharniens* la réécriture comique
du Prologue des *Histoires* d'Hérodote.

12. Ch. de Lamberterie, « Aristophane lecteur d'Homère », dans *Le rire des
Anciens. Actes du colloque international (Université de Rouen, École normale supérieure,
11-13 janvier 1995)*, Paris, 1998 (Études de littérature ancienne, 8), p. 33-51. L'auteur
conclut : « On voit ainsi que les fameuses obscénités d'Aristophane, loin d'être des
jeux purement gratuits, sont bien souvent des références culturelles, en une sorte
d'hommage que l'auteur comique rend, à sa manière, aux poètes » (p. 51).

13. Nous empruntons l'expression à Jean-Louis Perpillou qui a traité, sous ce
titre, du détournement obscène d'Euripide dans les *Thesmophories* dans « Signifiés
clandestins ou la poêle et le tisonnier », *Revue de Philologie* 58, 1984, p. 53-62.

plaisir du spectateur de la comédie. Sans traiter ici des parties lyriques de la comédie — les *cantica* [14] — nous nous intéresserons au phénomène d'« intertextualité » *i. e.* à la présence dans une scène comique d'un jeu sur les compositions des poètes lyriques. On ne s'étonnera pas de l'abondance des jeux sur la lyrique dans les *Oiseaux*. Le poète est « chose légère » ; Alcman, Alcée, Phrynichos [15] sont mis à contribution et Aristophane va jusqu'à mettre en scène, au nombre des fâcheux qui cherchent à s'introduire dans la cité des nuées, un poète lyrique venu proposer un hymne de célébration pour la nouvelle cité :

τὺ δὲ τεᾷ φρενὶ μάθε πινδάρειον ἔπος

Ce poète « froid » (ψυχρός), qui meurt littéralement de froid, est, en fait, venu réclamer un manteau chaud. Le contraste entre l'élévation du style pindarique et la mesquinerie de l'enjeu déchaîne les rires.

3. Deux mots seulement sur la paratragédie dont P. Rau a bien traité dans une monographie [16] qui reste précieuse. Contentons-nous de souligner que l'analyse du genre tragique, de ses styles et de son évolution dans les *Acharniens*, les *Thesmophories* et les *Grenouilles* conduit le poète à opposer deux formes du tragique :

— le grand style que caractérisent les ὀνόματα σεμνά, mots sourcilleux, monumentaux, gros comme des bœufs et qu'évoquent les images de tours et de casques empanachés, chères à Eschyle ;
— le nouveau style, privé de toute grandeur, le bavardage efféminé (ou λαλία) que pratiquent Euripide et Agathon.

4. On note avec intérêt en abordant la critique de la comédie telle que l'esquisse Aristophane dans ses parabases, que le même jeu d'oppositions binaires structure ici ses analyses.

Les parabases des *Nuées*, des *Guêpes* ou de la *Paix* développent les mêmes thèmes : la comédie d'Aristophane est sage et mesurée (σώφρων) ; elle évite les rembourrages obscènes qui font rire les gamins, les plaisanteries faciles ou les spectacles douteux ; elle ne

---

14. Sur les *cantica* d'Aristophane, nous nous permettons de renvoyer à M. Silk, « Aristophanes as a lyric poet », dans *Aristophanes. Essays in interpretations* (Yale Classical Studies, 26), Cambridge University Press, 1980, p. 99-151.

15. T. J. Kakridis dans son article « Phrynischeisches in den Vögeln des Aristophanes », *Wiener Studien* N. F. 4, 1970, p. 39-51, a tenté de prouver que Phrynichos aurait composé un hyporchème chanté par un chœur d'oiseaux dont Aristophane se serait inspiré. Cette hypothèse laisse sceptique.

16. Cf. P. Rau, *Paratragodia. Untersuchung einer Komischen Form des Aristophanes*, Munich, 1967. Voir aussi, ici-même, l'article de Ch. Hunzinger « Aristophane, lecteur d'Euripide », p. 99-110.

raille pas les chauves, ne danse pas le *cordax*, ne recourt ni aux torches, ni aux cris, ni aux coups de bâton donnés par des vieillards. A un Héraclès affamé ou un Euripide efféminé, elle préfère une petite histoire pleine de sens (λογίδιον γνώμην ἔχον) quelque chose de plus subtil qu'une comédie vulgaire (κωμῳδίας φορτικῆς σοφώτερον, cf. *Guêpes*, v. 64 et 66) .

La parabase de la *Paix* reprenant ces thèmes dresse implicite-ment un parallèle entre l'art d'Aristophane et le grand art tragique (v. 748 et suiv.) : « Écartant toutes ces inepties, cette vulgarité, ces bouffonneries, notre poète a créé un grand art (μεγάλην τέχνην), et l'ayant édifié, il l'a flanqué de tours au moyen de belles paroles (κἀπύργωσ' οἰκοδομήσας ἔπεσιν μεγάλοις...) de fortes pensées et de plaisanteries qui ne courent pas les rues... » [17]

Aristophane, qui semble bien incarner ici le « grand style » comique, serait-il l'Eschyle de la comédie ? Il serait alors le digne héri-tier de Cratinos que la parabase des *Cavaliers* évoquait « tel un fleuve, roulant à travers les plaines, arrachant de leur base chênes, platanes et ses rivaux, qu'il charriait avec leurs racines... » (v. 526 et suiv.).

Il se distingue ainsi d'un Cratès tenant du nouveau style, qui « d'une bouche délicate pétrit les plus fines pensées » (ἀστειοτάτας ἐπινοίας, *Cavaliers*, v. 539.)

5. Comme l'a mis en lumière l'étude précise de Neil O'Sullivan, Aristophane, contemporain des sophistes [18] n'ignorait rien des méthodes sophistiques de critique littéraire. Les *agones* des *Nuées* et des *Grenouilles* l'attestent et la critique des prologues d'Eschyle à laquelle se livre Euripide dans les *Grenouilles* est conduite selon les méthodes de Protagoras qui avait ainsi passé au crible les premiers vers de l'*Iliade* d'Homère dans son *Orthoepeia* [19]. Quand Protagoras découvrait vingt fautes dans les sept premiers vers de l'*Iliade*, Euri-pide, lui, en découvre vingt par vers chez Eschyle. Ainsi Euripide, ce super-Protagoras déclasse Eschyle au rang d'un sous-Homère !

Par une analyse comparative précise du vocabulaire, O'Sullivan établit que la critique des styles que l'on découvre chez Aristophane revient à opposer *genus grande* et *genus tenue*, le grand style et le style nouveau, privé de noblesse — et concerne aussi bien la prose, où Périclès s'oppose à Théramène, que la poésie qui oppose Eschyle à

---

17. On songe aux métaphores par lesquelles dans les *Grenouilles* est évoqué l'art d'Eschyle, v.1004-1005 : πυργώσας ῥήματα σεμνά...

18. Aristophane donne sa première pièce en 425, deux ans après le séjour de Gorgias à Athènes, en 427.

19. Voir sur ce point l'article de Ch. Segal, « Protagoras' *Orthoepeia* in Aristo-phanes' Battle of the Prologues », *Rheinisches Museum* 113, 1970, p. 158-162.

Euripide . Il cherche ensuite des parallèles à ces analyses chez les sophistes du vᵉ et du ivᵉ siècle, et les trouve par exemple dans les débats entre Gorgias et Prodicos ou entre Alcidamas et Isocrate, débats qui conduisent à distinguer deux styles ou deux modes de diction — l'ἀγωνιστικὴ λέξις et la γραφικὴ λέξις. Le lecteur familier des critiques d'époque romaine, qui de Denys d'Halicarnasse à Quintilien raisonnent toujours sur une division *ternaire*, ne peut qu'être surpris par cette opposition à deux termes qui semble perdurer.

II. Critique littéraire et comédie

Cette analyse paraît corroborée par l'étude des métaphores du style et de la création poétique chez Aristophane. Ces métaphores, comme l'a montré Jean Taillardat, sont fort nombreuses et empruntées à toutes sortes de domaines — la nature (phénomènes naturels, vie des animaux, etc.) ; les *technai* (construction, navigation, orfèvrerie, cuisine, etc.) [20].

Sans insister davantage sur l'exubérance et la richesse de cet ensemble métaphorique nous souhaitons souligner ici :

— l'étroite adaptation des images, des parodies et des pastiches au thème de chaque pièce ;

— le jeu des oppositions qui structurent ce champ et au sein duquel tout prend sens.

1. *L'adaptation des citations, parodies et pastiches au thème de la pièce : quelques exemples*

• L'allusion aux muses n'est pas rare chez le poète comique. C'est la déesse-femme que tous les poètes courtisent, auprès de laquelle tous s'empressent... « mais qui n'accorde ses faveurs qu'avec parcimonie » (*Cavaliers*, v. 517). La muse d'Euripide, vénale et mercenaire, a tout d'une « joueuse de crotales » (*Grenouilles*, v. 1305-1306).

Dans les *Acharniens*, au contraire, pièce dont le chœur est formé de charbonniers d'Acharnes, la muse est une « muse-flamme » comme il apparaît dans l'évocation des vers 665 et suiv. : « ...enflammée et véhémente, muse acharnienne, qui as la puissance du feu. Telle du charbon d'yeuse s'échappe l'étincelle, avivée au vent du soufflet... telle, pourvue d'une fougueuse et robuste mélodie, viens à moi, ton compatriote... »

---

20. Cf. J. Taillardat, *Les images d'Aristophane*, § 499 à 522 et surtout 733 à 780.

• Dans les *Oiseaux*, le poète « serviteur empressé des Muses »
(*Oiseaux*, v. 910) se fait lui-même oiseau, à l'image de ses chants ailés.
Pour nous en convaincre Aristophane compose un pastiche irrésisti-
ble de Cinésias (v. 1373 et suiv.) où il n'est question que d'ailes,
d'envols, de souffles aériens : « Je m'envole vers l'Olympe sur des ailes
légères et mon vol suit tour à tour les voies diverses de la mélodie... »
Cinésias veut devenir rossignol pour fendre avec des ailes « les guérets
de l'azur ». Pastiches et parodies sont donc sans conteste adaptés à
l'idée comique de la pièce.

• Autre exemple : le péan d'Agathon dans les *Thesmophories*.

C'est ici une explication de textes en action qui est mise en scène.
L'hymne, fort banal dans sa grandiloquence même, frappe par sa
composition circulaire [21]. Sont évoqués successivement Phoibos,
Artémis, Léto et la cithare ; puis, en ordre inverse la cithare, les deux
déesses, Phoibos (v. 107 et suiv.) :

— Va donc et que ta muse glorifie l'archer aux flèches d'or, Phoibos qui,
au pays du Simoïs, fonda l'enceinte où se blottit notre cité.
— Je te salue de mes chants les plus beaux, ô Phoibos, toi qui accordes
le prix sacré dans les fêtes chères aux Muses.
— Chantez aussi la vierge qui parcourt les montagnes, mères des forêts,
Artémis la chasseresse.
— Après toi, j'invoque, pour la glorifier, l'auguste fille de Léto, Artémis
à la couche inviolée.
— Et Léto et l'instrument d'Asie ! Le branle de ses cordes marque le
rythme, le rythme harmonieux de nos pas, au bon plaisir des Grâces
phrygiennes.
— Je révère Léto, la souveraine ; je révère la mère des hymnes, la cithare
que distingue sa voix grave.
— Porté par la cithare, porté par nos accents inspirés, l'hommage
lumineux de notre hymne monte jusqu'à la face des déesses (Léto et
Artémis). Rendons en grâces au seigneur Phoibos ! Exaltons-le !
— Salut à toi, glorieux fils de Léto ! »

Dans ce péan qu'Agathon compose devant les spectateurs, en
interprétant à lui seul les deux rôles du poète et du chœur, le ton ne
manque pas de noblesse mais le contenu reste mince. Au long de cette

---

21. Nous nous rangeons ici pour l'essentiel à l'interprétation du texte proposée
par J. Taillardat lors d'une communication à l'Association des Études grecques, en
mars 1972, Cf. *Revue des Études grecques* 85, 1972, p. XXII. Alain Blanchard, dans une
autre perspective, démontre la composition circulaire de l'hymne dans un article
intitulé « La parodie d'Agathon et la structure des *Bucoliques* de Virgile (Aristophane,
Thesmophories, 101-130) » paru dans les mélanges offerts à Marcello Gigante, *Storia,
poesia e pensiero nel mondo antico*, Bibliopolis, 1994 p. 49-61. Nous remercions A.
Blanchard d'avoir attiré notre attention sur cette étude qui confirme indirectement nos
analyses.

psalmodie répétitive, les jeux de reprise et de modulation sur un seul et unique thème, évoquent irrésistiblement les chemins zigzaguant et les allers et retours des fourmis autour de la fourmilière, les μύρμηκος ἀτράπους, pour reprendre les termes du parent d'Euripide déconcerté par ce chant souple et plaintif. Nous sommes bien loin des « hymnes savamment charpentés » que revendique Pindare ou que compose Eschyle [22].

2. Quand on aborde le vaste domaine des images et métaphores, le même constat s'impose.

Si le vocabulaire de la critique littéraire, largement métaphorique, s'est constitué, on l'a vu, au cours de la seconde moitié du Ve siècle dans les cercles des sophistes, très attachés à la méthode pédagogique de la « critique des poètes », si les écrits en prose des rhéteurs reprennent ce vocabulaire et ces images jusqu'à une date avancée, chez Aristophane ce champ lexical est caractérisé par un jeu d'oppositions binaires qui lui donne tout son sens et son efficacité. Qu'il s'agisse de tragédie, de comédie ou d'art oratoire, les bons, les nobles, les grands s'opposent sans plus de nuances, aux petits, aux malingres, vains et efféminés ; d'un côté Eschyle, Cratinos ou Périclès, de l'autre Euripide/Agathon, Cinésias, Cratès ou Théramène ; d'un côté la hauteur, la force et la puissance ; de l'autre l'art du détour, la minceur, les mignardises efféminées ; d'un côté les marathonomaques virils et courageux, de l'autre les « petits jeunes gens » formés à l'école de Socrate et d'Euripide...

Vocabulaire et images s'opposent et se répondent. Pour évoquer la puissance et la grandeur, reviennent les termes ὑψηλά, σεμνὰ ῥήματα, ἐριβρεμέτας, épithète de Zeus appliquée à Eschyle au v. 814 des *Grenouilles*, ψόφος et κόμπος (*Grenouilles*, v. 839, 940, etc.), tout le vocabulaire de l'emphase et de l'enflure, ὄγκος, οἰδέω, que l'on trouve dans la métaphore médicale des v. 939 et suiv. des *Grenouilles* — ou l'image du ληκύθιον qu'exploite une autre scène fameuse des *Grenouilles* (v. 1200 et suiv.). Quand il s'agit de Socrate, Euripide ou Agathon les mots qui reviennent le plus souvent évoquent au contraire minceur, préciosité, élégance empreinte d'afféterie, contournements, etc. ; ce sont λέπτος (*Nuées*, v. 153, 230, 320, 359 et 1404... ; ou *Grenouilles*, v. 828, 956, 1108 et 1111) κόμψος (*Thesmophories*, v. 93 ; *Grenouilles*, v. 967, à propos de Théramène ; ou *Nuées*, v. 1031 où l'argument faible est dit κομψοπρεπῆ μοῦσαν ἔχων) ou ἀστεῖος, στωμυλία, λαλία (*Cavaliers*, v. 1375 ; *Grenouilles*, v. 1069, etc.) pour

---

22. Cf. *Grenouilles*, v. 823-825 : ἥσει ῥήματα γομφοπαγῆ...

évoquer les vains bavardages. Et les images utilisées ne sont plus celles du torrent qui arrache tout sur son passage ou du bâtisseur de constructions solidement chevillées mais celles de la colle et de la lime qui affine ; non plus la nourriture mais l'assaisonnement, et tout ce qui évoque un vain raffinement.

Comment expliquer ce schématisme ? Serait-il lié à l'époque ? Faut-il vraiment attendre Aristote pour que la division ternaire s'installe et que l'on distingue, entre les deux extrêmes, la « voie moyenne » (τὸ μέσον) où se concentrent toutes les qualités, triade que consacre au Ier siècle Denys d'Halicarnasse en opposant à la grandeur rugueuse, raboteuse (αὐστήρα λέξις) de Pindare ou Thucydide, la douceur molle (γλαφύρα λέξις) de Bacchylide ou d'Isocrate, pour accorder la palme au « juste milieu » la diction parfaite, mesurée et variée d'Homère, Hérodote, Démosthène ou Platon.

Une telle explication, historicisante, ne nous semble pas recevable. Notre conviction est que le schématisme mis en scène par Aristophane a sa finalité propre [23]. Cette opposition entre les bons et les mauvais est à, nos yeux, consciente et volontaire : elle vise à assurer l'efficacité comique du texte. Pour faire rire, il faut grossir les effets, il faut que les personnages aient un côté « marionnette » ; il faut refuser les nuances qui ramènent au sentiment de la complexité humaine vécue, et, du coup, paralysent le rire. La nouvelle génération incarnera donc tous les maux et le « bon vieux temps » devient le lieu des délices.

A l'appui de cette hypothèse je proposerai deux types de remarques qui montrent qu'Aristophane connaissait la division ternaire. Le poète était contemporain et familier des médecins hippocratiques ; de fait le vocabulaire médical n'est pas rare dans ses comédies et Aristophane en fait un usage subtil et précis [24]. Platon le confirme dans le

---

23. En un mot et pour conclure sur ce point, Neil O'Sullivan a raison de souligner que la critique de la prose et de l'art oratoire relève chez Aristophane des mêmes critères que la critique de la poésie ; que le vocabulaire et les métaphores auxquels recourt le poète comique se retrouvent chez les sophistes du Ve siècle et ont une postérité éclatante chez Alcidamas, Isocrate, Platon ou Aristote au IVe siècle, et jusque chez les rhéteurs d'époque romaine. Nous suivons encore O'Sullivan quand il constate qu'Aristophane oppose nettement deux types de style. Mais nous ne croyons pas que cette dichotomie puisse se superposer sans plus d'enquête aux débats qui opposèrent Gorgias à Prodicos et dont l'auteur retrouve l'écho dans la rivalité entre Isocrate et Alcidamas au IVe siècle. Le débat entre les tenants de l'improvisation et ceux du discours « écrit », *i. e.* rédigé à loisir, avait d'autres enjeux. Sur ces questions nous nous permettons de renvoyer à notre étude *Kairos, l'à propos et l'occasion,* Paris, 1992 ; en particulier p. 254 à 282 sur Alcidamas et Isocrate.

24. Sur le vocabulaire médical chez Aristophane voir l'étude de S. Byl, « le vocabulaire hippocratique dans les comédies d'Aristophane et particulièrement dans les deux dernières », *Revue de Philologie* 64, 1990, p. 151-162.

Banquet en réunissant dans un même cercle lettré venu fêter Agathon le poète tragique, Aristophane, Socrate et le médecin Érixymaque. Or les écrits hippocratiques étaient célèbres par la distinction qu'ils établissaient dans l'art du régime, entre l'excès, le manque et la juste mesure [25]. Aristophane lui-même dans les *Grenouilles* exploite avec talent et précision une métaphore médicale en évoquant le régime sévère auquel Euripide a soumis la tragédie d'Eschyle pour lui faire perdre son enflure [26].

Par ailleurs, deux vers du prologue des *Guêpes* nous confirment qu'Aristophane n'ignorait rien de la division ternaire, qui commande traditionnellement la hiérarchie des genres. Aux v. 56 et 57 des *Guêpes* le serviteur s'exclame :

> « Qu'on n'attende rien ici de trop relevé (λιὰν μέγα)
> ni non plus des plaisanteries dérobées à Mégare. »

C'est bien entre ces deux extrêmes que se situe la réussite d'Aristophane — Μηδὲν λίαν μέγα... μηδ' αὖ. La division tripartite est implicite, mais elle est là.

Cette même division tripartite apparaît dans le fr. 701 Kassel-Austin qui établit une distinction entre trois formes de λέξις. Le poète définit en trois vers un « style moyen » (διαλεκτον ἔχοντα μέσην πόλεως) qui évite à la fois l'afféterie recherchée des socratico-sophistes — Euripide ou Agathon — et la vulgarité de l'esclave et du rustre. Ces trois vers nous ont été transmis par Sextus Empiricus et l'on ignore malheureusement où ils prenaient place [27]. Ils doivent être utilisés avec prudence mais nous devons remarquer en tout cas qu'ils sont en parfait accord, sur le fond, avec les v. 56 et 57 des *Guêpes*.

Si notre interprétation est correcte, Aristophane peut apparaître dès lors, entre Cratinos et Cratès comme le *Sophocle* de l'art comique — le poète qui sait éviter l'excès de grandeur comme l'excès de vulgarité —, le plus talentueux des poètes comiques.

Monique TRÉDÉ

---

25. Rappelons d'ailleurs que la notion aristotélicienne de μέσον a souvent été mise en rapport avec une influence de la pensée médicale sur Aristote. Voir, par exemple, W. Jaeger, « Aristoteles' use of medicine as model of method in his ethics », *Journal of Hellenic Studies* 77, 1957, p. 54-61 (repris dans *Scripta Minora*, p. 491-509).

26. Sur cette image (v. 939 sqq.) voir ici même la communication de J. Jouanna « Maladies et médecine chez Aristophane », p. 171-195.

27. N. O'Sullivan (p. 146 de son étude) et M. Bremer, *art. cit.* (n. 2), évoquent l'un et l'autre ces 3 vers dans une toute autre perspective. M. Bremer note très pertinemment que ce sont des dimètres anapestiques, type de vers que l'on trouve souvent à la fin des parabases où le poète défend sa poétique.

ARISTOPHANE ET ÉLEUSIS

Le Petit Robert. Dictionnaire universel des noms propres, sub verbo « Aristophane » [1], nous apprend notamment ceci sur le poète : « Aristophane : Auteur comique grec (Athènes, 450-386)... Des 44 comédies qui sont attribuées à Aristophane, 11 seulement nous sont parvenues. » Le même dictionnaire présente pour *Éleusis* la notice suivante [2] : « Éleusis : Ville et port de *Grèce* (*Attique*)... Ruines du *Sanctuaire* de *Déméter* et de *Perséphone*, notamment du *Télestêrion* (salle d'*initiation*, VIe s. [a. C.])... Annexée à *Athènes* (VIIe s. [a. C.]), Éleusis devint une ville sacerdotale où les *Athéniens s'initiaient* aux *mystères* d'Éleusis au cours de *rites secrets*. Ces *mystères annuels* (Éleusinies) provenaient d'un culte *agraire* primitif du XIVe-XIIe s. ... »

Dans cette notice, il faut mettre en exergue les mots suivants : *Éleusis, annuels* (s'appliquant au mot *mystères*), *Télestêrion, sanctuaire, Déméter, Perséphone, mystères, initiation* (et la forme verbale *s'initiaient*), *Attique, Athènes, Athéniens, Grèce, agraire, secrets* (s'appliquant au mot *rites*). Toutes ces notions, et beaucoup d'autres, se découvrent ou se décryptent dans l'œuvre d'Aristophane, en particulier dans les *Nuées*, le chef-d'œuvre de 423, alors qu'Éleusis n'est citée nommément dans aucune des onze comédies et dans aucun des nombreux fragments et que le mot *Télestêrion* n'y apparaît nulle part. Il s'agira donc d'évoquer constamment un lieu de culte qui n'est jamais cité par le poète comique : il y a là, nous l'avouons, un authentique paradoxe.

Nous prendrons comme fil conducteur le texte des *Nuées*, celui des *Grenouilles*, la comédie de 405 et, à l'occasion, celui d'autres pièces. Si Éleusis n'est pas citée, son sanctuaire est lumineusement désigné aux vers 299-304 de l'antistrophe des *Nuées*, dans la *parodos* : « Vierges qui portons la pluie, allons vers le pays splendide de Pallas, la patrie des héros, la terre aimable de Cécrops, où se célèbrent des rites ineffables ; où, pour recevoir les initiés, un sanctuaire s'ouvre en de saintes initiations. » Les deux traducteurs que sont Hilaire Van

---

1. Édition de 1977, p. 103.
2. *Ibid.*, p. 590.

Daele [3] et Pascal Thiercy [4] sont unanimes pour voir dans ces vers une allusion aux mystères d'Éleusis, au sanctuaire de Déméter et de Perséphone à Éleusis. Telle était l'opinion d'Alphonse Willems [5] et déjà, plusieurs siècles auparavant, d'un scholiaste lorsqu'il expliquait le v. 303 en écrivant : « le poète veut désigner Éleusis où se trouvait un sanctuaire où s'accomplissaient les mystères de Déméter et de Corè [= Perséphone]. » [6]

Nous devons remarquer que dans ces vers, de même qu'Éleusis et son *Télestêrion* ne sont pas cités nommément, de même Athènes ne l'est pas. Cependant tous les spectateurs aux Grandes Dionysies de 423 reconnaissaient Athènes dans les expressions poétiques « pays splendide de Pallas », « terre aimable de Cécrops » : Pallas étant l'épiclèse d'Athéna [7], Cécrops, étant le roi mythique, fondateur d'Athènes. C'est d'ailleurs de la même façon qu'Aristophane désigne Athènes dans les *Thesmophories*, v. 772-773, « sol de... Pallas... pays de Cécrops ».

Athènes est séparée d'Éleusis par dix-huit kilomètres. Cette distance est mentionnée implicitement au v. 430 des *Nuées* lorsque le vieux Strepsiade demande à être — et sur cent stades — le meilleur orateur parmi les Grecs : la distance de cent stades correspond à peu près exactement à celle qui sépare Athènes d'Éleusis (environ dix-huit kilomètres) [8]. A Éleusis, le lieu de l'initiation pour un Athénien est indubitablement le *Télestêrion*. Aristophane, qui ne veut pas dévoiler ses intentions parodiques à toute son assistance, va créer, avec le même suffixe *-têrion*, le mot *phrontistêrion*, le pensoir ou le réflectoire, qu'il emploiera six fois à la place de *télestêrion* pour désigner le lieu de l'initiation [9]. Cette création verbale ne se retrouvera que chez des

---

3. Cf. H. van Daele, *Aristophane...*, Paris, Les Belles Lettres, 1972 [10], t. I, p. 176, n. 2.

4. Cf. P. Thiercy, *Aristophane. Théâtre complet*, Paris, La Pléiade, 1997, p. 1078.

5. Cf. A. Willems, *Aristophane. Traduction*, Paris-Bruxelles, 1919, t. I, p. 291, n. 2.

6. Σ v. 303b (D. Holwerda éd., 1977).

7. Athéna est citée une fois sous sa dénomination propre au v. 602 des *Nuées* ; mais elle l'est trois fois sous la dénomination de Παλλάς (v. 300, 967 et 1265) et une fois sous celle de Τριτογένεια (v. 989). Cf. P.-J. Dehon, « Les divinités traditionnelles », dans *Mythe et Philosophie dans les Nuées d'Aristophane*, S. Byl et L. Couloubaritsis éd., Bruxelles, Ousia, 1994, p. 127 sq.

8. Ailleurs, comme au v. 5 des *Oiseaux*, la distance citée est supérieure à mille stades (πλεῖν ἢ χίλια) ou à un seul, comme dans les *Grenouilles*, v. 91 (πλεῖν ἢ σταδίῳ). Au v. 90 de cette pièce, on lit « plus de dix mille » (πλεῖν ἢ μύρια). Dans sa n. 1 de la p. 105, commentant le v. 401 des *Grenouilles*, Hilaire van Daele écrit : « La distance d'Athènes à Éleusis était de cent stades (18 km 1/2). » Le traducteur ne se doute pas qu'Aristophane a mentionné cette distance au v. 430 des *Nuées*.

9. Cf. *Nuées*, v. 94, 128, 142, 181, 1141 et 1487.

écrivains plus tardifs comme Philostrate et Lucien. Le poète insiste sur le mot en employant à vingt-quatre reprises [10] des mots de la même racine ou de même sens : φρονέω (je pense), φρένες, φροντίς, φροντιστής [11], φροντίζω, φρόντισμα. Le dessein d'Aristophane est d'autant plus évident qu'il annonce ou encadre φροντιστήριον par ces mots : ainsi le premier emploi de φροντιστήριον au v. 94 est annoncé par φροντίζων au v. 75 ; au v. 142, φροντιστήριον est annoncé par φροντίδ' au v. 137 et suivi par φρενῶν au v. 153.

Si *télestêrion* n'apparaît ni dans les *Nuées* ni dans les autres comédies, deux mots de même racine, le verbe τελέω, initier, et le substantif τελετή, l'initiation, sont bien attestés dans la comédie : au v. 258, Socrate dit au candidat à l'initiation : « nous faisons tout cela à ceux que nous initions » (τοὺς τελουμένους) ; au v. 304, comme nous l'avons vu, le chœur évoque « les saintes initiations » (ἐν τελεταῖς ἁγίαις).

L'initié se dit couramment μύστης, le myste ; si le mot, qui apparaît deux fois dans les *Grenouilles* [12], ne se trouve pas dans les *Nuées*, on y lit cependant au v. 303 μυστοδόκος appliqué au *télestêrion* d'Éleusis, « qui reçoit les mystes » (cet adjectif composé est un hapax). Dans les *Grenouilles*, v. 314, se lit le superlatif μυστικωτάτη, « toute mystique ». Lorsqu'il arrive dans l'Hadès, Dionysos sent sur lui « une bouffée de torches toute mystique » ; dans les *Acharniens*, v. 764, se rencontre aussi l'adjectif μυστικός, « destiné aux mystes, aux Mystères » qui est précédé au v. 747 par l'épithète μυστηρικῶν (un hapax absolu). Un autre mot désignant les initiés ne se rencontre pas dans les *Nuées* mais dans les *Grenouilles*, v. 158 : c'est οἱ μεμυημένοι, participe parfait passif du verbe μυέω (initier) [13].

Un dernier mot de la même famille est μυστήρια, les mystères. Dans les *Nuées*, c'est au v. 143 qu'apparaît ce mot. Le disciple, qui a accueilli le vieux Strepsiade dans le pensoir, lui explique qu'il faut considérer l'enseignement et les recherches socratiques comme des mystères (μυστήρια). Deux occurrences de μυστήρια se trouvent dans les *Grenouilles*, aux v. 159 et 887. Dans le premier de ces vers, c'est l'esclave Xanthias ployant sous le fardeau de son maître Dionysos qui s'écrie : « Par Zeus, moi je suis un âne qui célèbre les mystères. » Le scholiaste explique ce vers de cette façon : « aux Mystères, on trans-

---

10. Sur un total de 117 pour toute son œuvre.
11. C'est dans les *Nuées*, v. 266, que se trouve le premier emploi de φροντιστής.
12. Cf. *Grenouilles*, v. 336 et 370.
13. On trouve aussi ἐμυήθης au v. 845 du *Ploutos*.

porte ce dont on a besoin grâce aux ânes, de la ville vers Éleusis. »
Dans le deuxième vers, c'est Eschyle qui s'écrie : « Déméter, fais que je
sois digne de tes mystères. » Il faut se rappeler ici qu'Eschyle était né
à Éleusis.

Les mystères — le mot seul peut désigner ceux d'Éleusis ou être
employé métaphoriquement — sont mentionnés dans quatre autres
comédies. Dans les *Acharniens*, v. 747 et 764, il est fait allusion aux
petites truies [14] qu'on immole aux Mystères (la mention des porcs
immolés pour les mystères figure aussi au v. 338 des *Grenouilles* et aux
v. 374-375 de la *Paix* où Trygée dit à Hermès : « Alors prête-moi trois
drachmes pour acheter un porcelet. Car il faut que je me fasse initier
avant d'être mort »). Dans la *Paix,* v. 420, les μυστήρια sont mis sur le
même pied que les Grandes Panathénées ; le *Ploutos*, v. 1013, fait
allusion aux Grands Mystères [15] tandis que dans les *Guêpes*, v. 1363,
le vieux Philocléon évoque par ce mot son initiation aux plaisirs de
l'amour [16].

Un des textes qui précèdent — *Grenouilles*, v. 887 — montre
la liaison toute naturelle entre la déesse Déméter et les mystères
d'Éleusis [17]. Dans les *Nuées*, Strepsiade jure à deux reprises par
Déméter. Au v. 121, lorsqu'il voit que son fils est bien décidé à ne
pas lui obéir, Strepsiade éclate : « Non par Déméter, tu ne mangeras
pas de mes biens » ; aux v. 455-456, il invoquera encore Déméter
au moment de son initiation : « Si (mes maîtres) le désirent, par
Déméter, qu'ils fassent de moi de l'andouille et me servent aux
penseurs. »

La notice du *Petit Robert* signalait que les mystères d'Éleusis
dérivaient d'un ancien culte agraire remontant au xive siècle av. J.-C.
Les *Nuées* et les *Grenouilles* en ont gardé le souvenir. En effet, dans la
strophe de la *parodos* des *Nuées*, le chœur des *Nuées* chante les
moissons (καρπούς, v. 282), don de Déméter en même temps que les
Mystères (v. 302-304) [18]. Dans les *Grenouilles*, v. 1119-1120, Déméter
est appelée « la reine qui apporte les fruits de la terre » (καρποφόρον).

---

14. Il s'agit des porcs mystiques purifiés par l'immersion dans la mer.

15. Pour se présenter aux Grands Mystères (en septembre), il fallait avoir été initié
aux Petits Mystères qui se célébraient au printemps.

16. Platon, *Banquet* 209e fait dire à Diotime que Socrate est probablement initié
au mystère de l'amour (τὰ ἐρωτικὰ... μυηθείης).

17. Cf. déjà au v. 384, dans le chant du chœur des initiés : « Déméter, reine des
saintes orgies... » Il faut noter que, dans les *Grenouilles*, Déméter est citée huit fois (sur
un total de trente et un emplois).

18. Ce thème du double don de Déméter remonte à l'*Hymne homérique à Déméter*, v. 469-482, et il a souvent été illustré. Cf. entre autres Isocrate, *Panégyrique* 28 ;
Cicéron, *De legibus* XIV, 36.

Dans l'*Hymne homérique à Déméter*, notre témoignage écrit le plus ancien sur Éleusis, il est fait souvent allusion aux καρποί, aux moissons : v. 4, 332, 469 et 471 ; au v. 4, Déméter est appelée ἀγλαοκάρπου (celle qui donne les splendides récoltes) et au v. 192 ὡρηφόρος (celle qui donne les belles saisons). Les scholiastes ont d'ailleurs bien perçu le lien que le poète a voulu établir entre les Nuées, les καρποί (les moissons) et les divinités d'Éleusis.

Mais en 423, les Mystères n'avaient plus pour seule fin d'assurer la fécondité des champs ; ils promettaient aussi aux initiés le bonheur sur terre et dans l'au-delà. C'est pourquoi le coryphée des *Nuées* ne cessera pas de promettre au postulant qu'est Strepsiade le bonheur et la félicité pour le cours entier de sa vie, s'il subit les épreuves avec courage, v. 413 : « Ô homme qui as désiré apprendre de nous la grande sagesse, que tu seras heureux (εὐδαίμων) parmi les Athéniens et les Hellènes... » Un peu plus loin, le coryphée reprendra le même thème, v. 460-462 : « Quand tu auras appris tout cela de moi, jusqu'aux cieux s'élèvera ta gloire (κλέος) parmi les mortels » ; v. 462-466 : « Tout le temps tu mèneras avec moi la vie la plus enviable du monde » ; v. 512 : « Bonheur (εὐτυχία) à l'homme qui... » En fait, le coryphée développe un thème fondamental de l'initiation mystique : l'initié devient un bienheureux, un *makar* (cf. *Nuées*, v. 1206) et il peut attendre dans cette vie comme dans celle de l'au-delà un destin meilleur : cette croyance est attestée par de nombreux textes parmi lesquels l'*Hymne homérique à Déméter,* v. 480 ; Sophocle, fr. 837 Radt ; Euripide, *Héraclès*, v. 613... Dans les *Grenouilles*, v. 353, c'est Dionysos que le chœur a appelé μάκαρ et au v. 1482, c'est Eschyle, né à Éleusis, qui est appelé μακάριος.

Au v. 413 des *Nuées*, le coryphée a promis, comme nous l'avons vu, le bonheur, but suprême de l'initiation, parmi les Athéniens et les Hellènes. Ce vers se comprend beaucoup mieux si l'on se souvient qu'à l'époque classique, seuls les Athéniens, puis tous les Grecs, étaient admis à l'initiation éleusinienne. Un texte d'Hérodote (VIII, 65) nous en fournit une preuve irréfutable : « Cette fête (= les cérémonies d'Éleusis) est une fête que les Athéniens célèbrent tous les ans en l'honneur de la Mère et de la Fille, au cours de laquelle quiconque le veut, d'entre eux et des autres Grecs, peut se faire initier. » Un passage du *Panégyrique* (157) d'Isocrate nous confirme les informations d'Hérodote : c'est à cause de leur haine envers les Perses que les Eumolpides et les Kerykes [les deux grandes familles sacerdotales d'Éleusis] ont exclu de l'initiation éleusinienne tous les barbares au même titre que les meurtriers.

L'initiation d'Éleusis est associée à la nuit. Les textes qui en témoignent sont nombreux et notamment, dans l'œuvre d'Aristophane, les *Nuées* et les *Grenouilles*. Dès le v. 2 des *Nuées*, après avoir invoqué Zeus *basileus*, Strepsiade, insomniaque, s'écrie : « Quelle longueur ont ces nuits (τῶν νυκτῶν). » Νύξ et νύκτωρ apparaissent dans les *Nuées* respectivement six fois et deux fois, c'est-à-dire dans une proportion plus élevée que dans les dix autres comédies. Sept vers plus loin, v. 9, le spectateur entend encore τῆς νυκτός. Ces nuits ne sont-elles pas celles des fêtes d'Éleusis, surtout que, dans un contexte évidemment comique, le poète se servira au v. 1069 du verbe παννυχίζειν, souvent utilisé pour Éleusis ? C'est le cas dans les *Grenouilles*, v. 446 : « Je vais... où se fait la veillée nocturne (παννυχίζουσιν) en l'honneur de la déesse et porterai le flambeau sacré. » Dans la même pièce, au v. 371, le coryphée habillé en hiérophante ordonne : « Vous, avivez votre chant pour célébrer nos veillées nocturnes (παννυχίδας) comme il convient à notre fête » ; au v. 342, Iacchos, divinité d'Éleusis, est qualifié d'« astre lumineux de l'initiation nocturne (νυκτέρου τελετῆς) ». Deux textes plus tardifs évoquent aussi les nuits sacrées d'Éleusis. Il y a une épigramme de l'*Anthologie Palatine* XI, 42 : « ... dirige-toi vers la terre de Cécrops, afin de contempler ces fameuses nuits (ἐκείνας... νύκτας) et les fêtes sacrées de la grande Déméter... » Il y a aussi un texte du *De legibus* II, 35 de Cicéron : « Mais que vont faire Iacchos et vos Eumolpides avec leurs mystères augustes, si nous abolissons les sacrifices de nuit (*sacra nocturna*) ? » [19]

De nombreux vers des *Nuées* ne se comprennent que si on leur accorde un sens éleusinien. Ainsi, au v. 17 de cette comédie, le spectateur athénien de 423 a dû percevoir les intentions parodiques d'Aristophane. En effet, Strepsiade lui apprend qu'il se consume en voyant la lune qui amène les εἰκάδες, les jours de la vingtaine. Sans doute, le vieux Strepsiade, endetté par les caprices hippiques de son fils, fait-il allusion à l'échéance des intérêts mensuels qui coïncident avec le dernier jour du mois [20]. C'est l'interprétation traditionnelle du vers [21]. Mais Strepsiade évoque aussi la célébration des mystères d'Éleusis, en employant le terme εἰκάδες qui peut recevoir une acception mystique (cf. L. S. J ., *s. v.* « εἰκάς, άδος [ή] »). Le mot εἰκάδες est, en effet, attesté dès l'époque classique, en liaison avec les cérémonies secrètes qui étaient célébrées dans l'enceinte sacrée d'Éleusis du 20 au 23 boédromion (cf. Euripide, *Ion*, v. 1075-1076 ; Andocide, *Sur les*

19. Traduction G. de Plinval.
20. Cf. *Nuées*, v. 756 et 1131-1134.
21. Cf. Cl. Préaux, *La lune dans la pensée grecque*, Bruxelles, 1973, p. 66, n. 2.

Mystères 121...). Les scholiastes des *Nuées* se sont montrés plus perspicaces que les philologues contemporains en faisant remarquer que le mot εἰκάδες était un mot à double entente et que le v. 17 pouvait et devait s'interpréter de deux façons (εἰκάδες est un hapax dans l'œuvre d'Aristophane).

Le v. 140 des *Nuées* s'interprète aussi dans une optique éleusinienne. Le vieillard, qui a décidé d'aller suivre l'enseignement de Socrate, est reçu sans ménagement à la porte du pensoir socratique par un disciple qui lui signifie qu'il ne peut rien lui révéler : « Il n'est pas permis (οὐ θέμις... λέγειν) de parler sauf aux disciples. » L'expression οὐ θέμις employée par le disciple n'est pas banale et elle ressortit au domaine de la langue religieuse [22] ; elle est fréquemment utilisée pour traduire l'interdiction de divulguer les mystères [23]. Ainsi, nous lisons dans les *Thesmophories*, v. 1150-1151 : « Il n'est pas permis (οὐ θεμίτ') aux hommes de voir les mystères sacrés des deux déesses. » [24] Les v. 220-221 s'éclairent aussi dans la même optique. Lorsque Strepsiade demande au disciple d'appeler Socrate juché au plafond dans une corbeille, le μαθήτης refuse en disant qu'il n'en a pas le loisir (οὐ γάρ μοι σχολή). Il y a ici une allusion à l'hiéronymat : il était interdit d'appeler par leur nom le hiérophante et les principaux dignitaires d'Éleusis. Dans *Lexiphane* 10, Lucien raconte que le hiérophante et le dadouque firent arrêter et traîner devant les magistrats un homme qui les avait appelés par leur nom propre. A la fin de l'Antiquité, en 396, Eunape, *Sur Maxime* (p. 52), écrit qu'« il ne lui est pas permis de proférer le nom du hiérophante de ce temps-là (τοὔνομα οὐ μοι θέμις λέγειν) ». Il faut remarquer aussi que lorsque Strepsiade demande au disciple le nom de celui qui est juché au plafond, le μαθήτης répond d'abord « αὐτός », c'est lui-même (v. 219). Remarquez aussi au v. 195 l'emploi de 'κεῖνος pour désigner le Maître : c'est Strepsiade qui appellera Socrate (v. 222) et non le disciple.

Ce qui précède nous rappelle que la divulgation des Mystères était interdite et que leurs rites étaient ineffables, secrets : le v. 302 des *Nuées* le souligne explicitement : ἀρρήτων ἱερῶν [25]. Ce n'est donc pas sans une motivation comique qu'Aristophane qualifie, au v. 830, son Socrate de « Mélien » ; il fait allusion à Diagoras de Mélos accusé d'impiété pour avoir divulgué les mystères d'Éleusis. Aristophane a

---

22. Cf. W. Burkert, *Griechische Religion der archaischen und klassichen Epoche*, Stuttgart, 1977, p. 409.

23. Il y a deux autres emplois de θέμις au v. 295 des *Nuées*.

24. Pour d'autres emplois, cf. Diodore, V, 48, 4, mais aussi Platon, *Gorgias*, 497c ; Isocrate, *Panégyrique* 28.

25. Cf. *supra* p. 141.

cité Diagoras à deux autres reprises : dans les *Oiseaux*, v. 1072, et dans les *Grenouilles*, v. 320 (dans un contexte éleusinien) [26]. Plusieurs des nombreuses allusions éleusiniennes des *Nuées* se retrouvent entièrement ou partiellement dans les *Grenouilles*. Nous en avons déjà mentionné certaines ; nous allons en relever d'autres.

L'initiation consiste en une catabase, une descente symbolique dans les Enfers. Dans les *Nuées,* v. 506-508, il y a une très rapide allusion à la catabase de Strepsiade : « Donne-moi d'abord en mains un gâteau de miel, car j'ai peur de descendre (καταβαίνων) là, comme si je descendais dans l'antre de Trophonios. » [27] Dans les *Grenouilles*, le mot κατάβασις, catabase, ne figure pas mais, après la correction de Weil, il se trouve dans la première *Hypothèse*. De toute façon, c'est bien d'une catabase qu'il s'agit ; aux v. 69 et 70, nous lisons : « Héraclès. — Vas-tu en bas (κάτω) dans l'Hadès ? Dionysos. — Oui, par Zeus, et plus bas (κατωτέρω) encore, s'il y a plus bas » et aux v. 117-118 : « Explique-moi par quelle route la plus courte nous arriverons en bas (κάτω) dans l'Hadès. » Au v. 136, Dionysos déclare à Héraclès : « Je prendrai la route par laquelle tu es autrefois descendu (κατῆλθες). »

Le flambeau a un rôle très important dans le culte éleusinien. Dans les *Nuées*, le flambeau joue un rôle tel que, sur les vingt et une occurrences de δᾶς dans toute l'œuvre d'Aristophane, il est cité cinq fois [28]. Ne faut-il pas s'étonner d'y découvrir, au v. 543, les deux mots δᾶδας ἔχους' qui ne pourraient pas mieux évoquer le dadouque qui occupait la seconde place dans la hiérarchie sacerdotale d'Éleusis et rappeler l'expression de l'*Hymne homérique,* v. 47-48 et v. 61 : δαΐδας... ἔχουσα dont le sujet est Déméter ? Dans les *Grenouilles*, se rencontrent les substantifs δᾴδων (v. 313), le flambeau mystique, φέγγος (ἱερόν), le flambeau sacré (v. 446), φλόξ (v. 344), la flamme et λαμπάς (v. 351), le flambeau. Il faut rappeler les vers 313-314 : lorsqu'il arrive dans l'Hadès, Dionysos sent sur lui une bouffée de torches toute mystique.

Les *Nuées*, v. 255-259, évoquent la couronne (στέφανον) des initiés dans une scène dans laquelle Strepsiade confond cette couronne

---

26. Sur Diagoras, voir notamment le Pseudo-Lysias, *Contre Andocide* 17.

27. Cf. notre étude, « Les *Nuées* d'Aristophane : parodie d'une initiation à Lébadée ? », *Revue belge de Philologie et d'Histoire*, 2000, p. 5-15. Cet article est la réponse à l'étude de P. Bonnechere, « La scène d'initiation des *Nuées* d'Aristophane et Trophonios : nouvelles lumières sur le culte lébadéen », *Revue des Études grecques* 111, 1998, p. 436-480.

28. Cf. *Nuées,* v. 543, 612, 614, 1490 et 1494.

avec celle des victimes que l'on va immoler [29]. Dans les *Grenouilles*,
v. 330, est mentionnée la couronne de myrtes d'Iacchos (στέφανον
μύρτων), la divinité dont la statue accompagnait la procession qui
allait d'Athènes à Éleusis. Dans l'*Hymne homérique à Déméter*, la couronne, attribut de la déesse, est mentionnée aux v. 224, 251, 295 et 307.

Nombreux sont les textes anciens qui évoquent la grande lumière
de l'initiation. Ainsi ce célèbre passage de Plutarque, *Quom. quis sent.
prof. virt.* 81 E : « Celui qui a franchi le seuil (de la philosophie) et a vu
une grande lumière (μέγα φῶς), comme au moment de l'ouverture de
l'*anaktoron* (chapelle du *télestêrion* où étaient déposés les ἱερά),
adopte une attitude nouvelle » ; de même cet autre texte de Plutarque,
Them. 15, 1 : « ... φῶς ... Ἐλευσινόθεν (la lumière qui vient d'Éleusis) », ou ce passage d'Aelius Aristide, XXII, 11, évoquant les
φωσφόρους νύκτας, les nuits qui apportent la lumière. Dans les *Nuées*,
v. 632, Socrate, qu'impatiente son élève ignare, le cherche et il se
décide à l'appeler : « Je vais l'appeler à la porte (θύραζε) [30]... πρὸς τὸ
φῶς, vers la lumière. » Dans les *Grenouilles*, v. 342, c'est Iacchos qui
est qualifié d'« astre de l'initiation nocturne, porteur de lumière
(φωσφόρος) ». La deuxième *Hypothèse* de la comédie de 405 emploie
le substantif φῶς : « Dionysos ramène Eschyle à la lumière (εἰς φῶς) et
certes pas, par Zeus, Euripide. » Ces vers commentent le v. 1529, εἰς
φάος ὀρνυμένῳ (le poète) « qui... s'élance vers la lumière ». Dans
l'*Hymne homérique,* v. 338, Hadès devrait ramener Perséphone ἐς
φάος, à la lumière : après la catabase a lieu l'*anodos* [31].

Les divines Nuées reçoivent les noms et les épithètes par lesquels
sont souvent désignés Déméter, Perséphone et Iacchos. Si au v. 357
des *Nuées*, παμβασίλειαι désigne les Νεφέλαι, au v. 383 des *Grenouilles*, βασίλειαν, la reine qui apporte les fruits de la terre, est
Déméter ; aux v. 337 et 397 de cette comédie, πολυτίμητος s'applique
à Perséphone et à Iacchos. Dans les *Nuées*, à trois reprises (v. 269, 293
et 328), on rencontre ὦ πολυτίμητοι Νεφέλαι [32].

---

29. Cf., par exemple, Euripide, *Iphigénie à Aulis*, v. 1567. Cf. notre article, « Pourquoi Athamas est-il cité au vers 257 des *Nuées* d'Aristophane ou de l'utilité des
scholies ? », *Les Études classiques*, 1987/3, p. 333-336.

30. θύραζε, dans ce vers, peut avoir un sens mystique. Cf. R. Joly, *Le tableau de
Cébès et la philosophie religieuse*, Bruxelles, 1963, p. 57 sq., qui évoque le thème de la
θύρα ἀνεῳγμένη dans les apocalypses juives et chrétiennes. Voir le v. 183 des *Nuées* :
...ἄνοιγε τὴν θύραν et la triple répétition de τὴν θύραν en 5 vers (132-136) dans la même
comédie où τὸ θύριον désignant le phrontistèrion apparaît dès le v. 92.

31. Cf. Cl. Bérard, *Anodoi. Essai sur l'imagerie des passages chthoniens*, Rome,
1974.

32. Au v. 286 des *Thesmophories*, on lit : Δέσποινα πολυτίμητε Δήμητερ φίλη...

L'arrivée des Nuées devait être accompagnée d'un roulement de tonnerre : c'est ce qui ressort du texte même et des scholies qui l'accompagnent. Le bruit du tonnerre (βροντή) était tellement retentissant que Strepsiade se sent pris d'un urgent besoin (v. 295). Les scholies du v. 292 nous apprennent que le bruit assourdissant qui effrayait tant le malheureux Strepsiade était réalisé grâce à une machinerie nommée βροντεῖον qui imitait le bruit (ἦχον) du tonnerre. En fait, le spectateur était une fois de plus témoin d'un épisode parodique des Mystères. Un fragment d'Apollodore (FHG I, p. 434 Müller : FGRHist, 244 F 110) éclaire toute cette scène ; en effet, il nous apprend qu'à Éleusis, quand Corè était invoquée (τῆς Κόρης ἐπικαλουμένης), le hiérophante faisait retentir le gong (ἠχεῖον). On aura remarqué que le βροντεῖον a retenti au moment précis où les Nuées étaient invoquées par Socrate (v. 291 : μου καλέσαντος) et on notera que le βροντεῖον théâtral et l'ἠχεῖον mystique étaient tous deux faits d'airain.

Avant d'aborder la conclusion de la comédie de 423, nous tenons à rappeler la raison pour laquelle Aristophane a intitulé sa pièce Les Nuées (Νεφέλαι). Nous constaterons que cette raison est intimement liée à Éleusis et nous allons résumer des recherches que nous avons exposées dans un article de la Revue de l'Histoire des Religions 66, 1987, p. 239-248, sous le titre « Pourquoi Aristophane a-t-il intitulé sa comédie de 423 Les Nuées ? ».

Le lien entre la comédie d'Aristophane et les Nuées est tout à fait évident : Νεφέλαι (le pluriel de νεφέλη s'impose car les choreutes sont au nombre de vingt-quatre) est employé quatorze fois et νέφος une fois (v. 287). Le lien entre l'initiation à Éleusis et la Nuée est tout aussi certain. Pour le montrer, il vaut la peine, même si le texte est assez long, de reproduire la traduction du chapitre 65 du livre VIII des Histoires d'Hérodote : « Voici ce que racontait Dikaios fils de Théokydès, Athénien banni qui était devenu quelqu'un de considéré chez les Mèdes. Qu'en ce temps-là, alors que la campagne d'Attique, vide d'Athéniens, était saccagée par l'armée de terre de Xerxès, se trouvant dans la plaine de Thria avec le Lacédémonien Démarate, il avait vu venir d'Éleusis un tourbillon de poussière tel qu'auraient pu en soulever trois myriades d'hommes ; ils se demandaient avec surprise quels êtres humains pouvaient bien soulever cette poussière ; et voici que soudain un bruit de voix (φωνῆς) s'était fait entendre ; et il lui avait semblé que c'était l'invocation des mystes à Iacchos (τὴν φωνήν...) ; Démarate, qui n'était pas instruit des cérémonies d'Éleusis, lui avait demandé qui ce pouvait être qui proférait ce bruit (φθεγγόμενον) et il lui avait dit : " Démarate, il n'est pas possible qu'un grand désastre n'atteigne les armées du roi ; car il est évident, l'Attique étant déserte, que cette voix (... τὸ φθεγγόμενον) est divine (θεῖον) ; elle vient d'Éleusis ; elle va au secours d'Athènes et des alliés. Si elle s'abat sur le Péloponnèse, le danger sera pour le Roi lui-même et les troupes qui sont sur la terre ferme ; si elle se dirige vers les vaisseaux qui sont à Salamine, c'est la flotte royale qui sera en danger de périr. Cette fête est une fête que les Athéniens célèbrent tous les ans en l'honneur de la Mère et de la Fille, au cours de laquelle quiconque le veut, d'entre eux et des autres Grecs, peut se faire initier ; et le bruit de voix (φωνήν) que tu entends est celui que font pendant la fête leurs invocations à Iacchos... " Et de la poussière d'où sortait le bruit de voix (τῆς φωνῆς), une nuée (νέφος) se forma qui s'éleva en l'air et se porta sur Salamine ³³ vers le camp des Grecs » (trad. Ph.-E. Legrand, modifiée).

Le vocabulaire grec du chapitre 65 du livre VIII des *Histoires* d'Hérodote, que nous avons mis en évidence, se rencontre dès le vers 291 des *Nuées* qui sera suivi, dix vers plus bas, de l'éloge des mystères d'Éleusis, v. 302-304 que nous avons déjà cités. Nous croyons utile de mentionner les vers suivants :

Nuées, 291 : « Socrate. — Ô Nuées (Νεφέλαι) très vénérables, manifestement vous avez entendu mon appel. »

292 : « As-tu perçu leur voix (φωνῆς) ? »

314-315 : « Strepsiade. — Quelles sont ces femmes qui ont fait entendre ce chant solennel (φθεγξάμεναι) ? »

316 : « Socrate. — Nullement ; ce sont les célestes Nuées (Νεφέλαι), grandes déesses (θεαί). »

319 : « Strepsiade. — Voilà donc pourquoi après avoir entendu leur voix (τὸ φθέγμ'). »

364 : « Strepsiade. — Ô Terre ³⁴, quelle voix (φθέγματος) ! quelle voix (φθέγματος) ! qu'elle est sacrée, auguste, prodigieuse ! »

C'est déjà au v. 287 qu'apparaît νέφος, la nuée qualifiée de pluvieuse (ὄμβριον) ³⁵. Il faut noter qu'Aristophane, aussi bien qu'Hérodote, n'emploie νέφος qu'une seule fois. Les scholiastes au

---

33. Dès le v. 785 des *Cavaliers*, en 424, Aristophane fait allusion à la bataille de Salamine.

34. Γῆ (Terre) semble, au Vᵉ siècle, avoir été identifiée avec Déméter. Cf. Euripide, *Bacchantes*, v. 275-276.

35. Le thème de la pluie est omniprésent dans les *Nuées* : on y compte 7 emplois de ὕει (il pleut) sur un total de 8 dans toute l'œuvre et 5 emplois d'ὄμβριον (pluvieux) et

v. 304 avaient noté la parenté des textes de l'historien et du poète comique : « ... si toutefois elles (= les Nuées) avaient célébré par un chœur de danse Iacchos en personne, en l'honneur des déesses, comme le raconte Hérodote ; en effet, pendant la bataille navale autour de Salamine, il raconte que, comme les Grecs étaient de loin inférieurs à la masse des navires perses, Déméter et Corè ont secouru les Athéniens, après leur avoir montré le témoignage le plus important et le plus manifeste de leur assistance. Alors que déjà les Grecs et les barbares allaient en venir aux mains, d'abord une énorme poussière s'éleva d'Éleusis et fut visible à toute l'armée ; ensuite elle monta jusqu'au ciel et, devenue *une nuée*, elle vola au milieu du camp en criant Iacchos. L'histoire concerne les Mystères. » Le poète a employé νέφος ὄμβριον dans un vers qui précède immédiatement le passage de la comédie que nous avons comparé au chapitre d'Hérodote. Le récit du miracle de la Nuée éleusinienne développé pour la première fois par Hérodote est donc à l'origine de la composition du chœur et du titre de la comédie de 423 ; il sera repris et amplifié encore par Plutarque [36], au Iᵉʳ siècle de notre ère, et par Aelius Aristide [37], au deuxième.

Si cette communication était exhaustive, nous serions amené à présenter plusieurs dizaines d'autres allusions éleusiniennes : on les trouvera dans une série d'études que nous avons menées depuis vingt ans [38]. Pour conclure, nous aimerions proposer une explication éleusinienne de la dernière scène des *Nuées* : l'incendie du pensoir. Si l'on admet avec nous, comme le fait A. M. Bowie [39], que derrière le φροντιστήριον se cache le *Télestêrion* d'Éleusis, si l'on se souvient que le paysan Strepsiade est traité de barbare au v. 492 (βάρβαρος peut avoir dans l'esprit d'un Athénien de 423 le sens de *Perse*. Cf. *Guêpes*, v. 1078) et si l'on a à l'esprit le texte d'Hérodote cité *infra*, on comprend sans doute mieux la raison pour laquelle la pièce se termine par l'incendie du φροντιστήριον par le barbare Strepsiade (v. 1484-1505). Voyez le chapitre 65 du livre IX des *Histoires* d'Hérodote : « Je suis d'avis, s'il me faut exprimer un avis au sujet de ce qui dépend des dieux que la déesse elle-même (= Déméter) refusait de les (= les

---

de ses composés. Il faut se souvenir du cri mystique éleusinien : ὗε, κύε (pleus et sois grosse).

36. Cf. Plutarque, *Vie de Thémistocle* XV.

37. Cf. Aelius Aristide, *Eleusinios*, Dindorf éd., I, p. 418 sq.

38. Cf. notamment « Les Mystères d'Éleusis dans les Nuées », dans *Mythe et Philosophie dans les Nuées d'Aristophane*, S. Byl et L. Couloubaritsis éd., Bruxelles, Ousia, 1994, p. 11-68 ; « Les Nuées, les Grenouilles et les Mystères d'Éleusis », *Revue de Philosophie ancienne*, 1999, p. 5-12 ; Id., *art. cit.* (n. 27).

39. Dans *Aristophanes. Myth, Ritual and Comedy*, Cambridge, 1996, p. 123, n. 2.

Perses) recevoir, parce qu'ils avaient incendié son sanctuaire d'Éleusis. » Comme Hérodote, Aristophane (*Nuées*, v. 1484) emploie le verbe ἐμπίμπρημι pour rendre le fait d'« incendier » le φροντιστήριον-τελεστήριον.

Il est sans doute difficile de déterminer les raisons pour lesquelles Aristophane a multiplié, dans au moins sept comédies mais surtout dans les *Grenouilles* et les *Nuées*, les allusions aux mystères d'Éleusis [40]. Sans doute évoque-t-il Éleusis parce qu'il était Athénien ; vraisemblablement était-il lui-même initié. En tout cas, à aucun moment, le poète ne s'est montré impie envers les Mystères ; au contraire, il a fait des Mystères — des Nuées — les garants de la justice (v. 1332 sqq.) ; il les a chantés en des vers splendides (v. 302-304). Il est donc probable qu'en multipliant les allusions à Éleusis, Aristophane n'a pas cessé de faire un clin d'œil aux initiés, provoquant ainsi un rire d'exclusion à l'égard des non-initiés. Sans doute, dans les *Nuées* plus encore que dans les *Grenouilles*, en faisant de l'initiation aux mystères d'Éleusis la toile de fond de sa comédie, le poète a joué aussi avec le feu, il a succombé à l'attrait du fruit défendu, de ce qui est interdit, sans être cependant aussi imprudent que Diagoras qui avait commis un délit de parole contre les objets sacrés (ἱερά). Aristophane n'a jamais divulgué les ἄρρητα ἱερά.

---

40. Aristophane fait aussi allusion à Éleusis et à sa mythologie aux v. 47-51 des *Acharniens* lorsque Amphithéos (= *demi-dieu* ou *divin des deux côtés*) évoque, sur le ton burlesque, sa généalogie : « Je suis un immortel. Amphithéos était fils de Déméter et de Triptolème ; de celui-ci naquit Céléos. Céléos épousa Phénarète, mon aïeule, qui eut pour fils Lycinos ; et moi, par ce dernier, je suis un immortel. » En fait, Déméter, à la poursuite de sa fille, avait été accueillie par Céléos, premier roi d'Éleusis et, en remerciement, elle avait fait don du blé à Triptolème, l'un des fils du roi.

Au v. 830-831 des *Guêpes*, la barre du tribunal est, pour Philocléon, comme la première révélation des rites des Mystères (d'Éleusis) : ὃ πρῶτον ἡμῖν τῶν ἱερῶν ἐφαίνετο (ce vers est repris dans les *Thesmophories*, v. 628).

Au v. 745 des *Grenouilles*, il est fait allusion à l'époptie, le dernier degré d'initiation aux Mystères.

Au v. 1032 des *Grenouilles*, Orphée passe pour avoir enseigné les Mystères aux Athéniens (cf. F. Graf, *Eleusis und die orphischen Dichtung Athens in vorhellenistischer Zeit*, Berlin, 1974).

Dans cette comédie, le coryphée vêtu en hiérophante parodie, aux v. 354-371, la traditionnelle πρόρρησις, proclamation qui énumérait ceux auxquels était interdit l'accès aux Mystères (cf. A. M. Bowie, *op. cit.* [n. 39], p. 239-242).

Au v. 845 du *Ploutos*, se trouve une allusion aux Grands Mystères (Μῶν οὖν ἐμυήθης δῆτ' ἐν αὐτῷ τὰ μεγάλα) et au vêtement qu'on y portait.

BIBLIOGRAPHIE SÉLECTIVE SUR ÉLEUSIS

A. DELATTE, *Le cycéon, breuvage rituel des Mystères d'Éleusis*, Paris-Bruxelles, 1965.

P. FOUCART, *Les Mystères d'Éleusis*, Paris, 1914.

F. GRAF, *Eleusis und die orphische Dichtung Athens in vorhellenistischer Zeit*, Berlin-New York, 1974.

R. JOLY, « L'exhortation au courage (*tharrein*) dans les Mystères », *Revue des Études grecques* 68, 1955, p. 164-170.

K. KERÉNYI, *Eleusis. Archetypal Image of Mother and Daughter*, Londres, 1967.

P. LÉVÊQUE, « Olbios et la félicité des initiés », dans *Rayonnement grec. Hommages à Charles Delvoye*, Bruxelles, 1982, p. 113-126.

A. MOTTE, *Prairies et Jardins de la Grèce antique...*, Bruxelles, 1973.

ID., « Silence et secret dans les mystères d'Éleusis », dans *Les rites d'initiation,* Louvain-la-Neuve, 1986, p. 317-334.

G. E. MYLONAS, *Eleusis and the Eleusinian Mysteries*, Princeton, 1961.

M. OLENDER, « Aspects de Baubô. Textes et contextes antiques », *Revue de l'Histoire des Religions* CCII/1, 1985, p. 3-55.

D. SABBATUCCI, *Essai sur le mysticisme grec*, Paris, 1982 (éd. italienne originale, 1965).

Simon BYL

LES CUISINIERS-MÉDECINS
DANS LA COMÉDIE MOYENNE

Au moins trois ouvrages traitant du rôle des cuisiniers dans la Grèce ancienne sont aujourd'hui à notre disposition. Dans le premier d'entre eux, qui a pour auteur Edwin Moore Rankin et pour titre *The role of the* mageiroi *in the life of the ancient Greeks as depicted in Greek literature and inscriptions*, Chicago, 1907, on trouve au chapitre XI le premier recueil colligeant le matériel documentaire, à partir duquel sont reconstitués les traits caractéristiques du cuisinier dans la comédie grecque. Le second n'est autre que le travail très souvent cité de Hans Dohm : *Mageiros. Die Rolle des Kochs in der griechisch-römischen Komödie*, Munich, 1964, un livre entièrement consacré à l'étude des cuisiniers dans la comédie. Quant au troisième, que l'on doit à Guy Berthiaume : *Les rôles du mágeiros. Étude sur la boucherie, la cuisine et le sacrifice dans la Grèce ancienne*, Montréal, 1982, il comporte un chapitre s'intitulant « Le mágeiros cuisinier ». Enfin, pour terminer cette rapide esquisse bibliographique, nous ne saurions négliger de mentionner le chapitre consacré à la comédie moyenne dans l'ouvrage de Heinz-Günther Nasselrath, *Die attische Mittlere Komödie*, Berlin-New York, 1990, p. 297-309, des pages suggestives où la finesse de l'interprétation le dispute à la richesse de la documentation.

Au vu de cette riche bibliographie, il apparaît clairement que H. Dohm (*passim*), et E. M. Rankin avant lui, n'ont pas manqué de noter qu'il existe dans la comédie un trait que les cuisiniers partagent avec les médecins. En effet, « comme les médecins des temps anciens, le cuisinier semble être le fanfaron (ἀλαζών) par excellence » (Rankin, p. 77) — évidemment E. M. Rankin n'évoque ici que les médecins de la comédie. Alors que la tragédie mettait traditionnellement en scène de grands malades à l'instar d'Oreste, d'Ajax et de Philoctète, la comédie, elle, représentait souvent des médecins. Du reste, il n'en va pas autrement dans la comédie moderne : qu'il suffise de considérer les médecins (ou faux médecins) de Molière parlant un latin incompréhensible et ridicule et proposant les thérapies les plus obscures, et ce au nom d'une autorité indiscutable et indiscutée. De façon similaire, la comédie grecque s'est souvent moquée des médecins, en leur attribuant par exemple le parler dorique (qui correspond au latin des médecins modernes) et en critiquant tout à la fois leur brutalité, leur avidité, leur ignorance et leurs fanfaronnades [1].

Mais ce n'est pas de cet aspect de la similarité médecin/cuisinier que j'aimerais vous entretenir. En effet, selon moi, il existe un lien bien plus fort que leur appartenance à la grande famille des fanfarons (parmi lesquels on peut ranger également les soldats — sur l'archétype du *miles gloriosus*), et ceci n'est pas seulement valable dans l'univers de la comédie. On doit à Ignacio Rodríguez Alfageme, spécialiste de la médecine dans la comédie attique [2], une observation très juste : dans la comédie, le cuisinier tente de « s'ennoblir » en épousant le langage et en singeant le comportement du médecin [3]. Suivant cette piste, je me propose donc d'approfondir, par l'analyse de quelques fragments très connus, le thème du rapport existant entre cuisiniers et médecins, tel qu'il apparaît dans la comédie moyenne.

Au préalable, il convient naturellement de rappeler que dans la culture grecque, la médecine et l'art culinaire occupaient, au moins à partir du ve siècle, des domaines très proches, souvent même d'une proximité dangereuse. Ceci s'explique par le fait que la médecine grecque rationnelle — qui nous est connue sous le nom de médecine hippocratique — était surtout une diététique [4] — le mot « diététique » étant pris ici dans son sens le plus large, même si, sans aucun doute, sa signification était nettement celle de « régime alimentaire ».

Le traité hippocratique sur l'*Ancienne Médecine* qui contient une réflexion théorique très approfondie sur les fondements épistémologiques de la médecine et qui montre une capacité extraordinaire

---

1. Voir L. Gil, « El Alazón y sus variantes », *Estudios Clasicos* 86, 1981/1983, p. 39-57.

2. Voir L. Gil, I. Rodríguez Alfageme, « La figura del médico en la Comedia Ática », *Cuadernos de Filologia Clásica* 3, 1972, p. 35-91 ; I. Rodríguez Alfageme, *La medicina en la comedia ática*, thèse de l'Université Complutense de Madrid, 1981 ; Id., « La médecine technique dans la comédie attique », dans *Ancient Medicine in its socio-cultural context, Papers read at the Congress held at Leiden Univ. 13-15 April 1992*, Ph. J. van der Eijk, H. F. J. Horstmanshoff et P. H. Schrijvers éd., Amsterdam-Atlanta, 1995, p. 569-585 ; Id., « Terapéutica hipocrática en la comedia », dans *Aspetti della terapia nel* Corpus Hippocraticum, I. Garofalo, A. Lami, D. Manetti et A. Roselli éd., Atti del IXe Colloque intern. hippocratique (Pise, 25-29 settembre 1996), Florence, 1999, p. 371-388.

3. I. Rodríguez Alfageme, *art. cit.* (n. 2), p. 574 sq.

4. Voir W. D. Smith, « Regimen, χρῆσις and the history of dietetics », dans *Tratados Hipocráticos (Estudios acerca de su contenido forma e influencia)*, J. A. López Férez éd., Actas del VIIe colloque intern. hippocratique (Madrid, 24-29 septiembre 1990), Madrid, 1992, p. 263-271.

d'analyse culturelle, fait dériver la médecine de la diététique, via un affinage progressif ; d'après ce texte, la médecine serait née lorsque les hommes ont pu accéder au niveau le plus élevé de la compréhension des propriétés des aliments, de leur préparation et de leur destination. Donc, si la médecine use des aliments et des boissons de manière plus « noble » que l'art culinaire, c'est justement parce qu'elle est davantage consciente de ses propres buts (redonner la santé, ou bien la conserver) ; car les médecins, qui connaissent à la fois la nature des hommes et celle des aliments, administrent (ou interdisent) certains aliments afin de garantir la bonne santé de leur patient.

Le *Gorgias* de Platon figure parmi les premiers témoignages qui distinguent très nettement ce qui sépare les médecins des cuisiniers (cf. 465a et 500e-501a). Dans ce dialogue, la médecine est élevée au rang de *technè*, alors que l'art culinaire se trouve relégué au niveau le plus bas de l'*empeiria* :

> « Je dis que la cuisine n'est pas une *technè* mais une *empeiria*, parce qu'elle ne donne aucune explication sur la façon dont elle prescrit ce qu'elle prescrit [...] et elle n'est pas en mesure de dire la cause de toutes les choses. »

C'est pour cette raison, lit-on dans le *Gorgias*, que les cuisiniers, contrairement aux médecins, sont des hommes pleins de complaisance ; c'est également pourquoi les profanes préfèrent, à la sévérité des médecins, les attraits déployés par les cuisiniers.

Ainsi avons-nous d'un côté la médecine qui est parvenue à s'élever au-dessus de l'art culinaire mais qui est perpétuellement soucieuse de maintenir très nettement la distance la séparant de ses origines, et de l'autre, l'art culinaire lui-même qui, par des « sorties » continuelles hors de son domaine, tente de regagner du terrain pour empiéter sur celui de sa rivale. Notons au passage que la médecine doit soutenir une guerre d'usure analogue contre la gymnastique. Certes, on ne doit pas exclure que des rapports de cohabitation et d'intégration plus pacifiques aient existé, mais notre objectif sera ici de focaliser notre attention sur un conflit que la comédie s'est évidemment employée à mettre en scène.

Pour pouvoir envahir le domaine de la médecine, on observe que le cuisinier doit tout simplement se « déguiser » en médecin, auquel il emprunte les attitudes et dont il fait mine d'avoir les compétences, sans pour autant négliger d'accorder toute son attention à la qualité des aliments et tout son soin au faste du banquet. Ainsi la comédie est-elle le lieu où le travestissement apparaît d'une façon évidente. De fait, si les sources médicales évoquant la nécessité d'établir les limites entre médecine et art culinaire ne mentionnent ni les escarmouches, ni les manœuvres des voisins envahissants, la comédie, au contraire, met en lumière, d'une manière certes tout à fait particulière, l'impérialisme de la médecine et les ruses déployées par les cuisiniers. Elle nous offre toutefois des renseignements qu'il faut interpréter avec la plus grande prudence. Ainsi, le cuisinier qui sait s'approprier le langage et les problématiques propres aux médecins se doit — parce qu'il est cuisinier de comédie — d'exagérer leurs tics et de créer à la fois des situations linguistiques et des situations de fait susceptibles de susciter la sympathie et de provoquer le rire du public.

La situation décrite par Platon, celle où un public inculte préfère les attraits de l'art culinaire à l'austérité de la médecine, est totalement renversée. En effet, le cuisinier qui se présente comme médecin dit indirectement à son employeur qu'il considère celui-ci comme étant capable d'apprécier les subtilités de son art ; il présume donc que son client est soucieux de sa santé et de celle de ses invités, tout comme les destinataires du traité hippocratique *Du Régime*. Ce texte, on le sait, s'adresse de façon notoire à tous ceux qui n'ont pas le souci de se procurer quotidiennement leur nourriture, mais qui savent que la santé est le meilleur des biens et qui consacrent tous leurs efforts à la conserver [5].

A mon avis, le succès du cuisinier-médecin dans la comédie (on le rencontre dans les fragments d'Alexis, Anaxandride, Anaxippos, Antiphane, Athénion, Damoxène, Denys, Épicrate, Éphippos, Euboulos, Euphron, Nausicratès, Nicomache, Nicostrate, Sosipater, Sotadès, Straton, etc.) peut s'expliquer par la multiplicité des fonctions qu'il est à même d'assurer au service de la dérision comique. Ainsi, le cuisinier qui se prétend presque médecin suscite le rire parce qu'il va au-delà des limites de son art (c'est justement un ἀλαζών) ; en outre sous les coups des attaques qu'il dirige très clairement contre les médecins, ces derniers — dont les cuisiniers seraient comme les doubles dégradés — sont à leur tour perçus par les spectateurs comme des personnages aux comportements singuliers, et qui plus est à l'origine des troubles et des malaises. En outre, le public lui-même se complaît à considérer que le client — qui le représente de façon idéale — puisse être désormais jugé apte à distinguer et à apprécier les raffinements d'une « cuisine-médecine », autrement dit à faire partie d'une société ayant découvert le plaisir de la bonne cuisine, tout en ayant su conserver un jugement sain et conforme à la tradition — cette dernière opposant une sourde résistance aux innovations du monde des cuisiniers. La représentation des maux de chacun doit

---

5. Hippocrate, *Du Régime* III, 68 (p. 71, 5 Joly).

avoir pour beaucoup contribué au succès de ce type de personnage qui fut souvent porté sur scène par la comédie moyenne [6].

Le *topos* récurrent des présomptions des tenants de l'art culinaire et, face à elles, celui du malaise de leurs clients sont clairement illustrés par le fragment des *Syntrophoi* de Damoxène (fr. 2 Kassel-Austin). Le cuisinier qui se vante de ses compétences auprès de celui qui l'engage (ou qui vient de l'engager) — compétences qui justifient peut-être aussi le prix de ses prestations — s'attribue, ainsi qu'à son art, toute une série de connaissances typiques des médecins. Celui qui l'engage, après avoir subi une tirade de plus de vingt vers (v. 9-30) qui le laisse étourdi (et que j'analyserai plus loin), au mot « arthritique (ἀρθριτικόν) » a enfin l'impression de comprendre et de réussir à classer le cuisinier (v. 33) :

> « il me semble que tu es aussi un peu médecin » ;
> καὶ τῆς ἰατρικῆς τι μετέχειν μοι δοκεῖς [7].

D'ailleurs la réponse — faussement modeste — du cuisinier le lui confirme immédiatement (v. 34) :

> « comme quiconque connaît la science de la nature » ;
> καὶ πᾶς ὁ φύσεως ἐντός.

Ainsi, la médecine serait le domaine commun de tous ceux qui s'occupent de la nature et de l'homme : elle intéresserait le philosophe et le cuisinier et on pourrait lui attribuer la prétention incontestable d'une valeur universelle. Mais voyons comment se réalise le passage du cuisinier au « grade supérieur » du médecin. Tout d'abord, contrairement à ce qu'affirme Platon, la cuisine représentée dans la comédie moyenne est sans nul doute tenue pour une *technè* [8] (comme elle devait l'être pour tout un chacun). De même que la médecine, l'art culinaire a donc une histoire [9] et des personnages célèbres ; en corollaire, il est possible d'y accomplir des découvertes et d'y apporter des innovations [10]. Le cuisinier qui se présente sur un marché doit alors non seulement mettre en valeur son habilité professionnelle mais

---

6. Voir H. G. Nasselrath, *Die attische Mittlere Komödie. Ihre Stellung in der antiken Literaturkritik und Literaturgeschichte*, Berlin-New York, 1990, p. 297-309.

7. Cf. également Alexis fr. 129,13 Kassel-Austin : Ἄπολλον, ὡς ἰατρικῶς ; et Nicomaque fr. 1, 18 et 30 Kassel-Austin.

8. Voir Alexis, fr. 153 Kassel-Austin ; Nicomaque fr. 1 Kassel-Austin ; etc.

9. Le fragment 1 d'Athénion attribue l'origine de la civilisation et de la vie en société à l'invention de la cuisine (et il ne s'agit certainement pas seulement d'une prétention de cuisinier de comédie).

10. Voir par exemple Alexis fr. 178,4 Kassel-Austin (θαυμαστὸν ἐμὸν εὕρημα) ; Demétrios (II) fr. 1,5 Kassel-Austin (πρῶτος εἰσήνεγκ' ἐγώ) ; etc.

aussi le fait qu'il a été formé au sein d'une très bonne école [11]. A
l'évidence, se vanter d'appartenir à une école réputée constitue un lieu
commun parfaitement illustré dans le fr. 1 Kassel-Austin d'Anaxippos, qu'il convient de citer *in extenso*. Ce fragment débute par un vers
où sont mentionnés les noms de deux cuisiniers célèbres avant que
nous soit rapporté, au troisième vers, celui de leur maître :

« Sophon d'Acarne et Damoxène de Rodhes
ont appris cet art à la même école :
leur maître fut Labdacos de Sicile » ;
Σόφων Ἀκαρνὰν καὶ Ῥόδιος Δαμόξενος
ἐγένονθ' ἑαυτῶν συμμαθηταὶ τῆς τέχνης
ἐδίδασκε δ' αὐτοὺς Σικελιώτης Λάβδακος (v. 1-3).

Il s'agit là d'un bel exemple de présentation des relations unis-
sant maître et disciples. On trouve ainsi *in nuce* le schéma des διαδοχαί
; ces relations ne sont connues que partiellement pour les médecins de
l'époque, mais elles sont attestées pour toutes les autres formes de
l'éducation. Signalons que les trois personnages proviennent de pays
différents et lointains. Un seul d'entre eux, Sophon, est cité par le
comique Baton (fr. 4, 4 Kassel-Austin) puis, plus tard, par le lexicographe Pollux (6, 70) et nous apprenons au v. 19 de notre fragment
qu'il rencontra beaucoup de succès à travers toute l'Ionie (πᾶσαν τὴν
Ἰωνίαν ἔχει) ; je ne sais s'il y a des raisons de douter de l'existence
réelle des deux autres individus (le condisciple et le maître) : étant
donné que Damoxène, à en croire le v. 17, est décédé — en raison hélas
d'une grave erreur alimentaire —, on peut penser qu'il ne fut pas aussi
célèbre et nous n'aurons garde d'oublier que la comédie admet le
mélange d'éléments hétérogènes. Quoi qu'il en soit, on doit reconnaître que ces trois personnages, le maître ainsi que les deux disciples, ont
su apporter un renouveau radical à l'art culinaire :

« Ces derniers ont supprimé les anciens condiments
très connus de tous les livres
et ils ont fait disparaître le mortier ;
voici le cumin, le vinaigre, le sylphion,

---

11. Ce thème est lui aussi un *topos* à partir d'Alexis. Le cuisinier de Damoxène a
été formé à l'école d'Épicure (son pauvre interlocuteur ainsi que les spectateurs
apprennent alors que le philosophe a été un grand cuisinier !) ; quant au cuisinier
d'Euphron, fr. 10 Kassel-Austin, il se vante d'être un élève de Sotéridès ; celui d'Euphron. fr. 9 Kassel-Austin d'être chef d'école ; celui de Sotadès fr. 1,35 Kassel-Austin au
contraire d'avoir appris par l'expérience (οὐκ ἐξ ἀπογραφῆς οὐδὲ δι' ὑπομνημάτων) ; cf.
H. Dohm, *op. cit.*, p. 68 sq. ; I. Gallo, « Damosseno e la parodia epicurea sulla scena »,
dans *Teatro ellenistico minore*, Rome, 1981, p. 97, et H. G. Nasselrath, *op. cit.*, (n. 6),
p. 303.

le fromage, la coriandre, les condiments
de l'époque de Kronos, ils les ont tous éliminés :
ils considèrent celui qui les utilise comme un épicier.
Eux, ils (veulent) [12] de l'huile, et une poêle neuve, mon père,
et ils faisaient un feu vif mais pas trop
c'est ce qu'il faut pour un repas comme il se doit » ;

οὗτοι τὰ μὲν παλαιὰ καὶ θρυλούμενα
ἀρτύματ᾽ ἐξήλειψαν ἐκ τῶν βιϐλίων,
καὶ τὴν θυείαν ἠφάνισαν ἐκ τοῦ μέσου,
οἷον λέγω κύμινον, ὄξος, σίλφιον,
τυρόν, κορίαννον, οἷς ὁ Κρόνος ἀρτύμασιν
ἐχρῆτο, πάντ᾽ ἀφεῖλον εἶναί θ᾽ ὑπέλαϐον
τὸν τοῖς <τοιούτοις> παντοπώλην χρώμενον.
αὐτοὶ δ᾽ ἔλαιον καὶ λοπάδα καινήν, πάτερ,
πῦρ τ᾽ ὀξὺ καὶ μὴ πολλάκις φυσώμενον
ἐποίουν· ἀπὸ τούτου πᾶν τὸ δεῖπνον εὐτρεπές (v. 4-13).

A l'école du cuisinier sicilien [13] est donc enseigné l'usage d'assaisonner avec de l'huile, mais aussi une nouvelle façon de cuire qui demande des marmites spéciales, ainsi qu'une attention toute particulière au feu : vif mais pas trop fort [14]. La liste des condiments traditionnels, qui selon une métaphore abusive remonterait à l'époque de Kronos, tout comme la mention du mortier dans lequel ils sont préparés, évoque une cuisine traditionnelle, pauvre et rudimentaire, qui masque les défauts des aliments sous le nombre des épices [15] ; au contraire, avec les nouveaux « experts », les ingrédients et les instruments changent. Les ingrédients traditionnels ne sont pas simplement rejetés, mais tout bonnement éliminés des livres ; nos trois grands cuisiniers ont rendu obsolètes les ouvrages usuels d'art culinaire (et ils en ont peut-être écrit de nouveaux) ; notre cuisinier, comme ses maîtres, est un homme cultivé qui a affaire avec les livres.

---

12. Le texte établi par Kassel et Austin ne me paraît pas satisfaisant ; je n'exclus pas en suivant V. Schmidt (cité dans leur apparat) qu'une lacune puisse précéder le v. 13.

13. Une tradition importante témoigne que les cuisiniers siciliens jouissaient d'une bonne renommée, voir par exemple Alexis fr. 24 Kassel-Austin et le commentaire de W. G. Arnott (*Alexis : The Fragments. A Commentary*, Cambridge, 1996, p. 117) *ad loc.*

14. L'attention pour le feu est un autre *topos* des cuisiniers de la comédie, ce que confirment du reste les textes techniques, cf. par exemple Dioclès fr. 138 Wellmann (= Oribase, I, 274) et les instructions pour cuire et assaisonner de Dieuchès fr. 17 Bertier (= Oribase, IV, 9).

15. Cf. R. M. Danese, « Alta cucina e cibo " mortuale " », *Rendiconti dell'Accademia Nazionale dei Lincei* s. 9, vol. 8, 1997, p. 499-533, particulièrement p. 521 sq.

Par ailleurs, ce dernier attribue une efficacité thérapeutique véritable à la cuisine de ses maîtres et un label de qualité propre aux innovateurs est même concédé à ces derniers : ce sont des *protoi heuretai*.

> « En premier ils ont libéré la table
> des larmes, des nombreux éternuements et de la salive
> et ils ont éclairci la gorge des convives » ;
> οὗτοί τε πρῶτοι δάκρυα καὶ πταρμὸν πολὺν
> ἀπὸ τῆς τραπέζης καὶ σίαλον ἀπήγαγον,
> τῶν τ᾽ ἐσθιόντων ἀνεκάθηραν τοὺς πόρους (v. 14-16).

Si salive, éternuements et larmes sont le résultat de la consommation des aliments grossiers traditionnels, aigres et trop assaisonnés, ce sont également des sécrétions dont s'occupent les médecins. Ce sont les maîtres de nos cuisiniers qui ont su éliminer avec succès ces sécrétions désagréables : avec leurs aliments doux et délicats, ils ont nettoyé la gorge, littéralement « les conduits », « les passages » (*poroi* c'est-à-dire le nez, la gorge, l'œsophage [16]) qui désormais ne sont plus bouchés par les sécrétions. Ils ont su provoquer un processus de purification (ἀνεκάθηραν), soit une thérapie utilisée normalement par les médecins et qui est le signe évident d'un bien-être reconquis. Grâce à eux, dorénavant le climat du banquet est beaucoup plus courtois !

L'histoire de notre cuisinier reprend ensuite. Damoxène de Rhodes (v. 17-18) est mort en mer ; et notre homme se plaît d'affirmer, sous sa casquette de cuisinier, qu'il a bu de la saumure (ἄλμην) et, sous celle de médecin, d'ajouter qu'il s'agit d'une boisson « qui n'est pas naturelle » (παρὰ τὴν φύσιν). Quant à Sophon (v. 19-20), le compagnon de Damoxène, il est devenu le cuisinier de toute l'Ionie (une région réputée pour ses goûts raffinés) et surtout il a été son maître. Digne élève de si grands maîtres, notre cuisinier, à son tour, fait de la philosophie. Il s'est même vraiment métamorphosé en intellectuel puisqu'il écrit des livres.

> « Moi aussi pour ma part je m'efforce
> de mettre par écrit ma nouvelle cuisine » ;
> καὐτὸς φιλοσοφῶ καταλιπεῖν συγγράμματα
> σπεύδων ἐμαυτοῦ καινὰ τῆς τέχνης (v. 21-22).

---

16. Je ne pense pas que dans ce cas le terme de *poroi* signifie les veines (ainsi Kock, *ad loc.* p. 298) ; *poros* est un mot générique valable pour tous les conduits du corps et utilisé ici pour indiquer les voies de l'alimentation et de la respiration.

Mais le programme effraie le maître de maison. L'innovation en cuisine n'est évidemment pas très appréciée ; et le destin des invités au banquet de lui sembler plus malheureux que celui de l'animal qui va être abattu et cuisiné.

> « Hélas,
> tu veux me couper en morceaux, pas l'animal destiné au sacrifice ! » ;
> παπαῖ·
> ἐμὲ κατακόψεις, οὐχ ὃ θύειν μέλλομεν (v. 22-23).

Mais le désappointement du maître ne fait pas changer d'avis le cuisinier :

> « Tu me verras de bon matin, les livres en main,
> étudier les problèmes de mon art » ;
> τὸν ὄρθρον ἐν ταῖς χερσί μ' ὄψει βιβλία
> ἔχοντα καὶ ζητοῦντα <τὰ> κατὰ τὴν τέχνην (v. 24-25).

Le cuisinier des *Adelphoi* d'Hégésippos, fr. 1 Kassel-Austin, plein de prétentions, se targue, quant à lui, d'avoir reçu une formation scientifique d'égale valeur :

> « J'ai passé ma vie
> à étudier les parties de mon art :
> quels sont les espèces de légumes, les types d'anchois,
> les différentes familles de lentilles » ;
> ἀλλ' ἅπαντα τὸν βίον
> ζητῶν κατὰ μέρη τὴν τέχνην ἐξήτακα·
> εἴδη λαχάνων ὅσ' ἐστί, βεμβράδων τρόπους
> φακῆς γένη παντοδαπά (v. 7-10).

Au vrai, il s'agit d'une parodie de l'articulation et des thèmes propres aux sciences qui évoque immanquablement le classement des aliments en fonction de leurs propriétés intrinsèques dans le traité hippocratique *Du Régime*, seul vestige d'une littérature qui devait être très répandue.

Mais revenons à Anaxippos :

> « je ne suis pas inférieur à Diodore d'Aspendos » ;
> οὐθὲν Διοδώρου διαφέρω τἀσπενδίου (v. 26).

Le nom de Diodore d'Aspendos devait provoquer des éclats de rire immédiats, car notre cuisinier, qui jusqu'ici développait des considérations élevées, se trouve rabaissé inopinément au niveau d'un philosophe cynique, sale, nu-pieds et pauvre, un de ces ex-pythagori-

ciens qui avait réduit au minimum son niveau de vie — le pythagoricien
représente le vrai philosophe mais aussi celui qui obéit à de nombreuses restrictions alimentaires ; Diodore en effet faisait figure d'ennemi
par excellence de la bonne cuisine et on sait qu'Archestrate le traitait
avec ironie dans son célèbre poème épique [17], qui fut en son temps le
guide des spécialités gastronomiques de toute la Méditerranée.

Les principes méthodologiques qui guident notre cuisinier, dans
l'administration (προσάγω : autre mot plus adapté à un médecin qu'à
un cuisinier) des aliments (v. 28) et les effets que sa cuisine provoque,
ne se distinguent guère de ceux des médecins héritiers d'Hippocrate,
attentifs eux aussi aux spécificités individuelles et conscients que les
thérapies doivent varier selon les individus, mais aussi qu'elles sont en
relation avec leur façon de vivre.

> « Si tu veux, je te ferai goûter mes créations [18].
> Je n'administre pas toujours à tous les mêmes choses : j'ai
> établi les aliments selon le genre de vie.
> Différents sont les aliments des amoureux, différents ceux des intellec-
> tuels,
> différents ceux des collecteurs d'impôts. Un jeune homme qui a une amie
> dévore le patrimoine de son père :
> pour lui, j'ai préparé des seiches [19] et des calmars
> et tous les types de poissons de roche
> accompagnés de sauces exquises.
> Lui, en effet, n'a pas d'appétit,
> il ne pense qu'à son amour !
> Pour l'intellectuel j'ai préparé du jambon et du pied de porc farci :
> c'est un animal particulièrement vorace.
> Pour le collecteur d'impôts, des sardines, des anguilles, du sarago.
> Quand le mois des morts [20] est proche je prépare des lentilles :
> je fais ainsi un dîner funèbre splendide » ;
> γεύσω δ', ἐὰν βούλῃ, σε τῶν εὑρημένων.
> οὐ ταὐτὰ προσάγω πᾶσιν ἀεὶ βρώματα,

---

17. Voir le fr. 23 Brandt = *Supplementum Hellenisticum* fr. 154 où Archestrate
invite ceux qui avec stupidité refusent de manger de la viande de requin, arguant du fait
que l'animal serait anthropophage, à ne pas consommer davantage toute autre espèce
de poisson pour la même raison ; il les invite alors à devenir disciples du savant Diodore
et à suivre avec lui un régime végétarien.

18. Sur le thème des nouveaux plats, cf. *supra*, n. 10.

19. Selon Mnésithée dans Athénée, VIII, 357c (fr. 38 Bertier), la seiche est
aphrodisiaque ; voir *infra*.

20. Littéralement il s'agit du « mois de Dystros » ; Δύστρος, conjecturé par
Wilamowitz et Maas, est le nom d'un mois macédonien qui correspond au mois de
Mars, époque à laquelle on avait coutume de célébrer les Anthestéries, une fête liée au
culte des morts (voir P. Maas, « Linsen beim griechischen Totenmahl ? », dans *Kleine
Schriften*, Munich, 1973, p. 59 sq.).

τεταγμέν' εὐθύς ἐστί μοι πρὸς τὸν βίον·
ἕτερ' ἐστὶ τοῖς ἐρῶσι καὶ τοῖς φιλοσόφοις
καὶ τοῖς τελώναις. μειράκιον ἐρωμένην
ἔχον πατρῴαν οὐσίαν κατεσθίει·
τούτῳ παρέθηκα σηπίας καὶ τευθίδας
καὶ τῶν πετραίων ἰχθύων τῶν ποικίλων,
ἐμβαμματίοις γλαφυροῖσι κεχορηγημένα·
ὁ γὰρ τοιοῦτός ἐστιν οὐ δειπνητικός,
πρὸς τῷ φιλεῖν δὲ τὴν διάνοιάν ἐστ' ἔχων.
τῶι φιλοσόφῳ παρέθηκα κωλῆν ἢ πόδας·
ἀδηφάγον τὸ ζῷον εἰς ὑπερβολὴν
ἔστιν. τελώνῃ γλαῦκον, ἔγχελυν, σπάρον·
ὅταν ἐγγὺς ᾖ δ' ὁ Δύστρος, ἀρτύω φακῆν
καὶ τὸ περίδειπνον τοῦ βίου λαμπρὸν ποιῶ (v. 27-42).

Ainsi, existe-t-il un régime pour qui aime une femme, un pour qui aime la science, un autre pour qui aime l'argent ; naturellement tout cela n'est pas formulé exactement en ces termes dans les traités de médecine, mais il n'en demeure pas moins vrai que la façon dont on se procure de quoi vivre entre en ligne de compte dans la définition du régime (et bien vite apparaîtront en médecine la maladie d'amour et le régime des intellectuels) ; en attendant on ridiculise le jeune amoureux, le collecteur d'impôts et les intellectuels ; et quand notre cuisinier effleure le thème de la mort, le ton se fait plus sérieux.

Puis un sujet relevant plus précisément de la compétence des médecins est évoquée : celui de la nourriture en rapport avec l'âge. Il est probable que le maître de maison, toujours appelé πάτερ, ne devait pas être insensible à ce dernier type d'argument avancé par notre cuisinier.

« Le palais des vieux est différent,
il est beaucoup moins sensible que celui des jeunes ;
je leur sers de la moutarde, je leur prépare des sauces aigres
qui réveillent leur nature et leur redonnent du souffle » ;
τὰ τῶν γερόντων στόματα διαφορὰν ἔχει,
νωθρότερα πολλῷ δ' ἐστίν ἢ τὰ τῶν νέων.
σίναπι παρατίθημι τούτοις καὶ ποιῶ
χυλοὺς ἐχομένους δριμύτητος, τὴν φύσιν
ἵνα διεγείρας πνευματῶ τὸν ἀέρα (v. 43-47).

J'ai proposé une traduction volontairement ambiguë du v. 47. Je ne sais pas si la comparaison que Kassel et Austin ont effectuée avec le διαπνεῖν du fr. 2, 27-29 de Damoxène, dans lequel le cuisinier utilise le langage des médecins (παρὰ δ' ἐμοὶ τρέφει | τὸ προσφερόμενον βρῶμα

καὶ λεπτύνεται | ὀρθῶς τε διαπνεῖ) permet d'expliquer ce passage :
διαπνεῖν n'est pas l'équivalent de πνευματοῦν, c'est même le contraire.
Le verbe πνευματοῦν prend place dans la terminologie technique de la
médecine : dans sa forme moyenne (πνευματοῦσθαι), il signifie « se
remplir d'air », « se gonfler » en parlant de l'estomac, des viscères, de
la tête. Quant à l'actif πνευματοῦν, il signifie « faire devenir rempli
d'air », « gonfler ». Je pense que le cuisinier fait ici allusion aux effets
aphrodisiaques de sa cuisine. On touche alors à un sujet très vaste à
propos duquel il suffira de mentionner un passage du fr. 38 du
médecin Mnésithée (ap. Ath. VIII 357 c) : « poulpes et seiches sont
aphrodisiaques parce qu'ils sont peu digestibles, ils favorisent donc la
formation de *pneuma* (ils sont πνευματώδεις) » ; ὁ δὲ ἀφροδισιασμῶν
καιρὸς πνευματώδους πρόσδειται διαθέσεως [21].

> « Il suffit que je regarde le visage
> pour comprendre de quel aliment chacun a besoin » ;
> ἰδὼν τὸ πρόσωπον γνώσομ' οὗ ζητεῖ φαγεῖν
> ἕκαστος ὑμῶν (v. 48-49).

La leçon est terminée. Le fragment s'achève par un beau rappel
des qualités de l'œil clinique du cuisinier qui ne semble pas différent de
celui du médecin. Ainsi, comme le médecin, le cuisinier commence
par opérer un diagnostic, puis il applique les thérapies adéquates.

En jouant sur ses capacités de diagnostic dans le fr. 2 Kassel-
Austin du *Thesmophoros* de Denys, le cuisinier (μάγειρος) ouvre un
autre front et prend ses distances avec son voisin immédiat et infé-
rieur, l'ὀψοποιός ; ainsi, dans le cadre de la querelle entre arts limitro-
phes, se répète le schéma du conflit opposant médecin et μάγειρος. Si
le μάγειρος se montre bien disposé à l'égard de son interlocuteur
(σφόδρα μοι κεχάρισαι), cela ne l'empêche pas de lui infliger une tirade
de 35 vers :

> « Le cuisinier doit toujours savoir
> beaucoup de choses et en premier lieu pour qui
> il prépare le repas ou le fait préparer.
> En effet, si un cuisinier ne fait attention qu'à la façon
> de préparer les aliments, comment
> on doit les servir et quand et comment il faut les préparer ;
> [...] s'il ne connaît pas à l'avance tout cela et s'il ne s'en soucie pas,
> il n'est plus un cuisinier mais un ὀψοποιός » ;

---

21. H. Dohm, *op. cit.*, p. 159, pense que la moutarde « die Luft im Inneren des
Menschens in wind verwandelt » ; il en est de même pour Kassel et Austin, tout comme
auparavant pour Meineke.

τὸν μάγειρον εἰδέναι
πολὺ δεῖ γὰρ αἰεὶ πρότερον οἷς μέλλει ποιεῖν
τὸ δεῖπνον ἢ τὸ δεῖπνον ἐγχειρεῖν ποιεῖν·
ἂν μὲν γὰρ ἕν τις τοῦτ᾽ ἐπιβλέψῃ μόνον
τοὔψον ποιῆσαι κατὰ τρόπον πῶς δεῖ, τίνα
τρόπον παραθεῖναι δ᾽ ἢ πότ᾽ ἢ πῶς σκευάσαι
<ῦ> μὴ προΐδηται τοῦτο μηδὲ φροντίσῃ,
οὐκέτι μάγειρος, ὀψοποιός δ᾽ ἐστὶ δέ (v. 2-9).

Celui qui ne connaît pas les différentes natures de ses invités ne peut légitimement faire partie des cuisiniers [22]. Dans le fr. 17, 4 s. Kassel-Austin de Diphile [23], on peut même lire que « connaître auparavant (προειδέναι) les bouches des convives est le principe moteur de l'art ».

Et comme Denys l'affirme plus loin :

« Le cuisinier est autre chose.
Connaître l'endroit, la saison, qui l'engage
qui seront les invités, quand et quels poissons il faut aller acheter... » ;

ὁ δὲ μάγειρος ἄλλο τι.
συνιδεῖν τόπον, ὥραν, τὸν καλοῦντα, τὸν πάλιν
δειπνοῦντα, πότε δεῖ καὶ τίν᾽ ἰχθὺν ἀγοράσαι (v. 18-21).

Le passage hippocratique d'*Airs, eaux, lieu* II, 1, p. 188 (11 Jouanna) que Kassel-Austin citent en apparat au v. 19, avec le verbe προφροντίζω (ἢν μή τις ταῦτα πρότερον προφροντίζῃ), permet de bien expliquer l'usage des deux verbes προΐδηται et φροντίσῃ au v. 8 de notre fragment : la référence aux lieux ainsi qu'à la saison revêt l'aspect le plus technique que l'on puisse attendre. Mais il ne faut pas s'arrêter en surface dans la comparaison, car la ressemblance entre le texte comique et le texte médical cache en réalité une différence profonde : alors que dans les textes hippocratiques la diversité des saisons et des natures individuelles intéressent le médecin pour établir son diagnostic et les stratégies thérapeutiques qui en sont la conséquence directe, dans la comédie c'est le bien-être immédiat qui est visé : « ces choses ne te donnent pas toujours une joie identique ni un plaisir égal » (v. 22). On choisit tel cuisinier (et parfois même le médecin, le public le sait) parce qu'il garantit qu'il saura satisfaire nos goûts.

---

22. Même si la frontière entre μάγειρος et ὀψοποιός n'est pas aussi nette qu'il apparaît. On est ici en présence d'un effort, comportant des traits comiques, qui vise à préciser la définition du cuisinier. Il faut noter enfin que le chef de file des adversaires de notre cuisinier n'est autre que le célèbre Archestrate (v. 24-25).

23. Déjà cité par H. Dohm, *op. cit.*, p. 156.

Je conclurai en revenant au cuisinier du fr. 2 Kassel-Austin de Damoxène. Le dialogue qu'il échange avec son interlocuteur est entièrement centré sur le problème de l'incompréhension lexicale [24]. Il me semble que tout le fragment doit être interprété en ce sens : un cuisinier « savant » utilise des mots techniques issus de la médecine mais aussi des mots de la philosophie et de la musique et exprime des opinions qui laissent son interlocuteur interdit ; c'est ainsi qu'est mise en lumière la difficulté inhérente à tout dialogue entre techniciens et profanes (et peut-être son impossibilité). Au v. 4, évoquant ses années d'apprentissage à l'école d'Épicure, le cuisinier utilise le verbe κατεπύκνωσα que Bignone [25] a identifié comme un terme technique propre à l'éthique épicurienne (cf. *Ratae sententiae* IX) ; l'interlocuteur réagit immédiatemment : « qu'est-ce que c'est ? » et l'explication, καθήγισα, risque d'être également technique [26]. Au v. 8, il définit la nature d'ἀρχέγονον : mot rare qui, selon notre documentation, est attesté ici pour la première fois et dont le destin cantonnera l'usage à la seule poésie ; soit que le cuisinier l'invente, soit qu'il l'emprunte aux poètes précédents, à l'évidence ce mot n'est pas adapté sur une place de marché. Au μανθάνεις ; « tu me suis ? » du v. 23 succèdent des vers contenant des mots communs mais utilisés eux aussi dans un sens technique : μεταβολαί, κινήσιες, puis ἀλλοιώματα (si ce terme est juste). Le cuisinier répète : « tu me suis ? » au v. 53. C'est ainsi que se manifeste la supériorité de ce cuisinier-philosophe (c'est-à-dire médecin et musicien) sur le personnage peu cultivé qui l'a engagé, ainsi que sur les pauvres spectateurs. Au reste, notre cuisinier a lu tout Démocrite, le *Canon* d'Épicure et il méprise les cuisiniers illettrés ; il sait d'ailleurs en quoi le *glaukiscos* est différent en hiver et en été (c'est-à-dire qu'il connaît les propriétés des aliments selon les saisons) et comment diriger les processus de la digestion.

« Mais quand je cuisine, les aliments qui sont servis nourrissent ;
ils sont digérés et s'évaporent comme il faut :
c'est pourquoi (une fois assimilés) partout dans les vaisseaux
de manière homogène se forme l'humeur.
(B) L'humeur ? (A) C'est Démocrite qui le dit —
et il ne se forme pas d'obstructions
qui font venir la goutte à ceux qui mangent » ;

παρὰ δ' ἐμοὶ τρέφει
τὸ προσφερόμενον βρῶμα, καὶ λεπτύνεται

---

24. H. G. Nasselrath, *op. cit.* (n. 6), p. 306 et n. 57.
25. E. Bignone, « Sopra un frammento comico di Damosseno », *Rendiconti dell'Istituto Lombardo di Scienze e Lettere* 50, 1917, p. 286-301. Voir aussi I. Gallo, *art. cit.* (n. 11), p. 98 et suiv.
26. I. Gallo, *art. cit.* (n. 11), p. 100 sq.

ὀρθῶς τε διαπνεῖ. τοιγαροῦν εἰς τοὺς πόρους
ὁ χυμὸς ὁμαλῶς πανταχοῦ συνίσταται —
(B.) χυμός ; (A) λέγει Δημόκριτος — οὐδ' ἐμφράγματα
γινόμενα ποιεῖ τὸν φαγόντ' ἀρθριτικόν (v. 27-32).

Au mot χυμός, le dernier des termes techniques que le cuisinier égrène, la pauvre victime de sa tirade réussit à l'interrompre, car s'il s'agit d'un vocable on ne peut plus médical, c'est aussi un mot du Vᵉ siècle — le cuisinier fait appel ici à l'autorité de Démocrite qui avait rédigé, comme Hippocrate, un Περὶ χυμῶν. Mais le cuisinier renchérit et si la conjecture οὐδ' ἐμφράγματα de V. Schmidt est exacte, comme je le crois, voilà un autre terme technique déjà hippocratique (*Vents* 8, VI, 104, 1 ; 14, VI, 112, 15 Littré ; *Fœtus de huit mois* 2, VII, 454, 3 Littré) : ἐμφράγματα, « obstructions ». Ainsi, le langage des médecins est rapidement devenu objet de critiques à cause de sa technicité, et la comédie a fait de la langue des médecins un objet de dérision de manière d'autant plus incisive qu'elle l'a placé dans la bouche d'un cuisinier.

Chez Alexis dans la *Pannychis* (fr. 77 Kassel-Austin), de même que sous l'effet du langage technique, le malaise est provoqué lorsque le cuisinier (v. 10) se vante d'offrir aux invités du banquet le καιρός de la σύγκρασις, c'est-à-dire « un mélange opportun » (de chaleur et de froid) [27] ; à la combinaison de ces deux termes techniques de médecine, l'interlocuteur réagit sans ménagement (v. 11-12) :

« Pense à sacrifier le chevreau [28],
ne me coupe pas en morceaux moi mais coupe la viande » ;
σύ πρὸς θεῶν, ἔθυσας-ū τὸν ἔριφον,
μὴ κόπτ' ἔμ' ἀλλὰ τὰ κρέα.

Il s'agit-là de la même réaction que celle rencontrée chez l'interlocuteur d'Anaxippos (v. 22-23) :

« Hélas,
tu veux me couper en morceaux, pas l'animal destiné au sacrifice ! » ;
παπαῖ
ἐμὲ κατακόψεις, οὐχ ὅ θύειν μέλλομεν.

lorsque le cuisinier prétendait être un chercheur et un innovateur au service de l'art.

Amneris ROSELLI

---

27. Voir W. G. Arnott, *op. cit.* (n. 13), p. 521.
28. Pour le texte voir *ibid.*, p. 522 sq.

MALADIES ET MÉDECINE CHEZ ARISTOPHANE

La maladie et la souffrance humaines ne sont pas en elles-mêmes des sources du comique. Néanmoins, elles peuvent donner matière à une satire incisive de la crédulité des malades et de la charlatanerie d'une certaine forme de médecine, comme on l'a vu chez nous avec le *Médecin malgré lui* et le *Malade imaginaire* de Molière, ou avec le *Knock* de Jules Romains. Certes, nous n'avons rien d'équivalent dans les pièces d'Aristophane qui nous sont parvenues ; nous n'avons aucune comédie dont elles formeraient le sujet essentiel, et le médecin n'est pas encore un personnage traditionnel dans la comédie ancienne. Il faudra attendre la comédie moyenne et la comédie nouvelle pour que le médecin soit un personnage du répertoire. Trois comédies de la *Mésè* et une comédie de la *Néa* sont intitulées *Le médecin*. Elles sont malheureusement perdues. La première apparition d'un médecin dans les comédies conservées est celle du faux médecin dorien dans le *Bouclier* de Ménandre, partiellement conservé, dont Jean-Marie Jacques vient de nous donner une très belle édition dans la *Collection des Universités de France* [1]. Mais si maladie, médecin et médecine ne sont jamais le sujet principal d'une pièce chez Aristophane, ce sont des thèmes récurrents, qui témoignent certainement de la place occupée par la médecine dans la vie quotidienne au ve siècle et de l'influence d'un certain modèle médical sur l'imaginaire populaire [2].

---

1. J.-M. Jacques, *Ménandre, Le bouclier*, CUF, Paris, 1998.
2. Sur la médecine chez Aristophane, voir H. W. Miller, « Aristophanes and medical language », *Transactions of the American Philological Association* 76, 1945, p. 74-84 ; L. Gil, « Ärtzlicher Beistand und attische Komödie. Zur Frage der *démosieuontes* und Sklaven-Ärzte », *Sudhoffs Archiv* 57, 1973, p. 255-274 ; G. C. Southard, *The Medical Language of Aristophanes*, Diss. Johns Hopkins University, 1970 ; F. Kudlien, « Hippokrateszitate in der altgriechischen Komödie ? », *Episteme* 3/4, 1971, p. 279-284 ; M. I. Rodríguez Alfageme, *La medicina en la comedia attica*, Diss. Madrid, 1973, Universitad Complutense de Madrid, 1981, 589 p. ; B. Zimmermann, « Hippokratisches in den Komödien des Aristophanes », dans J. A. López Férez, *Tratados Hipocráticos* (Actas del VIIe colloque international hippocratique de 1990), Madrid, 1992, p. 513-525 ; I. Rodríguez Alfageme, « La médecine technique dans la comédie attique », dans *Ancient Medicine in its Socio-Cultural Context.* Papers read at

Il est donc intéressant d'examiner dans un premier temps comment la réalité nosologique contemporaine apparaît dans la trame des comédies d'Aristophane et comment Aristophane a utilisé cette réalité à des fins comiques, puis dans un second temps comment se présente la médecine à Athènes et en Grèce d'après son témoignage, et enfin dans une troisième partie comment Aristophane a métamorphosé cette matière première médicale par la métaphore et a créé en quelque sorte une nouvelle branche médico-comique en décrivant une pathologie des maux du citoyen et en se proposant d'être le médecin de la cité.

*
* *

Pour l'historien de la réalité nosologique en Grèce, les textes littéraires de la deuxième moitié du ve siècle parmi lesquels on compte Aristophane n'ont pas la même importance que les textes épiques, lyriques et même tragiques, d'Homère à Pindare et à Eschyle. Car jusqu'au milieu du ve siècle nous ne disposons pas d'écrits techniques médicaux qui puissent nous renseigner directement sur cette réalité nosologique. En revanche, à partir de la deuxième moitié du ve siècle, nous assistons à la première floraison de la médecine rationnelle et nous disposons d'une soixantaine de traités médicaux attribués à Hippocrate dont un noyau important remonte à la deuxième moitié du ve siècle ou au début du ive siècle, c'est-à-dire est contemporain de la production d'Aristophane. Dès lors, le témoignage littéraire de la comédie, comme du reste celui de la tragédie, et même celui des historiens tels qu'Hérodote et Thucydide, est « surclassé par l'apparition des écrits techniques » [3]. Les textes littéraires sont désormais jugés secondaires pour l'historien de la médecine qui préfère s'appuyer sur les tableaux nosologiques que l'on trouve dans la médecine hippocratique. Toutefois la comédie ancienne, dans la mesure où elle met en œuvre, non des sujets mythiques comme la tragédie, mais des sujets pris dans la réalité contemporaine athénienne, reste un témoignage irremplaçable où l'on peut glaner des indications précieuses sur les maladies et sur la réalité nosologique à Athènes. Un excellent exemple est fourni par l'énumération tout à fait exceptionnelle de onze affections que les héros envoient aux injustes dans la comédie d'Aristophane intitulée précisément les *Héros* que

_____

the Congress held at Leiden University (13-15 April 1992), I-II, Ph. J. van der Eijk, H. F. J. Horstmannshoff et P. H. Schrijvers éd., Amsterdam-Atlanta 1995, II, p. 569-585.

3. Le mot est de M. Grmek, *Les maladies à l'aube de la civilisation occidentale*, Paris, 1983, p. 78.

nous ne connaissons que par des fragments : « mal de rate, toux, hydropisie, coryza, gale, goutte, démence, dartres, bubons, frisson, fièvre » [4].

Bien entendu, la plupart des termes du champ lexical de la maladie employés chez Aristophane apparaissent aussi dans les traités techniques médicaux attribués à Hippocrate, qu'il s'agisse de termes généraux désignant la maladie (νόσος, νόσημα, νοσέω), la fièvre (πυρετός, πυρέττω), qu'il s'agisse de maladies bien connues des profanes telles que la folie (μανία, μαίνομαι et son composé ἐκμαίνομαι, παραφρονέω) ou de maladies plus techniques telles que la strangurie (στραγγουρία, στραγγουριᾶν) [5]. Il est significatif, à cet égard, que les onze affections énumérées par Aristophane dans sa comédie des *Héros* trouvent aussi leur correspondant chez les médecins hippocratiques. Cependant les comédies d'Aristophane peuvent apporter, à propos des maladies particulières, des éléments complémentaires par rapport aux écrits médicaux contemporains, soit dans le vocabulaire, soit dans les manifestations de la maladie, et elles peuvent même fournir des éléments originaux sur une maladie dont l'attestation apparaît pour la première fois chez Aristophane.

Prenons d'abord l'exemple d'une maladie connue des médecins hippocratiques pour laquelle Aristophane apporte un élément nouveau dans le vocabulaire. Parmi les onze affections énumérées par Aristophane dans *Les Héros* figure le « bubon » (βουβών). Ce mot rentre dans la catégorie des termes qui peuvent désigner à la fois une partie du corps et l'affection qui peut l'atteindre. En effet βουβών désigne à la fois « l'aine » et la « tumeur à l'aine ». Le substantif employé par Aristophane au sens de la maladie est connu des médecins hippocratiques à la fois au sens anatomique et au sens pathologique. Mais Aristophane connaît en plus le verbe dérivé βουβωνιᾶν, « avoir une tumeur à l'aine » qu'il emploie à trois reprises [6]. Par exemple dans les *Guêpes*, le chœur des dicastes, venu chercher Philocléon, s'étonne de son absence et se livre à des hypothèses comme un chœur de tragédie. Si le vieillard n'est pas là, c'est qu'il a dû lui arriver quelque accident ou quelque maladie :

---

4. Aristophane, *Les héros*, fr. 322 PCG III, 2 Kassel-Austin. Voici le texte en grec (v. 7-11) : τούτοις μὲν νόσους δίδομεν· | σπληνιᾶν, βήττειν, ὑδερᾶν, | κορυζᾶν, ψωρᾶν, ποδαγρᾶν, | μαίνεσθαι, λειχῆνας ἔχειν, | βουβῶνας, ῥῖγος, πυρετόν.

5. Pour les emplois de tous ces termes chez Aristophane, voir O. J. Todd, *Index Aristophaneus*, Cambridge, (réimp. Hildesheim, 1962) ; chez Hippocrate, voir J.-H. Kühn, U. Fleischer, *Index Hippocraticus*, Göttingen, 1986-1989 avec le *Supplement* par A. Anastassiou et D. Irmer de 1999.

6. Voir *Guêpes*, v. 277 ; *Grenouilles*, v. 1280 et *Lysistrata*, v. 987.

« D'où peut venir que le vieillard ne paraît pas à nos yeux
devant sa porte et ne répond pas ?
Aurait-il perdu ses
chaussures ? Ou aurait-il cogné dans
l'obscurité son orteil quelque part
et sa cheville se serait-elle enflée (ἐφλέγμηνεν),
vu qu'il est vieux ?
Peut-être aussi a-t-il une tumeur à l'aine (Καὶ τάχ' ἂν βουβωνιῴη) ? ...
Sans doute est-il au lit avec la fièvre (κεῖται πυρέττων) ? » [7]

De toutes ces hypothèses sur les malheurs du héros présentées
dans un style paratragique, aucune n'est la bonne, comme c'est aussi
la règle dans la tragédie. Que l'on songe aux supputations du chœur
sur la maladie de Phèdre dans l'*Hippolyte* d'Euripide. Cependant
l'hypothèse générale d'une maladie est juste en elle-même. Philocléon
est bien malade, mais d'« une maladie étrange », la passion de
l'Héliée, c'est-à-dire la manie de juger [8]. Aussi, en désespoir de cause,
son fils le retient-il prisonnier chez lui.

Dans deux des trois suggestions de maladies faites ici par le
chœur, inflammation de la cheville, fièvre, le vocabulaire correspond à
ce que l'on trouve dans les traités médicaux (pour l'inflammation, le
verbe φλεγμαίνω et pour la fièvre, le verbe πυρέττω). En revanche,
pour l'inflammation de l'aine, le verbe βουβωνιάω n'est pas attesté
dans le *Corpus hippocratique*. Il y a bien un verbe dérivé de βουβών,
qui en est l'exact synonyme, le verbe βουβωνόομαι, attesté deux fois
chez Hippocrate et qui ne réapparaît plus ensuite. Par exemple dans le
traité intitulé les *Glandes*, c. 8, il est dit qu'aux aines la glande attire de
l'humidité venant des parties supérieures et qu'il se forme un bubon
(βουβωνοῦται) [9]. La concurrence de deux verbes synonymes aussi
rares est assez remarquable. Et l'on pourrait être tenté de croire que le
verbe βουβωνιάω s'est spécialisé dans le registre comique, car le
lexicographe Pollux, quand il énumère le vocabulaire de cette partie
du corps et mentionne le verbe βουβωνιᾶν, renvoie à Callias, donc à un
auteur comique que l'on range dans la comédie ancienne (vᵉ s. av.
J.-C.) [10]. Ainsi on totalise quatre emplois du verbe βουβωνιᾶν dans le
corpus comique ancien, alors que ce verbe n'est pas attesté dans les
écrits techniques médicaux contemporains. Pourtant la dérivation est
bien conforme au vocabulaire technique médical, car les verbes en

---

7. Aristophane, *Guêpes*, v. 273 et suiv.
8. Voir *Guêpes*, v. 71 et v. 87-88.
9. Outre *Glandes*, c. 8, Littré VIII, 562, 17, voir *Épidémies* VI, sect. 7, c. 2, Littré
V, 338, 1 sq.
10. Pollux, *Onomasticon* II 186 (= Callias, fr. 31 Kassel-Austin IV, p. 51).

-ιᾶν désignent régulièrement des états maladifs [11] ; et l'on a la preuve indirecte de sa présence dans des écrits médicaux, car dans un traité, il est vrai inauthentique, attribué à Galien, *Pronostic d'après la science mathématique*, le substantif dérivé de βουϐωνιᾶν, qui est βουϐωνίασις, apparaît une fois au sens de « gonflement bubonique » [12].

Voilà donc un exemple où la comédie d'Aristophane apporte un complément à la littérature médicale contemporaine sur le vocabulaire technique de la maladie. Venons-en maintenant à un exemple où les compléments portent non plus sur le vocabulaire, mais sur la réalité de la maladie. Il s'agit de l'ophtalmie. A la différence du bubon, l'ophtalmie est représentée dans les traités techniques [13] comme chez Aristophane par le substantif désignant la maladie (ὀφθαλμίη) et par le verbe en -ιᾶν qui en dérive (ὀφθαλμιᾶν). Mais ce qui est frappant, c'est le nombre de gens qui souffrent des yeux dans le théâtre d'Aristophane. Ploutos, le dieu de la richesse, dans la comédie du même nom, est atteint d'une ophtalmie qui le rend aveugle, si bien qu'il ne sait pas faire la différence entre les bons et les méchants dans la distribution des richesses. Chrémyle veut le guérir de ce mal et lui redonner la vue :

« Je pense, en effet, je pense — on dira avec l'aide du dieu —
que je te guérirai de cette ophtalmie (ὀφθαλμίας)
en te rendant la vue. » [14]

Dans un fragment de la comédie intitulée *Géras*, un personnage dit qu'il a eu une ophtalmie l'an passé et qu'il a été soigné par un médecin :

---

11. Voir J. Irigoin, « Préalables linguistiques à l'interprétation de termes techniques attestés dans la Collection hippocratique », dans *Formes de pensée dans la Collection hippocratique*, F. Lasserre et Philippe Mudry éd. (Actes du IVᵉ colloque international hippocratique, Lausanne, 1981), Genève, 1983, p. 173-180 (surtout p. 175 sq.).

12. C. 13, éd. Kühn XIX, 566, 5.

13. Dans la *Collection hippocratique*, le substantif ὀφθαλμίη est attesté notamment dans les tableaux nosologiques des cités suivant leur orientation. Les habitants des cités orientées au vent chaud et humide du sud sont sujets à des ophtalmies humides (*Airs, eaux, lieux*, c. 3, c. 4), tandis que dans les cités dont l'orientation est opposée, c'est-à-dire tournées vers le vent du nord, froid et sec, les ophtalmies sont plus rares mais elles sont sèches et violentes avec lacération du tissu de l'œil. Quant au verbe ὀφθαλμιᾶν, il apparaît dans un aphorisme : « chez quelqu'un qui a une ophtalmie, être pris de diarrhée est avantageux » (*Aphorismes* VI, 17, Littré IV, 566, 17).

14. Aristophane, *Ploutos*, v. 114-116.

« Ayant eu une ophtalmie (ὀφθαλμιάσας) l'an dernier, alors je fus dans un mauvais état et ensuite ayant eu un onguent (ὑπαλειφόμενος) chez le médecin... » [15]

Dans les *Grenouilles* l'esclave Xanthias explique son absence à la bataille navale des Arginuses par une ophtalmie :

« Non par Zeus, je n'y étais pas, mais juste à ce moment-là j'eus une ophtalmie (ὀφθαλμιῶν). » [16]

A ces passages comportant expressément soit le substantif désignant la maladie soit le verbe qui en dérive, il faut ajouter ceux où est mentionnée la maladie des yeux sans que le terme technique soit présent. Dans *Les Acharniens* le laboureur « a perdu ses yeux à force de pleurer ses bœufs » (v. 1027 : ἀπόλωλα τὼφθαλμὼ δακρύων τὼ βόε). Il implore Dicéopolis de « frotter ses yeux avec du baume de paix » (v. 1029 : ὑπάλειψον εἰρήνῃ με τὼφθαλμὼ ταχύ) [17] ; et devant son refus, il demande qu'au moins on lui instille une goutte de paix à l'aide d'un chalumeau (v. 1033 : σὺ δ' ἀλλά μοι σταλαγμὸν εἰρήνης ἕνα | εἰς τὸν καλάμισκον ἐνστάλαξον τουτονί). Dans *Lysistrata*, le coryphée a un moustique qui s'est glissé sous sa paupière et lui irrite l'œil (v. 1025-1027) et il demande à la coryphée (on sait en effet que dans *Lysistrata* il y a exceptionnellement deux chœurs, l'un de vieillards, l'autre de femmes), il lui demande donc de lui enlever l'insecte avec un petit anneau. Un détail dans ce passage ne manque pas d'intérêt sur la réalité nosologique à Athènes. Une fois que la coryphée a retiré le moustique, elle s'écrie :

« Ah ! qu'il est gros à voir, ô Zeus, ce moustique que tu as là !
Ne vois-tu pas ? N'est-ce pas là un moustique Tricorysien ? » [18]

---

15. Aristophane, *Géras*, fr. 132 PCG III, 2 Kassel-Austin (= Pollux, *Onomasticon* IV, 180).

16. Aristophane, *Grenouilles*, v. 192. Comparer Hérodote, VII, 229 dans un contexte analogue de bataille : au moment de la bataille des Thermopyles, deux des trois cents Spartiates étaient alités atteints d'une ophtalmie au dernier degré (ὀφθαλμιῶντες ἐς τὸ ἔσχατον). Ils avaient reçu l'autorisation soit de retourner à Sparte, soit de mourir au combat avec leurs compagnons. L'un choisit le combat, où il mourut avec honneur, l'autre le départ pour Sparte, où il trouva le salut et le déshonneur : plus personne ne lui adressa la parole, jusqu'à ce qu'il prouve sa valeur à la bataille de Platée.

17. Le verbe ὑπαλείφω est employé pour l'application d'un onguent dans le cas d'opthalmie aussi bien dans ce passage des *Acharniens* que dans le fragment du *Géras* cité plus haut. Ce verbe est attesté aussi chez les médecins hippocratiques ; voir *Index Hippocraticus* (cité n. 5), s. v.

18. Aristophane, *Lysistrata*, v. 1031-1032.

Dans le théâtre d'Aristophane, bien des allusions sont énigmatiques. Mais certaines sont éclairées par les scholies. C'est le cas ici. Tricorythos est un dème du nord-est de l'Attique, entre Marathon et Rhamnonte, dont la scholie nous dit que c'était un endroit boisé et humide infesté de moustiques [19]. Des ophtalmies devaient donc être causées par la morsure de ces moustiques. Enfin, il est question d'un personnage atteint d'une maladie des yeux dans les deux dernières comédies conservées ; c'est Néoclidès qualifié de chassieux dans l'*Assemblée des femmes* (v. 254 : Νεοκλείδης ὁ γλάμων ; cf. v. 398), — ce qui ne l'empêche pas de prendre le premier la parole dans l'assemblée du peuple —, et qualifié d'aveugle dans le *Ploutos* (v. 665, τυφλός), ce qui ne l'empêche pas de surpasser ceux qui y voient en matière de larcin. L'orateur Lysias parle aussi d'un démagogue Archédémos qui était comme Néoclidès « chassieux » et volait le bien public (*Contre Alcibiade* [XIV], 25, Ἀρχεδήμῳ τῷ γλάμωνι). Au total, cela fait beaucoup de malades des yeux et d'aveugles ! On a l'impression que la littérature comique reflète la réalité : beaucoup de gens souffraient des yeux, et on les soignait par des onguents ou en instillant un liquide à l'aide d'un chalumeau ou en retournant la paupière pour enlever les corps étrangers à l'aide d'un anneau.

Voilà donc une affection pour laquelle les comédies d'Aristophane donnent des indications concrètes qui complètent le témoignage des écrits techniques. Il arrive enfin, que les comédies d'Aristophane apportent, de façon exceptionnelle il est vrai, des indications nouvelles par rapport à la littérature médicale contemporaine. C'est le cas de la maladie appelée la « boulimie ». Ce nom composé qui signifie littéralement « la faim de bœuf » (cf. en français « faim de loup ») a donné un verbe dérivé en -ιάω suivant une dérivation normale dans le vocabulaire des maladies. Or, ce verbe βουλιμιᾶν, attesté dans les textes conservés avant le nom dont il dérive, apparaît pour la première fois dans la comédie intitulée *Ploutos* représentée au début du IVᵉ siècle en 388. Après que le dieu de la richesse Ploutos a retrouvé la vue, une révolution se produit. Les justes qui étaient pauvres sont brusquement devenus riches ; ils viennent remercier le dieu. En revanche, ceux qui s'étaient enrichis injustement sont devenus pauvres et viennent protester auprès du dieu. C'est le cas d'un délateur professionnel, un sycophante, maintenant ruiné, qui arrive précipitamment par une entrée latérale. Et l'esclave Carion décrivant son entrée déclare (v. 872-873) :

---

19. Scholie à Aristophane, *Lysistrata*, v. 1032 : « du fait qu'à Tricorythos, il y a beaucoup de moustiques ; l'endroit est boisé et humide. »

« Avec quelle impétuosité, ô Déméter, il est arrivé
le sycophante. Il est clair qu'il est atteint de boulimie » (δῆλον ὅτι
βουλιμιᾷ).

C'est la première attestation de la boulimie dans les textes grecs.
Cette maladie n'est pas mentionnée dans la *Collection hippocratique*.
Le second texte où elle apparaît est l'*Anabase* de Xénophon où la
maladie est décrite pour la première fois avec précision [20]. Ce n'est
pas, comme dans l'acception moderne du mot « boulimie », une faim
insatiable, mais un état de faiblesse dû à la faim et favorisé par le froid
entraînant des chutes et des évanouissements. Chez Xénophon, ce
sont des soldats marchant dans la neige qui sont saisis de boulimie.
Cela correspond donc à ce que nous appelons l'hypoglycémie. Le
remède est de leur donner immédiatement à manger, et tous les
symptômes disparaissent. Chez Aristophane, le démagogue est aussi
affamé, car il ne peut plus s'enrichir par des procès injustes maintenant que Ploutos n'est plus aveugle. La différence avec la description
de Xénophon est que la faim n'a pas encore privé le malade de toute
son énergie chez Aristophane. La maladie ainsi décrite par Xénophon
apparaît ensuite dans les textes techniques, d'abord dans les *Problemata* d'Aristote (VIII, 9) où le lien entre la faim et le froid est
nettement marqué [21], puis chez les médecins, et notamment chez
Galien au IIe siècle ap. J.-C. où le symptôme boulimique est défini
encore de la même façon par un manque de nourriture avec refroidissement de la région de l'estomac, diminution de l'énergie et évanouis-
sement éventuel [22]. Le fait que le terme désignant cette maladie
apparaisse pour la première fois chez Aristophane ne signifie pas que
ce soit une création de l'auteur comique qui serait ensuite passée dans
la langue technique médicale. C'est en réalité un terme technique de la
médecine qui existait déjà à l'époque d'Aristophane, mais son
absence dans les traités de médecine ancienne vient de ce que nous
n'avons pas conservé la totalité de ces traités, sans compter l'existence
possible d'une transmission orale. On peut ajouter en s'appuyant sur
le témoignage de Xénophon qu'il ne s'agit pas d'une maladie très
connue. Quand Xénophon voit les hommes de l'arrière de la colonne
tomber dans la neige, il est incapable de faire le diagnostic de la
maladie. C'est quelqu'un d'expérimenté — peut-être un médecin,
Xénophon ne le précise pas — qui fait le diagnostic, indique le

---

20. Xénophon, *Anabase* IV, 5, 7-9.
21. Aristote, *Problemata* VIII, 9 (887b-888a).
22. Galien, *Sur les causes des symptômes* I, 7 (Kühn VII 136, 2 sqq.). Pour d'autres
attestations chez Galien, voir R. J. Durling, *A dictionary of medical terms in Galen*,
Leyde, Brill, 1993, p. 95.

pronostic et donne le traitement. Voici le passage qui est extrait de l'*Anabase* :

> « De là, pendant toute la journée qui suivit on marcha à travers la neige, et beaucoup d'hommes furent atteints de boulimie (ἐβουλιμίασαν). Xénophon, à l'arrière-garde, rencontrant ces gens qui tombaient, ignorait ce qu'était leur mal. Quand un de ceux qui étaient expérimentés lui eut dit que manifestement ils avaient la boulimie (βουλιμιῶσι) et que s'ils mangeaient quelque chose ils se relèveraient, faisant le tour des chariots, s'il apercevait quelque part de la nourriture, il la distribuait ou la faisait distribuer aux hommes atteints de boulimie (τοῖς βουλιμιῶσιν) par ceux qui avaient la force de courir le long de la colonne. Aussitôt qu'ils avaient mangé quelque chose, ces hommes se levaient et marchaient. »[23]

L'*Anabase* de Xénophon est rédigée postérieurement au *Ploutos* d'Aristophane de 388, mais traite d'un événement nettement antérieur à cette date, puisqu'elle rapporte l'expédition qui a eu lieu en 401-400. C'est donc un témoignage qui confirme que le verbe βουλιμιᾶν n'est pas une création d'Aristophane, mais un terme de la nosologie présent dans la médecine ancienne dès le vᵉ siècle. Voilà donc un exemple qui montre l'intérêt du corpus comique d'Aristophane comparé au corpus technique contemporain, pour la connaissance même des maladies.

Bien entendu, à la différence d'un écrit technique, l'évocation des maladies chez Aristophane est souvent inséparable de l'intention comique. Par exemple, les termes désignant les maladies peuvent être plaisamment employés de façon impropre. Ainsi le verbe βουβωνιᾶν, dont on a vu qu'il a le sens technique d'« avoir une grosseur à l'aine », est employé dans *Lysistrata* à propos d'une maladie d'un nouveau genre. Comme les femmes grecques font la grève de l'amour tant que leurs époux ne cesseront pas de faire la guerre, les hommes sont victimes d'un mal facile à imaginer qui est l'objet de plaisanteries « médicales ». C'est ainsi qu'un prytane athénien voyant arriver un héraut spartiate s'inquiète de sa santé : « As-tu une tumeur à l'aine du fait de ton voyage ? » (v. 987 : ἦ βουβωνιᾷς | ὑπὸ τῆς ὁδοῦ). C'est en réalité une victime de la grève de l'amour[24].

---

23. Xénophon, *Anabase* IV, 5, 7-9.

24. De façon plus générale, le vocabulaire médical sert dans *Lysistrata* à décrire les effets pathologiques du désir sexuel de l'homme non satisfait. Il y est question de « spasme » (v. 845 et 1089), de « tétanos » (v. 553 et 846) ; c'est une véritable « maladie » (v. 1088). Sur ce point, voir B. Zimmermann, *art. cit.* (n. 2), p. 517. La création comique semble même enrichir le vocabulaire médical. A côté du « spasme », Aristophane parle d'« antispasmes » (v. 967), ce qui n'est pas attesté dans la langue médicale.

Un autre procédé comique consiste à créer sur le modèle des termes techniques de la maladie de nouveaux verbes en -ιᾶν correspondant à de nouvelles maladies inconnues des médecins. L'une des créations les plus audacieuses est μελλονικιᾶν qui signifie « avoir la maladie tergiversante de Nicias ». Ce néologisme qu'Aristophane a créé en 414 dans les *Oiseaux* (v. 620) fait allusion à la temporisation maladive du stratège Nicias, non seulement avant le départ pour l'expédition de Sicile en 415, mais aussi pendant les opérations mêmes de l'expédition. Ce néologisme, formé sur un nom propre, même s'il y a un double jeu possible entre Nicias et νίκη, « la victoire », n'avait guère de chance de survivre à sa création. Moins hardies sont les créations de verbes en -ιᾶν formés sur des noms communs. Ainsi dans les *Nuées* le paysan Strepsiade, criblé de dettes à cause de son fils, se décide à aller suivre l'enseignement sophistique de Socrate pour apprendre l'art de les supprimer. Alléché par quelques exemples des subtilités révélées par un disciple, voilà que le brave paysan est pris d'un désir irrépressible de devenir lui-même disciple :

> « Ouvre, ouvre sans tarder le pensoir
> et montre-moi au plus vite ce Socrate ;
> car j'ai la discipulite (μαθητιῶ γάρ) ; allons, ouvre la porte. » [25]

Le néologisme en -ιᾶν, formé sur le substantif μαθητής, « le disciple », peut désigner soit un brusque besoin naturel qu'il faut absolument satisfaire — on pourrait comparer à cet égard le verbe χεζητιᾶν qui signifie « avoir envie d'aller à la selle » [26] — soit une maladie qui s'est brusquement déclarée et possède l'individu tout entier.

La création verbale par référence au vocabulaire technique de la maladie peut prendre d'autres voies que celle de la dérivation. Elle peut tenir simplement du jeu de mots. Si le paysan Strepsiade est couvert de dettes, c'est parce que son fils est lui-même atteint d'une maladie dispendieuse, la passion pour les chevaux. « Il a répandu une chevalite sur mes biens » se plaint le père [27]. Le mot grec que l'on traduit par « chevalite » est un néologisme ἵππερος, l'« hippère ». On peut analyser le mot en lui-même comme signifiant en gros « l'amour des chevaux », mais c'est en fait un jeu de mots, par simple changement de deux lettres, sur ἵκτερος, « l'ictère », comme le note déjà le

---

25. Aristophane, *Nuées*, v. 181-183.

26. Aristophane, *Grenouilles*, v. 8 ; cf. *Nuées*, v. 1387, *Oiseaux*, v. 790 et *Assemblée des femmes*, v. 313, 345 et 368.

27. Aristophane, *Nuées*, v. 74 (ἀλλ' ἵππερόν μου κατέχεεν τῶν χρημάτων).

scholiaste [28]. On peut se demander aussi — et c'est un point que personne n'a relevé — s'il n' y a pas aussi un calembour au vers 243, où Strepsiade explique à Socrate ce qu'est cette maladie : νόσος μ' ἐπέτριψεν ἱππική, δεινὴ φαγεῖν ; « une maladie m'a épuisé, celle des chevaux, terrible rongeuse », comme traduit Van Daele. On peut voir, en effet, dans δεινὴ φαγεῖν un calembour sur la maladie φαγέδαινα, c'est-à-dire sur l'ulcère rongeant, bien connu des traités hippocratiques et déjà attestée à propos de Philoctète dans la tragédie, chez Eschyle et chez Euripide [29].

La parodie peut résulter enfin de l'accumulation de références médicales. Quand le héros Lamachos va être ramené sur une civière dans les *Acharniens*, le messager qui annonce l'arrivée du blessé donne des ordres aux serviteurs pour préparer les soins d'urgence :

> « De l'eau, faites chauffer de l'eau (ὕδωρ... θερμαίνετε) dans une petite marmite,
> préparez des bandes (ὀθόνια), du cérat (κηρωτήν),
> des laines pleines de suint (ἔρι' οἰσυπηρά), une mèche, pour entourer sa cheville.
> Le héros s'est blessé contre un pieu en sautant un fossé,
> il s'est déboîté et retourné la cheville,
> et il s'est fait une fracture à la tête en tombant sur une pierre. » [30]

C'est une parodie épique et tragique, mais aussi une parodie médicale ; on songe, en effet, non seulement à un récit de messager de tragédie ou à une description de blessure dans l'*Iliade*, mais aussi aux soins prescrits dans les traités chirurgicaux. Effectivement, un traitement analogue est prescrit lors d'un accident comparable par l'auteur des *Fractures*, c. 11 [31]. Il s'agit d'une luxation, non pas de la cheville, mais de l'os du talon, après un saut depuis un endroit élevé, ce qui est fort douloureux selon le médecin hippocratique. Voici le traitement :

---

28. Scholie à Aristophane, *Nuées*, v. 74 : « Il (*sc.* Aristophane) a joué sur le mot ictère (ἴκτερος). L'ictère est une maladie qui se répand autour des yeux des malades ; voilà pourquoi il a employé à propos le mot " a répandu " (κατέχεεν). De la même façon, il dit que l'hippère s'est jeté sur les biens de Strepsiade. » Il est possible aussi qu'il y ait un jeu de mots sur χρημάτων les « biens » et χρωμάτων les « couleurs ». L'ictère, c'est la jaunisse.

29. Sur la « maladie dévorante » (φαγέδαινα), voir J. Jouanna, « La maladie comme agression dans la *Collection hippocratique* et la tragédie grecque », dans *La maladie et les maladies dans la Collection hippocratique*, P. Potter, G. Maloney et J. Desautels éd. (Actes du VIᵉ colloque international hippocratique de 1987), Québec, 1990, p. 39-60 (= *Metis*, III, 1988, p. 343-360).

30. Aristophane, *Acharniens*, v. 1175-1180.

31. Hippocrate, *Fractures*, c. 11, Littré III, 452, 12-21. Pour ce rapprochement, voir déjà B. Zimmermann, *art. cit.* (n. 2), p. 521 sq.

« Il faut soigner ces blessés avec du cérat (κηρωτῇ), des compresses et des bandes (ὀθονίοισιν) ; il faut faire des affusions d'eau chaude en très grande abondance (ὕδατι δὲ θερμῷ πλείστῳ) dans ces cas-là. » [32]

Les ordres du messager aux serviteurs de Lamachos correspondent aux prescriptions du médecin. La correspondance est d'autant plus remarquable que les mots κηρωτή, « le cérat », ou ὀθόνια, « les bandes », apparaissent pour la première fois chez Aristophane et dans les traités hippocratiques [33]. Toutefois, comme il s'agit de termes qui sont relativement fréquents dans la prose médicale classique, on ne peut pas en conclure qu'Aristophane se réfère précisément à ce traité chirurgical, comme on l'a pensé [34]. Le messager emploie une expression technique qui est plus remarquable encore : c'est ἔρι' οἰσυπηρά, « laines pleines de suint ». Car si elle est attestée, comme les prescriptions précédentes, chez Hippocrate, elle l'est beaucoup plus rarement. C'est dans deux passages d'*Épidémies V* et *VII* qui en réalité n'en font qu'un, car ce sont deux développements parallèles [35]. Il est prescrit, dans le cas de douleurs aux lombes, aux jambes et à la hanche, de faire des affusions chaudes d'eau de mer et de vinaigre avant de placer des « laines pleines de suint » (εἰρίοισιν οἰσυπηροῖσι).

Le héros d'ailleurs, lorsqu'il arrive, tout en cachant les circonstances peu glorieuses de sa blessure accidentelle et tout en laissant entendre qu'il a été blessé au combat par un jet de pierre et par une lance ennemie, use de termes techniques pour décrire les symptômes qu'il ressent à la suite du coup reçu à la tête : εἰλιγγιῶ κάρα λίθῳ πεπληγμένος | καὶ σκοτοδινιῶ (v. 1218-1219 : « la tête me tourne du coup dont la pierre m'a frappé et j'ai le vertige »). Les deux verbes en -ιάω, εἰλιγγιῶ et σκοτοδινιῶ, font partie du vocabulaire des médecins hippocratiques [36]. Une fois encore, ces termes techniques médicaux en -ιάω apparaissent pour la première fois, en dehors de la littérature

---

32. Hippocrate, *Fractures*, c. 11, Littré III, 452, 18-20.

33. Le substantif κηρωτή est employé chez Hippocrate surtout dans les traités chirurgicaux (24 fois) et aussi dans les traités gynécologiques (une quinzaine de fois). Quant à ὀθόνιον, il apparaît plus souvent encore dans la *Collection hippocratique*, une centaine de fois pour en rester aux seuls traités chirurgicaux.

34. C'est l'avis de B. Zimmermann, *art. cit.* (n. 2), p. 522 ; il y verrait une preuve que le traité *Fractures-Articulations* serait antérieur à 425. F. Kudlien dans l'article « Hippokrateszitate in der altgriechischen Komödie ? » (cité n. 2) avait mis en garde contre la tentation de trouver chez l'auteur comique des citations précises d'Hippocrate ; cf. aussi I. Rodríguez Alfageme, *art. cit.* (n. 2), p. 569.

35. Voir Hippocrate, *Épidémies V*, c. 58, Littré V, 240, 2 = *Épidémies VII*, c. 76, *ibid.*, 434, 7 ; cf. aussi *Régime dans les maladies aiguës (App.)*, c. 29, Littré II, 516, 9.

36. Pour εἰλιγγιᾶν *vel* ἰλιγγιᾶν, voir Hippocrate, *Maladies des femmes* II, c. 182, Littré VIII, 364, 13 (« la femme a des vertiges », ἰλιγγιᾷ). Pour σκοτοδινιᾶν, voir

technique, chez Aristophane. Et l'on pourrait montrer qu'ici encore Aristophane greffe une plaisanterie sur un mot technique médical. A partir du verbe στοκοδινιῶ caractérisant le belliciste Lamachos, Aristophane invente, en changeant une seule lettre, la création éphémère σκοτοδινιῶ (v. 1221) caractérisant le pacifiste Dicéopolis. L'un est pris de vertige qui obscurcit sa vue, l'autre d'une douce maladie, celle de désirer faire l'amour dans l'ombre.

La valeur du témoignage d'Aristophane sur le vocabulaire technique des maladies se confirme donc, malgré l'utilisation comique qui en est faite. Aristophane était sans aucun doute un excellent connaisseur de la littérature médicale, et il possédait, par rapport à nous, le privilège d'avoir pu lire des traités médicaux que nous avons perdus.

$$* \atop * \; *$$

Après les maladies, voyons ce que les comédies d'Aristophane peuvent nous apprendre sur la médecine et les médecins. Allons droit à l'essentiel. Au moment même où la médecine occidentale écrit la première grande page de son histoire avec de nombreux traités où l'art médical se définit notamment par opposition avec la magie et la philosophie, le témoignage d'Aristophane est là pour rappeler que cette médecine rationnelle ne correspond pas à la réalité de la vie quotidienne des Grecs. Alors que les penseurs tels que le médecin Hippocrate ou l'historien Thucydide refusent l'intervention personnelle des divinités dans l'explication des maladies et dans leur thérapeutique, la majeure partie des Athéniens ne voyait pas de contradiction entre les diverses médecines, magique et populaire, religieuse et oraculaire, rationnelle et humaine qui continuaient à se côtoyer. Le témoignage d'Aristophane recrée ainsi la complexité de la vie médicale de la cité et aussi la vision du profane sur la médecine, là où nous avons tendance à privilégier le regard du spécialiste.

Le meilleur exemple que l'on puisse donner du mélange des diverses sortes de médecine se trouve dans les *Guêpes*. Pour soigner son père dont on a vu qu'il est atteint de la folie de juger, Bdélycléon a tenté toutes sortes de traitements. Voici le passage. C'est un esclave qui parle et expose le sujet :

> « Son fils supporte mal sa maladie (νόσον).
> Tout d'abord en usant de bonnes paroles

Hippocrate, *Semaines*, c. 51, Littré VIII, 670, 15 (σκοτοδινιῶν) = *Aphorismes* (App.), Jones IV, 218, 19.

il s'efforçait de le persuader de ne pas mettre son manteau
et de ne pas sortir dehors. Mais lui ne se laissait pas persuader.
Ensuite, il lui donnait des bains et le purgeait. Mais son état ne s'amé-
liorait pas du tout.
Après cela, il l'initiait aux rites des Corybantes. Mais lui, avec son
tambourin,
bondissait pour aller juger, déboulant dans le Nouveau Tribunal.
Et dès lors qu'avec cette initiation il n'y avait pas de profit,
il lui fit faire la traversée jusqu'à Égine ; puis s'emparant de lui
il le fit coucher de nuit dans le sanctuaire d'Asclépios.
Mais lui réapparut avant l'aube près de la barrière (du tribunal). » [37]

Pour montrer que Philocléon est atteint d'une maladie de juger
incurable, l'auteur comique a accumulé les traitements. Ils sont
employés dans une gradation savante, mais ils ont tous échoué.
D'abord la simple médication par la parole persuasive. Puis une
thérapeutique que l'on appellera rationnelle, du genre de celle que
l'on trouve dans la médecine hippocratique, à base de bains et d'évacuants. Les bains sont émollients et préparent l'effet des évacuants
dont on attendait qu'ils éliminent les humeurs peccantes. Puis devant
l'échec de cette médecine humaine, le fils est passé à une médecine
religieuse, d'abord sur place avec l'initiation aux danses des corybantes, puis en l'amenant par mer à Égine jusqu'au sanctuaire d'Asclépios. D'origine orientale, le culte à mystère des corybantes, prêtres de
Cybèle, se caractérisait par des danses frénétiques, chaque danseur
ayant un tambourin. Ce culte oriental devait être d'introduction assez
récente à Athènes. Les danses frénétiques étaient censées avoir un
pouvoir cathartique. Après la purgation rationnelle, c'est donc la
purification rituelle. Mais Philocléon reste rebelle aussi à ce traitement puisqu'il s'enfuit en emportant son tambourin pour rejoindre le
tribunal. Devant l'inutilité de ce premier traitement religieux, le fils en
essaie un second et s'en remet au pouvoir guérisseur d'Asclépios, fils
d'Apollon. La gradation de l'un à l'autre vient d'abord de ce que le fils
éloigne le malade du tribunal en le faisant embarquer au Pirée pour
Égine. De la sorte, il sera éloigné des tribunaux d'Athènes et pourra
moins facilement y revenir. Le passage d'une médication religieuse à
l'autre s'explique aussi par deux méthodes opposées : l'une prétend
soigner la folie par l'agitation, l'autre par le calme, puisque la guérison dans le sanctuaire d'Asclépios doit se produire quand le malade
est endormi. Voilà donc le passage du théâtre d'Aristophane qui est le
plus riche sur les diverses sortes de médecine qui pouvaient se côtoyer
dans la Grèce de l'époque classique.

---

37. Aristophane, *Guêpes*, v. 114-124.

On peut compléter ce tableau de base par des éléments éparpillés dans le reste du théâtre d'Aristophane, en faisant une distinction, pour la clarté de l'exposé, entre médecine magique, médecine religieuse et médecine rationnelle, bien que ces distinctions, comme nous venons de le voir, ne signifient pas dans l'esprit des Athéniens du Ve siècle une opposition entre elles.

La médecine populaire et magique est très peu présente. On ne la trouve guère que dans le *Ploutos*. Il s'agit de la scène que nous avons déjà évoquée où apparaît le sycophante atteint de boulimie. Voyant le Juste qui a maintenant un beau manteau, le sycophante se précipite sur lui dans l'idée de l'accuser. Mais le Juste lui répond :

> « Je ne me soucie nullement de toi ; car j'ai ce petit anneau
> que j'ai acheté chez Eudémos une drachme. »

A quoi l'esclave présent ajoute :

> « Mais il n'y a pas de remède contre la morsure d'un sycophante. » [38]

Cet Eudémos, est un personnage réel, puisqu'il est également mentionné par Théophraste qui le dit très célèbre dans son art (*Hist. Plant.* IX, 17, 2). C'était un vendeur de remèdes, un pharmacien en somme. Les petits anneaux qu'il vendait parmi bien d'autres remèdes étaient censés protéger contre les morsures des serpents et autres bêtes venimeuses. Le Juste, possédant un tel anneau, fait le fier, car il se croit naïvement à l'abri de tout. C'est mal connaître le venin des sycophantes. Voilà en tout cas un détail concret et précis sur un aspect de la médecine populaire dont les traités hippocratiques ne donnent pas la moindre idée. Le prix d'achat de l'anneau correspond à l'unité monétaire des Athéniens. Ce n'était pas un prix prohibitif ; beaucoup d'Athéniens devaient porter des anneaux de ce genre.

Après la médecine magique, venons-en à la médecine religieuse. L'exemple des corybantes donné dans les *Guêpes* n'est pas très significatif pour illustrer la médecine religieuse. La médecine d'Asclépios l'est beaucoup plus. Nous allons y revenir. Mais auparavant, il convient de signaler la médecine oraculaire. Le lien entre médecine et oracle est déjà perceptible dans l'œuvre du poète Musée. Eschyle dans les *Grenouilles* rappelle que Musée a enseigné aux hommes « les remèdes contre les maladies et les oracles » (v. 1033 : ἐξακέσεις τε νόσων καὶ χρησμούς). C'est surtout Apollon qui est à la fois devin et médecin. Dans le *Ploutos*, l'esclave Carion s'étonne que l'Apollon de Delphes ait rendu un oracle bizarre à son maître en lui conseillant de

---

38. Aristophane, *Ploutos*, v. 883-885.

suivre le premier venu, alors qu'il est, « à ce qu'on dit, un médecin et un devin savant » (v. 11 : ἰατρὸς ὢν καὶ μάντις, ὥς φασιν, σοφός). Dans les *Oiseaux*, Évelpide suggère que les corbeaux, pour manifester la puissance divine des oiseaux auprès des hommes, aillent crever les yeux des paysans qui labourent et ajoute : « Qu'Apollon ensuite, puisqu'il est médecin, les soigne ; il touche un salaire » (v. 584 : εἶθ' Ἀπόλλων ἰατρός γ' <ὢν> ἰάσθω· μισθοφορεῖ δέ) — confondant allègrement le rôle d'Apollon comme dieu médecin et les usages des médecins contemporains qui soignent moyennant salaire. La médecine oraculaire d'Apollon n'a pas toutefois la même importance dans la comédie que dans la tragédie.

En revanche la médecine d'Asclépios y est beaucoup mieux représentée. La guérison par incubation la nuit dans le sanctuaire de la divinité qui faisait l'objet d'une simple allusion dans les *Guêpes*, comme nous l'avons vu [39], devient dans la dernière comédie, le *Ploutos*, l'objet d'un long récit. L'Athénien Chrémyle qui avait reçu l'ordre de l'oracle d'Apollon de suivre le premier venu rencontre un vieillard aveugle dont il apprend qu'il est Ploutos, le dieu de la richesse. Aveuglé par Zeus dans sa jeunesse pour qu'il ne fasse pas de distinction entre les justes et les injustes dans la distribution des biens, Ploutos promet de récompenser uniquement les justes s'il retrouve la vue. Chrémyle emmène coucher le dieu dans le sanctuaire d'Asclépios (v. 621 : ἐγκατακλινοῦντ' ἄγωμεν εἰς Ἀσκληπιοῦ). C'est l'esclave Carion qui revient faire le récit, à la manière d'un messager de tragédie, mais sur le mode comique, de la nuit passée chez le dieu. Je me borne à résumer ce passage qui est notre principale source littéraire sur la médecine d'Asclépios, bien que la fantaisie se mêle à la réalité. Ce sont d'abord des rites préparatoires : bain purificateur dans l'eau salée (v. 656-657 : πρῶτον μὲν αὐτὸν ἐπὶ θάλατταν ἤγομεν, | ἔπειτ' ἐλοῦμεν) avant de pénétrer dans le sanctuaire, puis offrandes rituelles à l'autel du dieu (v. 660-661). Le moment essentiel est celui de l'incubation, c'est-à-dire le moment où les malades atteints de maladies de toute sorte se couchent dans un portique extérieur au temple pour y passer la nuit (v. 662 : κατεκλίναμεν ; cf. *Guêpes* v. 123 : νύκτωρ κατέκλινεν), attendant qu'Asclépios leur apparaisse en rêve et les soigne. Vient alors d'abord le prêtre d'Asclépios, qui rafle tous les gâteaux offerts au dieu, à la grande indignation de l'esclave Carion qui ne dort que d'un œil. Arrive ensuite le dieu lui-même, accompagné des divinités guérisseuses Iaso et Panacée (v. 701-702). Il inspecte tous les malades et quand il arrive auprès de Ploutos il lui essuie d'abord doucement les yeux, puis Panacée lui recouvre le visage d'un voile

---

39. Voir *supra*, p. 184.

pourpre, et Asclépios appelle d'un sifflement deux serpents sacrés qui sortent du temple et viennent lécher sous le voile les yeux de Ploutos (v. 726-736) [40]. C'est ainsi que le dieu de la richesse retrouve la vue. Malgré les éléments comiques et satiriques du récit, notamment à l'égard du prêtre d'Asclépios plus intéressé par les offrandes que par le sort des malades, il n'y a aucune intention de la part d'Aristophane de ridiculiser la médecine religieuse du dieu. Elle est efficace ; qui plus est, elle est judicieusement efficace : elle rend la vue aux aveugles quand ils le méritent — c'est le cas de Ploutos —, ou rend aveugles les chassieux qui le méritent — c'est le cas du sycophante Néoclidès (v. 716-725).

La valeur des deux témoignages d'Aristophane sur la médecine dans les temples d'Asclépios n'est pas seulement documentaire. Elle est aussi historique. Entre les *Guêpes* de 422 et le *Ploutos* de 388, une quarantaine d'années s'est écoulée. Or entre ces deux dates, en 415, le culte d'Asclépios a été introduit à Athènes depuis Épidaure, notamment avec la participation de Sophocle. Et l'on peut comprendre la différence d'utilisation qui est faite par Aristophane de ce culte guérisseur dans les *Guêpes* et dans le *Ploutos*. Alors qu'en 422 dans les *Guêpes*, l'auteur comique est obligé de mener son personnage atteint de folie jusqu'à Égine pour le faire coucher dans le sanctuaire d'Asclépios, puisqu'il n'existait pas de sanctuaire en Attique, quarante ans plus tard dans son *Ploutos* de 388, il n'a plus besoin, pour guérir son personnage atteint de cécité, de chercher un sanctuaire d'Asclépios hors de l'Attique, puisqu'il y en avait un désormais à Athènes. Et alors que dans la première comédie, le traitement du dieu avait échoué, il a pleinement réussi dans la seconde. Le poète comique ne pouvait plus mettre en doute devant le public athénien les pouvoirs miraculeux du dieu guérisseur. Le sanctuaire d'Asclépios était contigu au théâtre de Dionysos où était représentée la comédie ; et il était orné d'ex-votos offerts au dieu en remerciement par des fidèles miraculeusement guéris.

Il apparaît donc, en partie d'après le témoignage d'Aristophane, que la médecine religieuse à Athènes n'a pas régressé dans la fin du ve siècle et au début du ive siècle ; bien au contraire. Or c'est aussi la période où la médecine rationnelle s'épanouit en Grèce ; c'est, en effet, de cette époque-là que datent les principaux traités de la *Collection hippocratique*. Et, même si la sphère d'activité des médecins hippocratiques était essentiellement en Thessalie et dans la Grèce du Nord, Hippocrate et ses œuvres n'étaient pas inconnus à Athènes,

---

40. Pour les serpents guérisseurs, voir aussi Aristophane, *Amphiaraos*, fr. 28 PCG III, 2 Kassel-Austin.

comme l'indiquent les allusions au médecin de Cos, chez Platon, dans son *Protagoras* et dans le *Phèdre* [41]. Il y a donc un paradoxe au moins apparent, sur lequel nous reviendrons après avoir présenté la médecine rationnelle d'après Aristophane.

D'abord il y a des indications sur l'existence des médecins publics et sur le nom de l'un d'entre eux dès la comédie la plus ancienne, *Les Acharniens* de 425. Lorsque le pauvre laboureur, qui a perdu ses yeux à force de pleurer ses bœufs, vient prier Dicéopolis de lui donner, pour soigner ses yeux, une goutte de la paix de trente ans qu'il garde jalousement dans un flacon, ce dernier lui réplique sans ménagement qu'il n'est pas médecin public : οὐ δημοσιεύων τυγχάνω (v. 1030). Ce verbe δημοσιεύω, attesté ici pour la première fois dans les textes littéraires, a le sens technique d'être médecin public, c'est-à-dire un médecin recruté par la cité dans l'assemblée du peuple et payé par elle pour soigner les malades dans une officine publique. Et devant l'insistance du laboureur, Dicéopolis le renvoie sans ménagement en l'invitant à aller « pleurer chez les disciples de Pittalos » (ἀλλὰ κλᾶε πρὸς τοὺς Πιττάλου, v. 1032). De ce contexte, il ressort que Pittalos était médecin public à Athènes au moment de la représentation de la comédie et qu'il était entouré d'une équipe de disciples. Il sera à nouveau question de ce Pittalos dans la même comédie, lorsque Lamachos revenu blessé du combat demandera qu'on le porte jusqu'aux « mains guérisseuses de Pittalos » (v. 1222-1223 : εἰς τοῦ Πιττάλου | παιωνιαῖσι χερσίν). Trois ans plus tard dans les *Guêpes*, quand un homme roué de coups par Philocléon vient se plaindre auprès de lui, le vieillard l'invite à courir à l'officine de Pittalos (v. 1432). Cette insistance sur l'officine de Pittalos, sur ses mains guérisseuses, sur ses disciples qui l'entourent semble bien indiquer que ce médecin public, resté au moins quatre ans au service de l'État, était une célébrité à Athènes, un homme à la mode connu de tous.

A côté des médecins publics, il y avait des médecins privés qui travaillaient à leur compte. Ils soignaient les malades contre des honoraires. Or, à en croire le témoignage d'Aristophane dans le *Ploutos*, il y eut une crise de la profession dans l'Athènes du début du IVe siècle. En effet, lorsque Blepsidème suggère qu'on aurait pu appeler un médecin pour soigner les yeux du dieu de la richesse, Chrémès objecte qu'il n'y a plus de médecin à Athènes, depuis qu'on n'a plus de quoi les payer. « Quel médecin y a-t-il maintenant dans la ville ? Car le salaire n'existe pas, et la profession non plus. » [42] Et les deux compères scrutent l'auditoire dans l'espoir d'y apercevoir un méde-

---

41. Platon, *Protagoras*, 311b ; *Phèdre*, 270c.
42. Aristophane, *Ploutos*, v. 407-408.

cin, avant de conclure par la négative : ἀλλ' οὐκ ἔστιν, « il n'en existe pas » [43]. Cette désertion des médecins, même s'il faut faire la part de l'exagération comique, correspond à un appauvrissement réel de la cité due à la guerre dite de Corinthe qui se poursuit depuis sept ans. Et, dans un tel contexte, on peut comprendre que la médecine religieuse d'Asclépios, probablement moins coûteuse, et en tous les cas plus douce, ait pu séduire les Athéniens.

Cette crise de la médecine dans la cité athénienne pendant les années de la guerre de Corinthe ne doit pas masquer le fait que les médecins dans le dernier quart du ve siècle ont, à Athènes, comme ailleurs, participé à cette effervescence intellectuelle du siècle de Périclès où l'on se passionne non seulement pour les formes de la parole, instrument de pouvoir politique et social, mais aussi pour la connaissance de l'infiniment grand comme de l'infiniment petit. Aristophane n'apprécie pas ce modernisme qu'il ridiculise dans les *Nuées* en la personne de Socrate et de ses disciples, car il considère ces nouveaux savoirs comme dangereux ou futiles. Pour lui, les nouvelles recherches biologiques se résument à la physiologie du moustique et à la question essentielle de savoir si le moustique chante par la bouche ou par le derrière (v. 160-164). Mais les médecins n'étaient pas tous de l'avis d'Aristophane puisque certains d'entre eux sont mentionnés parmi les sectateurs de ces nouvelles sciences. Voici en effet comment Socrate détaille les adorateurs des Nuées à son nouveau disciple, le paysan Strepsiade :

> « C'est que, par Zeus, tu ne sais pas que ces Nuées nourrissent de très nombreux savants, devins de Thourioi, techniciens de la médecine, oisifs chevelus qui soignent leurs ongles et leurs bagues, tourneurs de chants pour les chœurs cycliques, charlatans des choses d'en·haut ; c'est à ne rien faire qu'elles les nourrissent dans l'oisiveté, parce qu'ils les chantent dans leurs vers. » [44]

Dans cette énumération qui rassemble à des fins comiques sur le même plan des prétendus savants aux activités très diverses, les médecins sont énumérés entre les devins qui ont participé à la fondation de la colonie athénienne de Thourioi par Périclès en 443 — dont le plus célèbre est Lampon —, et les auteurs de dithyrambes, ces chœurs en l'honneur de Dionysos qui étaient l'objet d'un concours, au même titre que les comédies et les tragédies, lors des Grandes Dionysies. Pour désigner cette catégorie de médecins, Aristophane n'emploie pas le terme usuel de « médecins » (ἰατροί), mais un composé qu'il semble

---

43. Aristophane, *Ploutos*, v. 409.
44. Aristophane, *Nuées*, v. 331-334.

avoir forgé lui-même ἰατροτέχναι, « techniciens de la médecine ». Sous cette simple allusion, il y a en réalité toute une problématique dont on pourrait trouver l'écho dans les traités médicaux rassemblés sous le nom d'Hippocrate, entre les partisans d'une médecine qui juge nécessaire de tenir compte des phénomènes d'en haut, qu'il s'agisse d'une médecine philosophique ou météorologique, et ceux qui s'en tiennent à une médecine plus traditionnelle. Il n'est pas loisible de présenter ici ce débat de méthode. Mieux vaut signaler qu'on a été attentif très tôt dans la critique d'Aristophane à élucider cette allusion des *Nuées* aux « techniciens de la médecine » par l'existence de traités médicaux où il est question des phénomènes d'en haut.

En effet, la scholie d'Aristophane à ce passage sur les « techniciens de la médecine » se présente comme suit :

> « Les médecins aussi ont écrit des ouvrages sur les airs et sur les eaux ; or les nuées aussi sont des eaux. Il y a un traité d'Hippocrate *Sur les Airs, les lieux et les eaux.* » [45]

Le rapprochement fait par le scholiaste avec le traité des *Airs, eaux, lieux* est d'autant plus judicieux que c'est dans ce traité hippocratique que l'on trouve la revendication la plus claire d'une médecine météorologique, c'est-à-dire de la nécessité de connaître l'influence des saisons et du mouvement des astres sur la santé des hommes. L'auteur prévient même l'objection des adversaires :

> « Si quelqu'un considère qu'il s'agit là de discours sur les choses d'en haut..., il apprendra que, loin d'être négligeable, la contribution de l'astronomie à la médecine est très importante, car, en même temps que les saisons, l'état des cavités change chez les hommes. » [46]

Il n'est pas impossible qu'Aristophane, fort de la méfiance d'une partie du public pour la nouvelle science à la mode et ses représentants, englobe dans cette satire des nouveaux savants passionnés des choses d'en haut aussi bien Hippocrate que Socrate, alors que Platon contribuera à leur réhabilitation.

Voilà donc un aperçu de ce que les comédies d'Aristophane peuvent nous apprendre directement sur la connaissance des maladies et sur les différentes formes de médecine dans l'Athènes du Vᵉ siècle. Ce témoignage, nous l'avons vu, peut rivaliser dans certains cas avec celui de la littérature médicale même sur la connaissance des maladies, car il révèle des termes de maladies que les traités médicaux contemporains parvenus jusqu'à nous n'ont pas conservés. Aristo-

---

45. Scholie à Aristophane, *Nuées*, v. 332.
46. Hippocrate, *Airs, eaux, lieux*, c. 2 (éd. Jouanna, 189, 10-14).

phane comble donc partiellement la perte d'une partie de cette littérature médicale. Mais surtout il apporte une vision différente de celle
du spécialiste. Certes ce témoignage est localisé à Athènes, à la
différence de celui des médecins hippocratiques qui couvrent un
champ beaucoup plus vaste de la Grèce, notamment la Thessalie et la
Grèce du Nord ; certes, les allusions sont parfois fort brèves. Mais,
sans vraiment en avoir conscience, Aristophane apporte un regard
beaucoup plus concret sur l'extension des maladies, sur la profession
médicale avec l'importance des médecins publics, sur les différentes
formes de médecine religieuse ou laïque qui se côtoient, sur l'existence
d'une nouvelle médecine qui suscitait certaines méfiances, et même
sur la crise de la médecine trop chère pour une clientèle appauvrie
dans l'Athènes du IVe siècle.

   Mais si l'on en restait aux *realia*, on omettrait tout un pan de
l'inspiration d'Aristophane : de la réalité de cette science à la mode il
a fait un usage subtil, en transposant les schémas et les jargons
médicaux à des situations ne relevant pas *a priori* de la médecine.
Maladie et médecine ont, dans la comédie d'Aristophane, une existence seconde grâce au domaine métaphorique. C'est ce que nous
allons voir dans une dernière partie.

   L'utilisation de la métaphore médicale n'est évidemment pas une
particularité du théâtre d'Aristophane. Elle existe aussi bien dans la
tragédie que dans la comédie ; on la rencontrait déjà dans la poésie
lyrique d'un Pindare. Les orateurs politiques y avaient aussi recours, à
en croire le témoignage de Thucydide. Mais la métaphore médicale est
filée chez Aristophane avec une précision et une ampleur nouvelles,
car il faut susciter le rire. C'est surtout dans deux grands domaines
que l'on rencontre la métaphore médicale chez Aristophane, d'une
part dans la langue de la critique littéraire et d'autre part dans la
politique.

   La métaphore médicale la plus développée appliquée au
domaine littéraire est mise par Aristophane dans la bouche d'Euripide. Il explique à Eschyle dans les *Grenouilles* (v. 939 et suiv.) comment il a dû faire suivre un régime amaigrissant à la tragédie lorsqu'il
l'a reçue en héritage avant de lui redonner des forces :

   « Mais quand je reçus de toi la tragédie tout d'abord aussitôt,
   alors qu'elle était enflée (οἰδοῦσαν) de termes emphatiques et de vocables
   pesants (ἐπαχθῶν),
   je la fis désenfler (ἴσχνανα) et je lui ôtai du poids (καὶ τὸ βάρος ἀφεῖλον)

au moyen de versiculets, de promenades (ἐπυλλίοις καὶ περιπάτοις) et de
bettes blanches (τευτλίοισι λευκοῖς),
en lui donnant une décoction de babillage filtrée provenant des livres
(χυλὸν διδοὺς στωμυλμάτων ἀπὸ βιβλίων ἀπηθῶν).
Puis je lui redonnai de la nourriture (ἀνέτρεφον) avec des monodies en y
mêlant du Céphisophon. »

On ne peut pas comprendre tout le sel de ce passage, si l'on ne
connaît pas la littérature médicale de l'époque. Comme le dit Jean
Taillardat, « cette image, filée de bout en bout, brille de l'éclat particulier que lui donnent les jeux de mots et le recours systématique aux
termes médicaux » [47]. Aristophane se livre, par la bouche d'Euripide,
à un pastiche extrêmement précis d'une thérapeutique par le régime.
Ce n'est pas seulement une cure d'amaigrissement, comme on pourrait le croire, lors d'un examen un peu trop rapide. Certes la tragédie,
élevée au régime d'Eschyle, avait du « surpoids », comme disent
maintenant les médecins. Mais elle était malade, victime d'enflure
(οἰδοῦσαν), ce qui est le signe d'une inflammation. C'est donc une
véritable thérapeutique qu'Euripide lui a appliquée, pour faire disparaître non seulement le poids, mais surtout l'enflure maladive. Le
verbe ἰσχναίνω dans le vocabulaire médical, comme ici chez Aristophane, signifie « faire disparaître l'enflure » et s'oppose à οἰδέω [48].
Quant à la thérapeutique, elle comprend deux moments opposés,
comme c'est usuellement le cas dans la thérapeutique hippocratique.
Un premier moment de diète sévère, pour éviter de nourrir le mal,
avec diminution ou disparition des aliments solides et remplacement
par des décoctions ou des jus de décoction filtrée. Puis un second
moment de réalimentation, de restauration, une fois que la maladie a
cessé, ce qu'indique le verbe ἀνατρέφω. Ce verbe relativement rare est
employé justement dans les écrits hippocratiques avec ce sens technique de reprendre l'alimentation après la diète. Il y a un rapprochement tout à fait éclairant à faire avec le traité hippocratique des
Articulations où, par deux fois, un régime d'abstinence suivi d'un
régime de restauration est indiqué comme ici, avec la même opposition entre les deux verbes ἰσχναίνω et ἀνατρέφω. Voici la première
recommandation dans le cas de fracture de la mâchoire inférieure
avec déplacement : « On le (*sc.* le malade) mettra à la diète (ἰσχναίνειν)

---

47. Voir J. Taillardat, *Les images d'Aristophane. Études de langue et de style*, Paris,
1965, p. 452 (n° 779).

48. Voir, par exemple, Hippocrate, *Fractures*, c. 21, Littré III, 486, 11 et *Aphorismes* V, 25, Littré IV, 540, 16. Dans les deux cas, le verbe est employé comme chez
Aristophane dans la thérapeutique des gonflements (οἰδήματα).

pendant dix jours, puis on le restaurera (ἀνατρέφειν) sans lenteur. » [49]
La seconde prescription se lit dans un cas assez différent, une contu-
sion de la poitrine, mais elle est analogue : « Durant dix jours le mettre
à la diète (ἰσχναίνειν), puis restaurer le corps (ἀνατρέφειν). » [50] Ainsi
la comparaison avec la littérature médicale que le verbe
ἰσχναίνω chez Aristophane signifie à la fois « faire désenfler » la
tragédie et la « mettre à la diète ».

C'est également à partir de la comparaison avec la littérature
médicale que l'on peut juger des mots à double entente — tels que
περίπατοι qui sont en médecine les « promenades » et en littérature les
« digressions » —, ou des plaisanteries contre l'attente — ce que l'on
attend après « lui donnant du jus », c'est de ptisane (πτισάνης) et non
de babillages, comme le signale déjà la scholie [51]. Sans pouvoir entrer
dans le détail de toutes les correspondances, il est clair d'une part
qu'Aristophane a une connaissance très précise de la littérature médicale et d'autre part qu'Euripide se présente face à Eschyle comme le
médecin de la tragédie. Mais ce médecin, en définitive, ne dit rien qui
vaille à Aristophane : il le laissera aux enfers pour faire remonter
Eschyle. Au goût d'Aristophane, Euripide avait rendu la tragédie trop
grêle.

Quand on passe du domaine littéraire au domaine politique, la
métaphore médicale est reprise à son compte par le poète lui-même.
D'abord il dénonce les diverses folies de ses contemporains. La maladie la plus communément répandue parmi les citoyens de la république aristophanesque, c'est la « folie ». Chacun dénonce en effet la
folie dont les autres sont atteints. Il n'y a pas lieu de recenser ces
diverses folies plus ou moins graves dont Aristophane fait le diagnostic, mais de souligner les passages où Aristophane se pose en médecin
de la cité malade. C'est dans les *Guêpes* qu'il se présente comme tel
avec le plus d'insistance en dénonçant la folie de juger du vieux dicaste
Philocléon, dont le nom à lui seul signifie partisan de Cléon, ce
démagogue qui avait favorisé le mal en augmentant l'indemnité des
juges. La métaphore médicale apparaît d'abord dans la bouche du
personnage qui veut, comme le poète lui-même, éradiquer ce mal, le
fils du vieux dicaste dont le nom Bdélycléon indique qu'à l'inverse de
son père il a horreur de Cléon. Dans l'*agôn* qui l'oppose à son père, le
fils commence son plaidoyer en disant (v. 650-651) :

> « C'est une entreprise difficile et qui demande une forte intelligence, plus
> grande que celle des poètes comiques, que de guérir une maladie invété-

---

49. Hippocrate, *Articulations*, c. 33 Littré IV, 152, 6 sq.
50. Hippocrate, *Articulations*, c. 50, *ibid.*, 220, 18 sq.
51. Scholie à Aristophane, *Grenouilles*, v. 943.

rée née dans la cité » (Χαλεπὸν μὲν καὶ δεινῆς γνώμης καὶ μείζονος ἢ ʼπὶ τρυγῳδοῖς | ἰάσασθαι νόσον ἀρχαίαν ἐν τῇ πόλει ἐντετοκυῖαν).

Cette maladie ancienne dans la cité est l'amour des procès, comme l'indique la scholie [52]. On notera la progression. Dans le début de la comédie, le fils avait essayé toutes les médications, comme nous l'avons vu [53], pour guérir la maladie de son père. Ici le diagnostic s'élargit. Ce n'est plus une folie individuelle, mais une maladie générale de la cité qui est dénoncée ; et la maladie est d'autant plus grave qu'elle est ancienne. La formulation n'est pas sans rappeler le thème d'*Œdipe roi* et du « mal ancien » qu'est la souillure « nourrie » par la cité depuis le meurtre de Laïos, et qu'il s'agit de guérir.

Dans la même comédie, il est une autre métaphore médicale qui concerne encore plus directement le poète ; c'est le chœur qui, dans la parabase, faisant l'apologie de son poète, le compare à Héraclès purificateur de monstres :

> « Avec une ardeur d'Héraclès (Ἡρακλέους ὀργήν τινʼ ἔχων), il attaqua, dit-il, les plus grands, et hardiment s'engagea dès le début dans un combat avec la bête elle-même aux dents acérées (*sc.* Cléon)... A la vue d'un tel monstre, notre poète nie qu'il ait eu peur et se soit laissé corrompre ; mais pour vous défendre maintenant encore il combat (πολεμεῖ). Et il dit qu'après celui-là il attaqua l'an dernier les frissons et les fièvres (τοῖς ἠπιάλοις ἐπιχειρῆσαι πέρυσιν καὶ τοῖς πυρετοῖσιν) qui la nuit étranglaient (ἦγχον) les pères, étouffaient (ἀπέπνιγον) les grands-pères, et penchés sur vos lits, accumulaient sur ceux d'entre vous qui aimaient la tranquillité, antomosies, assignations et témoignages, si bien que beaucoup se levaient d'un bond, effrayés, pour courir chez le polémarque. Après avoir trouvé un tel défenseur contre les maux et purificateur de ce pays (Τοιόνδʼ εὑρόντες ἀλεξίκακον τῆς χώρας τῆσδε καθαρτήν), l'an dernier vous l'avez trahi... » [54]

Aristophane, par l'intermédiaire de son chœur, se présente comme celui qui écarte les maux (ἀλεξίκακον) de son pays. Ces maux qu'il veut écarter, ce sont les démagogues qui égarent et volent le peuple, ce sont les disciples du raisonnement injuste, les sycophantes qu'il compare à des fièvres nocturnes. On notera le terme technique de ἠπιάλοις (v. 1038) qui est attesté aussi dans les traités de médecine, notamment dans *Airs, eaux, lieux* (c. 3, 3), et qui désigne soit les frissons précédant la fièvre, soit une variété de fièvre accompagnée de

---

52. Scholie à Aristophane, *Guêpes*, v. 650.
53. Voir *supra*, p. 184.
54. Aristophane, *Guêpes*, v. 1030-1044.

frissons [55]. La métaphore médicale est bien présente et cette fois c'est
Aristophane qui est directement le médecin de la cité, puisque c'est lui
qui écarte les maux. Mais comme Aristophane se qualifie non seulement d'écarteur de maux, mais aussi de purificateur (καθαρτήν), il est
clair que le modèle médical auquel se réfère ici Aristophane n'est pas
la médecine hippocratique qui, elle, fustige les « purificateurs »
(καθαρταί) dans le traité de la *Maladie Sacrée* (c. 1) en les rangeant au
nombre des charlatans [56]. L'auteur comique est plus proche d'une
conception populaire qui conserve une représentation démonique de
la maladie et ne voit pas de contradiction majeure entre médecine
rationnelle et médecine religieuse. En définitive, pour Aristophane, le
modèle médical n'est pas tant Hippocrate qu'Héraclès. A la subtilité
de la médecine météorologique d'un Hippocrate qu'il devait ranger
au nombre des partisans des Nuées comme Socrate, il devait préférer
le combat d'un Héraclès purificateur de monstres. Mais après tout,
Héraclès n'était-il pas aussi un ancêtre mythique d'Hippocrate ?

Jacques JOUANNA

---

55. Le terme ἠπίαλος se trouve aussi dans les *Thesmophories II* (fr. 346 PCG III,
2 Kassel-Austin = scholie *Guêpes*, v. 1038) où il désigne le frisson annonciateur de la
fièvre (ἅμα δ' ἠπίαλος πυρετοῦ πρόδρομος). Pour les discussions anciennes sur le sens
du mot ἠπίαλος, voir J. Jouanna, *Hippocrate*, t. II, 2ᵉ partie, *Airs, eaux, lieux*, Paris,
1996, p. 260 sq. (n. 2 de la p. 191). Aristophane emploie aussi le verbe dénominatif
ἠπιαλέω -ῶ dans *Les Acharniens*, v. 1165. C'est la première attestation de ce dénominatif, qui réapparaît dans Aristote, *Problemata* 27, 2 (947 b 21) : τοῖς ἠπιαλοῦσιν. Le
dénominatif attesté dans la *Collection hippocratique* est différent. C'est ἐξηπιαλόομαι
en *Jours critiques*, c. 11, Littré IX, 280, 10 sq. (ἐξηπιαλοῦται).
56. Hippocrate, *Maladie sacrée*, c. 1, Littré VI, 354, 13 (= Grensemann 60, 21).

L'ARISTOPHANE PERDU.
UNE INTRODUCTION
AUX TRENTE-TROIS COMÉDIES DISPARUES
AVEC UN CHOIX DE FRAGMENTS
TRADUITS ET COMMENTÉS

I. Introduction générale

Dans le grand naufrage de la littérature antique, Aristophane a été relativement favorisé par la transmission manuscrite. Onze de ses comédies nous ont été transmises sur les quarante-quatre qu'il avait écrites, alors que les vingt-neuf comédies de Cratinos, les dix-sept comédies d'Eupolis et les centaines d'autres comédies anciennes du ve siècle ont disparu. Mais nous connaissons par la tradition indirecte les titres et des fragments des trente-trois comédies perdues. Ce sont ces trente-trois comédies qui vont être présentées ici.

Cette présentation repose sur une lecture attentive de l'impressionnante édition de R. Kassel et C. Austin et de plusieurs travaux de haut niveau, en particulier le travail de Luis Gil, qui me semble être la synthèse la plus pratique existant à ce jour [1]. Elle ne se contente pas de suivre ces travaux : les indications de leurs savants auteurs ont été autant que possible vérifiées et leurs conclusions n'ont pas été automatiquement retenues (notamment pour les datations). Toutefois, le présent travail a des objectifs beaucoup plus limités sur le plan scientifique — et aussi plus « littéraires » — que ceux de L. Gil ou d'autres savants, auxquels il reste indispensable de se reporter [2].

Les fragments d'Aristophane sont au nombre de 976 dans l'édition de Kassel et Austin : 589 provenant de comédies dont le titre est connu, 335 provenant de comédies dont le titre est inconnu (fr. 590-924), 52 provenant de comédies dont l'attribution est douteuse

---

1. Un immense merci à Ignacio Rodríguez Alfageme qui m'a amicalement transmis le texte de Luis Gil.

2. Par exemple, pour un exposé sur la transmission du texte d'Aristophane, du ve siècle à l'époque byzantine, et sur les travaux philologiques anciens, ou encore pour les éditions de fragments et les travaux modernes, voir GIL, p. 39-44.

(fr. 925-976). Les fragments retrouvés sur papyrus — restes d'éditions antiques avec scholies, commentaires, glossaires, listes des œuvres — sont plutôt rares, bien plus rares [3] que pour Ménandre. Les documents épigraphiques ne sont à peu près d'aucun secours pour Aristophane [4].

Les sources s'accordent sur **le nombre total** des comédies d'Aristophane (si on excepte de fantomatiques *Ambassadeurs des Odomantes*) : 44. C'est le chiffre donné par la *Souda* (qui cite par ailleurs 19 titres de comédies perdues), par *la Vie d'Aristophane B* (la plus complète) [5] et par l'Index Ambrosien ou Index Novati [6]. L'Index Novati donne les titres de 42 comédies, en omettant une *Paix* et le *Campement des femmes*, mais non pas les titres des quatre comédies que la *Vie* et l'Anonyme *Sur la Comédie* signalent explicitement comme d'authenticité douteuse (la *Poésie, Dionysos naufragé*, les *Îles, Drames ou Niobos*). Un papyrus du IIe siècle [7] donnait les mêmes titres, mais une lacune de 9 ou 10 titres n'en a laissé subsister que 24.

Le contenu des trente-trois comédies perdues est inégalement connu, mais de toute façon elles sont toutes très mal connues. Sauf pour les comédies dont un « doublet » fait partie des pièces conservées (*Nuées, Paix, Thesmophories*), l'intrigue est complètement hypothétique et toutes les reconstitutions relèvent de l'imaginaire. Nos sources d'information sont les suivantes : les passages où Aristophane lui-même parle de ses comédies perdues ; les Arguments des comédies conservées ; les titres et les fragments cités par les scholies des comédies conservées, au milieu de diverses explications historiques, linguistiques et autres [8]. Les titres donnent une idée du thème général de la pièce perdue et, quand il s'agit d'un titre mythologique, ils font penser qu'on a affaire au traitement grotesque d'une légende connue ou à la parodie d'une tragédie d'Euripide (quand Euripide a porté sur la scène la légende en question). Les fragments survivants donnent, dans le détail, un aperçu du contenu ou des thèmes. Des critères formels, et surtout des analyses métriques, permettent de savoir à quelle partie de la comédie appartiennent les fragments : la parabase,

---

3. Voir Gelzer, col. 1553-1557.

4. *IG* II^2, 2321, 87-89 ; 2325, 58 ; 3090, 3 ; 2318, 196 (Ararôs). Pour une présentation d'ensemble des « Fastes » (2318), des « Listes de vainqueurs », acteurs et poètes (2325), des « Didascalies » (2319-2323), des « Documents romains » (XIV, 1097 et 1098), voir PICKARD-CAMBRIDGE, p. 101-107, 112-116 et 121 sq.

5. Test. 1 KASSEL-AUSTIN, p. 1-4. Les *Vies A* et *B* en parallèle : Cantarella, n° 226.

6. Cod. Ambros. L 39 = Test. 2a KASSEL-AUSTIN, p. 4-5.

7. Pap. Oxyr. 2659 = Test. 2c KASSEL-AUSTIN, p. 5.

8. Les scholies sont, dans nos manuscrits médiévaux, des notes marginales qui, à travers divers intermédiaires, remontent à des commentaires continus (*hypomnemata*) écrits par les philologues de l'époque alexandrine.

les chœurs, les parties parlées. Une fois le titre et les débris du texte rapprochés des débris du travail des Alexandrins, une très vague silhouette de la comédie perdue se dessine...

La datation d'une comédie perdue est hypothétique chaque fois que la date n'est pas fixée par un document précis et fiable (c'est-à-dire dans la majorité des cas). Les critères formels et la métrique peuvent parfois permettre des hypothèses. Mais, pour l'essentiel, on dispose, pour dater, de deux catégories d'indices :

a) les noms des κωμῳδούμενοι, cibles des moqueries du poète. En principe, les noms des personnages moqués changent avec le temps, en fonction de l'actualité : les comédies qui mentionnent les mêmes individus risquent donc d'être chronologiquement proches. En principe aussi, Aristophane n'attaque pas un personnage (du moins un homme politique) après sa mort : la date de disparition d'un personnage connu fournit donc un *terminus ante quem* pour dater un fragment où ce personnage est mentionné ;

b) les mentions de comédies ou de tragédies dont la date est plus ou moins bien connue par ailleurs, et surtout la parodie de tragédies d'Euripide. La date de la pièce de référence, quand elle est connue (précisément ou approximativement) fournit un *terminus post quem* pour dater la comédie qui se réfère à elle.

La marge d'indétermination reste grande : un homme comme Chéréphon, le disciple de Socrate, est moqué de 423 à 405 (au moins) ; des tragédies comme le *Télèphe* ou l'*Éole* d'Euripide sont parodiées très longtemps après leur création... Même réunis en faisceau, les indices n'aboutissent souvent qu'à des « fourchettes de datation » très larges, quand ils ne suggèrent pas deux dates très éloignées.

Un classement des comédies d'Aristophane pourrait être le suivant :

1) Critique politique : *Acharniens, Babyloniens, Cargos (Holkades), Cavaliers, Guêpes, Îles (Nêsoi), Paix I et II, Paysans (Georgoi)* ;

2) Éducation et société : *Banqueteurs (Daitales), Cigognes (Pelargoi), Nuées I et II, Oiseaux, Ploutos I et II, Rôtisseurs (Tagênistai)* [?], *Triphalès* [?], *Vieillesse (Gêras)* [?] ;

3) Sujets féminins : *Assemblée des femmes, Campement des femmes (Skenas katalambanousai), Lysistrata, Thesmophories I et II* ;

4) Critique littéraire : *Gérytadès, Grenouilles, Poésie, Proagôn* ;

5) Sujets socio-religieux : *Amphiaraos, Anagyros, Héros, Heures* [ou *Saisons*] *(Hôrai), Télémessiens* ;

6) Sujets mythiques et paratragédies : *Cocalos, Danaïdes, Dédale, Dionysos naufragé, Drames ou le Centaure, Drames ou Niobos, Eolosicon* I et II, *Lemniennes, Phéniciennes, Polyidos.*

Que ce classement soit artificiel, c'est évident. On sait comment, dans les *Guêpes*, sont associées politique, société et éducation, dans les *Grenouilles*, mythologie et débat littéraire, etc. La mythologie grotesque est partout présente et partout traitée avec une grande liberté [9]. Il s'agit donc tout au plus d'un classement des sujets donné à titre indicatif. Il vaudrait mieux tenter de caractériser les différentes étapes de l'inspiration d'Aristophane, mais la datation des pièces perdues est trop floue et les fragments conservés sont trop maigres pour fournir des bases suffisamment sûres à un travail de ce genre...

Si misérables que soient les débris de ces comédies disparues, ils témoignent d'une ingéniosité, d'une inventivité et d'une verve si grandes que le lecteur, étonné et admiratif, regrette plus d'une fois la disparition de ce théâtre si joyeux et si vivant.

II. Aristophane et son temps : chronologie des comédies

Les dates en caractères gras sont sûres ou probables ; toutes les autres sont conjecturales. — **D** : Dionysies ; **L** : Lénéennes.

	vers 446 ? Naissance d'Aristophane	**442 ? Sophocle,** *Antigone*	
		avant 431. Euripide, *Télèphe*	
		Cratinos, *Les Chirons*	
		Ploutoi	
431. Début de la guerre		**431, D. Euripide,** *Médée*	
		vers 431-429 ? Cratinos, *Némésis*	
429. Mort de Périclès	**427.** *Daitales (Les Banqueteurs)* (2ᵉ)	430 ? Cratinos, *Dionysalexandros*	
	426, D. *Les Babyloniens* (1ᵉʳ ? 2ᵉ ?)	**428. Euripide,** *Hippolyte*	
	426 ou 425. Victoire d'Ari*⌊stophane ?***	vers 427-425 ? **Sophocle,** *Œdipe roi*	
	aux Dionysies (*IG* II ², 2325, 58)	426 ? **Victoire d'Eu***⌊polis*	
	en 426 ou après 408 ? *Drames ou le*	**aux Lénéennes** (*IG* II ², 2325, 126)	
	Centaure		
	425, L. *Les Acharniens* (1ᵉʳ)	**425, L.** Cratinos, *Cheimazomenoi*	
	424, L. *Les Cavaliers* (1ᵉʳ)	et Eupolis, *Noumeniai.*	
	424, D ? (ou 425, D ?) *Georgoi (Pay-*	**424 ? Victoire d'Eu***⌊polis*	
	sans)	**aux Dionysies** (*IG* II ², 2325, 59)	
	423, L ? *Holkades (Les Cargos)*		
	423, D. *Les Nuées I* (3ᵉ)	**423, D.** Cratinos, *Putiné (La Bouteille)*	
	entre 423 et 414 ? *Drames ou Niobos*	et Amipsias, *Connos.*	
	422, L. *Les Guêpes* (2ᵉ)	**422, L.** Leucon, *Presbeis (Ambassadeurs)*	

---

9. Voir, *e. g.*, mon article « Les métamorphoses des mythes et la crise de la Cité dans la Comédie Ancienne », dans *Aristophane : la langue, la scène, la cité, Colloque de Toulouse 1994*, M. Menu et P. Thiercy éd., Bari, 1997, p. 414-442.

422. Mort de Cléon	**422, L.** *Proâgon* (1ᵉʳ) (sous le nom de Philonidès)	
	entre 422 et 417. *Nuées II* (non jouées ?)	**421, L.** Eupolis, *Maricas*
421. Paix de Nicias	**421, D.** *La Paix I* (2ᵉ)	**421, D.** Eupolis, *Kolakes (Les Flatteurs)*
	entre 422 et 411 ? *Hôrai (Les Heures)*	(*cf. IG* II ², 2318, 127)
	entre 420 et 416 ? *La Paix II*	et Leucon, *Phratores.*
	entre 420 et 410 **D** ? *Dédale*	420 ? Phérécrate, *Agrioi (Les Sauvages)*
	entre 420 et 410 ? *Géras (La Vieillesse)*	entre 420 et 417 ? Hermippos, *Artôpolides*
417. Ostracisme d'Hyperbo- los	entre 419 et 412 ? *Anagyros*	Platon Com., *Hyperbolos*
	vers 418-415 ? *Tagênistai (Les Rôtis- seurs)*	**415, D.** Euripide, *Les Troyennes*
414-413. Siège de Syracuse ; reprise de la guerre en Grèce	**414, L.** *Amphiaraos*	
	414, D. *Les Oiseaux* (2ᵉ)	**414, D.** Amipsias, *Kômastai*
		et Phrynichos, *Monotropos (Misanthrope).*
	vers 414-411 ? *Les Héros*	
	peu après 414 ? après 403 ? *Nêsoi (Les Îles)* (peut-être d'Archippos)	avant 412. **Euripide, *Iphigénie en Tauride***
	entre 413 et 407 ? *Polyidos*	**412, D.** Euripide, *Hélène*
411. Les Quatre-Cents	**411, L.** *Lysistrata*	et *Andromède.*
	411, D. *Les Thesmophories* I	**412 ?** Eupolis, *Les Dèmes*
	vers 410-408 ? *Skênas katalamba- nousai (Le Campement des femmes)*	
	entre 410 et 407 ? *Triphalès*	
	entre 410 et 405 ? *Les Thesmophories II*	
	vers 409-408 ? *Les Lemniennes*	**409 ?** Euripide, *Les Phéniciennes*
	vers 409-407 ? *Les Phéniciennes*	**409.** Sophocle, *Philoctète*
	408 ? *Ploutos I*	**408.** Euripide, *Oreste*
407. Retour d'Alcibiade	vers 408 ou après 408, **D** ? *Gérytadès*	**408.** Départ d'Euripide en Macédoine
	avant 405. *Les Danaïdes.*	**406.** Mort d'Euripide et de Sophocle
		406 ou 405 ? Euripide, *Bacchantes*
405. Aigos Potamos	**405, L.** *Les Grenouilles* (1ᵉʳ)	**405, L.** Phrynichos, *Les Muses*
404. Capitulation d'Athènes		et Platon le Comique, *Cléophon.*
404-403. Les Trente	après 405 ? *La Poésie*	
399. Procès et mort de Socrate	autour de 400 ? *Les Télémessiens*	
395-386. Guerre de Corinthe		
393. Retour de Conon	**392 ou 391.** *L'Assemblée des femmes*	
Longs Murs recons- truits	vers 390 ? *Pelargoi (Les Cigognes)*	
393. Isocrate fonde son Ecole	**388.** *Ploutos II*	**388.** Alkaios, *Pasiphaë,*
	387 ? *Cocalos* (sous le nom de son fils Ararôs (*cf. IG* II ², 2318, 196)	Aristomène, *Admète,* Nicocharès, *Les Laconiens,*
386. Platon fonde l'Acadé- mie	**385 ?** *Eolosicon II* (sous le nom d'Ararôs)	et Nicophon, *Adonis.*
Hégémonie de Sparte	**Sans date :**	
	Dionysos naufragé	
	Eolosicon I	
	? Les Ambassadeurs des [Odom]an- tes ? d'Aristoph[ane ? (*IG* II ², 2321, 87-89)	
	vers 385 ? Mort d'Aristophane	

III. Choix de fragments : traduction et commentaire

1-2. Αἰολοσίκων, *ÉOLOSICON* (1 : NON DATÉ, 2 : 385 ?)

Trois témoins affirment qu'il a existé deux comédies de ce nom. Le quatrième Argument du *Ploutos* nous dit que le *Ploutos* [388] est la dernière comédie qu'Aristophane ait fait jouer sous son nom et que le *Cocalos* et le [second] *Éolosicon* ont été présentés par son fils Ararôs. Selon Platonios (*Sur la différence des comédies*), la [seconde] pièce n'avait pas de chœur ni de parabase et le modèle était celui de la comédie moyenne.

Le titre est un nom composé du type *Dionysalexandros* (Cratinos) ou Héracléioxanthias (dans les *Grenouilles*) ou Icaroménippos : Éole jouant le rôle de Sicon (nom de cuisinier). Il s'agissait apparemment de la légende des filles et des fils d'Éole, très librement traitée si un Héraclès glouton figurait bien dans la pièce ou l'une des deux pièces. L'*Éole* d'Euripide est antérieur à 423 (WEBSTER, p. 157).

La répartition des fragments entre les deux comédies perdues est quasi impossible.

— *Scholie Paix* 741 c (= **fr. 11**) : Aristophane lui-même décrit comiquement Héraclès comme un glouton dans l*es Oiseaux* et l'*Éolosicon*.

— **fr. 1**. Pour venir, j'ai quitté la boulangerie de Théarion, le lieu où trônent les fours...

Comm. Vers paratragiques ouvrant certainement la pièce ; cf. début de l'*Hécube*. Théarion est nommé dans le *Gérytadès*, fr. 177, et par Platon, *Gorgias* 518b.

— **fr. 6**. Une seule chambre et une seule baignoire suffiront pour toutes.

Comm. S'il s'agit des six filles d'Éole, leur vie est moins sordide dans l'*Odyssée* (X, 6-12).

— **fr. 7**. ...pilon, mortier, râpe à fromage, réchaud...

Comm. Peut-être des figurants muets, comme dans les *Guêpes*, v. 968 (ou l'*Assemblée des femmes*, v. 730-745).

— **fr. 9**. Ce n'est pas pour rien, femmes, que nos hommes, pour tous nos méfaits, nous cognent à chaque instant, puisque nous nous faisons prendre à commettre des horreurs.

Comm. Sur ces horreurs, voir *Thesmophories*, v. 471-519. Mais il pourrait s'agir de l'inceste des six filles d'Éole avec leurs frères.

3. Ἀμφιάραος, *Amphiaraos* (414, Lénéennes)

Comédie très probablement liée au rituel du sanctuaire du héros à Oropos, notamment l'incubation. Un vieillard vient consulter avec sa femme. Il pourrait s'agir d'une question de santé (fr. 24 et 29) ou d'un rajeunissement (fr. 33). La parabase (fr. 30 et 31) traitait de critique littéraire. Une comédie de même titre a été écrite par Platon le Comique. L'oracle de Trophonios a aussi fourni des sujets aux auteurs comiques.

La pièce est datée par un Argument des *Oiseaux* (= Test. III Kassel-Austin).

— **fr. 17**. A. Femme, qu'est-ce qui a fait ce bruit ?
B. C'est la poule qui a fait tomber la coupe.
A. Gare à elle !

Comm. Il s'agit sûrement de la poule qui va être sacrifiée au héros.

— fr. 18. Par Zeus, apporte nous de la chambre un matelas et un oreiller en lin.

Comm. Le vieillard s'adresse à un serviteur mais le contexte est peu clair : la fatigue du voyage ? Un désir coquin (cf. *Lysistrata*, v. 916 et 926) ? Des préparatifs pour l'incubation (mais selon Pausanias, I, 35, 4, on se couchait à Oropos sur la peau du bélier qu'on venait de sacrifier) ? Le *dômation* est-il une chambre, une chapelle ou un petit garde-meuble ?

— **fr. 21**. Eh bien ! ma fille, dit-il, Iasô, bienveillante...

Comm. Récit de ce qu'a dit le dieu pendant l'incubation (cf. le récit de la venue d'Asclépios avec Iasô et Panacéa, dans le *Ploutos*, v. 698-706). Un verbe comme γενοῦ (« sois ») manque à la fin.

— **fr. 24**. Où puis-je prendre un bouchon de joncs pour mon cul ?

Comm. La diarrhée est-elle l'objet de la consultation de l'oracle ? Ou le résultat d'un laxatif trop puissant prescrit par le héros ?

— **fr. 28**. Quant aux serpents que tu envoies, mets-les quelque part sous scellés dans une corbeille et cesse de trafiquer des drogues.

Comm. Algarade adressée au héros. Il s'agit des serpents guérisseurs censés lécher la partie malade.

— **fr. 29**. Fais vigoureusement secouer son croupion
au vieillard, comme fait la bergeronnette,
et donne son effet à l'incantation bonne.

Comm. Hexamètres oraculaires. Texte et sens incertains.

4. Ἀνάγυρος, *Anagyros* (vers 419-412 ?)

Anagyronte (*Anagyrous*) est le nom d'un dème de la tribu Érechthéis, au sud-ouest de l'Hymette. Le dème semble avoir tiré son nom d'une plante fétide à vertu apotropaïque, et il était apparemment fameux pour la puanteur de son marais, quand on le remuait, et... pour la mauvaise odeur de ses femmes (selon *Lysistrata*, v. 66-68) ! Anagyros était le nom de son héros éponyme, dont la légende est connue par la *Souda* ; Photios ; *Prov. Cois.* 30, [*Par. Gr.*, Gaisford éd., p. 123 = Leutsch-Schneidewin, t. I, Diogen. III, 31 app. cr., p. 219 sq.] (trad. dans Edmonds, *FAC* I, p. 583 ; Gil p. 55 sq.) : un vieil homme qui avait coupé des arbres du bosquet du héros (*ou bien* outragé son autel voisin) avait été puni par de terribles malheurs : (après avoir perdu sa femme), il avait aveuglé et emmuré (*ou bien* emmené sur un îlot désert) son fils, faussement accusé par sa concubine (*ou bien* sa seconde femme) ; (devant la réprobation universelle), il s'était pendu (*ou bien* brûlé avec sa maison) et la femme s'était jetée dans un puits. On a pensé à une parodie du *Phénix* ou de l'*Hippolyte* d'Euripide, deux pièces « anciennes » du tragique (la seconde de 428).

Date. Les indices sont très minces : la parodie d'une pièce « ancienne » d'Euripide (cf. fr. 53) ; peut-être une attaque contre Eupolis, visant ses comédies de 421, dans une parabase de même sujet et de même mètre que la parabase des *Nuées* (cf. fr. 58-59). Geissler situe la comédie vers 419-412.

— **fr. 42**. Ne pleure pas. Je t'achèterai un cheval tête-de-bœuf.

Comm. C'était des chevaux thessaliens d'après l'*Etym. M.* — On pense à Strepsiade et Phidippide des *Nuées*.

— **fr. 43**. Brosse en douceur le tête-de-bœuf et le cheval marqué du koppa.

— **fr. 48**. ...ayant dans la bouche une obole et demie...

— **fr. 53**. Par les dieux, je brûle de manger la cigale et la sauterelle que j'aurai capturées avec un mince roseau.

Comm. La baguette est enduite de glu. Les trois vers parodient le rêve de chasse (aux côtés d'Hippolyte) de Phèdre : Euripide, *Hippolyte*, v. 219-221 — ce qui confirme que l'intrigue comportait bien une histoire de belle-mère.

— **fr. 57**. Pourtant, hier, la perdrix était boiteuse.

Comm. Allusion ironique à une ruse prêtée à cet oiseau (Pline, *H. N.* X, 103, cf. *Oiseaux*, v. 767-768). Ou bien, selon la scholie des *Oiseaux* au vers 1292, attaque contre le cabaretier Perdix.

— **fr. 58**. ...en faisant trois petits manteaux avec mon manteau fin...

Comm. Mètre eupolidéen : il s'agit d'un vers de la parabase. C'est le mètre eupolidéen qu'Aristophane utilise contre Eupolis lui-même dans la fameuse parabase des *Nuées*, v. 518-562. Ce pourrait donc être une attaque contre Eupolis (mort en 412). Il était peut-être accusé d'avoir tiré des *Cavaliers* trois comédies, son *Marikas* de 421 (*cf. Nuées*, v. 553), ses *Flatteurs* (421) et son

Autolycos (421), ou encore sa *Race d'or*. Un grand fragment sur papyrus, le fr. 590, a été attribué à l'*Anagyros*, (c'est un commentaire d'une comédie aristophanique non précisée, avec des citations). Mais si la parabase (proprement dite) de l'*Anagyros* était écrite en *eupolidéens*, le grand fragment 590 ne peut concerner cette comédie, car la parabase de la pièce anonyme concernée était apparemment écrite en *anapestes* (cités aux lignes 5-10 du papyrus).

— **fr. 59**. Il faut que tous se baignent côte à côte (*ou* à la suite) et laissent les éponges.

Comm. Autre vers de la parabase. Probablement une autre métaphore de critique littéraire (selon Photios et la *Souda*, les pauvres empruntaient aux bains les éponges des riches) — « laisser » veut-il dire « ne pas emprunter » ou bien « laisser chez soi » ?

5. Βαβυλώνιοι, *Les Babyloniens* (426, Dionysies)

Dans la liste des poètes comiques vainqueurs aux Dionysies (*IG* II², 2325, 58 = Test. 20 Kassel-Austin), la mention d'une victoire d'Ari[...] est souvent prise pour la preuve de la victoire des *Babyloniens* aux Dionysies de 426. Mais Russo (p. 21-26) ne croit pas qu'un jeune auteur ait pu remporter sa première victoire aux Dionysies et il estime que les Fastes indiquent plutôt une victoire d'Aristophane aux Dionysies *de 425* (avec une comédie inconnue), peu après la victoire des *Acharniens* aux Lénéennes et un an avant la victoire d'Eupolis en *424*.

Dans les *Acharniens*, au début de 425, le jeune poète éprouve le besoin d'expliquer longuement les intentions des *Babyloniens* : v. 369-384, 497-507 et 628-664. La signification politique des *Babyloniens* doit être liée au contexte historique. L'année précédente, Athènes, pour vaincre Mitylène et intervenir à Corcyre et en Sicile, avait fait un grand effort sur mer (cela peut expliquer les allusions maritimes des fr. 80, 82 et 86-87). Cet effort avait vidé le trésor et, en 426, avant les Dionysies, le décret de Cléonymos (*IG* II², 65 = *IG* II³, 68 = Meiggs-Lewis 68 = trad. J.-M. Bertrand, *Inscr. Hist. Gr.*, p. 29) commence à augmenter la pression fiscale sur les alliés : il rend les collecteurs du tribut responsables des versements et organise la collecte des arriérés (pour Samos, le versement en retard fait peut-être encore partie de son indemnité de guerre de 439). Les alliés durent redoubler de flatteries ou de protestations argumentées (cf. Antiphon, *Sur le tribut de Samothrace*, fr. 50 Blass ou Talheim = I Gernet).

L'intrigue de la comédie reste opaque, de même que la signification du chœur. Dionysos, probable héros de la pièce, était mis en procès (puis « racketté ») par les démagogues, sans doute parce qu'il s'exprimait trop librement. Sa présence à Athènes était-elle due à la

célébration des Dionysies ? D'où venait-il ? Quant au chœur des
Babyloniens, que représentait-il ? Des compagnons orientaux de
Dionysos emmenés par lui pendant son retour de l'Inde (mais
aucun lien n'est attesté entre le dieu et Babylone) ? Des délégués
des alliés, assimilés à des esclaves des Athéniens (mais l'affront aux
Dionysies serait trop grand) ? Des Babyloniens, « esclaves fugitifs »
du Grand Roi, venus à Athènes vers 430 avec le Perse trans-
fuge Zopyros, petit-fils du conquérant de Babylone (Hérodote, III,
160) ?

— *Scholie Acharniens* 378 (= Test. IV) : La comédie de l'an dernier :
Aristophane veut dire les *Babyloniens*. Il les avait fait jouer avant les
Acharniens et y avait mal parlé de beaucoup de gens. Il y moquait sur
scène les magistrats, tirés au sort ou élus, ainsi que Cléon, en présence
des alliés. En effet il a produit la pièce des *Babyloniens* au festival des
Dionysies, célébré au printemps, pour lequel les alliés apportaient le
tribut. Furieux, Cléon lui intenta devant les citoyens un procès pour
offense en l'accusant d'avoir voulu outrager le Peuple et le Conseil, et
en plus il lança contre lui une action pour usurpation des droits
civiques et le fit juger.

Note. Sur le procès d'usurpation des droits, la *Vie d'Aristophane* des manuscrits (l. 19-30) donne plus de détails.

Comm. La parabase des *Acharniens* (v. 628-664) est un long rappel de l'affaire
de l'année précédente et un auto-éloge (les renseignements véhiculés par la
scholie du v. 378 pourraient bien être purement et simplement tirés des v. 631,
643 et 501-502, 652 : l'accusation de moquer la cité et d'outrager le peuple, la
circonstance aggravante des Dionysies, la prétendue nationalité éginète du
poète). La parabase donne aussi des indications sur le contenu des *Babyloniens* : a) flatteries des délégués des cités alliées, apparemment pour le tribut
(v. 636-640 et 643) ; b) critique de « ce que vaut pour le peuple, dans les cités,
le régime démocratique ».

— Athénée, 494 d-e (= **fr. 75**) : Dans le*s Babyloniens* d'Aristophane,
nous donnerons au mot *oxybaphon* le sens de « coupe ». C'est le
passage où Dionysos dit, à propos des démagogues à Athènes, que, au
moment où il est parti pour affronter son procès, ils lui ont demandé
deux coupes.

Comm. Acteur de la pièce, Dionysos y avait nécessairement le rôle principal
ou un rôle majeur. Sa venue à Athènes (par mer et non pas d'Éleuthères ?)
était peut-être liée à sa « présidence » des Dionysies, la grande fête où les alliés
apportent le tribut. Son comportement était évidemment la cause de sa mise
en jugement, peut-être sur l'accusation de Cléon. Lui reprochait-on sa fran-
chise face aux flatteries des délégués alliés ?

— **fr. 67**. Pas un qui n'en fût bouche bée, tout juste comme des moules en train de cuire sur la braise.

Comm. Sur le tempérament gobeur des Athéniens, voir *Acharniens*, v. 133 (et 635), *Cavaliers*, v. 1263, 651, 755 et 1119. S'agit-il des discours flatteurs des délégués des alliés ?

— **fr. 71**. (Hésychius : Le peuple des Samiens : Quelqu'un chez Aristophane, en voyant les Babyloniens au moulin, dit, étonné et surpris :)

Mais c'est un peuple de Samiens ! Comme ils sont lettrés !

Comm. Le mot semble faire du chœur des Babyloniens, condamnés au moulin pénitentiaire, un chœur d'esclaves. Le mot « lettré » était l'objet de plusieurs explications, qui, réunies de la manière la plus complète dans la *Souda*, donnent la mesure de l'ironie. Le lexique byzantin glose la citation ainsi : « Mot d'Aristophane raillant dans les *Babyloniens* les gens marqués. En effet les Samiens, malmenés par leurs tyrans, étant donné la raréfaction du corps civique, donnèrent l'égalité des droits aux esclaves pour cinq statères, comme le dit Aristote dans sa *Constitution des Samiens*. Autre explication : c'est à Samos que les vingt-quatre lettres ont été découvertes par Callistratos, comme le dit Andron dans le *Trépied*... Autre explication : les Athéniens marquaient les Samiens pris à la guerre d'une chouette, comme les Samiens marquaient les Athéniens d'un vaisseau samien... » (le fait est attesté ailleurs). Plaute aussi appelle ironiquement « lettré » un esclave marqué : *Casina*, v. 401.

— **fr. 91**. Hésychius : Istriana : Aristophane dans les *Babyloniens* qualifie les fronts des esclaves de fronts de l'Istrie parce qu'ils sont marqués. Car les gens qui habitent près de l'Ister [*i.e.* les Thraces] sont tatoués et portent des vêtements brodés...

— **fr. 72**. Mettez-vous tous en file, sur trois rangs de profondeur.

Comm. C'est un ordre « militaire » donné au chœur. Comparer Pollux, IV, 109 (et voir DEARDEN, p. 106) : le chœur comique était disposé en six rangs de quatre, ou quatre files de six.

— **fr. 81**. Sûrement que, disposés en files, ils vont brailler un chant dans leur jargon.

— **fr. 82**. Quel beau plongeon a fait le soldat de marine pour amener le câble à terre !

6. Γεωργοί, LES PAYSANS (424 ?)

L'inspiration pacifiste est celle des *Acharniens* et de la *Paix*. La date pourrait être celle des Dionysies de 424, juste après les *Cavaliers* (joués aux Lénéennes). Les Dionysies de 425, 424 ou 422, les Lénéennes de 421 sont possibles...

— **fr. 102**. A. Je veux travailler la terre.

   B. Et qui t'en empêche ?

   A. Vous. Mais j'offre mille drachmes pour être dispensé des magistratures.

   B. Donne : avec celles de Nicias, cela fait deux mille.

Comm. Plutarque (*Nicias* VIII, 2) fait de ces vers une allusion au fait que Nicias a honteusement laissé le commandement à Cléon dans l'affaire de Pylos.

— **fr. 109**. Maintenant quittons la ville et gagnons nos champs. Il est grand temps pour nous d'y musarder, † après un bon bain † dans le baquet en bronze.

— **fr. 110**. <—> je plante des figues de toutes les qualités, sauf de la laconienne. C'est une figue ennemie et une amie des tyrans. Car elle ne serait pas si minuscule si elle n'était pas violemment hostile au peuple.

— **fr. 111**. O Paix opulente et toi, ma petite paire de bœufs, si seulement je pouvais arrêter la guerre, me mettre à bêcher, à tailler, et puis, après un bain, lamper du vin nouveau en mangeant du beau pain et du chou.

Comm. Parodie du *Cresphontès* d'Euripide, fr. 453 Nauck[2].

— **fr. 112**. Cher pays de Cécrops, Attique née de toi-même, je te salue, contrée brillante, terre à la bonne mamelle.

7. Γῆρας, *La Vieillesse* (entre 420 et 410 ?)

La pièce semble avoir pour sujet un rajeunissement (comme celui de Démos à la fin des *Cavaliers*). Mais les vieillards du chœur, une fois rajeunis, se comportaient apparemment comme des adolescents irresponsables, à la façon du Philocléon des *Guêpes* quand il a reçu une éducation « jeune ».

Date. Geissler propose la date de 420 à cause du fr. 149 — « le sanglier de Mélitè » —, fragment que Photios présente comme une allusion à Eucratès, un démagogue nommé dans les *Cavaliers*, v. 254, et dans le fr. 716. Gelzer propose 410, sur la base des noms contenus dans un commentaire sur papyrus (= fr. 591), qui, selon lui, concerne le *Géras* et non le *Gérytadès* (voir *infra* le *Gérytadès*).

— **fr. 128**. Marinades de vinaigre, sauces au silphium, oignon, bette, jus d'herbes, feuille de figuier, cœur de palmier, origan : ce sont des raffinements de débauché par rapport à un bon morceau de viande.

Comm. Diogène Laërce, qui cite le début et la fin, précise que les vers concernent le style d'Euripide.

— **fr. 129**. (= Athénée, 109 f : Aristophane, dans la *Vieillesse*, fait parler une vendeuse de pain dont les pains ont été mis en morceaux par ceux qui ont rejeté leur vieillesse :)

A. Qu'est-ce que c'est que cette affaire ?

B. Des pains chauds, ma fille !

A. Mais tu es fou !

B. Sortis du four, ma fille !

A. Quoi, sortis du four ?

B. Et bien blancs, ma fille !

Comm. Comparer les démêlés de Philocléon avec la vendeuse de pain dont il a saccagé l'étal (*Guêpes*, v. 1389-1391).

— **fr. 148**. Vieillard, est-ce que tu aimes les hétaïres bien mûres ou bien les presque vierges, fermes comme des olives salées ?

Comm. Sur ce choix entre des prostituées, voir Xénocratès, fr. 4, 7-9 (mon *Carnaval*, p. 294).

8. Γηρυτάδης, *GÉRYTADÈS* (VERS 408 OU APRÈS 408 ? DIONYSIES ?)

La comédie a manifestement pour sujet une catabase, ou descente dans l'Hadès. Une députation de trois poètes « modernes » — bien connus et souvent moqués par les Comiques — est envoyée aux Enfers. Qu'allaient-ils y chercher ? La poésie ancienne ? De vieux maîtres d'autrefois ? Ou les bons repas qui leur manquent à cause du mépris des Athéniens pour la culture ?

La date est très hypothétique. Le fr. 178 mentionne Agathon, qui est parti en Macédoine en 405. Le fr. 158 a été rapproché du fr. 595 (« mettre du sel » dans les vers d'Euripide ?) et du fr. 128 (les « piments » d'Euripide) : Euripide a quitté Athènes en 408. Selon Körte, un commentaire sur papyrus d'une comédie perdue (= fr. 591) concerne le *Gérytadès*. Y sont associés les noms d'Aristocratès fils de Skellias et de Théramène (l. 72-73) : l'un fut stratège en 413/12, 410/9, 408/7, 407/6, l'autre de 411 à 408. Mais ce papyrus a été aussi considéré comme un commentaire du *Géras*. La mention de la grue (fr. 160) montre que la pièce a été jouée dans le théâtre de Dionysos, c'est-à-dire aux Dionysies. Rappelons au passage que le départ d'Athènes ou la mort d'un grand auteur est un *terminus ante quem* peu sûr : on sait avec quelle force Euripide, mort en 406, est attaqué dans les *Grenouilles* en 405 et comment il est encore parodié dans le *Ploutos* en 388.

— **fr. 156**. A. Et qui a osé descendre vers les retraites des morts et les portes de l'ombre ?

B. Nous avons choisi en commun, en convoquant une assemblée, un représentant de chaque genre, ceux dont nous savions qu'ils visitent l'Hadès et qu'ils aiment à s'y rendre souvent.

A. Il y a donc chez vous des gens qui visitent l'Hadès ?

B. Oui, pardi, tout à fait.

A. Comme d'autres visitent la Thrace ?

B. Tu as tout compris.

A. Et qui ça peut être ?

B. Tout d'abord Sannyrion, un des poètes comiques, puis, venant des chœurs tragiques, Mélétos, et venant des lyriques, Cinésias.

A. Alors, ils sont bien malingres les espoirs que vous chevauchez. Ces pauvres diables, le fleuve de fange, s'il est beaucoup gonflé, va les emporter au passage.

— **fr. 157**. A cette époque, † ils t'aspergeaient au cottabe †, mais maintenant ils vont aussi vomir sur toi, et bien vite, j'en suis sûr, ils vont même te chier dessus.

— **fr. 158**. A. Et comment faire pour avaler des passages de Sthénélos ?

B. Trempe-les dans du vinaigre ou dans du sel fin.

— **fr. 159**. A. Vous avez donc chez vous une colonie de murènes ?

B. Ils sont affamés, comme vous savez.

— **fr. 163**. Ils ont mangé la cire de leurs tablettes.

— **fr. 169**. A. C'est un cadran solaire.

B. Alors, vers quelle ligne est tourné le soleil ?

— **fr. 160**. Il faut que le machiniste fasse tourner son engin en vitesse.

Comm. *Kradè* (branche de figuier) est un mot, peut-être réservé à la comédie, qui désigne la *méchanè* selon DEARDEN.

— **fr. 591** (Fragment C, col. II, 84-86). Allons ! Pour ma part, la déesse que j'ai ramenée d'en bas, je veux la mener sur l'agora et y fonder son culte par le sacrifice d'un bœuf.

Comm. Körte a fondé sur ces deux vers iambiques, cités dans le commentaire sur papyrus, l'hypothèse que la délégation allait chercher aux Enfers la poésie ancienne. Mais le commentaire concerne-t-il vraiment le *Gérytadès* ?

9. Δαίδαλος, *DÉDALE* (ENTRE 420 ET 410 ? DIONYSIES ?)

Date inconnue : comédie mythologique du temps de paix (en 420) ? Ou bien allusion à une guerre réelle au fr. 199 (après 414) ? Le sujet semble être celui des aventures amoureuses de Zeus, et plus précisément la séduction de Léda, mais la légende semble une fois de plus traitée avec beaucoup de liberté. L'utilisation de la grue (fr. 192) montre que la pièce a été jouée aux Dionysies.

— **fr. 198**. (la *Souda*. s. v. « Eurybatos » : un méchant homme... Aristophane, dans son *Dédale*, prenant pour sujet les fourberies de Zeus qui se métamorphose et prend de multiples formes, écrit :)
L'un de vous vient-il de voir Zeus le Margoulin [Eurybatos] ?

Comm. *Eurybatos* le tricheur fait probablement jeu de mot avec *euruopa*, « à la grande voix », épithète homérique de Zeus, et avec le mot poétique *aerobatès*, « qui marche dans les airs ».

— **fr. 193**. Elle a pondu un œuf énorme, comme une poule.

Comm. Le rapprochement s'impose avec la Léda de la *Némésis* de Cratinos (fr. 115), comédie où Zeus prend la forme du cygne. Mais s'agit-il ici de Léda ? En quel oiseau se transforme Zeus ? Est-il aidé par Dédale, comme Pasiphaé pour sa fausse vache ?

— **fr. 192**. Machiniste, à ton gré m'ayant, avec la roue, soulevé dans les hauteurs, tu peux dire : « Salut, lumière du soleil ! »

Comm. Vers corrompus (j'écris τῷ τροχῷ ἄρας μ' ἀνεκάς). Mais la rupture comique de l'illusion est certaine, comme au fr. 160 et au vers 174 de la *Paix*. La roue doit être un tambour d'enroulement ou une poulie de la grue. On ne sait pas qui s'apprête à s'envoler (Zeus en cygne ? Dédale ? Icare ?), ni ce qu'exprime comiquement l'acteur : la peur de tomber, avec un dernier adieu au Soleil ou une menace de mort adressée au machiniste ? L'orgueil d'échapper à la pesanteur ?

— **fr. 199**. Pourquoi maintenant êtes-vous en guerre ? Pour l'ombre d'un âne !

10. Δαιταλῆς, *LES BANQUETEURS* (427)

La première pièce d'Aristophane fut mise en scène par Philonidès, selon une scholie (*Nuées* 531, Holwerda éd.), ou bien, selon un Anonyme (*De la comédie* = Test. 4 KASSEL-AUSTIN, p. 6) par Callistratos (pour la répartition peu sûre des comédies entre les deux *didascaloi*, voir RUSSO, p. 26 sqq.).

La scholie 529 a des *Nuées* et le contexte des fr. 205 et 233 (Galien) montrent que la pièce avait pour sujet un problème d'éducation. Un vieux père a deux fils. L'un, le Débauché, a reçu l'éducation nouvelle défendue par les rhéteurs et les sophistes, l'autre, le Sage, une éducation traditionnelle. Les résultats de la première s'avéraient désastreux — peut-être au cours d'un banquet au temple d'Héraclès (voir *infra*). A noter qu'en 427, Gorgias, envoyé par les Léontins en ambassade à Athènes, y a donné des leçons en gagnant beaucoup d'argent (Platon, *Hippias Majeur* 282 b).

Pour un schéma d'intrigue possible, cf. GIL, p. 75 sq.

— Parabase des *Nuées*, v. 528-536 (= Test. VI) : Depuis le jour où, ici-même, ce public, auquel c'est un plaisir de seulement s'adresser, a fait à mon Vertueux et à mon Débauché un accueil si favorable, depuis le jour où — étant donné que j'étais encore fille et que je n'avais pas le droit d'enfanter — j'ai exposé mon enfant qu'une autre femme a recueilli et que vous avez généreusement nourri et élevé, de ce jour j'ai gardé un gage fidèle de votre faveur. Aujourd'hui donc, comme l'antique Électre, ma comédie est venue voir si elle peut trouver des spectateurs aussi avisés que naguère. Elle reconnaîtra, si elle la voit, la boucle de cheveux de son frère.

Note. Les *Banqueteurs,* qu'Aristophane appelle ici *Le Vertueux et le Débauché*, sont un « enfant exposé » parce qu'ils ont été montés par Philonidès ou Callistratos ; ils ont obtenu la seconde place (*scholie Nuées* 529 a-b). Le « gage » ou l'« engagement sous serment », c'est le succès (relatif) de cette comédie. La fin veut dire que la nouvelle comédie (les *Nuées* refaites) reconnaîtra, par le signe des applaudissements, l'identité du public favorable des *Banqueteurs*, de même que l'Électre des *Choéphores* reconnaît au signe des cheveux qu'Oreste est de retour.

— Photios, *Souda, et al.* (= Test. II) : Banqueteurs : hôtes d'un festin, membres d'un thiase, compagnons de beuverie, et en quelque sorte compagnons de festin.

— Orion de Thèbes (= Test. III) : ... Et les *Banqueteurs* sont une pièce d'Aristophane, le nom venant de ce que, dînant dans le temple d'Héraclès, c'est en se levant de table que ces personnages forment le chœur.

Comm. Sur ces banqueteurs d'Héraclès, voir Diodoros (*PCG,* fr. 2, v. 19-30 = Athénée, VI, 239 d) et Polémon (cité par Athénée, 234 d-e). Isée (IX, 30) parle au passage du thiase d'Héraclès. Une inscription (*IG* II², 2343, probablement années 20 du ve s.) mentionne un Simon de Kydathénée prêtre d'Héraclès [cf. *Cavaliers,* v. 242] et quinze membres d'un thiase d'Héraclès, un véritable chœur, parmi lesquels figurent un Philonidès [le *didascalos* des premières comédies] et un Amphithéos [cf. *Acharniens,* v. 46-47, 129 et 175-176] ; un sanctuaire d'Héraclès est par ailleurs attesté à Kydathénée (sur le dossier, voir Sterling Dow, dans *American Journal of Archaeology* 73, 1969 ; Gelzer, *RE,* col. 1398 ; H. Lind, dans *Museum Helveticum* 42, 1985 ; GIL, p. 74). On peut penser qu'Aristophane a mis comiquement sur scène, dans sa première pièce, les amis « héracléens » de son dème. Le groupe est peut-être à l'arrière plan de la lutte contre Cléon (qui est du même dème) dans les *Acharniens* et les *Cavaliers*. Dans la parabase des *Guêpes* (v. 1030), Aristophane lui-même se peint en Héraclès pourfendeur du Monstre.

— **fr. 205**. A. Tu n'es qu'un vieux sarcophage, tu sens le parfum et les guirlandes funèbres !

B. Voyez ça, un sarcophage ! Tu l'as pris chez Lysistratos.

A. Vraiment, peut-être bien que tu vas faire la culbute, tôt ou tard !

B. Cette culbute vient de nos politiciens.

A. Tes paroles vont déboucher quelque part.

B. Déboucher, c'est de l'Alcibiade.

A. Pourquoi tout interpréter ? Pourquoi dénigrer les gens qui s'exercent à la distinction ?

B. Ah, mon cher Thrasymaque ! Quel prestigieux mot d'avocat !

Note. Galien appelle les interlocuteurs « le Fils dissipé » et « le Vieillard ».

— **fr. 225**. Mais il n'a rien appris de tout cela, là où je l'ai envoyé. Il a plutôt appris à boire, à chanter vilainement, le régime syracusain et la ripaille sybaritique, et « Le vin de Chios dans des coupes laconiennes » †...†

— **fr. 229**. ... aussi lisse qu'une anguille, avec des frisettes dorées...

— **fr. 232**. Moi qui me suis éreinté à la flûte et sur la lyre, tu veux maintenant m'obliger à bêcher ?

— **fr. 235**. Chante-moi à ton tour une ariette d'Alcée ou bien d'Anacréon.

Comm. Il s'agit probablement d'une dispute entre père et fils à propos des chansons de banquet, comme dans les *Nuées*, v. 1361-1376, ou le fr. 444 ; cf. aussi *Guêpes*, v. 1222-1249.

— **fr. 237**. Je veux ramer jusqu'aux juges maritimes et < montrer > à l'instant que < tu es > un étranger.

Note. Cette cour jugeait les affaires de nationalité. Le mauvais fils accusait-il ridiculement son père ? Si c'est le cas, doit appartenir au procès le fr. 217 : « Appelle-moi [*i. e.* à la barre, comme témoins] Érechthée et Égée. »

— **fr. 238**. Ah ! Quelle extravagance et quelle impudence !

11. Δαναίδες, *LES DANAÏDES* (AVANT 405 ?)

Le *terminus ante quem* est fourni par la présence d'une parabase anapestique (fr. 264-265) et par la date des dernières parabases anapestiques connues. La dernière dont la date soit sûre est celle des *Thesmophories* conservées : 411. Mais les secondes *Thesmophories*, jouées quelques années plus tard, avaient une parabase qui comportait peut-être « les anapestes » récités par le coryphée. La parabase des *Grenouilles*, en 405, n'est pas anapestique, mais des « anapestes » se trouvent dans la *parodos*, formant une sorte de petite parabase (v. 354-371).

Le sujet était la venue des Danaïdes et des Égyptiades à Argos. C'était peut-être une parodie des *Égyptiens* (ou *Danaïdes* ?) de Phrynichos, ou des *Danaïdes* d'Eschyle. Les fragments conservés semblent se rapporter au banquet nuptial. La scholie 210 du *Ploutos* (= fr. 272) montre que Lynceus, « le fils d'Égyptos » et le futur mari d'Hypermestra, seul épargné, apparaissait dans la pièce, mais qu'Aristophane en parlait « contrairement à l'histoire ». L'adaptation de la légende devait donc être, là encore, assez libre.

— **fr. 267**. Prononce *kyllestis* et *Pétosiris*.

Note. *Kyllestis* (Hérodote, II, 77, 4) transcrit le nom égyptien du pain (*keresht*).

— **fr. 264**. Le chœur dansait, attifé de dessus-de-lit et de toiles à matelas, avec des côtes de bœuf, des boudins et des radis noirs fourrés sous les aisselles.

Comm. Cf. Phérécrate, fr. 199 : « Le chœur, de leur temps, portait de vieux dessus-de-lit et de la toile à matelas. »

— **fr. 265**. Voilà dans quel état d'insouciance se trouvait de leur temps la Poésie.

12. Διόνυσος ναυαγός, DIONYSOS NAUFRAGÉ (NON DATÉ)

Sujet inconnu, manifestement une aventure comique du dieu : soit un voyage mythique transformé dans un sens grotesque, soit une aventure inventée, comme dans les *Babyloniens* et les *Grenouilles* ou dans les *Taxiarques* d'Eupolis (où le dieu était soldat sous les ordres de l'énergique Phormion). Par une pure hypothèse, on peut penser à l'aventure du dieu avec les marins tyrrhéniens, au cours de son passage à Naxos (Apollodore, III, 38) ; ou encore à son union, à Naxos-Dia, avec Ariane qu'il enlève à Thésée ou que Thésée a abandonnée (Phérécyde, fr. 148 Jacoby ; Apollodore, *Épitomè* I, 9) ; ou même à son arrivée en Attique chez Icarios et Érigonè (Apollodore, III, 191). Un seul fragment subsiste, avec un jeu de mots galvaudé sur ἐκκορίζειν (« nettoyer, déflorer, faire un lit »). Dionysos est le héros de nombreuses comédies perdues. L'authenticité n'est pas certaine. La date est inconnue.

— **fr. 277**. Pourquoi, misérable, m'as-tu dépucelée comme un pucier ?

13. Δράματα ἢ κένταυρος, *Drames ou le Centaure* (426 ? après 408 ?)

Date. Il est traditionnellement admis que le *Centaure* a été mis en scène aux Lénéennes de 426 par Philonidès : a) le fr. 303 est considéré comme une allusion à Cléon (mort en 422) ; b) dans les *Acharniens* (en 425), l'attaque contre le chorège Antimachos (v. 1150-1172), dont le poète a eu à se plaindre « aux Lénéennes », semble impliquer la participation d'Aristophane aux Lénéennes de 426. En revanche, le quasi parallélisme entre le fr. 279 (début) et le vers 1561 de l'*Oreste* d'Euripide (en 408) a fait penser à une date postérieure à 408.

Le titre semble désigner comme sujet la légende d'Héraclès chez le Centaure Pholos, plusieurs fois reprise par les Comiques après l'*Héraclès chez Pholos* d'Épicharme (VIII Olivieri). Une scholie (voir *Proagôn*) dit qu'Euripide figurait dans la pièce. Les deux indices sont difficiles à concilier : Euripide se déguisait-il en Héraclès ?

— **fr. 279**. Qu'on ouvre la demeure. Le maître arrive.

14. Δράματα ἢ Νίοϐος, *Drames ou Niobos (porte-laine)* (entre 423 et 414 ?)

Date : comédie probablement postérieure au *Centaure* (d'après Athénée, 699f : « dans le second *Niobos* »). La mention de Chéréphon, accusé d'être un voleur (fr. 295), invite à rapprocher la date du *Niobos* de celle des comédies qui s'en prenaient au disciple de Socrate (selon une scholie d'Aréthas [le savant disciple de Photios au ixe s.]) : les *Nuées* (423), les *Guêpes* (422), les *Oiseaux* (414), les *Heures*, fr. 584, et les *Télémessiens*, fr. 552, d'Aristophane, la *Bouteille* de Cratinos, fr. 215 (423), et les *Flatteurs* d'Eupolis, fr. 185 (421).

Selon la *Vie*, la pièce était attribuée par certains à Archippos. Il s'agissait apparemment d'un traitement comique de l'histoire de Niobé : selon le fr. 294 de la pièce, Aristophane donnait à Niobé sept fils et sept filles, comme Euripide dans son *Cresphontès* et Eschyle dans sa *Niobé*.

— **fr. 289**. Car nous autres, gens d'en bas, nous avons à plaider contre les gens d'en haut en nous réclamant des traités passés entre eux et

nous. Or, nous sommes au mois de maimacterion [novembre], le mois
où nous lançons les procès privés et publics.

Comm. C'est apparemment un mort qui parle ou un homme revenu d'entre
les morts.

15. Εἰρήνη β', La seconde Paix (entre 420 et 416 ?)

Date. On tend à admettre que la seconde *Paix* est une réélabora-
tion de la pièce battue aux Dionysies de 421, plutôt qu'une première
rédaction de cette pièce (voir M. Platnauer, *Peace*, p. XVII-XX). La
pièce doit avoir été jouée à un moment où le parti de la guerre reste ou
redevient puissant : en 420 (Geissler) ? Plus tard ?

A l'époque moderne, subsistent six citations explicitement attribuées à « la *Paix* » qui ne figurent pas dans le texte conservé.

— Second Argument de la *Paix* (Ravennas, Venetus, Laurentianus) :
On trouve dans les didascalies qu'Aristophane a fait jouer également
une <seconde> *Paix*. On ne sait, dit Ératosthène, s'il a fait jouer la
même ou s'il en a présenté une autre, qui n'est pas conservée. Mais
Cratès connaissait deux pièces, puisqu'il écrit : « Au moins dans
les *Acharniens*, les *Babyloniens* ou la *seconde Paix*... » ; et ici ou là il cite
des passages qui ne figurent pas dans la *Paix* transmise de nos jours.

Comm. Le texte montre que la bibliothèque d'Alexandrie, à la différence de
celle de Pergame (Cratès de Mallos), ne possédait aucun exemplaire de la
seconde *Paix*.

— **fr. 305**. <L'Agriculture >. De la Paix chère à tous les hommes je
suis la nourrice fidèle, l'intendante, l'auxiliaire, la gardienne, et la fille
et la sœur. J'ai tous ces liens avec elle.

> B. Mais quel est ton nom à toi ?
> <L'Agr.> Mon nom ? C'est l'Agriculture.
> (Suivent les vers 556-557 de la *Paix* conservée.)

16. Ἥρωες, Les Héros (vers 414-411 ?)

Date. La mention de Diitréphès (fr. 321), deux fois nommé dans
les *Oiseaux* (414) et stratège en 414/13 et 412/11 (*PA* 3755) fait penser
que la pièce a été jouée dans ces années-là et avant 411, date où les
chœurs féminins prétendent renoncer à dire du mal des citoyens
(*Thesmophories*, v. 963-965 ; *Lysistrata*, v. 1043-1047).

Le chœur était formé de héros, c'est-à-dire d'êtres démoniques
(distincts des héros épiques) qui étaient l'objet de cultes locaux. Le
sujet est inconnu. Le fr. 322, qui vient peut-être de la parodos, fait
penser que les héros avaient la même fonction distributive que les

Ploutoi de Cratinos. Chionidès et Cratès avaient écrit des comédies portant le même titre.

— **fr. 311**. A. Qu'est-ce que je disais ? Celui-ci n'est pas argien.
            B. Non, par Zeus ! Pas même grec autant qu'il me semble.

Comm. Les héros formant le chœur faisaient apparemment leur entrée un par un, comme le chœur des *Oiseaux*.

— **fr. 315**. Allons, prends le rhombe et fais-le vrombir !

Comm. Le rouet magique est utilisé dans un but apotropaïque plutôt que pour évoquer les héros.

— **fr. 322**. Ainsi donc, citoyens, soyez sur vos gardes et vénérez les héros, car nous sommes les intendants des maux autant que des biens, nous surveillons les canailles, les voleurs, les détrousseurs, et nous leur envoyons les maladies : mal de rate, toux, hydropisie, rhume, gale, goutte, démence, dartres, pustules, frissons, fièvres. [...] Aux voleurs nous envoyons...

— **fr. 320**. (Diogène Laërce, VIII, 34 : Aristophane dit que ce qui tombe de la table appartient aux héros, quand il écrit dans ses *Héros* :)
        Ne mangez pas les miettes tombées sous la table.

— Photios (= **fr. 325**) : Aphroditos : Hermaphroditos. Il y a d'autres génies qui sont similaires : Orthannès, Priapos, Aiacos, Génétyllis, Tychon, Gigon, Konisalos, Cunnéios et d'autres que mentionne Aristophane lui aussi dans ses *Héros*.

17. Θεσμοφοριάζουσαι β′, LES SECONDES THESMOPHORIES (ENTRE 410 ET 405)

Date. La parodie de l'*Antiope* d'Euripide (fr. 342) et la mention d'Agathon (fr. 341), qui a quitté Athènes en 405, donnent une « fourchette » de datation : entre 410 et 405. L'*Antiope* semble être de 410 (WEBSTER, d'après *Scholie Grenouilles* 53).

Les secondes *Thesmophories* sont, semble-t-il, une comédie entièrement différente de la pièce de 411. Une source donne pour titre à la pièce *Thesmophoriasasai* (*Les femmes qui ont célébré les Thesmophories*) au lieu de *Thesmophoriazousai* (*Les femmes célébrant les Thesmophories*), ce qui explique peut-être que le prologue soit prononcé par Calligénie (fr. 331), entité divine à laquelle était consacré le *troisième* jour de la fête (Alciphron, II, 37, 1) ; c'était apparemment un jour de banquet [après deux jours de jeûne], selon Pollux (= fr. 345). L'intrigue est inconnue.

Un papyrus d'Oxyrhynchos (fr. 592) a été attribué à la pièce : deux femmes y discutent les mérites de l'*olisbos* milésien ; le deuxième fragment du papyrus contient un vers (v. 35) qu'Athénée permet de compléter : « Apportez les torches porteuses de lumière, pour parler comme Agathon » (fr. 15 N²).

Les secondes *Thesmophories* avaient une parabase (fr. 346-348). Comportait-elle « les anapestes » ? Les deux fragments textuellement conservés (fr. 347-348) sont de rythme crético-péonique, mais ils peuvent venir des épirrhèmes.

— **fr. 331**. a) *Scholie Thesmophories* 298 : Calligénie est une divinité de l'entourage de Déméter. Aristophane lui fait prononcer le prologue dans les secondes *Thesmophories* ; b) Photios : Calligénie : selon Apollodore, c'est la terre, selon d'autres, la fille de Zeus et de Déméter, selon Aristophane, le poète comique, la nourrice de Déméter.

— **fr. 332**. A. Rasoir, miroir, ciseaux, onguent à la cire, savon, postiche, franges, serre-têtes, bandeaux, orcanète, « mort profonde », céruse, parfum, pierre ponce, soutien-gorge, barrette, voile, orseille, tours-de-cou, fard à paupières, gandoura, « ellébore », résille, ceinture, chasuble, fanfreluches, galons, aube, boubou, « précipice », étole, aiguille à coiffer... Et je n'ai pas dit l'essentiel.

B. C'est quoi ?

A. Les créoles, pendeloques, pendants, sautoir, girandoles, bracelet, broches, chaînes de cheville, colliers, anneaux de cheville, intailles, chaînettes, bagues, masques de beauté, « bulles » à chignon, bustiers, godemichés, pierres précieuses, collerettes, boucles d'oreilles et bien d'autres colifichets qu'il n'est pas même possible d'énumérer.

Comm. Cette liste d'objets de toilette féminins ne peut être traduite que d'une manière très approximative. Les explications trop vagues des lexicographes et commentateurs anciens (voir les apparats de Kassel-Austin) ne permettent guère de se représenter la plupart d'entre eux, même avec le secours de l'étymologie. Un *kommôtrion* par exemple (ici « aiguille à coiffer ») semble un instrument de coiffure, mais le mot peut désigner un autre objet de toilette ou même une robe de safran. Les articles de passementerie, les diverses formes de tunique sont difficiles à distinguer. Trois mots enfin sont des métaphores obscures, « mort profonde », « ellébore » et « précipice » (*barathron*) : s'agit-il de fard (khôl, *i. e.* le noir, mentionné entre le rouge et la céruse ?), de breloque et de robe, ou bien d'insertions fantaisistes ? La fin énumère principalement des bijoux, mais, dans le début, les *périderaia* (« tours-de-cous ») et le *truphêma* (ici « fanfreluches ») sont-ils des collerettes en tissu et un vêtement ou bien déjà des bijoux ? Pour l'ensemble du fragment, comparer Alexis, fr. 103 (mon *Carnaval*, p. 290).

— **fr. 337**. Quelle quantité d'accessoires dans leurs objets de toilette ! Que de postiches elles utilisent pour donner le change !

— **fr. 338**. Elle détacha le pan de sa petite tunique et le soutien-gorge qui tenait ses petits tétons.

Comm. Cf. Polyxène dans Euripide, *Hécube*, v. 558-551.

— **fr. 334**. Je ne te laisserai boire ni du Pramnios, ni du Chios, ni du Thasos, ni du Péparéthos, ni aucun cru qui te redresse l'éperon.

— **fr. 339**. Ah ! Malheureux que je suis du jour où le héraut a lancé : « Adjugé ».

Comm. Le mot ἀλφάνει (« il rapporte, il procure, il vaut ») semble utilisé dans une vente à l'encan soit pour introduire la vente d'un lot (« Mise à prix » *ou* « Mise en vente de celui-ci »), soit pour la conclure (« Adjugé ! »). Il semble que, dans un cas concret, le prix de départ ou le prix d'adjudication devait suivre. Voir Eupolis, fr. 273 : « Qu'en vitesse un archer me l'amène ici et la mette en vente, *à n'importe quel prix.* »

— **fr. 340**. Et ce mot a fait que me voilà... hors d'état de porter tout ce barda et que j'ai l'épaule broyée !

Comm. Ces vers semblent suivre immédiatement le fragment précédent. C'est apparemment la suite des plaintes de l'esclave qui porte le bagage (cf. *Grenouilles*, v. 3-5).

— **fr. 341**. ... une antithèse bien polie à la façon d'Agathon...

Comm. Cf. Perse I, 85. Le mot « bien rasée » vise la féminité d'Agathon.

— **fr. 342**. Il aurait fallu lui donner le nom d'Amphibite !

Comm. Aristophane parodie une étymologie du nom d'Amphion que donnait Euripide dans son *Antiope* (fr. 188 N²) et que répète Hygin dans sa *Fable* VII, 4 : Amphion aurait reçu ce nom parce que sa mère l'avait mis au monde à un carrefour de routes. D'où le nom proposé par Aristophane, textuellement *Amphiode* (Biroute). L'*Antiope* a été jouée probablement en 410.

— **fr. 344**. Je veux monter ma femme.

— **fr. 346**. (Extrait d'une traduction allemande [1931] de la traduction arabe [IXᵉ s.] de la version syriaque perdue du traité grec de Galien *Sur le vocabulaire médical* :)

« Je dis que cet Aristophane (...) adressait une demande à un groupe d'Athéniens : ils devaient lui laisser passer une erreur, s'ils en repéraient une dans son discours et l'en blâmaient ; car, disait-il, il était atteint depuis quatre mois d'enrouement chronique, de la maladie appelée ἠπίαλος et de fièvre [πυρετός]. Là-dessus, il dit de la maladie appelée ἠπίαλος qu'elle avait été provoquée par un refroidissement qui était tombé sur lui, qu'ensuite la fièvre l'avait pris, et que la fièvre n'est nullement semblable au froid, mais qu'elle lui est tout à fait contraire par sa nature. Cela l'avait conduit, parce qu'il y était obligé par le froid, à se recouvrir d'un brin de laine pour se réchauffer et à boire de l'eau. Je cite ses propres mots... »

Comm. Il s'agit manifestement d'un écho de la parabase (sauf pour la fin de la seconde phrase qui prépare le commentaire de Galien). Comme dans les *Guêpes* (v. 1035), le vocabulaire médical est métaphorique. Aristophane « enroué » semble dire qu'il n'a pas eu sa liberté de parole habituelle, sans qu'on puisse dire s'il fait allusion à un contexte politique précis.

— **fr. 347**. C'était un grand plat que la musique de la comédie, au temps où Cratès apportait son brillant « poisson salé ivoirin », convoqué sans nulle peine, et où il égrenait tant d'autres gazouillis de ce genre.

Comm. Le texte est corrompu, l'interprétation délicate. L'expression de Cratès, apparemment célèbre, se trouve dans des vers fantaisistes (ou constituant une énigme), le fragment 32 de ce poète, qu'Athénée cite juste avant les vers d'Aristophane. Pour un éloge semblable de Cratès, dû au même Aristophane, cf. *Cavaliers*, v. 538-539.

— **fr. 348**. N'appelez pas les Muses aux cheveux bouclés, ne demandez pas à grands cris aux Grâces habitant l'Olympe de se joindre à notre chœur. Elle sont ici, c'est notre poète qui le dit.

18. Κώκαλος, *COCALOS* (387 OU 386)

L'avant-dernière pièce d'Aristophane aurait été donnée par lui, comme le [second] *Eolosicon*, à son fils Ararôs. Il s'agit en principe de la légende de Minos poursuivant Dédale jusqu'en Sicile et ébouillanté par Cocalos et ses filles (*cf. Scholie hom., Iliade* II, 145 ; *Scholie pind., Néméennes* IV, 95 b ; Apollodore, *Épitomè* I, 15, 2, etc.). Un siège comique de Camicos suivait peut-être (fr. 363). La légende devait être singulièrement modifiée si un viol (ancien ?) et une reconnaissance (de l'enfant abandonné ?) étaient des éléments de l'intrigue ! Sophocle avait traité la légende dans ses *Camiciens*, peut-être un drame satyrique.

— *Vie d'Aristophane*, l. 49-51 : ... il écrivit une comédie, le *Cocalos*, où il a mis un viol, une reconnaissance et tous les motifs que Ménandre a repris dans un esprit d'émulation.

— Clément d'Alexandrie, *Stromates* VI, 26, 6 : Le poète comique Philémon a fait une comédie en modifiant un peu, dans son *Fils supposé* (*Hypobolimaios*), le *Cocalos* composé pour Ararôs, le fils d'Aristophane.

— **fr. 361**. A. Y a-t-il eu entre vous quelque propos injurieux ?
        B. Nullement. Il n'a pas dit un mot.

19. Λήμνιαι, *Les Lemniennes* (409 ou 408 ?)

La pièce traitait, sur le mode parodique, la légende des femmes de Lemnos tuant leurs hommes. Eschyle et Sophocle avaient écrit des *Lemniennes* tragiques, Eschyle et Euripide chacun une *Hypsipyle* (celle d'Euripide date peut-être de 410).

— **fr. 373**. Là régnait le père d'Hypsipyle, Thoas, le coureur le plus lent du monde.

Comm. Les vers parodient et renversent l'étymologie du nom dans Euripide, *Iphigénie en Tauride*, v. 30-33. Thoas est aussi rapide que sot dans l'*Odyssée* XIV, 499-502.

— **fr. 382**. Les femmes se bouchent le foufounet.

Comm. Les lexicographes anciens qui expliquent le sens de δορίαλλος font du mot une plaisanterie sur le nom du poète tragique Dorillos ou Doryallos. Des savants modernes ajoutent que ce Dorilaos (qui tint la place d'Euripide à Athènes en 408/7, selon Satyros) devait avoir une barbe en quelque sorte en buisson. Mais pourquoi n'aurait-il pas été rasé comme Agathon ? Le nom propre aurait été combiné avec περίαλλος, « croupion ».

20. Νεφέλαι α′, *Les premières Nuées* (423)

La parabase des *Nuées* conservées montre qu'Aristophane a eu l'intention de faire rejouer la comédie qui avait été un échec en 423. Il est certain que, pour proposer son texte une seconde fois à l'archonte, il a dû le remanier profondément. Mais, puisque la révision — qui a pu être reprise jusque vers 417 — n'a jamais été achevée, il semble clair qu'il a renoncé et que la seconde version n'a pas été jouée. Des indices semblent prouver que les deux versions ont été « éditées » et ont circulé dans l'Antiquité comme s'il s'agissait de pièces différentes. Mais la première version ayant été éclipsée par la seconde, on ne peut faire aujourd'hui sur elle que des hypothèses.

— Argument VI des *Nuées* (= Test. I) : Les premières *Nuées* furent montées à Athènes sous l'archontat d'Isarchos [423]. Cratinos fut vainqueur avec la *Bouteille* et Amipsias avec le *Connos*. C'est pourquoi Aristophane, rejeté sans raison, pensa qu'il fallait faire rejouer de secondes *Nuées*, en adressant des reproches aux spectateurs. Il échoua beaucoup plus et, par la suite, il ne présenta plus la pièce refaite. Les secondes *Nuées* furent donnés sous l'archontat d'Aminias [422].

— Argument VII des *Nuées* (= Test. II) : C'est la même pièce que la première. Mais elle a été refaite en partie, comme si le poète avait eu à cœur de la faire rejouer mais avait renoncé à le faire, pour une raison ou une autre. D'une façon générale, il y a eu correction de presque toutes les parties. Des passages ont été supprimés, d'autres insérés ; dans l'organisation et pour les changements de personnes, il y a eu des modifications. Les parties qui ont été refaites en entier sont à peu près les suivantes : la parabase pour commencer, qui a été remplacée, le passage où le Raisonnement juste parle au Raisonnement injuste, enfin le passage où l'école de Socrate est brûlée.

Comm. Dans la parabase des *Guêpes* (v. 1043-1050), en 422, Aristophane reproche aux spectateurs de ne pas avoir compris, l'année précédente, la nouveauté savante des *Nuées*. L'actuelle parabase des *Nuées* permet de mesurer la complexité des remaniements de la pièce de 423. Aristophane dit clairement au début que, *battu par de grossiers rivaux* (v. 524-525), il veut faire *redéguster en premier* sa pièce à ses habiles spectateurs (v. 523). Ensuite, au vers 553, il fait allusion au *Maricas* d'Eupolis : cette pièce de 421 fut jouée après la mort de Cléon [cf. le fr. 211 de la pièce d'Eupolis], ce qui prouve que ce passage des *Nuées* a été écrit après la mort de Cléon ; mais quelques vers plus loin Cléon est encore vivant, dans un passage qui n'a pas été remanié (v. 590-594). Puis Aristophane mentionne une pièce d'Hermippos postérieure au *Maricas* (v. 557), et d'autres pièces encore postérieures, qui toutes visent Hyperbolos (v. 558). Les scholiastes ont repéré ces contradictions (Test. VI-VIII Kassel-Austin) et compris que le texte actuel a été achevé long-temps après 423 (Test. VIII). La parabase du moins ne peut guère être antérieure à 419. Hyperbolos a été ostracisé en 417.

— fr. 392. C'est lui l'homme qui compose pour Euripide ces tragédies bavardes et ingénieuses.

Note. Diogène Laërce cite ces vers à propos de Socrate.

— fr. 393. En colère, elles [les Nuées] dévalent du Lycabette et partent vers le Parnès.

Comm. Cf. les v. 323-324 des *Nuées* actuelles.

21. Νῆσοι, Les Îles (peu après 414 ? après 403 ?)

L'authenticité de la pièce a été mise en doute dans l'Antiquité, puisque certains, selon la *Vie*, l'attribuaient à Archippos. De fait, une étude attentive peut donner l'impression que plusieurs fragments sont des centons de pièces authentiques d'Aristophane. Il s'agit apparem-ment d'une pièce pacifiste à la façon de la *Paix*. Platon le Comique avait écrit une pièce ayant le même titre.

Date. La mention de « Panaitios le singe » (fr. 409) renvoie au « singe coutelier » des *Oiseaux*, v. 440 (*i. e.* Panétios, selon le scho-liaste). Ce personnage fut impliqué dans l'affaire des Mystères et celle des Hermès et fut exilé (Andocide, I, 13 ; 52 ; 67-68) ; il rentra peut-être après 403. La pièce pourrait donc être postérieure à 414 ou à 403. Archippos a été vainqueur (pour la première fois) dans l'olympiade 415-412 (la *Souda*) ; son *Rhinon* et ses *Poissons* sont peu postérieurs à 403.

— **fr. 402**. Ah ! fou, fou que tu es ! Tout se résume en elle, la paix : vivre aux champs sur ton bout de terre, délivré des tracas de la grand place, possesseur d'une paire de bœufs bien à toi ; et puis écouter le bêlement des moutons, la chanson du vin nouveau qui gicle dans le cuveau, dîner de petits becfigues et de grives, ne pas attendre au marché pour de minuscules poissons hors de prix, que n'a jamais contrôlés que la main scélérate du poissonnier.

Comm. Ces dix vers semblent remplis de réminiscences précises de la *Paix* (par exemple le v. 535 pour le bêlement des moutons), voire des *Oiseaux* (v. 1238 : « Ah ! fou, fou que tu es »).

— **fr. 403.** A. Que dis-tu ? Où sont-elles ?
  B. Là, ce sont elles, juste dans l'entrée que tu regardes.

Comm. L'entrée des Îles est une réminiscence de l'entrée des Nuées (*Nuées*, v. 325-326).

22. Ὁλκάδες, *Les Cargos* (423, Lénéennes ?)

La pièce, qui était un plaidoyer pour la paix et s'en prenait à Cléon et Lamachos, semble très proche dans le temps des *Acharniens* et des *Cavaliers*. Parmi les festivals « disponibles », les Lénéennes de 423 semblent préférables aux Lénéennes de 426 et aux Dionysies de 425 et 424 (il faut, du reste, « caser » dans ces dates les *Paysans* au moins). Les *Cargos*, plutôt que les *Paysans*, sont la comédie « de l'année précédente » qu'évoque en 422 la parabase des *Guêpes* (v. 1037-1042) : Aristophane y rappelle que, dans la comédie « de l'année précédente », il s'attaquait, « après Cléon, aux (démons des) frissons et fièvres... qui agglutinent sur les gens sans histoire prestations de serment, assignations et témoignages », en les faisant courir chez le polémarque (l'accusation doit être celle d'usurpation de citoyenneté). Cette description imagée et symbolique de la comédie anonyme de 423, comme celle des *Cavaliers* de 424 qui la précède, ne rend pas vraiment compte du contenu de la pièce.

Le titre montre que le chœur féminin était formé par des navires de commerce (l'idée était déjà en germe, ou a été reprise, dans les *Cavaliers* avec l'image de l'assemblée des trières, v. 1300-1315). Dans plusieurs fragments (428, 430, 431), les listes de céréales, poissons et poteries montrent les heureux échanges du temps de paix.

— Argument III de la *Paix* (= Test. III), l. 37-42 : Aristophane n'a pas fait jouer que cette pièce en faveur de la paix, mais aussi les *Achar-*

niens, les *Cavaliers* et les *Cargos,* et partout il travaille à ridiculiser Cléon, l'adversaire de la paix, et à attaquer Lamachos, l'amoureux de la guerre.

— **fr. 415**. Ah là là ! Spartiate, comme nos affaires aux uns et aux autres sont donc graisseuses et lourdes !

Comm. Après la conclusion de la paix fictive qui doit fonder toute l'intrigue, un Athénien converse amicalement avec un Spartiate. La métaphore est celle de la laine brute, nécessitant un gros travail préparatoire. Elle doit avoir pour référent le lourd contentieux des torts réciproques (Sphactérie, Délion...).

— **fr. 424**. Nous avons contre nous, comme procureur, une brute d'archer, comme l'est Euathlos parmi vous les jeunes.

Comm. Voir *Acharniens*, v. 703-718 sur cet Euathlos, jeune rhéteur qui soutint l'accusation contre le vieux et impuissant Thucydidès ; Aristophane insinue qu'il était fils d'un archer scythe. Le synégore « scythe », ici, doit être Cléon.

23. Πελαργοί, *Les Cigognes* (VERS 390 ?)

Longtemps après les *Banqueteurs* et les *Nuées*, Aristophane a repris le thème de l'opposition des générations, représentées par un vieux père et un méchant fils. Le chœur est formé de Cigognes parce que ces oiseaux étaient fameux pour leur piété filiale. Peut-être venait-il vérifier que les devoirs moraux envers les parents étaient respectés à Athènes, avec une mission de contrôle semblable à celle du chœur des *Ploutoi* ou du chœur des *Chirons* chez Cratinos. Dans l'*Assemblée des femmes* (v. 639-640), Aristophane se plaint de ce que les fils étranglent les pères (*cf. Nuées*, v. 1376 ; *Oiseaux*, v. 1348).

Date. Deux personnages moqués, Néoclidès et Patroclès (fr. 454 et 455), n'apparaissent que dans l'*Assemblée des femmes* (392 ou 391) et le *Ploutos* (388). Mélétos, autre *komôidoumenos* (fr. 453), est identifié par une scholie d'Aréthas à l'*Apologie de Socrate* de Platon : « Mélétos, mauvais poète tragique, de race thrace, dont parle Aristophane dans les *Grenouilles* [v. 1302] et les *Cigognes*, en l'appelant fils de Laios parce que l'année où les *Cigognes* furent jouées, Mélétos présenta une *Œdipodie*, comme le dit Aristote dans ses *Didascalies*. Dans les *Paysans* [fr. 117], il le mentionne comme le mignon de Callias. Lysias aussi le mentionne dans son *Apologie de Socrate*. » Il s'agit donc de l'accusateur de Socrate en 399, peut-être identique à l'accusateur d'Andocide, la même année. Le Mélétos de 399 a été confondu avec son père (c'est le père qu'Aristophane attaque dans les *Paysans* en 424, c'est lui qu'il appelle Laios, du nom de l'inventeur mythique de l'homosexualité).

— Les *Oiseaux*, v. 1353-1357 : Il y a chez nous, les oiseaux, une antique loi, inscrite sur les tables des cigognes : « Quand le père cigogne a mis, en les nourrissant, tous ses cigogneaux en état de voler, les petits à leur tour doivent nourrir leur père. »

Comm. Cf. la loi de Solon citée par Diogène Laërce I, 55 : « Si un homme ne nourrit pas ses parents, qu'il soit privé de ses droits. »

— **fr. 444**. Il voulait chanter *De l'histoire d'Admète...*, le rameau de myrte à la main, mais l'autre prétendait l'obliger à interpréter la chanson d'Harmodios.

Comm. Pour la reprise de cette scène à effet, voir *supra* le fr. 235. L'air d'Admète est plutôt aristocratique : « Instruit, cher compagnon, de l'histoire d'Admète, aime les gens de bien et détourne-toi des vilains, en sachant que chez les vilains il n'y a guère de bonne grâce » (*PMG* 897 ; Athénée, 695c). Le premier vers est cité dans les *Guêpes*, v. 1238. Le fameux *skolion* d'Harmodios est démocratique. Aristophane y fait allusion (*Acharniens*, v. 980 et 1093), en reproduit le vers le plus célèbre (*Lysistrata*, v. 632) et en cite un autre (*Guêpes*, v. 1225). Athénée (695a-b) en a transmis quatre versions.

— **fr. 445**. Tu ne donnes pas à ton père de quoi s'habiller.

— **fr. 452**. Si tu poursuis un coquin en justice, douze parasites clients d'autrui témoigneront contre toi.

24. Πλοῦτος α΄, *Le premier Ploutos* (408)

Il ne reste presque rien du *Ploutos* de 408. On suppose que le sujet était déjà la guérison de Ploutos (fr. 458). Les « claques du Cérami-que », données aux derniers de la course aux flambeaux (fr. 459), sont décrites aussi, en 405, dans les *Grenouilles* (v. 1093-1098). Archippos et Nicostratos ont écrit aussi chacun un *Ploutos*.

— *Scholie Ploutos* 173 (= Test. III) : C'est clair par ce qui se trouve dans le deuxième *Ploutos*, la dernière pièce qu'Aristophane ait fait jouer, vingt ans plus tard [c'est-à-dire en 388].

— **fr. 458**. (= *Scholie Ploutos* 115 : que je te débarrasserai de cette ophtalmie : au lieu de « de cette cécité ». C'est par un usage particulier qu'Aristophane appelle la cécité ophtalmie. Aussi, dans le second *Ploutos*, l'expression est-elle changée :)
   que je mettrai fin au malheur qui te tient.

— **fr. 459**. ... cause d'une avalanche de claques pour les porteurs de flambeaux qui sont en queue...

Comm. Les *Grenouilles*, v. 1089-1098, et la scholie 1093 (qui contient ce fragment « du premier *Ploutos* ») évoquent ou décrivent cette course aux flambeaux nocturne, qui se déroulait au Céramique et où les spectateurs distribuaient des tapes aux derniers.

25. Ποίησις, *LA POÉSIE* (APRÈS 405 ?)

Cette comédie, dont l'authenticité a été mise en doute dans l'Antiquité, avait apparemment pour sujet une recherche de la Poésie personnifiée, qui, chassée ou dépitée, avait quitté Athènes à cause des médiocres poètes « modernes ». On ne sait pas quelle était la nature du chœur et aucun indice précis ne permet de dater la pièce. On peut penser que la discussion littéraire autour de la poésie comme entité féminine est plus récente que la critique littéraire appuyée sur une catabase (*Gérytadès, Grenouilles*). Et comme, dans le fr. 466 (v. 8 et 16), figurent le mot ζώπυρον, « charbon ardent » (probablement pris au sens figuré), qui n'est attesté qu'au IVe siècle, et le féminin ἀδικουμένη, qui n'apparaît que dans le *Ploutos*, je situerais volontiers la *Poésie* après 405 (sinon après 400), plus tard que les *Danaïdes* (fr. 265) et les secondes *Thesmophories* (fr. 347-348). Le très célèbre fragment 189 de la *Poésie* d'Antiphane (mon *Carnaval*, p. 272) a été attribué, certainement à tort, à Aristophane.

— **fr. 466**, v. 4-5 (Pap. Turner 4 = vers cités par Priscien). Nous sommes venus ici à la recherche d'une femme qu'on dit être chez toi.

— **fr. 467**. ... et non pas des mélopées à sept cordes toutes pareilles, comme on en chantait dans le temps...

Comm. Rejet par quelque partisan des Modernes de la monotonie des airs anciens.

26. Πολύιδος, *POLYIDOS* (ENTRE 413 ET 407 ?)

La légende du devin Polyidos que Minos contraint à ressusciter le petit Glaucon : Apollodore, *Bibliothèque* III, 17-20 ; Hygin, *Fables* 136. Sur ce sujet, Eschyle avait écrit des *Crétoises*, Sophocle des *Devins* et Euripide un *Polyidos*. La comédie d'Aristophane doit être une parodie du *Polyidos*. L'annonce (finale ?) du mariage de Phèdre avec Polyidos ou Thésée (fr. 469) montre que la légende était très librement traitée par l'auteur comique.

La date. L'*Électre* de Sophocle (dont vient le fr. 468) est couramment considérée comme assez tardive et elle est datée d'après 420. Le *Polyidos* d'Euripide, sûrement parodié par Aristophane, est situé par WEBSTER, sur des critères stylistiques, à la fin du « groupe II » des tragédies ou au début du « groupe III », c'est-à-dire peu avant ou peu après 415. La disparition et la résurrection mythiques du petit Glaucon ont-elles un lien symbolique avec la catastrophe de Sicile et avec le retour d'Alcibiade ? Dans ce cas, peut-être qu'après les années 413-410, si sombres pour Athènes, l'embellie de 409-407 conviendrait. Je verrais volontiers dans le fr. 472 (« Tu lèves des droits portuaires ou tu fais payer la dîme ») une allusion ironique au droit de passage de 10 % de la valeur des cargaisons qu'Alcibiade et ses collègues créent sur le Bosphore en 409 (Xénophon, *Helléniques* I, 1, 22 ; Diodore, XIII, 64, 2).

— **fr. 468**. Craindre la mort, quelle sottise ! Nous sommes tous voués à la subir.

Comm. Le second vers reproduit Sophocle, *Électre*, v. 1173. Ce vers paratragique pourrait bien être prononcé par Polyidos, menacé d'être mis au tombeau avec Glaucos : les fragments du *Polyidos* d'Euripide (fr. 634-635, 640-645 N²) montrent que, dans la tragédie, le tyran Minos et le sage Polyidos s'opposaient.

— **fr. 469**. Tiens, je te donne comme épouse cette fille, Phèdre. On dirait que sa venue va mettre du feu sur le feu.

Comm. L'époux de Phèdre, en principe, ne peut être que Thésée. Faut-il penser que le héros athénien, ramené dans la Crète de Minos, était introduit d'une façon fantaisiste dans l'histoire de Polyidos (il n'est pas certain que les mots θησειότριψ [« gibier de potence » ?] et θησειομύζων, au fragment 475, confirment sa présence dans la pièce) ? Notons aussi que, dans la version courante du mariage, ce n'est pas Minos qui donne Phèdre à Thésée, mais son fils et successeur Deucalion (Apollodore, *Épitomè* I, 17). L'expression proverbiale finale, connue par ailleurs, doit vouloir dire que Phèdre va provoquer de nouveaux malheurs par la suite.

27. Προάγων, *La Présentation générale* (422, Lénéennes)

Date. D'après la fin de l'argument des *Guêpes* (bien malheureusement corrigé par Fr. Leo, que suit Coulon), le *Proagôn* fut présenté par Philonidès aux Lénéennes de 422, et il obtint le premier rang devant les *Guêpes*, montées par le même Philonidès. Aristophane aurait donc tourné l'interdiction de présenter deux pièces au concours, mais c'est la comédie de critique littéraire qu'il a cédée à son *didascalos* qui a triomphé de la comédie politique et familière qu'il s'était réservée ! (H. Hiller a supposé que le *Proagôn* d'Aristophane ne se confondait pas avec le *Proagôn* attribué à Philonidès, mais ce n'est guère convaincant).

Sujet. Une scholie d'Eschine (*Contre Ctésiphon* 67) précise ce qu'était l'« Avant-concours » : à la veille des Dionysies, avait lieu à l'Odéon un ἀγών des poètes tragiques et une ἐπίδειξις des pièces qui allaient être jouées ; les acteurs ne portaient ni masques ni costumes. La *scholie Guêpes 1109* évoque de même une ἀπαγγελία préalable des œuvres à l'Odéon. La tenue de deuil de Sophocle et l'absence de

couronne de ses acteurs dans le *proagôn* du concours qui suivit la
mort d'Euripide (*Vie d'Euripide*), la fierté d'Agathon montant sur
l'estrade avec ses acteurs et présentant son œuvre à un nombreux
public (Platon, *Banquet* 194a-b) montrent que le moment principal de
la fête était la présentation (ἐπίδειξις) des auteurs et des acteurs et
l'annonce des pièces qui allaient concourir. Absolument rien n'indique qu'avait lieu une dernière répétition publique, ou une récitation
de tirades, ou un classement quelconque des participants. Il semble
clair qu'Aristophane a mis sur scène un « Avant-concours » grotesque et que ce procédé métathéâtral a été pour lui un nouveau moyen
de critiquer l'art et les idées d'Euripide, peut-être à travers une
confrontation parodique du poète et de ses rivaux. Mais on ne sait
absolument rien de l'intrigue. Comment le poète conciliait-il la présence sur scène d'Euripide (voir *infra*) et la mise sur scène du festin de
Thyeste (fr. 477-478), qui était à coup sûr une parodie du *Thyeste*
d'Euripide ? Il est tentant de penser qu'il s'agissait de théâtre sur le
théâtre : une répétition générale du *Thyeste* (avec un contrepoint
comique de la réalité et de la fiction)... Mais cela ne correspond guère
à ce qu'on sait de la cérémonie de l'« Avant-concours ». Sophocle
avait, lui aussi, écrit un *Thyeste*.

— *Scholie Guêpes* 61 c (= Test. IV) (Aristophane critique les sujets
galvaudés, comme « Euripide rudoyé ») : Ce n'est pas seulement dans
les *Dramata* qu'Euripide est ainsi mis sur scène, mais aussi dans le
Proagôn et dans les *Acharniens*.

— **fr. 477**. Ah, malheureux que je suis. Quelle colique me tord le
ventre ? Au diable ! Où peut bien se trouver mon pot de chambre ?
Comm. Cf. Sénèque, *Thyeste*, v. 999 : Thyeste (qui vient de dévorer ses
enfants) : « Quel est ce bouillonnement qui me tord les entrailles ? » Ennius
déjà avait écrit un *Thyeste* qui semble dépendre d'Euripide (cf. Euripide fr.
941 N^2 et WEBSTER, p. 114).

— **fr. 478**. J'ai goûté aux tripes de mes enfants. Comment pourrais-je
regarder en face du museau flambé ?

— **fr. 479**. Un jour, en été, en le voyant malade, il a mangé des figues
à midi, pour être malade lui aussi.
Comm. La croyance est attestée par Phérécrate, fr. 85. Mais, de qui s'agit-
il ? Du serviteur fidèle du fr. 480 ? D'Atrée et Thyeste au temps où ils
s'aimaient ?

28. Σκηνὰς καταλαμβάνουσαι, LE CAMPEMENT DES FEMMES (VERS 410-408 ?)

Le titre (littéralement *Les femmes qui occupent les tentes*) indique une pièce « féminine » comparable aux *Thesmophories*. Y avait-il occupation rusée par les femmes de tentes dressées pour un grand festival ou bien, simplement, campement des femmes à l'occasion d'une fête (féminine) ? On ne peut répondre. L'intrigue aussi est complètement inconnue. Les femmes rassemblées s'en prenaient-elles à Euripide ou à un poète ? Faisaient-elles le procès d'Aristophane, qui se serait donc mis lui-même en scène (comme l'avait fait Cratinos dans la *Bouteille* et comme Aristophane l'a fait pour Euripide et son Parent dans les *Thesmophories*) ? Dans un fragment en trimètres (qui appartient à la fiction théâtrale), le fragment 488, un personnage se défend d'être un imitateur d'Euripide et le contexte de la citation peut faire penser que l'acteur tient le rôle d'Aristophane. Au fragment 489, un homme invite une femme (ou le chœur des femmes) à juger impartialement. Mais les hypothèses formulées à partir d'indices aussi minces sont tout à fait fragiles...

Date. L'attaque de Cratinos contre Aristophane ou contre un « euripidaristophanisant » (fr. 342) doit être tardive dans sa vie : peut-être se trouvait-elle dans sa *Bouteille*, en 423. Lucien (*Macrobioi* XXV) dit que Cratinos est mort quelques jours après la *Bouteille*, mais il s'est plutôt écoulé quelques années (la mort comique de Cratinos, dans la *Paix*, v. 700-703, semble une fausse mort). Donc si le fr. 488 du *Campement* est bien une réponse à Cratinos, il a été écrit vers les années 423-418. En revanche, si le fr. **490** (voir **comm.** *infra*) fait bien allusion à une pièce de Strattis datable de 411-406 — la mort d'Euripide en 406, ou même son départ en Macédoine en 408 constituant un *terminus ante quem* pour le *Campement* —, on est renvoyé beaucoup plus tard : vers 410-408. Pour une pièce « féminine », mon choix irait plutôt à la fourchette basse : après *Lysistrata* et les *Thesmophories*, vers 410-408.

— *Scholie Paix* 880 : Ceux qui veulent être spectateurs se réservent à l'avance des places... ‖ A cause de l'exiguïté des lieux, tous se hâtent de réserver à l'avance, parce qu'on ne trouve pas de logement... Comme il n'est pas facile, à l'Isthme, de trouver facilement des logements, l'habitude, à la panégyrie de l'Isthme, est de réserver les tentes longtemps à l'avance, pour ceux qui veulent y venir.

Comm. Cf. *Paix*, v. 800 : « Pour les jeux isthmiques, je réserve une tente... pour mon membre ! ». Mais Héniochos, fr. 5, 7, mentionne aussi une « tente de spectateur » à *Olympie*, ce qui rend le lieu scénique incertain.

— **fr. 488**. (= Scholie d'Aréthas à Platon, *Apologie* 19 c [Bodleianus 39] : Aristophane... était moqué sur la scène comique, où on lui faisait grief de ridiculiser Euripide mais de l'imiter. Cratinos [fr. 342] écrit : « Et toi, qui es-tu ? pourrait demander un spectateur perspicace. Un discoureur subtil, un chasseur de sentences, un euripidaristophanisant ! ». Et Aristophane reconnaît lui-même, dans le *Campement des femmes* :)

J'utilise les expressions parfaitement tournées de sa bouche, mais les pensées que je présente sont moins communes que les siennes.

— **fr. 489**. Pourtant, femme, écoute-moi sans te livrer au courroux. Puis juge par toi-même sans aigreur.

— **fr. 490**. Comme dans le *Callipidès*, je suis assis(e) par terre dans les balayures.

Comm. Il s'agit d'une critique d'un acteur « moderne » fameux, à qui on reprochait l'expressivité de son jeu et ses gesticulations (voir P. Ghiron-Bistagne, *Recherches sur les acteurs...*, p. 143 sq. et 147). « Il imitait les femmes de basse condition » (dans ses rôles féminins sans doute), dit notamment de lui Aristote (*Poétique* 1462 a). Pour la datation de la pièce, le fragment pose un problème : on ne sait s'il vise l'acteur directement — on corrige souvent le ὥσπερ ἐν des manuscrits en ὡσπερεί : « Comme Callipidès... » — ou s'il se réfère à une comédie de Strattis qui prenait l'acteur pour cible. L'acteur Callipidès a été victorieux pour la première fois en 419/18 (*IG* II², 2319, 80), mais sa carrière se poursuit au IVᵉ siècle. Quant à Strattis, l'auteur du *Callipidès*, la restitution de son nom dans les Fastes fait penser que *Stratti*]s a été victorieux (pour la première fois) aux Lénéennes de 411 (*IG* II², 2325, 138). Mais sa carrière se poursuit bien avant dans le IVᵉ siècle, de sorte qu'il est difficile de dater son *Callipidès*. La comédie contre l'acteur est peut-être proche dans le temps du moment où les Comiques moquent un « cuir » fameux d'un autre acteur, Hégélochos, au cours de la représentation de l'*Oreste*, en 408 (Aristophane, *Grenouilles*, v. 304 ; Strattis, fr. 1).

29. Ταγηνισταί, *LES RÔTISSEURS* (VERS 418-415 ?)

Le sujet est tout à fait obscur. Les mots de « gril » et de « griller », interprétés grâce à deux fragments d'Eupolis, ont permis des hypothèses. Parce que Plutarque (*M.*, 54 B) caractérise le parasite avec un vers d'Eupolis (fr. 374 : « <un de> ces amis de poêle à frire [τάγηνον] et d'après repas »), on a pensé que la comédie visait les parasites ou les philosophes parasites, comme les *Flatteurs* d'Eupolis (421). Parce que, dans un autre fragment d'Eupolis (fr. 385), Alcibiade dit son goût pour le ταγηνίζειν, on a fait de la pièce une critique d'Alcibiade, du luxe de sa table ou de son goût des femmes. Les fragments 504 et 520 feraient plutôt croire à la reprise du grand thème utopique du pays de cocagne, utilisé notamment par Téléclidès dans les *Amphictyons* (fr. 1), par Phérécratès dans les *Mineurs* (fr. 113), les *Perses* (fr. 137) et peut-être les *Crapataloi*, et par Métagénès dans les *Thourioperses* (fr. 6) : Athénée mentionne la pièce d'Aristophane au milieu de citations de ces diverses comédies (cf. mon *Carnaval...*, p. 255-269). Les fragments 504 et 515 peuvent signifier que la pièce se déroulait sous terre, dans l'Hadès, là où se trouvent le paradis de nourriture des *Mineurs* et celui des bienheureux initiés des *Grenouilles*.

Date. Prodicos (voir fr. 506) n'est mentionné ailleurs que dans les *Nuées* (423) et les *Oiseaux* (414). Dans les *Nuées*, v. 361, il est mis sur le même plan que Socrate, traité plus loin de « bavard » (v. 1485) : l'association semble être la même au fr. 506, quoique Socrate n'y soit pas nommé. Dans les *Oiseaux*, Socrate est égratigné au passage (v. 1555), comme Prodicos (v. 692). On trouve une χλανίδα λευκήν au v. 1116 des *Oiseaux* et dans le fragment 505. Enfin, ce même fragment 505, qui semble prononcé par le coryphée des Rôtisseurs, est en trimètres, et on a observé que c'est à partir des *Oiseaux* que les trimètres se multiplient dans la bouche du coryphée. Tout cela semble désigner une date entre 423 et 414, plus proche de 414 que de 423.

— Athénée VI, 269E (= Test. III) (le passage cite longuement diverses comédies où était décrite la vie bienheureuse d'autrefois) : Je n'ai pas besoin de citer de surcroît les vers des *Rôtisseurs* du spirituel Aristophane : vous avez tous la tête pleine de ses plaisanteries.

— **fr. 504**. Mais d'où viendrait le nom de Pluton [le Riche], si ne lui était échu le meilleur lot ? Un seul mot de moi va te montrer à quel point le domaine d'en-bas vaut mieux que celui de Zeus : quand tu fais une pesée, c'est vers le bas que va le plateau vide. [*brève lacune*] Jamais en effet < à notre mort > nous ne serions exposés, couronne sur la tête et frottés d'huile, s'il ne nous fallait pas, une fois arrivés en bas, nous mettre aussitôt à boire. Voilà pourquoi aussi on appelle les morts les bienheureux. Tout le monde répète : « Le bienheureux Untel s'en est allé, s'est endormi. Heureux homme qui ne connaîtra plus le chagrin ! » Et nous leur faisons des sacrifices avec des offrandes, comme à des dieux. Et même, au moment où nous versons pour eux des libations, nous leur demandons de nous envoyer des bienfaits.

Comm. Une conception très matérielle de la vie bienheureuse des morts dans l'Hadès, par opposition au monde d'en haut.

— **fr. 506**. Cet homme-là, un livre lui a gâté l'esprit, ou bien c'est Prodicos ou quelque bavard.

Comm. Socrate fait partie des « bavards » : *Nuées*, v. 1485, Eupolis, fr. 386.

— **fr. 515**. ... et Hécate souterraine qui a enroulé en boucles ses serpents.

B. <....> pourquoi appelles-tu Empousa ?

Comm. Hécate est ici confondue avec le monstre infernal Empousa et Aristophane lui attribue la chevelure de serpents des Furies (comme le fait Sophocle, fr. 535 R).

30. Τελεμησσῆς, *Les gens de Télémessos* (autour de 400 ?)

Les Télémessiens, qui forment le chœur, viennent d'une cité de Carie (Stéphane de Byzance, *s. v.* « Télémessos » ; Cicéron, *De divinatione* XLI-91) située à soixante stades d'Halicarnasse, une cité qui était fameuse pour l'art divinatoire des ses haruspices (fr. 554 ; Cicéron, *ibid.*). Ce sont probablement les Télémessiens de Carie qui donnèrent quelques consultations célèbres, en particulier à Crésus (Hérodote, I, 78 ; I, 84, 3 ; Arrien, *Anabase* II, 3, 3-4) — plutôt que l'oracle d'Apollon de Télémessos de Lycie (cf. D. Asheri, note à Hérodote, I, 78, Fond. Valla). La cité a fait partie de l'empire athénien.

Le sujet de la comédie est donc probable : il s'agit d'une consultation des devins de Télémessos — un genre de consultation familier à la Comédie Ancienne (Amphiaraos, Trophonios). Mais, le consultant, le motif de la consultation, l'intrigue restent obscurs.

Date. Aristyllos, mentionné au fragment 551, n'apparaît que dans l'*Assemblée des femmes*, v. 647 (en 391), et le *Ploutos*, v. 314 (en 388). Mais Chéréphon, mentionné au fragment 552, est mort avant le procès de Socrate en 399 (Platon, *Apologie* 21 a). La comédie, en principe antérieure à 399, peut dater de l'extrême fin du Ve siècle ou du tout début du IVe siècle.

— **fr. 543**. Car nous n'abordons pas cette joute d'une manière traditionnelle mais avec un sujet nouveau.

Comm. Le sens exact est délicat, mais il s'agit de la revendication d'originalité fréquente chez Aristophane. Les vers doivent appartenir au prologue.

— **fr. 545**. A. Apporte-nous une table qui ait trois pieds, elle ne doit pas en avoir quatre.

B. Et où est-ce que moi je vais trouver une table à trois pieds ?

Comm. La fonction d'une telle table semble être religieuse.

— **fr. 548 b**. Voyons, quand cela arrivera, que faut-il que je fasse, Télémessiens ?

— **fr. 554**. Hésychius : Les portes (πύλαι) : mot d'Aristophane, dans les *Télémessiens*, à propos des sacrificateurs. Ceux-ci en effet examinent les canaux et les veines.

Comm. Il s'agit d'haruspicine, la spécialité des Télémessiens. Le chœur lui-même ou un personnage parlaient probablement d'observer les « portes du foie » (*i. e.* la veine porte), comme le fait Égisthe dans l'*Électre* d'Euripide, v. 828.

31. Τριφάλης, *TRIPHALÈS* (ENTRE 410 ET 407 ?)

Le nom du héros est formé sur φάλης qui a le même sens que φαλλός (*Lysistrata*, v. 771). Phalès est aussi un compagnon de Dionysos, il incarne le phallus (*Acharniens*, v. 263 et 276). Le préfixe augmentatif tri- (τριγέρων, τρίδουλος) signifie que le Τριφάλης a un sexe énorme (cf. fr. 567) plutôt qu'un triple sexe. Mais si le sujet est gros, l'intrigue est inconnue. Parce que, dans les *Banqueteurs* (fr. 244), Aristophane ironise sur Alcibiade « né sous (l'archontat de) Phalénios », on a soutenu que le « Triplement membré » était Alcibiade. L'hypothèse reste fragile. En 410-409, Alcibiade n'était pas encore de retour à Athènes. Et en 408-407, était-ce bien le moment de rappeler ses frasques amoureuses d'autrefois (cf. J. Hatzfeld, *Alcibiade*, p. 304, n. 1) ? Il est vrai qu'Alcibiade domine ces années 411-407, mais ailleurs il ne constitue pas pour Aristophane une cible majeure, comme pour Eupolis. Enfin, on ne sait trop que faire d'indications fragmentaires : un Hermès tricéphale (fr. 566, cf. Test. IV), un Argonaute pour rire (fr. 558), un bonnet pointu perse (fr. 559).

Date. Les fragments 563 et 564 montrent que la pièce est postérieure à 411 et qu'on ne doit pas trop s'éloigner de cette date.

— **fr. 556**. Alors tous les étrangers distingués qui étaient là se mirent à ses trousses en le pressant de supplications : « Tâche de prendre l'enfant et d'aller le vendre à Chios » ; un autre : « Tâche que ce soit à Clazomènes » ; un autre : « Tâche que ce soit à Éphèse » ; un autre : « à Abydos ». « Tâche que » : il n'y avait plus que ce mot.

Comm. Le fragment est censé viser la mollesse des Ioniens. « Vendre » doit signifier « prostituer ». L'enfant (ou l'adolescent) doit être le phénoménal Triphalès quand il était jeune. Le dernier membre de phrase est reconstitué d'une manière hypothétique.

— **fr. 559**. Tu crois que le bonnet que je porte est un bonnet persan ?

— **fr. 561**. Elle a trois boîtes à flacons au lieu d'une.

— **fr. 563**. C'est que, moi, je crains les trois châtiments de Théramène.

Comm. La scholie *Grenouilles 541* et le fr. 3 de Polyzélos montrent qu'il s'agit des trois châtiments proposés par Théramène, au printemps 411, pour les opposants aux Quatre Cents : les entraves (la prison), la ciguë ou l'exil (voir Thucydide, VIII, 70, 2).

— **fr. 564 a**. En découvrant les Ibères d'Aristarchos naguère...
      b. Les Ibères dont tu es le chef de chœur doivent venir à
mon secours au pas de course.

Comm. Ces Ibères du stratège oligarque de 411 sont souvent identifiés avec les
archers « barbares entre tous » qu'il conduisit contre Oinoè (Thucydide,
VIII, 98, 1).

32. Φοίνισσαι, *Les Phéniciennes* (vers 409-407 ?)

La pièce est, de manière certaine, une parodie des *Phéniciennes*
d'Euripide, produites après l'*Andromède* de 412, probablement en 410
ou 409. La comédie doit suivre de près la tragédie : vers 409-407.
Strattis a écrit aussi des *Phéniciennes*.

— **fr. 570**. Sur les enfants d'Œdipe, le couple de garçons, s'est abattue
la fureur d'Arès et ils sont maintenant face à face pour se mesurer en
combat singulier.

Comm. Les vers parodient Euripide, *Phéniciennes*, v. 1354, 1361 et 1363.

— **fr. 574**. O Némésis, tonnerre aux grondements profonds.

Comm. C'est presque le v. 186 d'Euripide.

33. Ὧραι, *Les Heures* (entre 422 et 411)

La pièce avait apparemment pour sujet un affrontement entre les
dieux traditionnels d'Athènes et des divinités nouvelles conduites par
Sabazios. La traduction de *Hôrai* par les *Saisons* est traditionnelle.
Mais elle est ambiguë en français, puisque nous ne connaissons que
quatre saisons. Nous avons donc préféré comme titre français les
Heures. Les Hôrai « hésiodiques » — qui (depuis Hésiode) « veillent
sur les champs des mortels » et (selon Pindare) « sont prêtes à repous-
ser l'*hybris* » — sont au nombre de trois : Eunomia, Dikè et Eirénè
(Hésiode, *Théogonie* v. 902-903 ; Pindare, *Olympiques* XIII, 6-7 et
Hymnes, fr. 4 = fr. 1 Puech). Les Heures qui ont un sanctuaire à
Athènes (Athénée, II, 38c) semblent être deux : Thallô et Carpô
(Lycurgue, *Contre Léocrate* LXXVII ; Pausanias IX, 35, 1), auxquelles s'ajoute peut-être Auxô (mais, selon Pausanias, Auxô et Hégé-
monè sont des Charites). Les Heures et les Grâces semblent du reste
très proches (Xénophon, *Banquet* VII, 5 ; Athénée, II, 36d ; 38c). Ces
deux ou trois Hôrai ne font pas un chœur de vingt-quatre choreutes
(Pollux, IV, 109), à moins que ses membres ne soient anonymes.
Toutefois Hygin (*Fable* 183) donne les noms de neuf Hôrai, puis
encore dix noms différents « d'après d'autres auteurs ».

Date. Les *komôidoumenoi* mentionnés dans d'autres pièces sont : Théogénès d'Acharnes, fr. 582 (*Guêpes*, v. 1183, *Lysistrata*, v. 62) ; Callias, fr. 583 (*Oiseaux, Grenouilles, Assemblée des femmes*) ; Chéréphon « enfant de la nuit », fr. 584 (*Nuées, Guêpes, Oiseaux* où il est deux fois appelé νυκτερίς, « chauve-souris »). Sabazios apparaît dans les *Guêpes*, v. 9-10. Ces mentions figurent presque toutes dans des comédies écrites entre 423 et 414, la mort de Chéréphon avant 399 fournissant de surcroît un tardif *terminus ante quem*. Par ailleurs le fr. 580 (« un attelage de trois esclaves ») est considéré comme une parodie de l'*Érechthée* d'Euripide, fr. 357 N² (« un attelage de trois vierges »). La date de la tragédie d'Euripide est quasi sûre : 422 (Plutarque, *Nicias* IX, 7). Mais Aristophane la cite ou la parodie en 411 encore (*Lysistrata*, v. 1135 = fr. 363 N² ; *Thesmophories*, v. 120 = fr. 370). De tout cela, on peut conclure que les *Heures* ont été jouées entre 422 et 411. Mais il est difficile de préciser davantage, puisqu'on peut rapprocher la pièce soit des *Guêpes* (en lui assignant pour date, comme GELZER, les Dionysies de 422 ou les Lénéennes de 421), soit des *Oiseaux*, de *Lysistrata* et des *Thesmophories* (414, 411). La date vraisemblable des autres comédies « religieuses » (*Amphiaraos, Héros, Polyidos, Télémessiens*) pourrait conduire au choix d'une datation basse...

— Cicéron, *De legibus* II, XV, 37 : Quant aux dieux nouveaux et aux veillées nocturnes consacrées à leur culte, Aristophane, le poète le plus spirituel de l'ancienne comédie, les malmène si bien que, chez lui, Sabazius et d'autres dieux étrangers passent en justice et sont expulsés de la cité.

— **fr. 581**. A. Tu vas voir au milieu de l'hiver des concombres, du raisin, des fruits, des couronnes de violettes...
     < B >. < Et aussi, selon moi, > un nuage de poudre aux yeux aveuglant.
     A. Dans la même boutique, on te vend grives, poires, rayons de miel, olives, premier lait, nougat emboyauté, hirondelles, cigales, agneau nouveau-né. Et tu pourras voir des paniers remplis en même temps de monceaux de figues et de baies de myrte.
     < B >. Et est-ce qu'on va semer les potirons en même temps que les navets, de façon à ce que personne ne sache à quel moment de l'année on se trouve ?
     A. < Quoi ! N'est-ce pas > le suprême avantage qu'il soit possible d'avoir toute l'année ce qu'on désire ?
     B. Au contraire, c'est le mal suprême. Si c'était impossible, on ne le désirerait pas et on ne dépenserait pas. Moi, je voudrais mettre les produits à la disposition des hommes pour une courte saison, et puis les leur ôter.

A. C'est ce que je fais pour toutes les cités, mais je fais exception pour Athènes. Eux, ils ont tout cela parce qu'ils vénèrent les dieux.

B. Ça ! Ils sont bien récompensés de leur vénération pour vous, comme tu dis !

A. Comment cela ?

B. Tu as fait de leur cité l'Égypte, au lieu d'Athènes.

BIBLIOGRAPHIE

R. Cantarella éd., *Aristofane, Le Commedie, volume primo, Prolegomeni*, Milan, 1949.

J.-Cl. Carrière, *Le Carnaval et la politique. Une introduction à la Comédie grecque suivie d'un choix de fragments* (Annales littéraires de l'Université de Besançon, 212), Paris, 1979.

C. W. Dearden, *The stage of Aristophanes*, Londres, 1976

J. M. Edmonds, *The fragments of Attic Comedy*, vol. I (Aristophanes), Leyde, 1957.

P. Geissler, *Chronologie der altattische Komödie*, 1925, Zürich, 1969.

Th. Gelzer, *Aristophanes der Komiker*, Stuttgart, 1971 (= *RE* Supplement-Band XII).

L. Gil, « El Aristófanes perdido », *Cuadernos de filología clásica* 22, 1989, p. 39-106.

R. Kassel, C. Austin, *Poetae Comici Graeci*, vol. III, 2, Aristophanes, Testimonia et Fragmenta, Berolini et Novi Eboraci, 1984.

G. Norwood, *Greek Comedy*, 1931, Londres, 1964.

A. Pickard-Cambridge, *The Dramatic Festivals of Athens*, 2e éd. par J. Gould et D. M. Lewis, Oxford, 1968.

C. F. Russo, *Aristophanes, an author for the stage*, Londres-New York, 1994 (*Aristofane autore di teatro*, 1962, rev. 1984, 1992).

T. B. L. Webster, *The Tragedies of Euripides*, Londres, 1967.

Jean-Claude Carrière

LE *SICYONIEN* DE MÉNANDRE

De toutes les découvertes de papyrus de Ménandre faites en ce siècle, celle qui nous a rendu d'importants fragments du *Sicyonien* n'est sûrement pas la moins remarquable. Elle se recommande à nous Français par son origine. Toutefois, si j'ai choisi de vous parler de cette comédie — une aventure hasardeuse étant donné son état de conservation —, ce n'est pas l'effet d'un patriotisme philologique. C'est d'abord parce qu'on y entrevoit d'assez belles qualités pour éveiller notre intérêt. C'est aussi parce qu'elle est une des pièces dont l'intrigue, malgré l'étendue des lacunes, se laisse deviner au moins dans ses grandes lignes ; et partant, l'une de celles qui ont quelque chose à nous dire sur l'art de Ménandre et le genre qu'il a illustré, la comédie nouvelle (*Néa*). C'est enfin parce que j'ai l'espoir d'aller plus loin dans l'analyse qu'on ne l'a fait jusqu'ici.

Cette découverte est un résultat des fouilles menées au début du siècle par Pierre Jouguet au Fayoum, dans les cimetières ptolémaïques de Médinet-Ghorân. Elles ont mis au jour de nombreuses momies, dont les cartonnages, comme on le sait, étaient confectionnés avec des papiers de rebut, entre autres, des rouleaux de papyrus, forme primitive du livre. Les premiers sondages s'avérèrent fructueux. En 1906, Jouguet [1] publiait dans le *Bulletin de Correspondance hellénique* des papyrus de la comédie nouvelle. Le plus ancien [2], datant du dernier tiers du IIIe siècle av. J.-C. (quelques décennies seulement après la mort du poète), contenait des fragments difficiles à déchiffrer et à interpréter. Jouguet les attribuait à l' Ὑποβολιμαῖος de Ménandre, parce qu'il y est question d'un enfant supposé. Nous savons aujourd'hui que ce statut, fréquent dans la *Néa*, est celui du héros de notre comédie. Cette particularité n'était évidemment pas suffisante pour les faire assigner

---

1. P. Jouguet, « Papyrus de Ghorân, Fragments de Comédies », *Bulletin de Correspondance hellénique* 30, 1906, p. 103-149 = Pack[2] 1656, 1657.

2. P. Sorb. 72, I-VII (= Pack[2] 1656) publié par Jouguet sous le titre de P. Ghorân I. Blass contestait la paternité de Ménandre, d'où son inclusion dans O. Schröder, *Novae Comoediae Fragmenta in papyris reperta exceptis Menandreis* (Kleine Texte für Vorlesungen und Übungen, Nr. 135), Bonn, 1915, p. 20-29.

à une pièce intitulée l'*Enfant supposé*. Mais la paternité de Ménandre était elle-même contestée ; certains y voyaient même l'œuvre d'un poète de la comédie moyenne.

Un demi-siècle plus tard environ, on tenait la preuve qu'il s'agissait bien de Ménandre et, qui plus est, d'une de ses pièces les plus célèbres. En 1962 et 1963, André Bataille et ses élèves découvrirent, en démontant des cartonnages de Ghorân passés entre temps dans les collections de la Sorbonne, des restes [3] du papyrus édité jadis par Jouguet. Non seulement les nouveaux fragments se raccordaient en partie aux anciens, mais surtout ils offraient la colonne finale du rouleau, avec le *colophon* indiquant le nom de l'auteur et le titre de la pièce, Σιχυώνιοι / Μενάνδρου, les *Sicyoniens* — le pluriel, et non le singulier de la plupart des citateurs anciens. C'était au total 423 vers plus ou moins intacts (quelque 200 complets), répartis en une vingtaine de colonnes, soit un bon tiers de la pièce. Dès l'année suivante, Alain Blanchard et André Bataille [4] publiaient l'édition *princeps* « du Σιχυώνιος de Ménandre ». Ils avaient eu la sagesse de la donner sans tarder, quitte à fournir aux spécialistes un matériel quasi brut mais accompagné d'excellentes photographies.

Les contributions critiques suscitées par cette publication se sont, dans un premier temps, appliquées à remettre en ordre les fragments et à préciser leur déchiffrement, laissant de côté des problèmes plus épineux. Aujourd'hui, malgré le travail accompli pendant les trente-cinq dernières années, bien des questions demeurent ouvertes concernant la liaison des scènes, l'identité et les mouvements des personnages.

Cela n'est guère surprenant. Que lisons-nous du *Sicyonien* en effet ? A l'inverse du *Bouclier*, c'est la seconde moitié de la pièce qui a le moins souffert. Hormis un morceau du Prologue et des bribes de la scène suivante, les deux premiers actes ne sont représentés que par plusieurs des difficiles fragments Jouguet, de localisation incertaine, et le troisième presque entièrement perdu. Ce n'est qu'à partir des quarante derniers vers de l'acte III que les scènes se succèdent en un ensemble cohérent. Puis, le texte s'interrompt à la scène 4 de l'acte V pour ne reprendre qu'à la dernière colonne, treize vers avant la fin.

Je n'ai certes pas la prétention de résoudre tous les problèmes qui se posent encore ; je voudrais simplement essayer avec vous de jeter sur la pièce un regard neuf, comme si nous venions de la découvrir,

---

3. P. Sorb. 2272 a-e, puis 2273 a-b.

4. A. Blanchard, A. Bataille, « Fragments sur papyrus du ΣΙΚΥΩΝΙΟΣ de Ménandre », *Recherches de Papyrologie* 3, 1964 (Publications de la Faculté des lettres et sciences humaines de Paris, Série Recherches, t. XIX), p. 103-176.

sans entrer dans le détail des discussions érudites, mais en intégrant à mes propos les résultats [5] obtenus par la critique, du moins ceux que j'estime certains ou très probables.

Mais, auparavant, deux mots de la réputation du *Sicyonien*. A propos de l'invitation en Égypte adressée à Ménandre par le roi Ptolémée, le sophiste Alciphron (*Epist.* IV, 18-19) a imaginé un échange de lettres entre le poète et son amante Glycère. Ménandre jure qu'il préfère Athènes et Glycère à toutes les séductions et à tous les trésors de l'Égypte. Glycère lui conseille, au cas où il se déciderait quand même à faire le voyage, d'apporter à Ptolémée ses plus belles pièces, « les plus capables, dit-elle, de plaire à son Dionysos qui n'est pas démocratique, tu le sais ». A côté de l'*Arbitrage*, le chef-d'œuvre des chefs-d'œuvre, elle n'oublie pas de mentionner, entre autres, *Le Sicyonien* (IV, 19, 19).

Un témoignage pictural contemporain d'Alciphron est la fresque d'une maison d'Éphèse de la fin du ${II}^e$ siècle illustrant [6] une scène de notre drame, lequel est identifié par l'inscription Σιϰυώνιοι, les *Sicyoniens*, comme dans le Papyrus de la Sorbonne. Les spécialistes avaient d'abord adopté, comme l'édition *princeps*, le singulier des citateurs, avec raison, je crois. Aujourd'hui, ils préfèrent le pluriel malgré l'autorité douteuse de ses garants. Car, en dépit de sa haute antiquité, le P. Sorb. partage les défauts des copies privées, quel que soit leur âge : les fautes y abondent ; il lui arrive ailleurs de confondre σ et ι. Et l'inscription d'Éphèse a pu suivre un modèle similaire [7].

---

5. On trouvera une bibliographie complète (à sa date de parution) dans la dernière édition de la pièce due à A. M. Belardinelli (*Menandro : Sicioni, introduzione, testo e commento*, Bari, Adriatica editrice, 1994), dont le texte ne comporte pas d'innovation majeure par rapport aux éditions de R. Kassel (voir *infra* n. 10) et de F. H. Sandbach (O.C.T. 1990). A signaler depuis lors W. G. Arnott, « First Notes on Menander's Sikyonioi », *ZPE* 116, 1997, p. 1-10 ; Id., « Further Notes on Menander's Sikyonioi (vv. 110-322) », *ibid.* 117, 1997, p. 21-34 ; Id., « Final Notes on Menander's Sikyonioi (vv. 343-423 with frs. 1, 2 and 7) », *ibid.* 118, 1997, p. 95-103. Dans les traductions ci-dessous, les parenthèses correspondent à des suppléments conjecturaux.

6. T. B. L. Webster, *Monuments Illustrating New Comedy*, ${3}^e$ éd. révisée et augmentée par J. R. Green et A. Seeberg, Londres, Institute of Classical Studies, 1995, I, p. 93 (XZ 32 : esclave gesticulant à gauche ; un jeune homme s'approche de lui, la main droite levée, tenant contre sa hanche gauche un objet rectangulaire ressemblant à une tablette) ; photographie sur la couverture de l'édition Belinardelli, *op. cit.* (n. 5). Bien que le rapport au texte conservé ne soit pas évident, *M. N. C.*, à cause de la tablette (?), propose la scène finale de l'acte III, un moment de forte intensité dramatique.

7. Un troisième témoin du pluriel n'a pas plus de valeur, σιϰυωλιοι (*sic*), identifié avec le titre de Ménandre par M. Gronewald (dans *ZPE* 33, 1979, p. 6 sq.) dans le P. Brit. Mus. 2652 contenant une liste de comédies choisies de notre poète : voir les réserves légitimes d'Arnott (*ZPE* 116, 1997, p. 2).

Le *Sicyonien* n'est pas la seule comédie de Ménandre à hésiter pour le titre entre singulier et pluriel. Mais, si ces pièces ont pu être désignées indifféremment par l'un ou l'autre, on ne voit pas, dans le cas de la nôtre, ce qui justifie le pluriel qui ne saurait passer pour la survivance du titre officiel, celui de la didascalie. Si l'on met à part les parents adoptifs du héros [8], qui appartiennent aux antécédents de l'action, c'est un Sicyonien et un seul qui se trouve impliqué dans l'intrigue, un *condottiere* qui a fait fortune en Carie, Stratophane, « cru Sicyonien », comme aurait dit Molière. Il est en fait Athénien.

Au centre de l'intrigue Philouménè, dont on entend parler, mais qui ne semble pas avoir paru sur la scène. Fille de l'Athénien Kichésias, elle a été enlevée à quatre ans par des pirates, ainsi qu'un serviteur paternel, Dromon. Vendus tous deux comme esclaves en Carie, ils sont devenus la propriété de Stratophane. Au moment où commence l'action, une douzaine d'années plus tard, on a perdu la trace de Kichésias. Stratophane, qui passe pour Sicyonien, mais qui sera reconnu comme fils de l'Athénien Smicrinès, s'est épris de Philouménè. Celle-ci est aimée aussi de Moschion, un autre fils de Smicrinès. Parce qu'elle redoute les entreprises d'un maître amoureux, qui, en tant qu'étranger, ne peut l'épouser, Philouménè s'est réfugiée avec Dromon au sanctuaire d'Éleusis, où une assemblée populaire va fixer son sort.

Le sanctuaire, en dépit de son importance dans l'intrigue, ne figure pas sur le décor. Deux maisons seulement répondent aux besoins de l'action, celle du bourgeois Smicrinès et celle où logent Stratophane et sa suite — sans doute une auberge où il est descendu à son retour de Carie ; je l'appellerai, par commodité, maison de Stratophane. Si le décor est à peu près certain, pour le lieu de la scène en revanche les spécialistes balancent encore entre Éleusis et Athènes [9] qui est, à cette époque, le lieu presque obligé de l'action.

Après la grande lacune qui a englouti la majeure partie des trois premiers actes (500 vers environ sur un total dépassant les 1000), le texte reprend, écrit en tétramètres trochaïques, mesure caractéristique des passages animés, quand Stratophane va se rendre à l'assemblée d'Éleusis, qui semble avoir été décidée par ceux qui lui contestent la propriété de Philouménè (cf., à l'acte I ou II, les v. 97-105). Il fait le point avec son parasite Théron, lorsqu'arrive son esclave Pyrrhias

---

8. Seuls, ils sont à considérer comme Sicyoniens. L'entourage de Stratophane n'a aucun droit à cette qualification : Théron est Athénien (voir *infra* p. 247) et Malthakè doit l'être pour la même raison que Stratophane, puisqu'il est question d'un mariage entre elle et Théron ; quant aux esclaves, on sait qu'ils n'ont pas de nationalité (voir Ménandre, I, 3, *Le Bouclier*, C.U.F., p. LXVI).

9. A. M. Belardinelli, *op. cit.* (n. 5), p. 76 : *Eleusine vel Athenis res aguntur.*

dont l'entrée signale la scène finale de l'acte III. Stratophane l'a
envoyé en estafette à Sicyone, afin de prévenir de son retour celle qu'il
croit toujours sa mère. Pyrrhias se hâte, avec l'air chagrin d'un
porteur de mauvaises nouvelles. Il apprend bientôt à son maître que
sa mère a suivi son père dans la tombe, qu'ils n'étaient pas d'ailleurs
ses vrais parents. Comme son mari avait perdu, contre un Béotien, un
procès qui mettait en jeu des sommes considérables, et que le fils,
solidaire de la dette, risquait d'être saisi, celle qui n'était qu'une mère
d'adoption, avant de mourir, a révélé l'identité véritable de Stratophane. Pyrrhias ramène de Sicyone une déclaration écrite et des signes
de reconnaissance qui établissent cette identité. A cette nouvelle,
Théron s'écrie en aparté : « Ô souveraine Athéna, fais de cet homme
un de tes citoyens, afin qu'il prenne pour femme Philouménè et moi
Malthakè ! » (v. 144-145). Il voudrait en savoir davantage, mais Stratophane presse ses deux compagnons (v. 145-149) :

> Stratophane : (*Aux deux autres*) En avant, marche ! (*A Théron qui
> hésite*) Par ici, Théron !
> Théron : Est-ce que tu ne me dis pas... ?
> Stratophane : Avance ! Trêve de discours !
> Théron : Mais pourtant, moi aussi, je...
> Stratophane : (*A Théron*) Marche ! te dis-je. (*A Pyrrhias*) Et toi
> également, Pyrrhias, par ici ! Tu vas porter de ce pas les preuves de ce que
> je dirai. Tu seras à mes côtés, et tu les montreras à quiconque voudra les
> examiner (*Ils sortent tous les trois pour se rendre à l'assemblée d'Éleusis*).

Nous n'avons pas longtemps à attendre pour avoir des nouvelles
de l'assemblée. Aussitôt après l'interlude choral qui sépare l'acte III
de l'acte IV, la première scène du quatrième acte nous en apporte un
écho, une scène entre Smicrinès et un interlocuteur que nous aurons à
identifier. Et surtout, la scène suivante nous en offre un compte rendu
détaillé, sous la forme d'un récit de messager. Le messager, en l'occurrence, est un homme venu d'Athènes à Éleusis, invité par un membre
de son dème à l'occasion d'un sacrifice. Il a remarqué, près des
propylées, une jeune fille assise en suppliante et des gens faisant cercle
autour d'elle, auxquels il s'est joint en bon badaud athénien —
« aussitôt j'étais le peuple », dit-il.

Son récit est du théâtre dans le théâtre. En effet, le messager prête
sa voix à tous les intervenants, ainsi qu'à la foule dont il fait connaître
les réactions. L'une des difficultés de l'histoire du théâtre, moderne
aussi bien qu'antique, c'est que nous ignorons, souvent pour le théâtre moderne, toujours pour le théâtre antique, le talent et la personnalité des acteurs qui ont créé les rôles de la pièce. Or, l'écrivain de
théâtre, lorsqu'il invente ses personnages, songe nécessairement à

l'interprète qui les incarnera. Comme l'acteur moderne, l'acteur antique a appris l'art de la diction, il sait exprimer les sentiments par la
parole, mais il a d'autres devoirs encore à remplir. Ainsi, il doit être
capable de changer de voix en fonction des différents rôles qu'il tient
dans la même pièce, le dramaturge de la *Néa* n'ayant à sa disposition
que trois acteurs parlants. L'acteur de Ménandre qui a joué le rôle
multiple du messager était sûrement un virtuose en matière de changement de voix.

La première intervention qu'il rapporte est celle de l'esclave
Dromon : celui-ci fait connaître sans doute l'histoire de sa jeune
maîtresse, ainsi que ses ennuis avec leur maître commun Stratophane,
ennuis expliquant qu'elle ait cherché refuge au sanctuaire. L'intervention de Dromon est presque totalement perdue. La foule la salue du
cri : « La jeune fille est citoyenne » (v. 197). Le calme une fois revenu,
Moschion, qui est décrit sous l'aspect d'« un jeunot, blanc de teint,
lisse de peau, imberbe » (v. 200-201), essaie d'intervenir auprès de
Dromon. Sa démarche fait le plus mauvais effet : « Sans nous écœurer
totalement, il ne nous plut guère, et n'en eut que davantage l'air d'un
séducteur » (v. 209-210). Enfin, c'est le tour de Stratophane, « un
quidam de mine tout à fait virile » (v. 215), accompagné de ses deux
acolytes : « Lorsqu'il voit la jeune fille de près, le voilà tout à coup qui
(verse) un torrent de larmes. Au comble de l'émotion, il s'empoigne
les cheveux avec des rugissements... ; (tous s'écrient :) " Que veux-tu ?
Parle ! parle ! " » (v. 218-223). Du premier moment de son intervention nous avons le début (v. 224-226) : « (La jeune fille est à moi), aussi
vrai que je prie la déesse d'assurer votre bonheur. Je l'ai élevée (après
l'avoir reçue) toute jeune enfant ». Nous en avons aussi la fin, après
une lacune de huit vers (v. 235-239) : « (l'esclave qui était) à son père,
bien qu'il m'appartienne, je le rends à la jeune fille. Le prix de sa
nourriture à elle, je lui en fais remise, je ne veux rien recevoir. Qu'on
retrouve son père et les membres de sa famille, je n'y contredis
nullement ». La foule ponctue par des « Bravo ! » Et le récit du
messager, désormais complet, s'achève avec la deuxième partie de
l'intervention de Stratophane et l'affrontement des deux frères qui
s'ignorent, Stratophane et Moschion (v. 239-271) :

> « " Écoutez aussi mon histoire, messieurs. Pour la jeune fille,
> puisqu'elle est sous votre tutelle — car elle n'a plus rien à craindre de
> mon fait —, placez-la chez la prêtresse, et que celle-ci, pour vous, veille
> sur elle. " Cette requête, comme de juste, lui attira la sympathie générale.
> Tous s'écrièrent : " Parfait ! " Puis tous, de nouveau : " Ton histoire !
> parle ! " " Jusqu'ici, j'étais le premier à me croire Sicyonien. Mais il y a
> ici cet homme qui m'apporte aujourd'hui le testament de ma mère avec
> des signes de reconnaissance établissant mes origines. S'il me faut en

juger par cet écrit et y ajouter foi, je pense être, comme elle, votre concitoyen. Ne me frustrez pas encore de mon espoir : s'il s'avère que je suis concitoyen de la jeune fille que j'ai conservée à son père, permettez que je fasse à celui-ci ma demande en mariage et que je la prenne pour épouse. Mais que pas un de mes contradicteurs ne devienne le maître de la jeune fille avant que son père ait paru. " " Parfait ! " " Juste ! " " Parfait ! " " " Mène-la chez la prêtresse, prends-la et mène-la ". Le teint pâle que j'ai dit, soudain, bondit derechef : " J'y crois à ces histoires ! Aujourd'hui, cet homme-là, subitement, a reçu un testament je ne sais d'où, et il est votre concitoyen. C'est un mélo sans queue ni tête : il l'emmène, et puis il va la laisser partir ! " " Mort au visage rasé ! " " S'il y en a un à tuer, c'est toi, non ? " " Hors de ma route, pédale ! " " Puissiez-vous avoir mille prospérités " dit l'autre ; " allons, lève-toi et va ! " Le serviteur alors : " Si c'est vous qui le lui dites, elle ira " ; et d'ajouter : " Dites-le lui, messieurs. " " Oui, va ! " Elle se levait, elle allait. Jusqu'à ce moment, j'étais là. Le reste, je ne saurais le dire ; mais je m'en vais. »

Stratophane a donc proclamé qu'il avait conservé Philouménè à son père. C'est ce que Dromon confirmera à l'acte V, en présentant Stratophane à Kichésias : « Voici l'homme à qui tu dois le salut de la jeune fille » (v. 379). Est-ce donc lui qui a acheté Philouménè et Dromon sur le marché des esclaves de Mylasa, en Carie ? Le Prologue ne semble pas dire autre chose (v. 8-15) : « Comme ils étaient en vente, vient à eux un capitaine. Il demande leur prix, l'entend, tombe d'accord, achète. Non loin du serviteur, un esclave du cru, vendu en même temps qu'eux, et qui n'en était pas à sa première vente, lui dit : " Confiance, l'ami ! c'est le capitaine de Sicyone qui vous a achetés, un homme très bien et de plus fortuné. " » D'aucuns, choqués par la différence d'âge qui en résulte entre Stratophane et Philouménè, ont fait du mot ἡγεμών, que j'ai traduit par *capitaine*, le nom propre Ἡγέμων. Il désignerait le « père » sicyonien de Stratophane. Mais, dans ses Prologues, Ménandre nomme seulement, et encore exceptionnellement, des personnages de l'action ; or, nous l'avons vu, les « parents » sicyoniens, sont morts l'un et l'autre avant le début de l'action (v. 126, 137). Le nom commun ἡγεμών est le nom d'un titre militaire mieux approprié à Stratophane. A moins qu'on suppose gratuitement que ce « père » a lui aussi été mercenaire en Carie. Mieux vaut admettre comme possible que, dans son intervention, Stratophane vante ses propres mérites au lieu de s'attribuer ceux de son père putatif. Il faut alors prendre également à la lettre les mots « je l'ai élevée toute jeune enfant » (v. 226). C'est cette éducation qu'évoquait, peut-être, une citation ancienne extraite du Prologue, où il est question d'une jeune esclave « élevée à part, comme il convient à une fille de condition libre » (fr. 1).

Si cette analyse est correcte, Stratophane aurait plus de trente ans. Au vrai, les termes du Prologue — « un homme très bien et de plus fortuné » (v. 14-15) — et ceux du messager — « une mine tout à fait virile » (v. 215) — conviennent mieux pour un individu dans la force de l'âge que pour un jeune homme. Mais après tout, la trentaine, même bien sonnée, ne le classe pas dans la catégorie des barbons. Par ailleurs, il peut s'être épris d'un tendron, même s'il s'est doté d'une maîtresse en la personne de Malthakè. Ce nomadisme sentimental fait songer à un autre soldat de la *Néa*, ou plutôt à son reflet dans l'*Épidicus* de Plaute, Stratippoclès entre Acropolistis et Télestis. Que Stratophane vive avec Malthakè, nous en avons un indice quand, après sa reconnaissance par sa vraie famille, reconnaissance avec laquelle s'achève l'acte IV, il commande, à l'acte V, de porter son bagage chez son vrai père Smicrinès (v. 387-393), qui vient de le reconnaître pour son fils aîné ; Stratophane fait dire alors à Malthakè d'aller auprès de sa vraie mère, dans la maison voisine. Mais la meilleure preuve de leurs liens, c'est encore la prière de Théron (v. 144-145) : dès qu'il apprend le changement d'identité de son patron, Théron prie Athéna pour que celui-ci soit athénien, ce qui rendrait possible le mariage de Stratophane avec Philouménè : si ce mariage signifie que Malthakè devient libre pour Théron, c'est qu'elle est la maîtresse du soldat.

Avant de nous occuper de Théron, dont le rôle mérite un examen attentif, considérons la situation qui découle de la scène de l'assemblée racontée par le messager. Dans les premiers vers de l'acte IV, Smicrinès — trait d'ironie typique de Ménandre — prend fait et cause contre Stratophane, dont il va tout à l'heure se révéler le père. C'est certainement l'un des contradicteurs auxquels Stratophane a fait allusion (v. 255). Il se range donc avec Moschion contre Stratophane, mais pour d'autres raisons que son fils cadet, raisons d'intérêt probablement, caractéristiques des Smicrinès du répertoire, tous plus ou moins avares. Comment Moschion a-t-il connu Philouménè et Dromon ? Pour expliquer cet état de choses, j'ai suggéré naguère que Smicrinès s'était substitué au Béotien entré en possession du patrimoine sicyonien à la suite du procès perdu [10]. Philouménè et Dromon ont pu passer sous l'autorité de Smicrinès et Stratophane les récupérer par la suite ; car, c'est un

---

10. « Les éditions du *Sicyonien* de Ménandre », *Revue des Études anciennes* 69, 1967, p. 293-311 (comptes rendus de l'édition *princeps* et des éditions de C. Gallavotti, *Menandri Sicyonius* [*scholis Romanis post Idus Mart. habendis*], Quaderni Athena, N. 1, Rome, Edizioni dell'Ateneo, 1965 [parue en avril] ; Bibliotheca Athena, N. 1 [parue en novembre] ; et de R. Kassel, *Menandri Sicyonius* [Kl. Texte, Nr. 185], Berlin, W. de Gruyter, 1965).

fait, au moment de l'assemblée, ils sont sous l'autorité de Stratophane.

Si le soldat n'a pas agi par lui-même, il est naturel de songer à son parasite en tant qu'intermédiaire. Stratophane est un des militaires sympathiques de Ménandre, comme Polémon de la *Tondue*, comme Thrasonidès de l'*Amoureux haï*. Or, le couple soldat / parasite, quand on le voit à l'œuvre, est d'ordinaire ridicule (voyez le *Miles Gloriosus*). Peut-être ce couple, dans notre pièce, ne se manifestait-il que dans le cours de l'acte III. L'envoi en mission de Pyrrhias à Sicyone a dû suivre de peu le retour de Stratophane. Élien (fr. 107-108) nous apprend que Théron était l'un des parasites grecs les plus célèbres, avec Strouthias, qui apparaît dans le *Flatteur*, et Chéréphon, nommé dans d'autres pièces de Ménandre ; c'était aussi l'un des plus voraces, un de ceux qui, comme dit Élien, « sont savants à s'emplir la panse et, de plus, experts en fait de gloutonnerie ». Dans un fragment de notre comédie cité par Élien (*NA* 9. 7 = fr. 10), il se vante lui-même de son « habileté à berner les gens pour s'en faire des mangeoires ». En tant que représentant de Stratophane, il devait tenir une place importante dans la première moitié de la pièce, si, comme je le crois, Stratophane en était absent. C'est Théron que l'on devine dans le bâfreur esquissé par la scène qui suit le Prologue (v. 43-46).

Il est temps d'identifier le personnage qui, au début de l'acte IV, arrive de l'assemblée et entre en scène avec Smicrinès, qu'il a peut-être rencontré en chemin. Leur conversation des v. 150-168 a des connotations politiques. Smicrinès commence ainsi : « Tu m'ennuies avec tes sornettes, misérable que tu es, quand tu espères trouver le langage de la justice dans des pleurnicheries et des prières. Mais un tel comportement est la preuve aujourd'hui qu'on ne fait rien qui vaille. Ce n'est pas de cette façon-là qu'on décide de la vérité, mais en conseil beaucoup plus restreint » (v. 150-155). L'autre réplique du même ton : « Tu n'es qu'un réactionnaire et un scélérat, Smicrinès, oui, par Zeus très grand ! » (v. 156-157) ; et encore : « Je te déteste, toi et tous ceux qui affichent de grands airs » (vers 160-161). Cette coloration politique serait plus sensible encore si l'on avait raison de voir un double sens dans l'expression ὄχλος εἶ (v. 150), que j'ai traduite par « tu m'ennuies », ὄχλος ayant les deux sens de « gêne » et de « populace ». Mais c'est assez que Smicrinès montre un penchant pour les petits comités (on songe aux *hétairies* ou clubs athéniens des ennemis de la démocratie) ; il n'en faut pas plus pour que son interlocuteur le soupçonne de sentiments oligarchiques.

On identifie parfois l'interlocuteur de Smicrinès avec le messager lui-même, qui se dit « peuple » et qui se présente comme un « démocrate », si toutefois on a raison de suppléer δημοτικός en 182. Si c'était le messager, nous y gagnerions de passer aisément des v. 150-168 à ceux qui suivent, puisque nous resterions dans la même scène. Mais cette identification aboutit à des invraisemblances.

Dans son récit de messager, Ménandre a imité un morceau célèbre, le récit de l'*Oreste* d'Euripide relatant les débats de l'assemblée d'Argos dont dépend le sort d'Oreste et d'Électre (v. 866-956). Mais, à la différence du messager de l'*Oreste*, celui du *Sicyonien* narre les faits de l'extérieur. Il ignore l'objet de l'assemblée, comme aussi l'identité des intervenants. Il ne connaît pas davantage Smicrinès qu'il interpelle en 169 par le vocatif ὦ γεραιέ, « vieil homme ! », un mot du vocabulaire tragique. Au contraire, l'interlocuteur du début l'appelle par son nom (v. 156). Et il n'est pas seulement au fait des débats ; il est, de plus, partie prenante dans le conflit. En effet, la discussion glisse bientôt des considérations générales à des griefs personnels : il est moins l'ennemi des oligarques en général que celui de Smicrinès en particulier, Smicrinès qu'il semble accuser de vol (v. 162-166) ; on pense aux destinées du patrimoine sicyonien.

Autre différence essentielle : a partir de 169 on note un changement radical de ton et de style. Les vers précédents offraient un dialogue animé, dans lequel un vif échange de répliques finit par des menaces (v. 167-168). A la suite du vocatif ὦ γεραιέ, qu'on lit dans la scène parallèle d'Euripide (v. 863) — signal évident du changement de registre —, le style des v. 169-175 est paratragique : c'est le ton qui sied au préambule d'un récit de messager, morceau de bravoure hérité de la tragédie. Le nom Blépès, que l'on a conjecturé pour le personnage à partir d'une graphie fautive du P. Sorb. (βλεπηις) fait bon marché de sa déclaration des v. 187-188 : « j'appartiens au dème de la déesse, duquel je porte le nom. » Il faut lire avec Chantraine, malgré l'absence de parallèles, βλέπεις au sens de ὁρᾷς ; « j'appartiens au dème de la déesse, duquel je porte le nom, tu vois ? Éleusinios » — une façon de souligner le caractère emblématique du nom Ἐλευσίνιος. Aussi bien son récit vise-t-il le public encore plus que Smicrinès. Personnage protatique, sa fonction dramatique se résume à sa grande tirade de près de cent vers, comme celle du messager de l'*Oreste*. Autant de motifs interdisant de l'identifier à l'interlocuteur de Smicrinès au début de l'acte IV.

A quels critères le personnage que nous recherchons doit-il donc répondre ? 1) Avoir assisté à l'assemblée d'Éleusis, qu'il commente avec Smicrinès. 2) Avoir un intérêt dans le conflit que cette assemblée a tranché, loin d'être en dehors du coup. 3) Bien connaître Smicrinès et son goût de l'argent. 4) Soutenir contre lui la cause de Stratophane.

A moins de caractériser un comparse, qui n'apparaît pas dans la suite, tous ces traits caractérisent, parmi les acteurs du drame, un personnage et un seul, Théron. Et il est certes plaisant de constater que c'est un parasite, un parasite athénien, comme le montre sa double invocation à Athéna (v. 116 et 144), qui défend le point de vue populaire contre le vieux richard Smicrinès accusé de sentiments oligarchiques. N'en déplaise à Alciphron, cela est de nature à diminuer la portée politique de la pièce. Il en va pour cette scène comme pour tels fragments isolés dans lesquels on croyait pouvoir déceler, de la part de Ménandre, une critique sociale : tout est affaire de contexte.

Pourquoi, des trois personnages (Stratophane, Théron, Pyrrhias) qu'on a vu partir ensemble pour l'assemblée d'Éleusis à la fin de l'acte III, Théron revient-il le premier ? Quand des personnages vont ensemble dans un même endroit, il n'est pas rare qu'ils en reviennent successivement pour des raisons explicables, qu'elles soient précisées ou non. De tous ceux qui ont pris part à l'assemblée, Dromon est le dernier que l'on voit reparaître, à l'acte V, juste à point pour annoncer à Kichésias retrouvé que sa fille est saine et sauve : c'est qu'il s'est attardé, ayant dû conduire Philouménè auprès de la prêtresse (v. 267-270). Stratophane quant à lui revient avec un acolyte, sitôt le récit du messager achevé (v. 272-273). Il est aux prises avec Moschion qui — nouveau trait d'ironie — veut les arrêter comme « esclavagistes » (ἀνδραποδιστάς) au moment même où Stratophane va porter chez leur père commun Smicrinès les instruments de sa reconnaissance. Cet acolyte n'est pas Théron mais Pyrrhias. Théron, si j'ai bien vu, est le premier à reparaître au début de l'acte IV avec Smicrinès, et il quitte la scène en 167, quand le vieillard le menace. « Malheur à toi ! », dit Smicrinès. « A toi aussi », réplique Théron qui s'éclipse, sans que sa sortie soit signalée dans le texte.

Cette brusque sortie a la même justification que son entrée à l'avant-garde de ses deux compagnons. Il y a pour lui urgence en effet. Dès qu'il a conçu l'espoir d'épouser Malthakè (v. 144-145), il a décidé *in petto* de hâter le mariage de Stratophane et de Philouménè, condition de son propre mariage, en suscitant un faux témoignage concernant le père de Philouménè. On a cru parfois qu'il agissait ainsi sur ordre de Stratophane. Selon moi, il agit de sa propre initiative : ici, le goinfre se double d'un homme d'intrigue. S'il fausse compagnie à Smicrinès en 167, c'est qu'il est pressé d'aller exécuter son plan. Il sort par la même *parodos* qui servira pour sa rentrée en scène avec Kichésias au début de l'acte V.

Ceux qui identifient le messager avec l'interlocuteur de Smicrinès au début de l'acte IV doivent admettre que, lorsque Moschion et Stratophane arrivent en 272, ils font leur entrée sur une scène laissée vide par le départ simultané de Smicrinès et du messager : d'où une entorse à la règle des trois acteurs parlants. Dans l'hypothèse que je viens de développer, nous n'avons plus cette difficulté [11] : Théron sortant en 167, l'acteur qui tenait son rôle est disponible pour ceux de Moschion ou Stratophane aux vers 272 et suiv.

Je terminerai par quelques remarques sur les entrées et sorties de Théron telles que je viens de les interpréter dans les deux derniers actes.

1) Au début de l'acte V, nous voyons Théron arriver avec l'Athénien Kichésias. Par l'effet d'un hasard providentiel, il a choisi comme faux témoin l'homme précisément qui est nécessaire au dénouement. Sans savoir à qui il s'adresse (le *Carthaginois* de Plaute offre un exemple du même gag), il finit par lui demander d'incarner le père de Philouménè, d'où l'exclamation de Kichésias (v. 354) : « Me voici devenu ce que je suis ! » Peu après, Kichésias s'évanouit lorsque Dromon, qui revient du sanctuaire, reconnaît son ancien maître et lui apprend que Philouménè est vivante. Théron apprend du même coup l'identité de son faux témoin, et il va prévenir aussitôt Stratophane à toutes fins utiles (v. 367, cf. v. 365). Comme Stratophane, quelques vers plus loin, sort de chez Smicrinès, apparemment au courant (v. 377 : « Je vais voir ce que c'est, mère, et puis je reviens »), on en déduira, bien que le texte ne contienne aucune indication à ce sujet, que Théron est allé le prévenir chez Smicrinès, où il se trouve depuis la fin de l'acte IV. On en déduira aussi que Stratophane, en marge de l'assemblée, lui a révélé le secret de sa naissance qu'il lui cachait à la fin de l'acte III pour des raisons dramatiques évidentes ; il a sans

---

11. A. M. Belardinelli, qui admet cette identification, échappe à la difficulté en supposant que c'est Smicrinès qui se retire en 168, laissant en présence le messager et Malthakè qui aurait entendu l'altercation de celui-ci avec Smicrinès, attirée dehors par le bruit. Mais c'est un remède pire que le mal. Je réfuterai ailleurs cette idée malheureuse qui débouche, aux v. 169-173, sur la constitution d'un dialogue invraisemblable, au mépris de la *paragraphos* du v. 171. Kassel avait certainement raison de congédier l'interlocuteur de Smicrinès en 167a. Pour m'en tenir à ce seul argument (il y en a beaucoup d'autres), les v. 167b-168, que Belinardelli maintient à Smicrinès, avec leur expression συστομώτερον σκάφης (cf. Photius, *s. v.* = Théophr. fr. 103 Wimmer), n'ont de sens qu'à l'adresse d'un métèque, ce qui n'est pas Éleusinios, lequel partage avec Smicrinès la qualité d'Éleusinien. Ils ne se comprennent bien que comme un commentaire, par Smicrinès, du départ de Théron, avocat de Stratophane, et à qui, en tant que tel, Smicrinès étend la condition d'étranger qu'il suppose être celle de Stratophane. L'interpellé du v. 169 (ὦ γεραιέ) est donc Smicrinès et non le messager dont l'âge est inconnu. L'interpellant n'est pas Malthakè, qui n'a aucune raison d'adopter le style tragique, mais Éleusinios auquel, en tant que messager, convient mieux ce style pompeux. Il en résulte que Smicrinès n'a pas assisté à l'assemblée, comme l'a bien vu H.-D. Blume, dans *Drama, Beiträge zum antiken Drama und seiner Rezeption*, Bd. 5, B. Zimmermann éd., Stuttgart, 1997, p. 206.

doute informé son parasite de la démarche très naturelle qu'il se proposait de faire chez Smicrinès après l'assemblée.

2) On peut se demander pourquoi, lui qui était si curieux des documents apportés de Sicyone par Pyrrhias, il ne l'est pas autant de l'entrevue entre Kichésias et Stratophane, déterminante pour son avenir. En fait, s'il n'accompagne pas son patron auprès de Kichésias, la raison en est la règle des trois acteurs parlants : Kichésias étant en scène avec Dromon, l'acteur qui jouait Théron, quand celui-ci entre chez Smicrinès au v. 367, sort de chez Smicrinès au v. 377 en jouant cette fois Stratophane. Mais alors qu'est devenu Théron ? Quelques instants plus tard, quand Stratophane commande le déménagement auquel j'ai fait allusion, il parle de Théron comme s'il était chez lui. Un figurant déguisé en Théron sortait-il de la maison de Smicrinès, en même temps que Stratophane, pour aller chez ce dernier ?

Chaque fois nous avons à faire la même constatation : le texte est muet relativement aux mouvements du personnage. On peut s'interroger sur cette discrétion de Ménandre. Est-elle, à l'époque du *Sicyonien*, un indice de maturité, le poète ne se croyant plus tenu de ~~·~~ er ce qui saute aux yeux du public ? Elle exige en tout cas du philolo~~g~~ moderne les mêmes aptitudes que Molière demande au lecteur de l'*Amour médecin*, quand il ne « conseille de lire (cette comédie) », je cite, « qu'aux personnes qui ont des yeux pour découvrir dans la lecture tout le jeu du théâtre » (Bibl. de la Pléiade, t. II, p. 95).

3) Dans l'absence de toute précision sur les mouvements de Théron à l'acte IV, il peut y avoir quelque chose de plus, la volonté de ménager un effet de surprise. C'est de la même façon qu'Éraste, de *M. de Pourceaugnac*, refuse de dévoiler son stratagème qui prendra place sans avoir été annoncé : « Ne nous demandez point tous les ressorts que nous ferons jouer : vous en aurez le divertissement ; et, comme aux comédies, il est bon de vous laisser le plaisir de la surprise, et de ne vous avertir point de tout ce qu'on vous fera voir » (*ibid.*, t. II, p. 594).

4) Enfin, les mouvements de Théron à l'acte IV sont susceptibles d'apporter une réponse à la question du lieu de la scène, que nous soulevions au début. Nous n'avons *a priori* aucune certitude sur ce point, tout au plus l'impression que l'action d'une pièce dans laquelle Éleusis et son sanctuaire tiennent une grande place se jouait plus probablement à Éleusis ou dans ses environs. On connaît la convention de la *Néa* qui fait de l'entracte le moment où s'accomplissent toutes les démarches qui prennent du temps, ou qui se font à une certaine distance. La participation à l'assemblée, la recherche d'un faux témoin sont des démarches de ce type, et l'on ne peut en tirer argument ni pour ni contre Athènes ou Éleusis. Toutefois, j'observe

que, lorsqu'il quitte la scène à l'acte IV, en quête de son faux témoin, l'Athénien Théron part vraisemblablement pour Athènes, où cette engeance pullule. Si la scène est à Éleusis, il n'est pas étonnant que Kichésias se plaigne de la longueur du trajet (v. 312-315). A ce compte, Théron sortirait à l'acte IV et rentrerait à l'acte V par la *parodos* communiquant avec Athènes (sans doute celle de droite [12], par rapport au public). Autre considération en faveur d'Éleusis. La fin de l'acte V comportait peut-être une scène de fiançailles à laquelle participaient Kichésias et Stratophane, sinon Philouménè. S'il en était bien ainsi, nous aurions la preuve que l'action se jouait à Éleusis ; car c'est au cours du même acte (l'acte V) que l'on voit Kichésias partir chez la prêtresse, conduit par Dromon, pour y chercher sa fille [13] (v. 381-383).

Ces rapides commentaires aideront, j'espère, à mieux comprendre une comédie attachante. Beaucoup de problèmes, je le répète, attendent leur solution, notamment l'irritant problème des antécédents de Stratophane. Une citation ancienne évoque le maigre équipage de ses débuts (fr. 3). On est tenté d'en rapprocher un passage du *Flatteur* (v. 26-54), où la fraîche opulence d'un autre mercenaire suscitait d'acerbes critiques. C'est là un fait de société : il est devenu un lieu commun typique du *condottiere* à la fortune subite et suspecte.

Comment la pièce se terminait-elle ? Probablement comme tant d'autres de la *Néa*, avec un double mariage. Celui de Stratophane et de Philouménè est certain, dès l'instant où Kichésias s'est manifesté. Que celui de Théron et de Malthakè ait été au moins décidé, on n'en peut guère douter, car nous lisons chez Pollux que les jeunes gens s'habillent de pourpre, les parasites de noir et de gris, sauf celui du *Sicyonien* qui s'habille en blanc lorsqu'il va se marier (fr. 9).

Nous aimerions en savoir plus sur Malthakè. C'est sans doute une courtisane (v. 409, cf. v. 109), comme ses homonymes de la comédie. Peut-être la même qui fournissait à Lucien (*Maître de Rhétorique* 12) une référence comique, au même titre que deux autres courtisanes de Ménandre, Glycère et Thaïs. Était-elle reconnue citoyenne ? C'est la condition d'un mariage athénien en bonne et due

---

12. Le temple est considéré comme étant à l'écart de l'agglomération, d'où les allées et venues pendant les entractes. Si le lieu de la scène est Éleusis, comme on peut le penser, les acteurs se rendent au temple et en reviennent par la *parodos* de gauche : cf. la mise en scène du *Dyscolos*, Ménandre, I, 1, C.U.F., p. 4, n. 2. Le messager devait emprunter lui aussi la *parodos* de droite lorsqu'il retournait à Athènes en 271 (voir v. 183, ἐξ] ἄστεως δ' ἥκων et cf. *Arbitrage* 578, *Héros* fr. 1).

13. Pour établir ce point, c'est le seul passage à considérer. H.-D. Blume (cité n. 11), p. 205, allègue aussi les v. 272 et suiv. Mais un entracte intervient entre l'arrivée en scène de Moschion poursuivant Stratophane et leur départ de l'assemblée.

forme. Nous entrevoyons Malthakè, ainsi que Théron, aux deux extrémités de la pièce, dans la première scène de l'acte I et dans la dernière de l'acte V. Mais ces fragments sont des plus obscurs, comme les bribes d'un Papyrus d'Oxyrhynchos (fr. 11) où ils sont l'un et l'autre en présence d'un personnage incertain. A de tels fragments, comme aux restes erratiques des deux premiers actes, on est en droit d'appliquer le mot de Prosper Mérimée [14] : « Lorsqu'il s'agit de supposer, de suppléer, de recréer, je crois que c'est non seulement du temps perdu, mais qu'on risque de se fourvoyer et de fourvoyer les autres ». Fort heureusement, les fragments de Ghorân les mieux conservés suffisent à nous faire deviner les belles qualités du *Sicyonien* de Ménandre.

Jean-Marie JACQUES

---

14. P. Mérimée, *Correspondance Générale*, M. Parturier éd., III, p. 9 (lettre à A. Ségretain du 18 janvier 1841).

LE MOUVEMENT DES ACTEURS
DANS LES *SICYONIENS* DE MÉNANDRE

L'essentiel du texte maintenant connu des *Sicyoniens* de Ménandre nous a été transmis par un papyrus de la fin du IIIe siècle av. J.-C. dont les plus grands fragments ont été découverts à la Sorbonne en 1962 et 1963 lors du démontage de cartonnages de momies ; d'autres fragments, plus petits, avaient déjà été publiés en 1906 par Pierre Jouguet dont les fouilles avaient permis de mettre au jour ces cartonnages en 1901 et 1902, mais ils n'avaient pu alors être identifiés [1]. Le Papyrus de la Sorbonne donne avant tout la fin de l'acte III et l'essentiel des actes IV et V de la comédie ; quatre de ses fragments, plus petits, deux de l'acte I (surtout du prologue) et deux autres non encore localisés avec certitude, peuvent être négligés : ils ne paraissent pas devoir apporter d'éléments utiles à l'enquête qui va être menée ici. Enquête *a priori* difficile : car c'est dans le début de ses pièces que Ménandre donne au spectateur tous les éléments nécessaires à la compréhension de l'espace scénique, nous le voyons bien avec les trois comédies du cahier Bodmer : la *Samienne*, le *Bourru* (*Dyscolos*) et le *Bouclier*, et par ailleurs la *Tondue*, toutes comédies dont nous possédons plus ou moins complètement le prologue [2]. Or, pour ce qui est des *Sicyoniens*, il ne reste presque plus rien de cette partie de la pièce. Enquête difficile également, parce que, dans certains cas, le poète utilise, sans avoir à donner d'explications, des conventions admises par son public, mais qu'il nous faut redécouvrir à partir de textes tardifs et parfois, comme en témoignent les discussions des spécialistes, d'interprétation délicate.

Mais, si la tâche est difficile, l'importance de l'enjeu incite à l'entreprendre. On considérera d'abord le soin avec lequel Ménandre établit le contexte scénique de ses pièces. Il est en effet nécessaire de

---

1. Pour ces étapes de la découverte du papyrus des *Sicyoniens*, voir A. Blanchard, A. Bataille, « Fragments sur Papyrus du Σικυώνιος », *Recherches de Papyrologie* 3, 1964, p. 105 sq.

2. Voir D. Del Corno, « Spazio e messa in scena nelle commedie di Menandro », *Dioniso* 59, 1989, p. 201 sqq.

donner un contenu précis à l'imagination complaisante du spectateur : Aristophane savait déjà user de cette magie du théâtre qui vous
transporte tout soudain à l'Assemblée d'Athènes ou dans une ferme
de l'Attique. Je fais ici allusion à la première des comédies conservées
du poète de la comédie ancienne, les *Acharniens*, et à ses brusques
changements de décor. En fait, Ménandre, poète de la comédie
nouvelle, est contraint à plus de réalisme ou plutôt à une plus
grande vraisemblance : il ne peut plus changer de lieu au gré de sa
fantaisie ; le décor est unique et stable. Pour nous, cela risque peut-
être de vouloir dire qu'il sera ennuyeux. Pour le poète, c'est l'origine
d'une contrainte qui sera comme le ressort de son esthétique. Comprendre le mouvement des acteurs dans ses pièces, c'est ainsi comprendre sa conquête de la beauté dans ce qu'elle a de plus concret.
L'exemple des *Sicyoniens*, un peu délaissé par la critique en raison de
ses difficultés propres, apporte en fait, j'espère le montrer, des éléments utiles, susceptibles même d'éclairer la réflexion sur d'autres
pièces.

Si l'on veut procéder avec ordre, c'est-à-dire aller du plus immédiat au moins immédiat, on étudiera d'abord les conditions du mouvement des acteurs, puis ce mouvement même, mais en réservant pour
un troisième temps le délicat problème de la droite et de la gauche.

Les conditions du mouvement des personnages sont liées à la
structure des rapports que ces personnages entretiennent entre eux,
ensuite à la règle technique qui veut que le poète dispose seulement de
trois acteurs parlants pour jouer tous les rôles (des figurants muets
permettant un fonctionnement souple de cette règle), enfin, bien
évidemment, aux éléments du décor.

Fondamentalement, toute pièce de Ménandre comporte deux
couples d'amoureux et les *Sicyoniens* ne font pas exception à la règle.
Le couple principal est, dans cette pièce, composé de l'officier sicyonien Stratophanès qui s'est constitué un avoir respectable en allant
guerroyer comme mercenaire en Carie (c'est le chef du groupe des
Sicyoniens qui donne son nom à la pièce) et de Philouménè, une jeune
Athénienne enlevée à l'âge de quatre ans par des pirates, achetée peu
après par Stratophanès comme esclave et maintenant aimée de lui
(elle doit avoir seize ans au moment où la pièce commence). Le couple
secondaire est formé de Théron, le parasite de Stratophanès, et de
Malthakè, une courtisane peut-être, appartenant au groupe de Stratophanès, mais dont les rapports avec le soldat sont peu clairs. Stra-

tophanès a un rival auprès de Philouménè dans la personne du jeune
Moschion, fils du riche Athénien Smicrinès. Le drame éclate quand
Philouménè, profitant d'un passage à Éleusis, s'enfuit de la maison de
Stratophanès et se réfugie auprès de l'autel de Déméter : en effet, elle
se sait athénienne grâce à son fidèle serviteur Dromon qui l'a accompagnée dans toutes ses mésaventures, et elle redoute l'amour d'un
maître étranger : un Sicyonien ne saurait légalement épouser une
Athénienne. Un attroupement a bientôt entouré la suppliante et cette
assemblée impromptue des habitants d'Éleusis doit décider du sort de
la jeune fille. A ce moment, Stratophanès est doublement embarrassé
du fait de son origine sicyonienne : d'une part toute perspective de
mariage avec Philouménè est impossible, d'autre part il est menacé de
perdre son avoir (et Philouménè avant sa fuite en faisait partie) et sa
liberté pour payer les énormes dettes que son pères lui a léguées en
mourant l'année précédente. On devine par ailleurs que Smicrinès et
son fils Moschion agissent, chacun à sa façon, dans le sens d'une
aggravation de cette situation.

Voici maintenant le détail des scènes subsistantes dans le cadre
de la règle des trois acteurs parlants. Dans l'avant-dernière scène de
l'acte III — puisque c'est à ce moment que le papyrus commence
vraiment —, deux personnages discutent : Stratophanès, fort embarrassé comme je l'ai dit, et son parasite Théron qui l'abreuve de
conseils. Un troisième personnage arrive alors : Pyrrhias, l'esclave que
Stratophanès a envoyé en éclaireur à Sicyone pour annoncer son
retour à sa mère et qui en revient avec la nouvelle que la vieille
Sicyonienne est morte mais en révélant que Stratophanès n'est pas
son fils : il est né de parents athéniens et il pourra les retrouver grâce
aux documents et aux objets de reconnaissance qu'elle lui transmet ;
les trois personnages se précipitent alors à l'assemblée d'Éleusis avec
ces documents et ces objets, pour les montrer à qui voudra vérifier
l'exactitude du nouvel état civil de Stratophanès, et c'est le troisième
entracte, capital, comme on pouvait s'y attendre : on saura bientôt
qu'au cours de cette assemblée, Stratophanès a obtenu que Philouménè ne soit pas confiée à ses adversaires, mais à la prêtresse de
Déméter, le temps que lui et sa bien-aimée retrouvent leurs parents
respectifs. Les premiers à revenir de l'assemblée (acte IV, scène 1) sont
Smicrinès, fort mécontent de ses résultats, et un personnage de tempérament et d'avis tout opposé, le futur messager de la scène suivante [3], qu'après Rudolf Kassel, Jean-Marie Jacques et Anna Maria

---

3. J'adopte ici l'hypothèse d'A. M. Belardinelli (sur la base des arguments qu'elle
expose dans son édition commentée des *Sicyoniens*, Bari, 1994, p. 147 sq.), tout en
sachant que l'identification de l'interlocuteur de Smicrinès est très contestée, cf. les

Belardinelli [4], j'appellerai volontiers Éleusinios [5]. Dans cette scène suivante, qui regroupe deux personnages également, Éleusinios fait un long récit de l'assemblée à un personnage que Belardinelli me paraît avoir très heureusement identifié à Malthakè [6]. Puis la scène reste vide. Arrive alors une deuxième vague de participants à l'assemblée, mais cette fois-ci des participants actifs : le vainqueur, Stratophanès, poursuivi par la hargne du perdant, Moschion. Pas plus apparemment que son père, Moschion n'a demandé à consulter sur place les documents présentés par Stratophanès et prouvant son origine athénienne. On peut imaginer qu'il le fait maintenant, de façon très graduelle, car il est au départ très incrédule, et il est ainsi conduit à alerter son père. La dernière scène est en tout cas une scène de reconnaissance pathétique à trois personnages : Smicrinès et sa femme examinent les objets présentés par Stratophanès et retrouvent en lui le fils qu'autrefois, dans un moment de pauvreté, ils avaient donné à une Sicyonienne. Quelle leçon pour le vieillard qui récriminait tant au début de l'acte : les assemblées populaires ne prennent pas toujours de mauvaises décisions ! L'acte V commence par une scène à deux personnages : le peu scrupuleux Théron, pressé de trouver un père à Philouménè, s'était rapidement éclipsé à l'acte précédent, et, puisqu'il ignore où est Kichésias, le vrai père, il propose maintenant contre argent à un vieillard rencontré dans la rue de témoigner faussement être ce père : ce qu'il est alors loin de soupçonner, c'est qu'il a précisément rencontré Kichésias. Dromon, dernier arrivant de l'assemblée (il a dû accompagner Philouménè auprès de la prêtresse),

---

diverses propositions recensées par A. M. Belardinelli, p. 146 sqq. [On y ajoutera désormais celle que J.-M. Jacques présente dans la communication qui précède la mienne et qui est très séduisante : l'interlocuteur de Smicrinès serait Théron, un Théron pressé de trouver un père à Philouménè et qui s'éclipse au plus vite, Éleusinios intervenant seulement dans un deuxième temps auprès de Smicrinès pour lui faire le récit des événements survenus à l'assemblée d'Éleusis.] Certes il est très hasardeux de proposer une mise en scène dans de tels cas ; je le tenterai cependant, en rappelant alors les limites du projet.

4. R. Kassel, « Menanders Sikyonier », *Eranos* 63, 1965, p. 9 (= *Kleine Schriften*, H. G. Nesselrath éd., Berlin-New York, 1991, p. 280) ; J.-M. Jacques, « Les éditions du *Sicyonien* de Ménandre », *Revue des Études anciennes* 69, 1967, p. 304 ; A. M. Belardinelli, dans son édition commentée, p. 164.

5. Éleusinios, un vieillard (cf. v. 169, si c'est bien à Éleusinios que ce vers s'adresse), est du même dème que Smicrinès et il connaît bien le vieil « oligarque ». Inversement il n'a aucune raison de connaître Stratophanès et son groupe, y compris Philouménè. Il paraît ne pas connaître non plus le fils de Smicrinès, Moschion, sans doute parce que c'est la première fois que le jeune homme est intervenu en public — de façon si lamentable et avec une allure qui fait si peu songer à celle de son père.

6. A. M. Belardinelli, « L' " Oreste " di Euripide e i " Sicioni " di Menandro », *Orpheus* 5, 1984, p. 401 sq. ; et son édition commentée, p. 154 sq.

survient sur ces entrefaites et confirme la reconnaissance. Kichésias tombe évanoui d'émotion. Théron en profite pour aller chercher Stratophanès. L'acteur reparaît donc bientôt avec le masque et le costume de ce dernier et c'est la demande en mariage. Kichésias et Dromon vont retrouver Philouménè. Stratophanès les suit bientôt après avoir donné quelques ordres à la cantonade, ce qui permet, immédiatement après, l'apparition d'un autre personnage, Moschion, qui, dans un monologue, se désole de ce que Philouménè lui est désormais interdite. Dans la dernière scène, selon Geoffrey Arnott, que je suis volontiers, les deux personnages en présence sont Théron et Malthakè : l'entreprenant parasite bouscule les dernières réserves de sa belle qui, finalement, accepte de l'épouser [7].

Le décor souligne le côté dramatique de l'action : décor urbain, il représente deux maisons voisines (cf. v. 387 : εἰς γειτόνων) : celle du groupe des Sicyoniens [8], celle de Smicrinès, la seconde d'apparence évidemment plus respectable que la première, séparées néanmoins, comme cela arrive dans d'autres pièces de Ménandre, par une chapelle d'où devait sortir la divinité qui prononce le prologue [9]. L'opposition des *eisodoi*, des entrées latérales [10], a elle-même valeur dramatique : d'une part le côté de l'assemblée d'Éleusis, de l'autre celui de Sicyone d'où Pyrrhias apporte de si bouleversantes nouvelles.

Dans ce contexte, analyser le mouvement des acteurs, c'est d'abord fixer la place respective des deux maisons du décor par rapport aux deux entrées latérales, en considérant chaque fois les deux mises en scène qui résultent des deux associations possibles entre les deux maisons et les deux entrées. Ce qui reste des *Sicyoniens* offre trois occasions de se livrer à cet exercice.

Première occasion : à la fin de l'acte III, Stratophanès interrompt brusquement sa conversation avec Théron quand il voit venir au loin Pyrrhias (v. 120). L'esclave ne sera vraiment en présence de son maître que six vers plus loin (v. 125) : ce délai permet de faire connaître au spectateur le nom du nouvel arrivant, la mission qui lui a été confiée,

---

7. W. G. Arnott, « Final Notes on Menander's Sikyonioi », *Zeitschrift für Papyrologie und Epigraphik* 118, 1997, p. 100.

8. Probablement une auberge.

9. Voir, en dernier lieu, la conception du décor du *Bouclier* présentée par J.-M. Jacques dans son édition de la CUF, Paris, 1998, p. XXIV sqq.

10. Pour la préférence à donner au terme *eisodoi* (présenté par Aristophane, *Nub.* 326, *Av.* 296 et fr. 403 Kassel-Austin) sur celui de *parodoi* (trop tardif dans ce sens), voir O. Taplin, *The Stagecraft of Aeschylus*, Oxford, 1977, p. 449.

et finalement de faire pressentir l'importance des nouvelles qui vont être apportées. Première mise en scène possible : la maison de Stratophanès — devant laquelle le soldat se trouve pour discuter avec Théron, même si c'est avec un léger décalage vers le centre de l'espace scénique [11] —, cette maison est du côté de l'entrée par laquelle l'esclave arrive : le dialogue s'engage, v. 125, avec le nouvel arrivant dès qu'il est visible des spectateurs, ou très peu de temps après si, comme cela a été souligné [12], Pyrrhias entre d'abord dans l'orchestra puis grimpe quelques marches pour rejoindre son maître sur la plateforme scénique. Deuxième mise en scène : la maison de Stratophanès est du côté inverse ; sauf si Stratophanès se précipite à sa rencontre (ou s'il se décale encore un peu plus vers le centre), le texte est muet sur ce point, Pyrrhias doit parcourir au moins 10 m (la moitié de l'espace scénique) avant d'être vraiment en contact avec son maître. Les v. 123-124 décrivent son allure rapide et son air sombre. Ce commentaire peut paraître présenter plus d'intérêt si le personnage est déjà visible du public, mais l'argument est en fait bien subjectif, et, si Pyrrhias arrive par l'orchestra, il perd beaucoup de sa force.

Comment choisir maintenant entre ces deux mises en scènes possibles ? *A priori* elles sont également vraisemblables. Mais il est peut-être un élément qui permet de pencher pour la première. On a comparé, à juste titre, l'arrivée de Pyrrhias à la fin de l'acte III des *Sicyoniens* et celle de Cnémon à l'acte I du *Bourru* [13]. L'arrivée de Cnémon est annoncée dès le v. 143, et le personnage ne commence à parler qu'au v. 153, onze vers plus tard, non sans que ses gesticulations et sa mine rébarbative n'aient été longuement décrites auparavant par le seul des personnages resté sur les lieux, le jeune amoureux Sostrate, posté devant la ferme du bourru. Or il semble bien que cette ferme et le domaine où Cnémon travaille et d'où il arrive soient du même côté de l'espace scénique : du moins le dieu Pan, au v. 5, dans le prologue, ne paraît pas les distinguer. Il y a un fort contraste entre la longue préparation de l'apparition de Cnémon à l'acte I du *Bourru* et la brutalité même de cette apparition mais cette brutalité souligne encore le caractère violent du personnage. On peut admettre semblablement que, dans les *Sicyoniens*, la rapidité de l'entrée en contact de Pyrrhias avec son maître sous les yeux des spectateurs souligne la hâte de l'esclave et le caractère dramatique de la situation.

---

11. Il faut que tous les spectateurs puissent voir dans de bonnes conditions, cf. E. Pöhlmann, « Scene di ricerca e di inseguimento nel teatro attico del quinto e quarto secolo », dans *Scena e spettacolo nell'antichità*, L. de Finis éd., Florence, 1989, p. 90.

12. Voir A. M. Belardinelli, dans son édition commentée (citée n. 3), p. 61 sq. Opinion contraire dans D. Wiles, *The masks of Menander*, Cambridge, 1991, p. 39.

13. Voir A. M. Belardinelli, dans son édition commentée (citée n. 3), p. 130 sq.

Une occasion plus complexe de réfléchir sur la mise en scène est présentée par le début de l'acte IV, du moins dans la conception que je m'en fais à la suite de Belardinelli [14]. Selon cette conception, dans la première scène, Smicrinès et Éleusinios reviennent de l'assemblée d'Éleusis en se querellant. Au terme de cette scène de dix-neuf vers (v. 150-168), Smicrinès rentre chez lui, et Éleusinios qui continue son chemin est interpellé et retenu par Malthakè, fort désireuse d'avoir des nouvelles de l'assemblée et que cette curiosité a amenée sur le pas de sa porte. Deux hypothèses sont encore possibles concernant le mouvement des acteurs : ou bien la maison de Smicrinès est du côté de l'entrée latérale d'où l'on vient de l'assemblée d'Éleusis ou bien elle est à l'opposé. Dans la première hypothèse, Smicrinès ne rentre chez lui que lorsqu'il croit avoir rivé son clou à Éleusinios, tout au plus en se laissant déporter vers le centre de l'espace scénique, et Malthakè, alertée de loin par les cris des deux hommes et comprenant l'objet de leur dispute, arrête Éleusinios quand il passe devant chez elle (c'est ce que dit explicitement le texte, v. 169) et lui exprime son désir d'avoir des nouvelles détaillées de l'assemblée. Dans la seconde hypothèse, les cris et les imprécations de Smicrinès peuvent s'étaler tout le long de l'espace scénique et paraître prendre une force plus grande que s'ils étaient confinés dans un recoin. Il faut alors supposer que Malthakè, plus directement informée si les deux hommes sont passés devant sa porte entrouverte (derrière laquelle elle se dissimule car personne ne l'a remarquée), fait ensuite revenir Éleusinios sur ses pas, une fois Smicrinès rentré chez lui, mais cela le texte ne le dit pas ; du moins il est peu vraisemblable que l'arrêt dont il est question, v. 169, soit devant la demeure de Smicrinès.

Une fois de plus, on peut chercher dans une comparaison extérieure le moyen de trancher le débat. La comédie du *Bourru*, si utile parce que sa mise en scène est plus assurée [15], offre encore une possibilité [16]. A l'acte V, scène 1, Sostrate obtient de son père qu'il marie Plangon à Gorgias. Sorti de la grotte de Pan, au centre de l'espace scénique, il s'apprête à annoncer cette nouvelle à son ami dont la demeure se trouve à côté de la grotte. Or Gorgias qui sortait de

14. Voir *supra*, n. 3. Cette conception met successivement en cause les deux maisons, d'abord celle de Smicrinès, puis celle de Stratophanès et de sa suite. Si, comme le veulent ordinairement les critiques, suivant des modalités diverses (voir Belardinelli, dans son édition commentée [citée n. 3], p. 146 sq.), seule la maison de Smicrinès est concernée d'un bout à l'autre de l'acte, il devient impossible de situer les deux maisons par rapport aux entrées latérales comme cela va être tenté maintenant.

15. Cela ne veut pas dire qu'elle soit complètement sûre et l'on gardera en mémoire les prudentes remarques d'E. W. Handley, dans son édition commentée de la pièce, Londres, 1965, p. 129, commentaire au v. 5.

16. Voir. A. M. Belardinelli, dans son édition commentée (citée n. 3), p. 155.

chez lui, a surpris, sur le pas de sa porte, la fin de la conversation de Sostrate et de son père et il le dit d'emblée à Sostrate (v. 821-822). Ce rapprochement avec le *Bourru* favorise l'idée d'un « espionnage » à distance et paraît donc permettre, dans le cas des *Sicyoniens*, de trancher en faveur de l'hypothèse qui place la maison de Smicrinès du côté de l'assemblée d'Éleusis. On pourrait aussi établir une comparaison avec le début de l'acte III du *Bourru*. A ce moment Cnémon sort de chez lui pour aller travailler ; mais voici qu'arrive, à l'autre extrémité du champ scénique, un bruyant cortège d'adorateurs de Pan. Il n'en faut pas plus pour que le vieillard rentre chez lui et s'y barricade. On remarque alors que l'hypothèse favorisée par ces comparaisons confirme celle qui avait été préférée pour la mise en scène de la fin de l'acte III toujours sur la base d'une comparaison avec le *Bourru* : si, en effet, la maison de Stratophanès est du côté de Sicyone, il est normal que la maison de Smicrinès soit du côté de l'assemblée d'Éleusis.

Cependant un dernier point reste à examiner. On a dit que la scène où Éleusinios fait à Malthakè le long récit de l'assemblée est suivie d'une scène vide, après laquelle arrivent à leur tour de l'assemblée Stratophanès et Moschion qui se disputent violemment. La scène vide permet en fait à l'un des deux acteurs de la scène 2 de réapparaître dans un nouveau rôle dans la scène 3. On admettra sans peine que, dans cette scène 3, le rôle de Stratophanès, le premier personnage à se présenter (accompagné sans doute par des figurants représentant Pyrrhias et Théron [17]), est tenu par l'acteur qui avait joué le rôle de Smicrinès dans la scène 1. Mais qui tient le rôle de Moschion ? Celui qui jouait le rôle de Malthakè ou celui qui jouait le rôle d'Éleusinios ? Le premier est évidemment un meilleur candidat. Éleusinios, lui, reste encore un certain temps sur le devant de la scène pour occuper l'attention du public pendant que son compère change de masque et de costume. Tout le problème est alors de savoir s'il peut y rester suffisamment de temps pour que ce changement soit possible. Dans l'hypothèse qui a paru la plus vraisemblable et qui place la maison de Stratophanès et de Malthakè du côté inverse de celui de l'assemblée d'Éleusis, d'une part Éleusinios n'a plus grand trajet à faire pour sortir, d'autre part l'acteur qui passe du rôle de Malthakè à celui de Moschion doit franchir, dans les coulisses, une plus grande distance pour rejoindre l'entrée latérale par laquelle il se présentera de nouveau devant les spectateurs. La difficulté n'est cependant pas rédhibitoire si l'on admet qu'aux jeux de scène attachés à la sortie d'Éleusinios et destinés à captiver l'attention du spectateur peuvent venir

---

17. Lequel Théron pourra s'éclipser (du côté de Sicyone) pour rechercher un père à Philouménè dès que les menaces proférées par Moschion auront pris fin.

s'ajouter, à l'autre extrémité de l'espace scénique, les jeux de scène liés à l'entrée de Stratophanès et de son groupe de figurants : le soldat s'apprête à présenter ses documents à Smicrinès qu'il sait maintenant, grâce à eux, être son père et c'est au moment où il observe un moment d'arrêt devant la maison de Smicrinès qu'il se fait rejoindre et agresser par Moschion qui va bientôt lui servir d'introducteur dans sa nouvelle famille.

On peut passer rapidement sur la troisième occasion que la pièce offre de déterminer le mouvement des acteurs. A l'acte V, scène 1, Théron veut extorquer à Kichésias un faux témoignage. Kichésias ignorant tout de l'assemblée, il paraît naturel de faire entrer les deux hommes par l'autre côté, le côté de Sicyone ; quand il ira rejoindre sa fille, cette fois Kichésias sortira par le côté de l'assemblée. Mais les mouvements du père de Philouménè ne permettent en rien de préciser la situation des deux maisons du décor.

Pour cette situation, nous en resterons donc à l'hypothèse qui est apparue comme la plus vraisemblable jusque-là : la maison de Smicrinès est du côté de l'assemblée d'Éleusis, celle de Stratophanès du côté de Sicyone. Faut-il voir dans cette situation respective un effet de symbolisme ironique ? Smicrinès, l'Athénien, a ses idées sur ce que doit être le pouvoir dans la cité et il est plus près du centre ; Stratophanès, l'étranger, est sur la limite extérieure ; puis tout s'inversera, Stratophanès se retrouvant finalement athénien et les idéaux oligarchiques de Smicrinès montrant leur insuffisance : le grand déménagement des affaires de Stratophanès chez Smicrinès à l'acte V (v. 387 et suiv.) rend ce renversement immédiatement sensible. Mais, dans le domaine du symbolisme, la prudence s'impose plus que partout ailleurs et il ne saurait être question d'y rechercher un argument quelconque.

* *
*

J'en arrive maintenant au troisième et dernier point de mon exposé, que certains pourront estimer être le plus délicat puisqu'il s'agit de déterminer, dans la mise en scène qui s'est élaborée peu à peu au cours des réflexions précédentes, ce qu'il faut placer à droite et ce qu'il faut placer à gauche (du spectateur : nous disons, en France, depuis le XIXe siècle, « côté cour » et « côté jardin ») [18]. Cette obligation s'impose aux metteurs en scène comme déjà aux éditeurs du

---

18. Ces problèmes de droite et de gauche dans la mise en scène des œuvres dramatiques ont suscité une abondante bibliographie. On en trouvera l'essentiel dans l'ouvrage de D. Wiles, *Tragedy in Athens*, Cambridge, 1997, ch. 6, p. 133-160.

théâtre de Ménandre. Le poète n'avait apparemment de liberté que
pour établir le décor visible du spectateur, et c'est pourquoi les
indications qu'il donne dans le prologue sont si précises [19] (leur perte
dans les *Sicyoniens* est la cause des problèmes rencontrés jusqu'ici).
Pour les entrées latérales, il lui suffisait de suivre des conventions bien
établies. Pour déterminer ces conventions, les spécialistes s'appuient
traditionnellement sur trois textes antiques considérés comme perti-
nents sinon pour la tragédie et la comédie du ve siècle, du moins pour
la comédie nouvelle [20]. Le plus simple de ces textes mais difficilement
datable, prolégomènes antiques au théâtre d'Aristophane, dit que si le
chœur comique venait de la ville, il le faisait par la voûte de gauche, s'il
venait de la campagne, il le faisait par la voûte de droite [21] ; il n'y a
aucune raison de penser que les conventions valables pour le chœur ne
le soient pas non plus pour les acteurs. Vitruve de son côté signale très
brièvement l'existence des deux entrées latérales, « l'une par laquelle
on vient de la place publique et l'autre par laquelle on arrive de
l'étranger (*peregre* ; certains traduisent inexactement " de la campagne ") [22] », sans parler de droite ni de gauche : ce qui intéresse
l'auteur, c'est visiblement l'opposition abstraite cité (positif, mis en
premier)-étranger (négatif). Toute la discussion vient en fait de l'obscurité de deux textes de Pollux, l'un sur les *periaktoi* (décors latéraux
tournants), « celui de droite montrant ce qui est hors de la ville, l'autre
ce qui vient de la ville, surtout du port » [23] ; l'autre texte sur les *parodoi*
(entrées latérales), « la droite menant de la campagne ou du port ou
de la ville, tandis que ceux qui arrivent d'ailleurs à pied entrent par
l'autre [24] ». Ces deux textes de Pollux sont à première vue confus et

---

19. On a ainsi, dans le *Bourru*, la mention ἐπὶ δεξιά (v. 5, avec la n. de
J.-M. Jacques dans son édition) et les formes démonstratives τουτονί, v. 5, et ἐνθαδί,
v. 24.

20. Pour une bonne présentation et une bonne discussion de ces textes, on se
reportera au livre de A. W. Pickard-Cambridge, *The Theatre of Dionysus in Athens*,
Oxford, 1946, p. 234-239.

21. *Prolegomena de Comoedia*, W. J. W. Koster éd., Xa, l. 1-2 : καὶ εἰ μὲν ἀπὸ τῆς
πόλεως ἤρχετο ἐπὶ τὸ θέατρον, διὰ τῆς ἀριστερᾶς ἀψῖδος εἰσήει, εἰ δὲ ὡς ἀπὸ ἀγροῦ, διὰ
τῆς δεξιᾶς.

22. Vitruve, V, 6, 8 : *secundum ea loca uersurae sunt procurrentes, quae efficiunt una
a foro altera a peregre aditus in scaenam.* La traduction critiquée est, par exemple, celle
de F. Granger, Loeb class. Libr., 1970, I, p. 289. Elle s'explique par l'idée — sans doute
erronée, comme on verra plus loin — que le port et l'agora sont du même côté dans les
pièces situées à Athènes. On fait donc de *peregre* un équivalent de *rure*, cf. K. Rees, *art.
cit.* (n. 25), p. 383.

23. Pollux, IV, 126 : αἱ περιάκτοι... ἡ μὲν δεξιὰ τὰ ἔξω πόλεως δηλοῦσα, ἡ
δ'ἑτέρα τὰ ἐκ πόλεως, μάλιστα τὰ ἐκ λιμένος.

24. Id., IV, 126-127 : τῶν μέντοι παρόδων ἡ μὲν δεξιὰ ἀγρόθεν ἢ ἐκ λιμένος ἢ ἐκ
πόλεως ἄγει· οἱ δ'ἀλλαχόθεν πεζοὶ ἀφικνούμενοι κατὰ τὴν ἑτέραν εἰσίασιν.

contradictoires, entre eux et individuellement, et le second a été plusieurs fois corrigé [25] : pour l'harmoniser avec le premier, Rhode transforme la droite en gauche, ce que Rees approuve ; d'autres avaient songé à un changement de point de vue, celui de l'acteur et celui du spectateur étant les deux possibilités qu'offre le théâtre, mais il est étonnant que Pollux n'avertisse d'aucune manière de ce changement. D'autre part, toujours dans le texte sur les *parodoi*, comment mettre du même côté la campagne et la ville ? La campagne a donc été transformée en agora par Schönborn ou en proximité par Wieseler ou bien transportée de droite à gauche par Rees. Mais ces corrections sont rudes et une autre idée a prédominé parmi les spécialistes : en 1886, A. Müller [26] a estimé que campagne, port et ville représentaient trois aspects de la « patrie » athénienne par rapport à l'extérieur de la cité ; de là, A E. Haigh a opposé ce qui relève du voisinage et ce qui relève du lointain [27]. Je crois, pour ma part, que cette opposition du proche et du lointain est bonne, mais qu'elle a été trop lâchement comprise par Haigh : car, pour qui est près du centre de la ville, de l'agora (le forum dont parle Vitruve), le port est loin (à Athènes, il est à 8 km et par lui on arrive de plus loin encore), de même la campagne, et encore certains quartiers de la ville [28]. Il faut donc garder l'opposition de Haigh mais inverser la valeur de ses termes et mettre le proche à gauche et le lointain à droite. Cette formule maintient la cohérence interne du passage de Pollux sur les *parodoi* et la cohérence entre ce passage et celui qui concerne les *periaktoi* ; il donne également toute leur force aux textes des Prolégomènes et de Vitruve. Seul point de confusion subsistant alors : dans le passage sur les *periaktoi*, Pollux associe ville et port par opposition à l'extérieur de la ville. On remarquera d'abord que cette opposition est en contradiction avec la mise en scène de plusieurs pièces de Ménandre où sont clairement oppo-

---

25. Voir K. Rees, « The Significance of the Parodoi in the Greek Theater », *American Journal of Philology* 32, 1911, p. 378 et 382. Les corrections sont les suivantes : δεξιὰ : ἀριστερὰ Rhode Rees ‖ ἀγρόθεν : ἀγορῆθεν Schönborn ἀγχόθεν Wieseler ‖ ἀγρόθεν ἤ transposé avant ἀλλαχόθεν Rees.

26. A. Müller, *Lehrbuch der griechischen Bühnenalterthümer*, Fribourg-en-Brisgau, 1886, p. 158 sq.

27. A. E. Haigh, *The Attic Theatre*, Oxford, 1898², p. 222 : « The entrances to the right of the audience were used by persons from the neighbourhood ; the entrances to the left by persons from a distance. »

28. Par exemple, celui dans lequel Syrus expédie Déméa dont il désire se débarrasser pour un bon bout de temps (Térence, *Adelphes*, v. 573-584 ; original de Ménandre, peut-être adapté à la topographie de Rome, ou purement fantaisiste) — et qui, pour ce qui est de l'éloignement, est un peu l'équivalent du domaine rural où Syrus avait auparavant désiré voir se rendre le vieillard (v. 433).

sées le port et l'agora [29]. Comment expliquer alors le texte de Pollux ?
Par une association mécanique de la ville et du port ? Cela est
probable et je ne vois pas d'autre solution que de supprimer comme
parasite la mention du port. Ajouterai-je que mon interprétation qui
place ainsi le proche à gauche et le lointain à droite convient très bien
pour la mise en scène du *Dyscolos*, pièce dans laquelle le domaine
cultivé par Cnémon se trouve à gauche, la lointaine Athènes à
droite [30].

Mais il est une interrogation fondamentale à laquelle on ne
saurait se soustraire : c'est celle qui porte sur l'origine même des
conventions scéniques concernant la droite et la gauche ; aussi bien
oriente-t-elle souvent la conception que l'on peut se faire de celles-ci,
puisque l'existence de deux points de vue possibles, celui de l'acteur et
celui du spectateur, rend incertain le sens même des mots droite et
gauche dans les textes utilisés. Parce que Pollux ne paraît envisager
que des pièces situées à Athènes, on admet en général que les conventions théâtrales indiquées par cet auteur sont adaptées au théâtre de
Dionysos, reconstruit en pierre sous l'homme d'État Lycurgue quelques années avant les débuts de Ménandre. Du point de vue des
spectateurs, ce théâtre se trouve être orienté vers le sud (si l'on
considérait l'ensemble des théâtres grecs, l'on trouverait toutes les
orientations possibles [31]), et par conséquent l'est est à gauche, l'ouest
à droite ; à droite se trouve évidemment la route du Pirée, à droite
également, ont cru certains, la rue conduisant à l'agora, et par suite,
puisque l'agora classique était plutôt à droite, ils ont placé le côté
de la campagne à gauche [32]. Dans ces conditions, il faut admettre
que le point de vue de Pollux, dans le passage sur les *periaktoi*, est
celui des acteurs. En réalité, l'on soupçonne, depuis les trouvailles de
1980, que l'agora archaïque se trouvait au pied des pentes est de

---

29. Cf. déjà W. Beare, *The Roman Stage*, Londres, 1955[2], qui, p. 241 sq., cite
l'exemple du *Cithariste* de Ménandre. On pourrait citer maintenant les exemples du
Bouclier, de la *Samienne* et de la *Double Tromperie*. C'est pour sauvegarder cette
opposition du port et de l'agora que A. W. Gomme, F. H. Sandbach, *Menander. A
Commentary*, Oxford, 1973, p. 12, mettent (de façon originale) le port du même côté
que la campagne placée selon l'opinion commune, c'est-à-dire à gauche.

30. Pour la localisation du domaine de Cnémon, Ménandre paraît fournir des
indications précises (cf. *supra*, p. 258 ; p. 261, n. 18) et pour une fois les éditeurs sont
unanimes sur la mise en scène de la pièce, même si E.W. Handley reste prudent (cf.
supra, p. 259, n. 15).

31. On trouvera dans C. Ashby, « The Siting of Greek Theatres », *Theatre
Research International* 16, 1991, p. 181-201, sous forme de tableaux, l'orientation de
tous les théâtres grecs antiques : elles sont fort diverses.

32. Cette vue commune est exprimée en particulier par K. B. Frost, *Exits and
Entrances in Menander*, Oxford, 1988, p. 5.

l'Acropole [33] . La grande rue conduisant au théâtre de Dionysos, la rue des Trépieds [34], venait de l'agora classique en passant par cette agora archaïque. Il n'y a donc pas lieu de placer, au théâtre de Dionysos à Athènes, l'agora à droite [35] et c'est le côté du port (ou de la campagne ou de quartiers lointains de la ville) que l'on peut lui opposer sans crainte à droite, celui de l'agora, le côté proche, étant à gauche.

Le lieu de l'action des *Sicyoniens* n'est pas assuré. Il est cependant très probable que c'est Éleusis : c'est ce que semble indiquer le v. 57 dans l'interprétation, convaincante, d'Arnott [36] ; ce qui me paraît surtout le confirmer, dans le cadre à mes yeux essentiel de l'opposition du proche et du lointain, c'est la proximité des Grands Propylées du sanctuaire de Déméter (v. 189). Bref, le lieu de l'action n'est pas Athènes, et l'on peut se demander comment le spectateur du théâtre de Dionysos pouvait s'orienter dans un cas pareil. L'opposition du proche (Éleusis) et du lointain (Sicyone) jouait-elle dans les mêmes conditions que pour une pièce située à Athènes ? Ménandre est très discret sur les moyens de locomotion de Pyrrhias revenant de Sicyone. Si, comme c'est le plus vraisemblable, il a fait les 70-80 km qui séparent Sicyone d'Éleusis à pied [37], il n'y a aucun problème. Vue d'Athènes, même pour un spectateur aux connaissances géographiques limitées, Sicyone est plus à l'ouest qu'Éleusis, donc, si l'on est orienté au sud, le côté de Sicyone sera le côté droit ; on placera inversement à gauche le côté de l'assemblée d'Éleusis (et par suite, si

---

33. Les spécialistes du théâtre grec ont été alertés par D. Wiles, *Tragedy in Athens*, p. 135, n. 6. Tout vient de la découverte dans le sanctuaire d'Aglauros, en 1980, d'une inscription qui permet de situer l'agora archaïque dans les environs, donc du côté est de l'Acropole, cf. G. S. Dontas, « The True Aglaurion », *Hesperia* 52, 1983, p. 48-63, et N. Robertson, « Solon's Axones and Kyrbeis and the Sixth Century Background », *Historia* 35, 1986, p. 147-176, en particulier la fig. 1, p. 158, et les p. 159 et suiv. Je remercie ma collègue, Mme Simone Follet, pour m'avoir communiqué ces références concernant la topographie ancienne d'Athènes et plusieurs autres.

34. Voir, par exemple, le plan I de A. W. Pickard-Cambridge, *op. cit.* (n. 20).

35. Dans une lettre du 7-VI-99, le professeur David Wiles me confirme que « the tradition that agora = right is time-honoured but worthless ».

36. W. G. Arnott, « First Notes on Menander's Sikyonioi », *ZPE* 116, 1997, p. 6 sq.

37. Ceci contredit ce que dit Knapp cité par K. Rees, *art. cit.* (n. 25), p. 382, n. 3, à savoir que, dans les pièces de la comédie nouvelle, les personnages qui arrivent de l'étranger le font par mer, non par voie terrestre. Rees oppose à ces limites de la comédie l'exemple de la tragédie : ainsi, dans l'*Oreste* d'Euripide, v. 725-727, Pylade arrive à pied de Phocide. Je pense pour ma part que la comédie nouvelle est plus riche en possibilités qu'on ne l'imaginait avant les découvertes papyrologiques. D'autre part, l'exemple de tragédie cité par Rees me paraît acquérir une saveur nouvelle quand on sait que l'*Oreste* d'Euripide a constitué un modèle pour les *Sicyoniens* de Ménandre.

du moins l'on admet la validité des arguments développés tout à l'heure, on situera à gauche la maison de Smicrinès, à droite celle de Stratophanès). Pyrrhias est-il revenu par mer ? S'il a débarqué au Pirée, il faut alors se demander si la convention qui met le Pirée à droite est encore observée. Sinon, Pyrrhias revient par la gauche, puisque le Pirée est à gauche d'Éleusis [38]. Mais je ne crois pas que Ménandre ait voulu brouiller les choses à ce point !

*
* *

Finalement, et ce sera ma première conclusion, si l'on ne veut pas faire dire au texte des *Sicyoniens* plus qu'il ne dit, la mise en scène de cette comédie, dont on doit supposer *a priori* qu'elle respecte parfaitement les conventions habituelles sur la droite et la gauche, paraît devoir apporter, pour l'interprétation si discutée de ces conventions un élément utile : la situation de Sicyone par rapport à Éleusis, si l'on prend comme référence le point de vue du spectateur au théâtre de Dionysos, paraît bien confirmer que le proche doit être situé à gauche et le lointain à droite. Ce qui est plus hasardeux, c'est de déterminer la place respective des deux maisons qui constituent la part essentielle du décor : le déroulement de la comédie n'est pas toujours établi avec certitude, et d'autre part les arguments sur les jeux de scène facilités par telle ou telle hypothèse pourront toujours paraître bien subjectifs ; en plaçant la maison de Stratophanès du côté par laquelle on arrive de Sicyone, donc à droite du spectateur, et celle de Smicrinès du côté opposé, du côté de l'assemblée d'Éleusis, j'ai avant tout pris en compte des comparaisons avec le *Bourru*, pièce pour laquelle la mise en scène est plus assurée ; j'ai considéré également la cohérence que les résultats des diverses analyses permettaient alors d'obtenir, sans accorder trop de place au symbolisme lié à la proximité ou non du centre de la cité.

Cependant, et ce sera ma deuxième et dernière conclusion, ce symbolisme mérite en lui-même considération : les éléments techniques, établis ici avec plus ou moins de peine et sans certitude absolue, comportent une dimension esthétique que l'on ne saurait qualifier de subjective. La mise en scène prévue par le poète fait voir de façon immédiate et concrète le drame qui constitue le fond de l'œuvre : l'opposition du proche et du lointain explique l'angoisse d'un Stratophanès qui se croit sicyonien alors qu'il lui faudrait être athénien ;

---

38. Comme Athènes. Venant d'Athènes (v. 183), Éleusinios est arrivé aux Propylées du sanctuaire d'Éleusis — à gauche des spectateurs — sans passer par l'espace scénique.

l'opposition des deux maisons accentue encore l'impression de drame : d'un côté un soldat et tous ses problèmes, financiers et sentimentaux, de l'autre un Athénien, imbu de sa nouvelle richesse et sûr de ses idéaux. Mais ce drame est une comédie : tout se renverse bientôt et le caractère d'ironie de la mise en scène devient alors évident ; le lointain n'est pas si défavorable à Stratophanès et le proche si favorable à Smicrinès. Finalement, dans la synthèse finale des éléments opposés du décor, synthèse matériellement opérée par l'éclat des torches, les mariages qui constituent l'aboutissement de la comédie restaurent une unité d'abord éclatée et dans laquelle le spectateur éprouve maintenant la pleine jouissance d'une beauté tant esthétique que morale.

Alain BLANCHARD

COMÉDIE ET ICONOGRAPHIE :
LES GRANDS PROBLÈMES [1].

Comédie et iconographie... Le premier terme du sujet est apparemment très clair : la comédie est un genre dramatique bien connu,
qui apparaît à Athènes au moment des guerres médiques et qui se
développe en plusieurs étapes assez bien déterminées [2]. M'en
tiendrai-je à cette définition ? Pas tout à fait : j'inclurai par moments
dans le terme général de comédie tout spectacle comique, un premier
problème étant alors de définir un tel spectacle : farce, carnaval,
charivari, poursuites cocasses, exhibitions grotesques, gestes obscènes, parodies, caricatures, pour employer des noms modernes —
cômos, *kordax*, dithyrambe, hilarotragédie pour user de noms antiques ; nous verrons ainsi, je l'espère, en abordant le problème des
scènes comiques dans les arts figurés, que nous serons amenés à poser
celui des débuts de la comédie en tant que genre littéraire. Quant à
l'iconographie, c'est évidemment l'étude des images, mais de quelles
images ? En théorie, toutes les images, bien sûr ; en fait, pour des
raisons historiques et archéologiques, nous ne pourrons guère prendre en compte que quatre sortes de documents, dont trois relevant des
arts graphiques : presque uniquement des vases peints pour les époques archaïque et classique, des mosaïques et de rares peintures
murales pour les époques hellénistique et romaine, des terres cuites,

---

1. La première idée qui s'impose agréablement à moi est de remercier chaleureusement les organisateurs de cet intéressant colloque, MM. les professeurs Jean Leclant
et Jacques Jouanna, qui m'ont fait l'honneur de m'inviter à prendre la parole à côté de
tant d'éminents spécialistes de la comédie grecque et m'ont ainsi donné l'occasion de
présenter une tentative de mise au point sur les problèmes qui surgissent lorsqu'on veut
examiner la documentation iconographique dans ses rapports, réels ou éventuels, avec
ce genre littéraire. Ces problèmes sont si nombreux que nous ne prétendrons en aborder
véritablement que quelques-uns — les plus importants à nos yeux —, en nous conten-
tant d'en évoquer brièvement d'autres et en posant assurément beaucoup de questions,
sans toutefois pouvoir, bien souvent, apporter de réponses sûres, bien qu'il s'agisse
maintes fois de points sur lesquels se sont déjà interrogés plusieurs chercheurs, et non
des moindres.

2. Voir par exemple l'excellente mise au point récente de P. Demont, A. Lebeau,
Introduction au théâtre grec antique, Paris, 1996, notamment p. 9-32 et 155-203.

des petits bronzes et quelques reliefs en pierre enfin, qui représenteront les arts plastiques, surtout pour les époques hellénistique et romaine.

Pour rappeler d'abord rapidement quelques évidences, il est clair que les arts figurés de la Grèce antique sont, dans certains cas, inspirés d'une façon évidente par le théâtre, notamment par la comédie. Qui ne connaît l'existence d'innombrables représentations, plastiques ou peintes, de masques, tragiques ou comiques, à partir du IVe siècle av. J.-C. ? Pour nous en tenir aux masques comiques, les créations en terre cuite, d'abord attiques, mais aussi corinthiennes, péloponnésiennes, micrasiatiques et surtout italiotes nous en fournissent des milliers d'exemples, que les spécialistes s'ingénient à classer, en s'appuyant notamment sur l'*Onomasticon* de Pollux, selon une typologie et une chronologie assez rigoureuses, même s'il y a parfois des hésitations dans le détail ; aux archétypes apparemment athéniens de la fin du Ve et du début du IVe siècle succèdent des types aux caractéristiques locales, par dérivation et par adaptation [3]. Ces masques comiques de la comédie ancienne, et surtout moyenne et nouvelle, existent aussi en bronze (fig. 1) [4], et certains sont peints sur de rares vases attiques à figures rouges de la fin du Ve ou du début du IVe siècle [5] et surtout sur des vases italiotes du IVe siècle, notamment apuliens à figures rouges [6] ou du style de Gnathia [7]. A l'époque hellénistique, les masques dérivés de la comédie nouvelle apparaissent fréquemment sur des bols à reliefs, des lampes, des réchauds en terre cuite, par exemple à Délos,

---

3. On s'est depuis longtemps intéressé à ces masques, dont le nombre ne cesse de croître au fur et à mesure des découvertes archéologiques. Les études d'ensemble et les recensions récentes les plus complètes les sont celles de TRENDALL, *PhV²*, p. 12 sq. (typologie) et 101 (Index of Masks), et de WEBSTER, *MOMC²*, p. 7-12 + pl. 4-10, *MOMC³*, p. 13-26 (The Masks Types) + pl. 1-13, et *MNC²*, p. 5-36 (History of Masks and Costumes), 43 sq. (List of Masks) et 241-249 (Mask Catalogue) + pl. 1-8. Voir aussi PICKARD-CAMBRIDGE, *DFA*, p. 218 sqq. et 223-230 + fig. 88-139. Sur les masques trouvés en Sicile, on se reportera par exemple à L. Bernabo Brea, « Maschere della commedia nuova di Lipari e di Centuripe », *Dioniso* 45, 1971-1974, p. 167-180 + pl. 1-9 (voir aussi notre fig. 3). Sur quelques masques conservés à Sydney, voir J. R. Green, « Ancient Theatre in the Nicholson Museum », dans *Classical Art in the Nicholson Museum, Sydney*, A.Cambitoglou éd., Mayence, 1995, p. 133-143 + pl. 42-45 et pl. couleur 6,1.

4. Voir par exemple le bel exemplaire en relief exécuté au repoussé de la collection Fleischman, à New York (fin du IVe/début du IIIe s.) : *Fleischman Coll. Catal.*, p. 74, n° 30 (d'où notre fig. 1).

5. Par exemple sur le *chous* de Saint-Pétersbourg, Ermitage ΦА1 869. 47 (BIEBER, *HT²*, p. 45, fig. 184 ; TRENDALL, *PhV²*, p. 22, n° 6 ; PICKARD-CAMBRIDGE, *DFA*, fig. 78), ou sur celui, fragmentaire, d'Athènes, Agora P 13094 (PICKARD-CAMBRIDGE, *DFA*, fig. 80).

6. Voir notamment A. D. Trendall, « Masks on Apulian Red-Figured Vases », dans *Studies in Honour of T. B. L. Webster*, II, Bristol, 1988, p. 137-154.

7. Voir par exemple T. B. L. Webster, « Masks on Gnathia Vases », *Journal of Hellenic Studies* 71, 1951, p. 222-232, et Id., « More Dramatic Masks on Gnathia Vases », *Antike Kunst* 3, 1960, p. 30-36.

FIG. 1. — Masque comique en bronze. New York, coll. Fleischman
(d'après *Fleischman Coll. Catal.*, p. 74).

FIG. 2. — Masque comique de vieillard. Délos, mosaïque de l'Îlot des bijoux
(d'après Ph. Bruneau, *Mosaïques de Délos*, p. 15, fig. 13).

où l'on en rencontre aussi sur des peintures murales et surtout, faits d'un assemblage de tesselles, en *opus tessellatum* ou en *opus vermicu-latum*, sur des mosaïques, notamment dans la Maison des masques, qui tire son nom de la frise de masques bordant les deux petits côtés de la mosaïque de l'*œcus major*, et dans l'Îlot des bijoux (fig. 2) [8]. Ces masques, quels qu'ils soient, sont manifestement des reproductions de masques de comédie, le plus souvent utilisés uniquement pour leur valeur décorative, semble-t-il, et choisis par les artistes eux-mêmes ou par leurs commanditaires.

On pourrait faire des remarques comparables à propos des figu-rines, la plupart en terre cuite, qui ont été façonnées en grand nombre, surtout à partir du début du IVe siècle, pour représenter à l'évidence des acteurs comiques. Une des découvertes les plus impressionnantes de ces dernières décennies a été faite à Lipari [9], où l'on a d'ailleurs trouvé aussi beaucoup de masques (fig. 3) en terre cuite (cf. n. 3). Ces figurines avaient été placées dans des tombes, ce qui pose le problème de leur rôle : valeur funéraire ? Goût du défunt pour le théâtre ? On peut se demander si les coroplastes ne fabriquaient pas, au moins de temps en temps, des assortiments de figurines représentant les person-nages de telle ou telle comédie du répertoire de leur temps, ou de telle ou telle comédie idéale, virtuelle, avec des types caractéristiques (esclave, vieillard, barbon, jeune fille chaste, soldat, prostituée, etc.) que l'acquéreur pouvait combiner entre eux, par jeu, pour monter lui-même une pièce de théâtre. On peut en tout cas s'appliquer, comme l'ont fait les responsables de l'organisation des vitrines du musée de Lipari, à reconstituer des scènes de comédies avec ces ensembles de figurines (fig. 4).

---

8. Sur ces mosaïques de Délos ornées de masques, on consultera avant tout Ph. Bruneau, *Exploration archéologique de Délos* XXIX : *les Mosaïques*, Paris, 1972, notamment p. 57 sqq. (mention, p. 59, n. 3-6, de masques sur d'autres supports), 77 (avec, aux n. 5-7, références à d'autres mosaïques hellénistiques décorées du même motif), 160-165 et 246-251 + pl. couleur A, 3-4 ; voir aussi Ph. Bruneau, J. Ducat, *Guide de Délos*, 3e éd., Paris, 1983, p. 245, et Ph. Bruneau, *Mosaïques de Délos*, Paris, 1973, p. 14 sq. (avec fig.13 — d'où notre fig. 2). Pour les mosaïques de la Maison des masques, voir aussi TRENDALL, WEBSTER, *IGD*, p. 122-125 (IV, 8c).

9. Voir la belle publication de ces ensembles par L. Bernabo-Brea, M. Cavalier, *Menandro e il teatro greco nelle terrecotte liparesi*, Gênes, 1981. L'intérêt de ce livre est à juste titre souligné par exemple par F. Canciani, « Le terrecotte di Lipari e recenti studi sul teatro antico », *Xenia* 7, 1984, p. 43-48. Pour des trouvailles de masques et de statuettes d'acteurs comiques, surtout de la comédie moyenne, faites plus ancienne-ment à Lipari, voir L. Bernabo-Brea, M. Cavalier, *Meligunis Lipàra. II, La necropoli greca e romana delle contrada Diana*, Palerme, 1965, p. 301-317 et pl. 141-200. On trouvera un échantillonnage non négligeable de ces terres cuites dans L. Bernabo-Brea, M. Cavalier, *Il Castello di Lipari e il Museo archeologico Eoliano*, 2e éd., Palerme, 1979, p. 136-147 + fig. 152-191.

FIG. 3. — Masques comiques en terre cuite de Lipari. Museo eoliano di Lipari
(cliché de l'auteur).

FIG. 4. — Terres cuites de Lipari : personnages de la comédie attique
ancienne et moyenne. Museo eoliano di Lipari (photographie de l'auteur).

Mais les masques en terre cuite du IVe siècle et des siècles suivants ne sont pas les premiers masques comiques connus créés par l'artisanat grec : dès l'époque archaïque sont attestés, par exemple à Sparte, au sanctuaire d'Artémis Orthia [10], des masques votifs, la plupart du VIe siècle, dont certains au moins paraissent comiques. Leur valeur était, dit-on d'ordinaire, religieuse et rituelle, mais ces masques n'étaient-ils pas peut-être reliés à des farces, à des spectacles comiques dont nous ne savons rien ? Et même le Gorgoneion [11], si fréquent au VIe siècle, avait-il uniquement une valeur apotropaïque, magique d'une certaine façon, ou aussi, au moins dans certains cas, une valeur comique ?

Revenons à des certitudes. Il est manifeste que les comédies de Ménandre ont inspiré des peintres et des mosaïstes de l'époque romaine impériale : des inscriptions, parfois très précises, l'attestent. Les deux exemples les plus explicites sont fournis par deux peintures murales d'Éphèse et par un célèbre ensemble de mosaïques de Mytilène. Dans l'une des maisons du quartier dit de la Colline (maison 2 ; fin du IIe s. ap. J.-C. ?), dégagé à Éphèse dans les années 1970, deux petits panneaux peints de la pièce SR 6 (dite *Theaterzimmer*) illustrent une scène l'un de la *Tondue*, l'autre des *Sicyoniens* de Ménandre, comme l'attestent les inscriptions peintes au-dessus des personnages (ΠΕΡΙΚΕΙΡΟΜΕΝΗ et ΣΙΚΥΩΝΙΟΙ) [12]. On connaît certainement mieux le magnifique ensemble, datable sans doute de la fin du IIIe siècle de notre ère, trouvé dans les années 1960 à Mytilène, dans la maison dite justement du Ménandre, à cause du panneau de mosaïque montrant explicitement le portrait du plus illustre représentant de la comédie nouvelle, mais aussi à cause de l'illustration précise de plusieurs de

---

10. Sur les trouvailles de ce sanctuaire, la publication de référence reste celle de R. M. Dawkins, *The Sanctuary of Artemis Orthia at Sparta*, Londres, 1929 ; pour les masques, voir surtout p. 163-186 (chapitre rédigé par G. Dickins) + pl. 47-62.

11. Sur le Gorgoneion, les études récentes ne manquent pas ; on citera : Th. G. Karagiorga, « Γοργείη Κεφαλή », Athènes, 1970 (en grec) ; J. Floren, *Studien zur Typologie des Gorgoneion*, Münster, 1977 ; M. Halm-Tisserant, « Le Gorgonéion, emblème d'Athéna. Introduction du motif sur le bouclier et l'égide », *Revue archéologique*, 1986, p. 245-278 ; P. A. Marx, « The introduction of the Gorgoneion to the Shield and Ægis of Athena and the question of Endoos », *ibid.*, 1993, p. 227-268 ; K. J. Hartswick, « The Gorgoneion on the Aigis of Athena : Genesis, Suppression and Survival », *ibid.*, p. 269-292. Aucune de ces études n'envisage à vrai dire l'hypothèse d'une valeur comique du Gorgoneion.

12. Sur ces panneaux peints, voir V. M. Strocka, *Die Wandmalerei der Hanghäuser in Ephesos, Forschungen in Ephesos* VIII, 1, Vienne, 1977, p. 48 et 54 sqq. + fig. 62-66. On trouvera aussi des photos en couleur des deux scènes dans l'opuscule touristique collectif *The Terraces Houses in Ephesos* (qui existe aussi en version française, sous le titre cocasse *Les Maisons du Flanc à Éphèse*), Istanbul, s. d., p. 22 sqq.

ses pièces [13], avec souvent indication du nom des personnages ainsi que de l'acte dont est tirée la scène : le *Plokion* (probablement le *Collier*), acte II, avec les figures de Moschion, Lachès et Krobylè ; la *Samienne*, acte III, avec Mageiros (le Cuisinier), Dèméas, Chrysis et un enfant anonyme ; les *Epitrépontes* (l'*Arbitrage*), acte II, avec Syros, Smeikrinès et Anthrakeus (le Charbonnier) ; l'*Encheiridion* (le *Poignard*), acte IV, avec Straton, Kerdon et Dersippos ; la *Messénienne*, acte V, avec Syros, Chareinos et Tibios ; les *Synaristosai* (les *Femmes au petit-déjeuner*), acte I, avec Philainis, Plangon, Pythias et une petite esclave anonyme (fig. 5) ; la *Théophoroumènè* (l'*Inspirée*), acte II, avec Lysias, Parménon, Kleinias et un enfant anonyme (fig. 7) ; le *Misouménos* (l'*Amant pris en grippe*), acte V, le *Phasma* (l'*Apparition*), acte II, et les *Kybernetai* (les *Pilotes*), acte III — sans noms de personnages ; la *Leucadia* (la *Femme de Leucade*), sans aucune autre précision.

Ces documents ne sont pas sans poser quelques problèmes : comment s'est faite la transmission des sujets, sur un intervalle de plusieurs siècles ? S'agit-il d'une tradition purement livresque, ou y a-t-il eu régulièrement des reprises de comédies « classiques » au cours des époques hellénistique et romaine, avec représentations ? Le choix de ces peintures ou de ces mosaïques est-il dû à une commande précise du propriétaire de la maison, friand de comédies de Ménandre, ou à une sorte de hasard, le mosaïste ayant proposé une décoration qu'il avait dans son stock d'images disponibles, peut-être conservées sur des modèles ou des cartons ? Gros problème, en vérité, sur lequel on discute depuis des lustres.

A partir de certaines des mosaïques de la maison du Ménandre, si faciles à interpréter grâce aux inscriptions, on a pu d'une part compléter notre connaissance de telle ou telle pièce attestée seulement par des fragments, et aussi interpréter d'une façon définitive d'autres documents, plus anciens, sur la signification desquels on hésitait. C'est ainsi notamment que deux célèbres mosaïques trouvées à Pompéi et conservées au musée archéologique de Naples, toutes deux signées du mosaïste Dioscouridès de Samos (fin du IIe s. av. J.-C.), ont été réinterprétées par comparaison avec deux des panneaux de Mytilène : la ou les Magiciennes que l'on avait voulu voir sur l'une (fig. 6) [14]

---

13. La publication de cet ensemble exceptionnel est due à S. Charitonidis, L. Kahil, R. Ginouvès, *Les mosaïques de la Maison du Ménandre à Mytilène, Antike Kunst, 6. Beiheft*, Berne, 1970 ; chaque panneau est analysé minutieusement dans ce remarquable ouvrage, par ailleurs fort bien illustré.

14. Naples, musée archéologique, mosaïque 9987, exposée salle LIX avec la mention : « Magicienne avec ses clientes ». On trouve encore la même interprétation dans J. Charbonneaux, R. Martin, F. Villard, *Grèce Hellénistique*, coll. « l'Univers des Formes », Paris, 1970, p. 140 (avec fig. 139).

FIG. 5. — Mosaïque de Mytilène, maison du Ménandre :
scène de l'acte I des *Synaristosai*. Musée de Mytilène
(d'après *Antike Kunst, 6. Beiheft*, pl. 5).

FIG. 6. — Mosaïque de Pompéi. Naples, Musée archéologique, 9987
(cliché de l'auteur).

sont en réalité certainement les mêmes personnages de l'acte I des *Synaristosai* que ceux qui apparaissent dans la Maison du Ménandre (fig. 5), et les prétendus Musiciens ambulants dansant pour Cybèle de l'autre (fig. 8) [15] sont en fait des personnages de l'acte II de la *Théophorouménè* (fig. 7), victimes simplement, si l'on peut dire, d'un jeu de miroir, puisque la scène est inversée de droite à gauche [16]. Les spécialistes du théâtre antique ont pu comparer les objets qui figurent dans la version la plus ancienne et dans la plus récente, et en tirer des conclusions sur l'évolution de la façon d'illustrer la même scène à quelques siècles d'intervalle, ces différences semblant plaider pour une inspiration du mosaïste fondée sur le souvenir visuel d'un spectacle — une représentation réelle de la pièce — plutôt que sur la reproduction d'un modèle ancien transmis de génération en génération.

Une fois constatées cette illustration manifeste de pièces comiques grecques par des artistes et cette possibilité de réinterpréter un document à la lumière de nouvelles données, on a essayé de faire d'autres rapprochements d'œuvres, de trouver des prototypes à certains documents de la basse époque hellénistique ou de l'époque romaine impériale, et de reconnaître d'autres scènes de comédies sur d'autres mosaïques ou d'autres peintures ou même sur des reliefs [17] ; la tentation est forte, et l'idée apparemment légitime, de poursuivre les recherches dans ce sens, en remontant au moins jusqu'à l'époque classique, comme nous le verrons bientôt.

De fait, les grands problèmes de notre sujet se situent, à mon avis, en amont de la comédie nouvelle ; ils se posent à propos de documents datables entre la fin du VIIe et la fin du IVe siècle av. J.-C., principalement des peintures de vases. Partons d'abord d'une constatation : il existe dans la céramique corinthienne, à partir de la fin du VIIe siècle, puis sur beaucoup de vases à figures noires de la première moitié ou du milieu du VIe siècle provenant de divers ateliers, que l'on peut situer notamment en Attique, en Laconie, en Grèce de l'Est, en Ionie, à Thasos, en Béotie, des représentations de danseurs plus ou moins frénétiques, plus ou moins grotesques, qu'on nomme *cômastes*

---

15. Naples, musée archéologique, mosaïque 9985, exposée près de la précédente avec l'indication : « Musiciens ambulants au service de Cybèle ». L'idée de musiciens ambulants est encore retenue dans *Grèce Hellénistique*, p. 141 (avec fig. 140).

16. Cette nouvelle interprétation est démontrée par S. Charitonidis, L. Kahil, R. Ginouvès, *op. cit.* (n. 13), p. 41-44 et 46-49 + pl. 5-6. Elle est acceptée aussitôt par exemple par TRENDALL, WEBSTER, *IGD*, p. 145 (V, 1-4), et P. E. Arias, « Teatro e arti figurative nell'antichità classica », *Dioniso* 45, 1971-1974, p. 155-166. Elle est considérée comme acquise par exemple par GREEN, *Drunk Again*, p. 465 sq.

17. C'est ce que fait par exemple GREEN, *Drunk Again*, à partir d'un relief du musée de Naples datable du Ier siècle de notre ère.

Fig. 7. — Mosaïque de Mytilène, maison du Ménandre :
scène de l'acte II de la *Théophorouménè*. Musée de Mytilène
(d'après *Antike Kunst, 6. Beiheft*, pl. 6).

Fig. 8. — Mosaïque de Pompéi. Naples, Musée archéologique, 9985
(cliché de l'auteur).

ou « danseurs rembourrés ». On a proposé des rapprochements inté-ressants, et bien connus, avec Arion et les débuts du dithyrambe à Corinthe, ou avec Sousarion à Mégare et à Athènes [18]. Parmi les nombreuses publications et analyses de cette catégorie de vases et de ce genre de scènes [19], je retiendrai particulièrement celle de Pierre Amandry relative à un important skyphos corinthien du Louvre (fig. 9 a-b) [20] sur lequel les cômastes sont désignés et qualifiés par des inscriptions : Παίχνιος (le Farceur), Κώμιος (le Plaisantin), Fηαδένιος (le Mignon ou le Voluptueux), Λόξιος (le Sournois), Λόρδιος (le Paillard) — autant « d'épithètes destinées à caractériser les person-nages, au physique ou au moral, en mettant en relief un trait de leur personne. Ces traits sur lesquels on insiste sont tous des particularités très humaines : les six danseurs du skyphos sont de simples mortels. On peut même préciser... que la ronde frénétique qu'ils dansent autour du dinos est *au moins un embryon de représentation théâ-*

---

18. Voir P. Demont, A. Lebeau, *op. cit.* (n. 2), p. 21-32. Sur le dithyrambe, voir notamment H. Froning, *Dithyrambos und Vasenmalerei in Athen*, Würzburg, 1971.

19. On trouvera une bonne étude d'ensemble, orientée dans un sens qui nous paraît recevable (les *kômoi* de l'époque archaïque seraient à l'origine des trois grands genres scéniques : tragédie, comédie et dithyrambe), dans l'appendice intitulé « Komos et Komoi. Recherches sur l'origine des acteurs et des genres scéniques » du livre de P. Ghiron-Bistagne, *Recherches sur les acteurs dans la Grèce antique*, Paris, 1976, p. 207-297. — Pour un échantillonnage récent de vases archaïques à cômastes issus de divers ateliers, voir M.-H. Delavaud-Roux, *Danses dionysiaques*, p. 56-78. — Sur la série des vases corinthiens illustrant un *cômos*, voir A. Seeberg, *Corinthian Komos Vases* (*Bulletin of the Institute of Classical Studies*. Suppl. 27), Londres, 1971 (recension de plus de 400 documents), et P. Ghiron-Bistagne, « A propos du " kômos " corinthien », *Revue archéologique* 1973, p. 303-314. — En Grèce de l'Est, les cômastes apparaîtraient dès le début du VIIe siècle, s'il faut bien interpréter comme des danseurs rembourrés les cinq personnages visibles sur un tesson de vase trouvé à Milet (Trendall, Webster, *IGD*, p. 15, I, 1) ; mais le fragment reste à ce jour isolé, semble-t-il. — Sur les cômastes laconiens, voir A. Seeberg, « Astrabica », *Symbolæ Osloenses* 41, 1966, p. 48-74, et M. Pipili, *Laconian Iconography of the VIth Century B. C.*, Oxford, 1987, p. 71-75.

20. Louvre, CA 3004 : P. Amandry, « Skyphos corinthien du musée du Louvre », *Monuments et Mémoires de la Fondation E. Piot* 40, 1944, p. 23-52 + pl. 3-4 ; A. Seeberg, *op. cit.* (n. 19), p. 38, n° 202 ; Trendall, Webster, *IGD*, p. 18 (I, 5) ; D. A. Amyx, *Corinthian Vase-Painting of the Archaic Period*, University of California Press, 1988, p. 190 sq., n° 4 (attribution au Peintre de Samos), 318, 561 sq., n° 19 (transcription et discussion des inscriptions) + pl. 73, 2. Nous reprenons les lectures, les transcriptions et les traductions judicieusement proposées par P. Amandry (sauf pour Fηαδένιος, que celui-ci lit curieusement Fλαδένιος). Ce skyphos n'est pas le seul vase corinthien sur lequel les cômastes portent un nom : il existe au moins un autre exemple, avec le cratère E 632 du Louvre (dit « cratère Dümmler », du nom de son premier commentateur), mais les inscriptions y sont moins nombreuses et moins claires : Bieber, *HT²*, p. 38, fig. 132 (dessin avec fac-similé des inscriptions) ; A. Seeberg, *op. cit.* (n. 19), p. 45, n° 226 ; Trendall, Webster, *IGD*, p. 19 (I, 6) ; D. A. Amyx, *op. cit.*, p. 233, n° 1 (attribution au Peintre d'Ophélandros) et 324 + pl. 102, 1a.

FIG. 9a-b. — Skyphos corinthien. Louvre, CA 3004 : cômastes
(cliché Chuzeville, musée du Louvre).

trale » [21]. Et Pierre Amandry de poursuivre : « Ces noms confèrent à chaque personnage une espèce de caractère et le désignent pour tenir un rôle dans un thème de comédie. » [22] Inutile de commenter longuement cette analyse, à mon avis toujours parfaitement valable : il y avait certainement des spectacles comiques, sinon des comédies, dès la première moitié du VIe siècle, et cela dans tout le monde grec, puisque des vases issus de divers ateliers montrent les mêmes types de scènes, dont l'inspiration a toutes chances de provenir d'une réalité contemporaine.

Les danses des cômastes reflétaient-elles à l'origine, comme on l'a parfois soutenu, des cérémonies religieuses sérieuses, des sortes de processions liturgiques rituelles exécutées par les paysans en l'honneur de divinités protectrices de la végétation [23] ? Étaient-elles censées avoir une valeur magique ? C'est possible, mais peu à peu sans doute sont-elles devenues des farandoles joyeuses, sinon licencieuses, rythmées par le son de l'aulos, plus rarement de la lyre, auxquelles participaient les plus hardis des villageois en chantant, sans doute en chœur, des refrains égrillards et en échangeant des propos plus ou moins salaces accompagnés de force gestes, mimiques et grimaces, cependant que les autres les regardaient en riant et en assistant ainsi à un spectacle comique qui comprenait sans doute la danse appelée *kordax* par la tradition littéraire et faisait peut-être partie du dithyrambe [24], tout en étant l'ancêtre des chœurs de la comédie ancienne.

Parmi les représentations de cômastes de l'époque archaïque, ce sont celles que fournissent les vases attiques [25] et les vases béotiens [26]

---

21. P. Amandry, *art. cit.* (n. 20), p. 46 (c'est nous qui soulignons les derniers mots de la phrase).

22. *Ibid.*, p. 49.

23. Voir par exemple à ce sujet M. Pipili, *op. cit.* (n. 19), p. 74 sq. et 106 sq., n. 711-714.

24. Sur le *kordax*, voir H. Schnabel, *Der Kordax*, Munich, 1910, et M.-H. DELA-VAUD-ROUX, *Danses dionysiaques*, p. 146.

25. La céramique attique du second quart et du milieu du VIe siècle accorde une assez grande place aux cômastes, non seulement sur des vases à boire tels que coupes et skyphoi, au point que l'on a pu distinguer un « groupe des cômastes » et parler de « coupes des cômastes » pour désigner la catégorie la plus ancienne des coupes attiques à figures noires (voir BEAZLEY, *ABV*, Oxford, 1956, p. 23-37 ; *Paralipomena*, Oxford, 1971, p. 14-17 ; *Beazley Addenda*[2], Oxford, 1989, p. 7 sqq.), mais aussi sur de grands vases, notamment les amphores du groupe « tyrrhénien » (*ibid.*, respectivement p. 94-106, p. 34-43 et p. 25-29).

26. Sur les scènes de *cômos* dans l'imagerie béotienne, voir K. Kilinski II, « The Beoetian Dancers Group », *American Journal of Archaeology* 82, 1978, p. 173-191 (à compléter par K. Kilinski II, J.-J. Maffre, « Cinq canthares béotiens à figures noires du second quart du VIe s. av. J.-C. », *Monuments et Mémoires de la Fondation E. Piot* 77, 1999, p. 7-40).

qui portent les signaux comiques les plus perceptibles, sous la forme de contorsions plus ou moins acrobatiques et de gestes ou d'actions plus ou moins obscènes. Les danseurs sont ici assez souvent nus, portant au plus une sorte de ceinture ; ils peuvent être ithyphalliques [27] et lutiner les danseuses qui éventuellement les accompagnent [28]. Dans la série béotienne, les actions triviales et les gestes obscènes s'ajoutent parfois à la danse : il arrive que l'un des personnages urine dans un aryballe [29] ou qu'un autre se soulage l'estomac ou le ventre — ou les deux à la fois — en vomissant ou/et en déféquant (fig. 10b) [30]. Les choses se passaient-elles ainsi à l'occasion dans la réalité des *cômoi* ? S'agit-il de scènes de comédie, comme le suggère le titre de l'opuscule d'Erwin Bielefeld publiant le canthare de Leipzig (cf. n. 29) ? Cette obscénité, ces gestes grossiers seraient-ils introduits uniquement par les peintres de vases, pour parodier la fête, avec un humour plus ou moins lourd ? Une telle initiative paraît peu probable, même si l'on ne peut exclure quelques possibles facéties de la part du peintre. Le plus vraisemblable est que ces vases aux cômastes, surtout fréquents entre *ca* 590 et 540, traduisent un engouement général pour le *cômos* à cette époque, un *cômos* gai et débridé, parfois grossier, qui se déroule avec des participants jouant activement un rôle — pour ne pas dire avec des acteurs — et aussi avec de simples spectateurs, dans une atmosphère de précomédie. Et si les représentations de danseurs rembourrés et même de cômastes sans équipement particulier disparaissent assez vite à partir des années 540 pour être remplacés par des rondes de satyres et de ménades, c'est peut-être parce qu'apparaît alors une première forme de drame satyrique, dont la nouveauté est accueillie favorablement par les peintres. C'est là assurément un autre problème ; l'aborder nous maintiendrait certes dans une atmosphère comique, mais nous éloignerait de la comédie proprement dite.

Or il est grand temps d'examiner rapidement un autre groupe de vases à figures noires, tous attiques, au nombre d'une vingtaine, qui

---

27. Par exemple sur l'amphore « tyrrhénienne » du Louvre E 844 (*ABV*, p. 100, n° 72 ; *Beazley Addenda*², p. 27 ; P. Ghiron-Bistagne, *op. cit.* [n. 19], p. 285, fig.142).

28. Voir par exemple le canthare béotien d'Athènes, collection Canellopoulos, inv. 460 : J.-J. Maffre, « Coll. Paul Canellopoulos. VIII, Vases béotiens », *Bulletin de Correspondance hellénique* 99, 1975, p. 447 sq., fig. 18c-d.

29. Ainsi sur un canthare fragmentaire de Leipzig, Univ. T 326 : E. Bielefeld, *Komödienszene auf einem griechischen Vasenbild ?*, Leipzig, 1944, fig. 2.

30. Cômaste vomissant sur un canthare de Thèbes, Rhitsona 86. 274 (J.-J. Maffre, *art. cit.* [n. 28], p. 450 sq., fig.19a et 20a ; K. Kilinski II, J.-J. Maffre, *art. cit.* [n. 26], p. 22, fig. 21) ; cômaste *defecans* sur le canthare de Leipzig déjà cité (E. Bielefeld, fig. 1) ; cômaste se soulageant doublement sur le canthare de la collection Canellopoulos déjà cité (J.-J. Maffre, *art. cit.*, p. 448, fig. 18b ; ici fig. 10a-b).

FIG. 10a-b. — Canthare béotien à figures noires. Athènes, musée Canellopoulos, 460 :
cômastes (clichés Émile Séraf, École française d'Athènes).

s'échelonnent entre *ca* 560 et 480 [31]. Sur ces vases apparaissent des personnages partiellement travestis en animaux [32] dans certains cas, ou juchés sur des objets peu courants tels que des échasses (fig. 11) [33] ou sur des montures insolites (autruches, dauphins, hommes déguisés en bêtes de somme) [34], ou encore placés dans des positions acrobatiques (fig. 12) [35]. Que signifient ces images ? S'agirait-il de pures fantaisies picturales ? Évoquent-elles au contraire, comme on l'admet d'ordinaire, des chœurs comiques [36], passablement antérieurs à ceux de la comédie ancienne officielle mais déjà homogènes dans leur étrangeté et peut-être même impliqués dans une œuvre et une mise en scène où ils dialoguent avec au moins un personnage principal, si l'on

---

31. La liste la plus complète de ces vases est celle que dresse GREEN, *Birds*, p. 98-112, avec fig. 4-21 (à compléter d'une unité, selon le même J. R. GREEN, « Theatre Production 1971-1986 », *Lustrum* 31, 1989, p. 71). Huit d'entre eux avaient déjà été rassemblés par TRENDALL-WEBSTER, *IGD*, p. 20-24 (I, 8-15) et examinés avec soin par SIFAKIS, *Parabasis*, p. 73-93 + pl. 1-8. Ils sont aussi étudiés par M.-H. DELAVAUD-ROUX, *Danses dionysiaques*, p. 119-126.

32. Ainsi en taureaux sur la coupe de Droop d'Oxford, Ashmolean Museum, 1971. 903 (GREEN, *Birds*, p. 101, n° 7 et p. 103, fig. 10 ; M.-H. DELAVAUD-ROUX, *Danses dionysiaques*, p. 122 sq., n° 61), en oiseaux sur l'oinochoè du British Museum B 509 (BIEBER, *HT²*, p. 36, fig. 123 ; TRENDALL, WEBSTER, *IGD*, p. 22 et pl. face à p. 9 [I, 12] ; SIFAKIS, *Parabasis*, p. 74, 86 sq., 102 et 107 + pl. 7-8 ; GREEN, *Birds*, p. 101, n° 8 et p. 104, fig. 11 ; M.-H. DELAVAUD-ROUX, *Danses dionysiaques*, p. 123 sq., n° 62) ou en coqs sur l'amphore de Berlin, F 1830 (BIEBER, *HT²*, p. 36, fig. 124 ; SIFAKIS, *Parabasis*, p. 74 sq., 86 sq., 102 et 107 + pl. 6 ; GREEN, *Birds*, p. 101 sq., n° 11 et p. 105, fig.14 ; M.-H. DELAVAUD-ROUX, *Danses dionysiaques*, p. 124 sq., n° 63).

33. Amphore de Christchurch (N. Z.), University of Canterbury 41/57, attribuée au Peintre de la Balançoire (GREEN, *Birds*, p. 100, fig. 7 et p. 101, n° 4 ; H. A. Shapiro, *Mother City and Colony. Classical Athenian and South Italian Vases in New Zealand and Australia*, Christchurch, 1995, p. 7-8, n° 4, avec bibl. complète et fig. 4b, + pl. en couleur en frontispice — d'où notre fig. 11).

34. Autruches sur l'une des faces du skyphos de Boston, MFA 20. 18 (BIEBER, *HT²*, p. 37, fig. 125b ; TRENDALL, WEBSTER, *IGD*, p. 22 [I, 11b] ; SIFAKIS, *Parabasis*, p. 73 sq., 87, 91 sqq., 96 et 102 + pl. 3-4 ; GREEN, *Birds*, p. 103, n° 17 et p. 110, fig. 20 b) ; dauphins sur plusieurs vases à figures noires et aussi à figures rouges (TRENDALL, WEBSTER, *IGD*, p. 22 sqq. [I, 11a, 14 et 15] ; SIFAKIS, *Parabasis*, p. 73 sq., 87-91 et 101 + pl. 2 et 5 ; GREEN, *Birds*, p. 101, n° 6, p. 102, n° 13-14 et fig. 9, p. 103, n° 15-17, p. 107, fig. 16, p. 108, fig. 17-18, p. 109, fig.19b-c et p. 110, fig. 20 a) ; hommes déguisés en chevaux (masque et queue) sur l'amphore de Berlin F 1697 (BIEBER, *HT²*, p. 37, fig. 126 ; TRENDALL, WEBSTER, *IGD*, p. 20 sq. [I, 9] ; SIFAKIS, *Parabasis*, p. 73, 78, 86 sqq. + pl. 1 ; GREEN, *Birds*, p. 100, fig. 6 et p. 101, n° 3 ; M.-H. DELAVAUD-ROUX, *Danses dionysiaques*, p. 121 sq., n° 60).

35. Personnages faisant l'arbre droit sur l'une des faces du skyphos de Thèbes, B.E. 64.342 (TRENDALL, WEBSTER, *IGD*, p. 22 sq. [I, 13b] ; GREEN, *Birds*, p. 102, n° 12 et p. 106, fig. 15 b — d'où notre fig. 12 ; M.-H. DELAVAUD-ROUX, *Danses dionysiaques*, p. 125 sq., n° 64).

36. C'est l'opinion, à quelques nuances près, de tous les exégètes de ces scènes (cités n. 31-35), rejoints par TAPLIN, *Comic Angels*, p. 8.

FIG. 11. — Amphore attique à figures noires. Christchurch,
Université de Canterbury, 41/57 : personnages marchant sur des échasses
(d'après SHAPIRO, *Mother City*, pl. couleur).

interprète correctement un skyphos du début du Ve siècle sur lequel un petit homme, qui semble masqué, fait face à un groupe de cavaliers montés sur des autruches (fig. 13) [37] : premier exemple d'acteur, face à un chœur de comédie accompagné d'un aulète [38] ?

En 486 débute officiellement, comme chacun sait, la comédie athénienne en tant que genre dramatique donnant lieu à des représentations sur la scène du théâtre de Dionysos. Elle va traiter au Ve siècle, dans sa phase ancienne, des sujets divers, avec de nombreuses allusions à l'actualité politique, tout en incorporant, notamment dans ses chœurs, les joyeuses manifestations « prédramatiques » dont nous avons déjà parlé. Nous ne connaissons que les noms et, dans les meilleurs des cas, les titres de quelques œuvres des auteurs de comédies antérieurs à Aristophane tels que Chionidès, Magnès, Cratinos ou Cratès ; nous n'en savons guère plus sur ses contemporains et rivaux Eupolis, Phérécrate ou Phrynichos [39]. Nous possédons en revanche pour la même époque d'innombrables vases attiques à figures rouges, dont la qualité graphique a désormais atteint les plus hauts sommets [40]. Allons-nous donc voir fleurir en abondance des vases athéniens au décor inspiré par la comédie ancienne ? La réponse est étonnamment négative, au moins jusque vers la fin du Ve siècle. Pourquoi ce total divorce entre le théâtre comique et la peinture de vases (et sans doute aussi la grande peinture, car aucun texte antique relatif aux grands peintres du Ve siècle ne mentionne, à ma connaissance, d'œuvres qui auraient trouvé leur inspiration dans la comédie), alors que l'influence de la tragédie et du drame satyrique sur certains

---

37. Boston, MFA 20.18 (cf. n. 34, en particulier SIFAKIS, *Parabasis*, p. 91 sqq.). Bien qu'aucun des commentateurs du vase ne considère le petit personnage comme masqué, il me semble qu'il l'est, ce qui expliquerait l'apparence étrange de sa tête, que l'on a tenté d'expliquer en voyant en lui un nain, un Pygmée ou le dieu Pan.

38. Sur ces aulètes accompagnant un chœur de comédie, voir O. Taplin, « *Auletai* and *Auletrides* in Greek Comedy and Comic Vase-paintings », *Numismatica e Antichità Classiche. Quaderni Ticinesi* 20, 1991, p. 31-48.

39. On aura un bon aperçu de ces œuvres perdues en se reportant à J.-Cl. Carrière, *Le Carnaval et la Politique. Une introduction à la comédie grecque suivie d'un choix de fragments*, Paris, 1979. Une édition exhaustive des fragments des auteurs comiques est en cours par R. Kassel, C. Austin, *Poetae Comici Graeci*, Berlin, depuis 1983 (7 vol. parus à ce jour).

40. Parmi les nombreux ouvrages sur la céramique attique à figures rouges, on retiendra par exemple les deux manuels de J. Boardman, *Athenian Red Figure Vases : The Archaic Period* et surtout, pour le Ve siècle, *The Classical Period*, Londres, 1975 et 1989 (tous deux maintenant traduits en français). On se reportera aussi à la remarquable étude de M. Robertson, *The art of vase-painting in classical Athens*, Cambridge, 1992.

FIG. 12. — Skyphos attique à figures noires. Thèbes, B.E. 64.342 :
personnages faisant l'arbre droit (d'après GREEN, *Birds*, p. 106, fig. 15b).

FIG. 13. — Détail d'un skyphos attique à figures noires. Boston, MFA 20.18 :
chœur de personnages montés sur des autruches face à un acteur ?
(d'après SIFAKIS, *Parabasis*, pl. 4).

peintres de vases semble probable [41], alors surtout que la céramique se plaît à refléter manifestement, même si elle n'en est assurément pas la photographie, divers aspects de la vie contemporaine, par exemple les entraînements et les exercices sportifs [42] ? Un élément de réponse pourrait peut-être être proposé : la céramique peinte ne s'occupe pratiquement jamais de politique ; jamais, au moins dans l'état actuel de notre documentation, n'apparaît le moindre homme politique du siècle de Périclès, ni la moindre scène de réunion à caractère politique — tout au plus peut-on citer une scène de vote dans des urnes en forme d'hydries, sur une coupe de Dijon dont l'interprétation précise n'est pas assurée [43]. Serait-ce parce qu'elle traite souvent de politique que la comédie n'intéresse guère les peintres de vases de la première époque classique ? C'est une hypothèse qui, me semble-t-il, en vaut une autre, mais qui n'apporte pas de solution au problème précédent : pourquoi ce désintérêt des artistes pour la politique ?

On a parfois suggéré que les peintres de vases athéniens — et leurs clients — avaient dédaigné les personnages de la comédie parce qu'ils étaient trop laids, avec leurs masques et leur attirail burlesque, notamment un phallus postiche énorme et pendouillant, l'idéal des anciens Grecs étant plutôt un pénis de petite taille, fin et court [44]. Un tel argument ne résiste guère à l'observation de certains vases du début de l'époque classique qui, loin de bannir la laideur, l'exploitent, probablement à des fins comiques, en proposant de véritables caricatures, soit de personnages réels ou semi-légendaires, tels que le fabuliste Ésope, présenté avec une tête énorme et un corps tout fluet, face

---

41. Voir par exemple l'étude désormais classique de L. Séchan, *Études sur la tragédie grecque dans ses rapports avec la céramique*, Paris, 1926, ou TRENDALL, WEBSTER, *IGD*, p. 29-116 (de nombreux vases attiques à figures rouges sont pris en compte dans ces deux livres), ou H. Froning, *op. cit.* (n. 18), ou encore Fr. Brommer, *Satyrspiele*[2], Berlin, 1959, et E. Simon, « Satyr-Plays on Vases in the Time of Aeschylus », dans *The Eye of Greece*, Cambridge, 1982, p. 123-148. Des réserves sont sans doute toutefois à apporter, comme nous le verrons plus loin, à cette idée reçue qui veut que les peintres de vases du Ve siècle soient souvent inspirés par la tragédie, le dithyrambe ou le drame satyrique (voir par exemple en dernier lieu les remarques de Taplin, *Fleischman Coll.*, p. 16 sqq.).

42. Tous les ouvrages traitant du sport dans l'antiquité grecque abondent en images fournies par la céramique, principalement attique, surtout de la fin du VIe et du Ve siècle : voir par exemple le beau catalogue d'exposition *Le sport dans la Grèce antique. Du Jeu à la Compétition*, D. Vanhove éd., Gand, 1992, ou le livre plus modeste de Ph. de Carbonnières, *Olympie. La victoire pour les dieux*, Paris, 1995.

43. Dijon, 1301 : BEAZLEY, *ARV*[2], p. 829, n° 37 (attribution au Peintre de Stieglitz, *ca* 450 av. J.-C.) ; *Paralipomena*, p. 422 ; *Beazley Addenda*[2], p. 294.

44. On trouvera par exemple des considérations de ce genre dans K. J. Dover, *Greek Homosexuality*, Londres, 1978, p. 124-135.

à un renard [45], soit d'entités personnifiées comme Géras, la Vieillesse, figurée sous les traits d'un vieillard décharné au phallus turgescent mais irrémédiablement flasque (fig. 14) [46].

Vers la fin du Ve siècle apparaissent enfin quelques vases attiques à figures rouges — quatorze au maximum, selon Oliver Taplin [47], datables des années 420-390 — qui pourraient bien avoir été inspirées par l'ancienne comédie. Remarquons que ce sont presque tous de petits vases, des choai et des oinochoai, dont cinq décorées selon une technique très rare de peinture polychrome appliquée sur le fond brut de l'argile [48] ; l'une de ces choai, sur laquelle on lit les noms de Tyro et de Nélée, le visage de ce dernier portant un masque, pourrait représenter la parodie d'une scène d'une tragédie perdue de Sophocle, *Tyro*. Un *chous* attribué au peintre de Nikias (fig. 15) [49] met en scène un Héraclès travesti, juché sur un char tiré par quatre centaures et conduit par une Nikè ailée (fig. 15a-b) ; le personnage qui précède le quadrige est affublé d'un phallus postiche (fig. 15c), et tous semblent porter un masque. Parodie de l'apothéose d'Héraclès ? Très probablement, et l'intention du peintre est à coup sûr de créer un effet comique. Mais reproduit-il pour autant une scène tirée de quelque comédie ? La présence du char, que l'on imagine mal sur une scène de théâtre, rend l'hypothèse fragile. Cette parodie n'est-elle pas plutôt le fruit de l'imagination de l'artiste, qui s'exprime dans son langage pictural, plutôt que le reflet précis de quelque comédie contemporaine ?

Nous sommes là au cœur d'un des problèmes les plus épineux qui se posent lorsqu'on essaie de définir les rapports entre comédie et

---

45. Ainsi sur la célèbre coupe attique à figures rouges du Vatican, 16552 : BEAZLEY, *ARV*², p. 916, n° 183 (attribution au Peintre de Bologne 417, dans l'atelier du Peintre de Penthésilée ; *ca* 450 av. J.-C.) ; *Paralipomena*, p. 430 ; *Beazley Addenda*², p. 304. — Sur les caricatures en général dans l'art antique, voir G. Becatti, dans *EAA* II, 1959, p. 342-348, *s. v.* « Caricatura » (notamment fig. 403-404).

46. Voir par exemple *LIMC* IV, 1988, p. 180 (H. A. Shapiro) + pl. 100-101, *s. v.* « Geras » ; H. A. Shapiro, *Personifications in Greek Art. The representation of abstract concepts, 600-400 B. C.*, Zurich, 1993, p. 89-94 et 238 sq., n° 34-38. Parmi les cinq vases recensés, citons plus particulièrement la pélikè du Louvre G 234 (notre fig. 14), éponyme du Peintre de Géras (*ibid.*, respectivement n° 4 et 35). Le vieux Géras est chaque fois confronté à Héraclès qui, après son apothéose, deviendra l'époux d'Hébè — la Jeunesse.

47. TAPLIN, *Comic Angels*, p. 9 sq.

48. Première publication par M. Crosby, « Five comic scenes from Athens », *Hesperia* 24, 1955, p. 76-84 + pl. 34-37 ; mentions diverses ensuite, notamment par TRENDALL, *PhV*², p. 24, n° 9-13, TRENDALL, WEBSTER, *IGD*, p. 120 (IV, 5-6) et PICKARD-CAMBRIDGE, *DFA*, fig. 82-87.

49. Louvre, L 9 (N 3408), provenant de Cyrène : BEAZLEY, *ARV*², p. 1335 et 1690, n° 34 ; *Paralipomena*, p. 522 ; *Beazley Addenda*², p. 365 ; TRENDALL, *PhV*², p. 21 n° 3 ; TRENDALL, WEBSTER, *IGD*, p. 117 sq. (IV, 2) ; PICKARD-CAMBRIDGE, *DFA*, fig. 77 a-c ; TAPLIN, *Comic Angels*, p. 9 sq. ; ID, *Fleischman Coll.*, p. 17, fig. 2.

Fig. 14. — Pélikè attique à figures rouges. Louvre, G 234 : Héraclès et Géras
(cliché Chuzeville, musée du Louvre).

(a)   (b)

(c)

FIG. 15a-c. — *Chous* attique à figures rouges. Louvre N 3408 (L 9) :
parodie de l'apothéose d'Héraclès (clichés de l'auteur).

iconographie (et, d'une façon plus générale, entre théâtre et iconographie), notamment dans la céramique attique. La plupart des vases attiques auxquels nous venons de faire allusion sont des choai, vases dont on sait qu'ils jouaient sans doute un rôle important lors des Anthestéries, l'une des fêtes athéniennes célébrées en l'honneur de Dionysos [50]. Voilà donc un possible argument en faveur d'une inspiration du décor de ces petits vases par le théâtre, dans un contexte dionysiaque, mais jamais, à en juger par les documents connus à ce jour, aucun peintre athénien n'a à coup sûr représenté de mise en scène clairement théâtrale pour les épisodes comiques qu'il dessine [51].

On pourrait, certes, être tenté de croire que cette absence de représentation d'estrade dans la céramique attique est due tout simplement au fait qu'il n'existait pas encore de scène, au sens matériel du terme, dans les théâtres grecs du ve et de la première moitié du ive siècle [52] ; mais on estime plutôt maintenant que dès le ve siècle il y avait dans les théâtres grecs des estrades en bois, plus ou moins hautes, sur lesquelles montaient les acteurs, surtout lors des spectacles de comédies [53]. Rien ne prouve donc que, si un peintre représente des personnages impliqués dans un épisode comique sans suggérer la moindre mise en scène théâtrale, il cherche à reproduire une pièce de théâtre plutôt que de jouer lui-même à créer une illusion comique dans le domaine qui est le sien. Et d'ailleurs, quand on croit avoir enfin trouvé l'oiseau rare, si l'on peut dire, qui viendrait prouver

---

50. Sur les Anthestéries, voir par exemple PICKARD-CAMBRIDGE, *DFA*, p. 1-25 + fig. 1-10, et E. Simon, *Festivals of Attica. An Archaeological Commentary*, Madison (Wisconsin), 1983, p. 92-99. Sur les choai, on se reportera toujours à G. van Hoorn, *Choes and Anthesteria*, Leyde, 1951, que l'on complétera par R. Hamilton, *Choes and Anthesteria. Athenian Iconography and Ritual*, University of Michigan, 1992.

51. Le seul exemple que l'on évoque souvent, l'oinochoè fragmentaire d'Athènes, anciennement collection Vlastos, qui mettrait véritablement en scène, sur deux niveaux (sol et estrade) une comédie parodiant l'*Andromède* de Sophocle, est à prendre avec beaucoup de précaution, car la plupart des images qui en sont publiées (par exemple dans TRENDALL, WEBSTER, *IGD*, p. 117, ou PICKARD-CAMBRIDGE, *DFA*, fig. 76) ne sont pas des photographies mais des dessins de restitution dont la fiabilité est loin d'être sûre (voir par exemple les remarques de TAPLIN, *Comic Angels*, p. 9 : « The usual illustrations of this [vase] are, however, an ambitious reconstruction of a painting which is in very poor condition » ; il publie pourtant une illustration, n° 8.**25A**, qui semble être une véritable photographie. Je n'ai pas vu l'objet, mais il paraît sage de ne pas lui accorder trop de crédit, d'autant plus qu'il n'est pas sûr qu'il s'agisse d'une scène de théâtre.

52. Telle est par exemple l'opinion de BIEBER, *HT*[2], p. 54-73 (The development of the theater building in the classical period), qui affirme par exemple (p. 60) : « One thing is absolutely sure : players and chorus appeared through the whole of the classical period, at one and the same place, that is, in the orchestral area. »

53. Voir par exemple P. Ghiron-Bistagne, « La messa in scena delle commedia attica antica illustrata nelle arti figurative », *Dioniso* 45, 1971-1974, p. 231-250 + pl. XIV-XXII (notamment p. 233-239).

l'existence de l'illustration dans la céramique attique d'un passage d'une comédie d'Aristophane, voilà que l'interprétation séduisante proposée avec maints arguments apparemment très solides par un spécialiste incontesté de l'iconographie théâtrale est mise en doute, avec des arguments qui paraissent encore plus convaincants, par deux autres spécialistes ayant mené leurs recherches d'une façon indépendante.

Je fais évidemment ici allusion au fameux cratère attique à figures rouges du musée J. Paul Getty de Malibu (fig. 16) sur lequel Richard Green a proposé de reconnaître une illustration du chœur des *Oiseaux* [54], tandis qu'Oliver Taplin et Eric Csapo ont tenté de démontrer qu'il s'agit plutôt d'une allusion à l'*agôn* mettant aux prises les deux Discours (ou Raisonnements) dans les *Nuées* [55], les deux personnages ailés qui se font face sur le vase n'étant selon eux aucun des oiseaux de la pièce qui tire son nom de ces volatiles, mais des coqs de combat représentant d'une façon amusante les deux Discours antagonistes, comme le suggère justement une scolie au vers 889 des *Nuées*. Chaque interprétation est bien documentée, et si la seconde paraît finalement plus séduisante, elle ne me semble tout de même pas absolument établie, si bien que l'on peut se demander ici encore si le décor du vase ne procède pas plutôt d'une fantaisie iconographique sans rapport étroit avec une comédie ayant réellement existé, quelle qu'elle fût.

Dans un article suggestif, François Lissarrague se penche sur le problème des rapports éventuels de l'iconographie des vases attiques et du drame satyrique [56] ; il écrit : « Entre vases et théâtre on a affaire à deux domaines contigus mais distincts et l'on ne peut projeter l'un sur l'autre. Le problème n'est pas celui du rapport texte/image, mais du rapport entre deux modes de visualisation, deux types de spectacle et de regard, deux formes d'espace : le vase, la scène ; deux temporalités : ponctuelle au théâtre, répétée devant l'objet que l'on manipule... De l'un à l'autre, il n'y a pas de cloison étanche ; les peintres sont aussi des spectateurs, et il s'agit d'une culture cohérente

---

54. GREEN, *Birds*. Son interprétation est suivie par exemple par M. Robertson, *op. cit.* (n. 40), p. 251 : « This [vase] is almost certainly an illustration to the *Birds* of Aristophanes, produced in 414. »

55. *Nuées*, v. 889-1113. Voir O. Taplin, « Classical phallology, iconographic parody and potted Aristophanes », *Dioniso* 57, 1987, p. 95-109 (surtout 97-102) + 1 pl. h. t. sans n° ; Id., *Comic Angels*, p. 101-104 ; E. CSAPO, Deep Ambivalence, *passim*.

56. Fr. Lissarrague, « Pourquoi les satyres sont-ils bons à montrer ? », dans *Anthropologie et théâtre antique* (Cahiers du GITA, 3), Montpellier, 1987, p. 93-106 ; Id., « Why Satyrs Are Good to Represent », dans *Nothing to Do with Dionysos ? Athenian Drama in its Social Context*, J. J. Winckler et F. I. Zeitlin éd., Princeton, 1990, p. 228-236 + pl. 1-16.

FIG. 16. — Cratère attique à figures rouges. Malibu, J. Paul Getty Museum, 82.AE.83
(d'après Green, *Birds*, p. 98, fig. 3).

dans un moment historique donné. Mais il n'y a pas non plus de
modèle imposé par le théâtre aux peintres, ni par les vases aux
poètes. » [57] Ne pourrait-on pas formuler de telles remarques précisément à propos de la comédie, et ne faudrait-il pas dès lors renoncer à
chercher la moindre corrélation assurée entre la comédie grecque et
les peintures de vases ?

   Selon une opinion originale mais à mon sens difficile à démontrer, l'influence aurait pu s'exercer dans le sens contraire de celui que
l'on suppose d'ordinaire : les images de la céramique peinte
n'auraient-elles pas parfois inspiré la verve créatrice des auteurs de
comédies [58] ? Il est sans nul doute louable de réagir contre une opi-

---

   57. *Ibid.*, respectivement p. 99 et (avec quelques variantes de détail) p. 234.
   58. C'est ce que suggère par exemple H. Metzger, dans *Revue des Études grecques*
102, 1989, p. 76 (*Bulletin archéologique*, notice 72, à propos de l'article de Green,
Birds) : « Selon Green, nous aurions donc la première représentation tirée d'une
comédie existante (les *Oiseaux*, 414) qui offrirait le double intérêt de jeter un éclairage
nouveau sur le génie d'Aristophane et de fournir un point d'ancrage pour la date du
cratère. Ne pourrait-on pas toutefois inverser les rôles et imaginer que le poète s'est

nion qui voudrait que les peintres aient cherché à restituer jusque dans le détail des scènes qu'ils avaient vues au théâtre [59], mais n'est-ce pas prêter aux modestes artisans que sont les peintres de vases une importance excessive que d'en faire des sources possibles d'inspiration pour les poètes ? Si influence il y a, c'est sans doute plutôt dans l'autre sens qu'il faut la chercher, et même les plus sceptiques en matière de rapport entre le théâtre et la peinture de vases admettent que les peintres ont pu à l'occasion être inspirés par les spectacles dramatiques [60].

Il ne faut donc pas renoncer à espérer trouver une influence de la comédie sur la céramique peinte, mais il semble bien qu'il faille attendre le IVe siècle et la céramique italiote [61] pour que cette influence soit manifeste. Entre *ca* 400 et 320, les peintres des ateliers apuliens et sicéliotes d'abord, puis campaniens et paestans, rarement lucaniens, dessinent en effet volontiers, d'une façon parfaitement claire, des acteurs qui portent des masques comiques, soit seuls, soit en groupe, impliqués dans une scène de comédie ; ces acteurs sont placés soit sur une ligne de sol plate, selon la convention traditionnelle de la peinture vasculaire, soit — et c'est là une nouveauté totale — sur une estrade plus ou moins haute qui évoque sans ambiguïté une scène de théâtre (au sens matériel du terme), qu'elle soit en bois ou en pierre — ancêtre de ce qu'on appellera à l'époque hellénistique *logeion* ou *proskénion* [62]. On connaît actuellement environ 250 vases de ce type, que l'on

inspiré pour ses personnages d'images qu'il avait rencontrées sur tel ou tel vase ? » L'idée est reprise par exemple par M.-H. Delavaud-Roux, « Danser chez Aristophane », dans *Aristophane : la langue, la scène, la cité*, P.Thiercy et M. Menu éd., Actes du colloque de Toulouse, 17-19 mars 1994, Bari, 1997, p. 295-307, notamment p. 302 : « Il ne s'agit pas d'identifier une image comme scène du théâtre d'Aristophane mais de penser que certaines images ont pu constituer une source d'inspiration pour Aristophane. »

59. C'est par exemple ce que prétend GREEN, *Seeing*, p. 24 : « An interesting feature of the depictions of Comedy is that they are literal in their approach. The Vase-painter seems almost to take a delight in showing the detail as it was in the orchestra. »

60. Voir par exemple Fr. Lissarrague, *art. cit.* (n. 56), p. 97 : « Ceci [c'est-à-dire la réticence à voir une influence du drame satyrique sur beaucoup de vases où apparaissent des satyres] ne doit pas mener à un hypercriticisme qui nous ferait conclure qu'aucune image n'a de rapport avec le drame satyrique. »

61. Sur cette sorte de céramique, la meilleure synthèse est celle d' A. D.Trendall, *Red Figure Vases of South Italy and Sicily*, Londres, 1989 ; pour un bref mais dense résumé, voir TAPLIN, *Comic Angels*, p. 18 sqq., et A. D. Trendall, « A Phlyax Bell-Krater by the Lecce Painter », dans *Classical Art in the Nicholson Museum, Sydney*, A. Cambitoglou éd., Mayence, 1995, p. 125-131 + pl. 39-41 et pl. couleur 5, 1.

62. Sur l'évolution matérielle du théâtre grec à partir de la fin du IVe siècle, voir par exemple BIEBER, *HT*[2], p. 108-128 (The Hellenistic theater building).

appelle, sans doute à tort mais traditionnellement, vases phlyaques [63], depuis les premières études qui leur ont été consacrées, au XIXe siècle [64], à une époque où on les datait, d'une façon erronée, du IIIe siècle av. J.-C. et où on les mettait par suite en rapport avec l'œuvre comique de Rhinthon de Syracuse, célèbre pour ses farces et ses hilarotragédies du début du IIIe siècle [65]. Sur ces 250 vases, en majorité apuliens et, plus précisément, tarentins [66], une centaine représentent « des scènes d'une élaboration et d'une spécificité suffisantes pour qu'il soit probable qu'elles reflètent des pièces particulières », selon Oliver Taplin [67].

Parmi ces vases au décor relativement élaboré, que nous ne pourrons qu'évoquer ici par quelques exemples, il en est sur lesquels on ne voit qu'un personnage, sur un sol plat, mais ce personnage fait nettement figure d'acteur comique par son masque, son costume, son attitude et ses gestes (fig. 17-18) [68]. Sur d'autres vases, les personnages, toujours placés sur une surface plane, sont au nombre de deux ou de trois ; la plupart sont masqués, mais parfois s'intercale une figure apparemment dépourvue de cet accessoire (fig. 19) [69] ; on distingue

---

63. L'étude de référence sur ces vases est celle de TRENDALL, *PhV²*, à laquelle on ajoutera, en attendant une 3e édition de cet ouvrage préparée par R. Green, l'article du même R. Green, « Notes on Phlyax Vases », *NAC. Quaderni Ticinesi* 20, 1991, p. 49-56, qui apporte des mises au point et des compléments très importants. Voir aussi TAPLIN, *Comic Angels,* p. 32-36.

64. Voir notamment H. Heydemann, « Die Phlyakendarstellungen der bemalten Vasen », *Jahrbuch des deutschen archäologischen Instituts* 1, 1886, p. 260-313.

65. Sur Rhinthon, voir en particulier M. Gigante, *Rintone e il teatro in Magna Grecia*, Naples, 1971. Pour une mise au point récente sur la production théâtrale en Italie méridionale, on se reportera à Pasquier, *Cratères phlyaques*, notamment p. 200.

66. Voir à ce sujet R. Green, « Notes on Phlyax Vases » (cf. n.63), p. 50 sq.

67. TAPLIN, *Comic Angels*, p. 34.

68. Deux exemples parmi bien d'autres : cratère en calice apulien du British Museum, 1856.12-26.112 (F 543), attribué au Peintre de Compiègne (style de Gnathia, *ca* 350), avec un savoureux esclave-cuisinier : BIEBER, *HT²*, p. 143, fig. 527 ; TRENDALL, *PhV²*, p. 79, n° 178 ; R. Green, E. Handley, *Images of the Greek Theater*, Londres, British Museum, 1995, p. 67, fig. 42 (d'où notre fig. 17) ; coupe basse apulienne de Berlin, 1969.7 (style de Gnathia, *ca* 350-325), avec un joyeux drille au nom (inscrit) révélateur, Φιλοπότης (l'Ami de la boisson, l'Ivrogne) : A. Greifenhagen, « Φιλοπότης », *Gymnasium* 82, 1975, p. 26-32 + pl. 11 (d'où notre fig. 18).

69. Ainsi sur un cratère en cloche paestan attribué au Peintre de Naples 1778 (*ca* 330) de Moscou, musée Pouchkine, II 1b 735, avec une femme (Antigone ? Briséis ? — selon des hypothèses avancées par certains) entre deux hommes masqués : BIEBER, *HT²*, p. 143, fig. 527 ; TRENDALL, *PhV²*, p. 39, n° 46 ; N. A. Sidorova, O. V. Tugusheva, V. S. Zabelina, *Antique Painted Pottery in the Pushkin State Museum of Fine Arts, Moscow*, Moscou, 1985, n° 73 et pl. 139 (d'où notre fig. 19) ; *CVA* Russie 3, Pushkin State Museum 3, 1997, p. 24 et pl. 32.

FIG. 17. — Détail d'un cratère apulien du style de Gnathia. British Museum, F 543 :
esclave portant des gâteaux sur un guéridon
(d'après GREEN, HANDLEY, *Images of the Greek Theatre*, p. 67, fig. 42).

FIG. 18. — Coupe apulienne du style de Gnathia. Berlin, 1969. 7 :
Φιλοπότης (d'après *Gymnasium* 82, 1975, pl. 11).

FIG. 19. — Cratère en cloche paestan. Moscou, musée Pouchkine II 1b 735 :
jeune femme entre deux hommes
(d'après *Antique Painted Pottery in the Pushkin Museum*, pl. 139).

des types de la comédie moyenne tels que le maître et son esclave, ou
le vieillard amoureux (fig. 20a-b) [70], ainsi que des parodies de dieux

---

70. Un exemple : le beau cratère en calice apulien du style de Gnathia, attribué au
Peintre de Konnakis (*ca* 350) et conservé à Boston, MFA 00.363 ; sur l'une des faces du
vase court un vieillard, probablement attiré par la jeune femme qui occupe l'autre face
(BIEBER, *HT*², p. 138, fig. 502 ; TRENDALL, *PhV*², p. 79, n° 177 ; J. R. Green, « Some
Gnathia Pottery in the J. Paul Getty Museum », dans *Greek Vases in the J. Paul Getty
Museum* 3 [*Occasional Papers on Antiquities*, 2], 1986, p. 117, fig. 3 ; J. M. Padgett, M.
B. Comstock, J. J. Herrmann, C. C. Vermeule et al., *Vase-Painting in Italy : Red-Figure
and Related Works in the Museum of Fine Arts, Boston*, Boston, 1993, p. 191 sq., n° 108
+ pl. XIX — d'où nos fig. 20a et 20b).

Fig. 20a-b. — Cratère en calice apulien du style de Gnathia. Boston, MFA 00.363 :
vieillard et jeune femme (d'après *Vase-Painting in Boston*, p. 192 et pl. XIX).

ou de héros, par exemple Héraclès (fig. 21) [71] ou Prométhée (fig. 22) [72] et bien d'autres encore, comme Zeus lui-même, Apollon, Hermès, Antigone, Électre, Ulysse, Ajax, Priam, Néoptolème, pour ne citer que quelques noms [73]. Dans un certain nombre de cas, les personnages ordinaires évoluent devant Dionysos, comme si le peintre avait souhaité donner une référence explicite au monde du théâtre en montrant son dieu tutélaire (fig. 23-24) [74], mais aussi — notons-le au passage — comme s'il avait voulu évoquer dans son tableau un monde idéal, purement imaginaire, où les acteurs rencontrent non pas un des leurs déguisé en Dionysos, mais le dieu lui-même, sans masque. Sur une cinquantaine de vases, enfin, l'artiste a véritablement mis en scène ses personnages en les plaçant, la totalité ou une partie d'entre eux, sur une estrade ou une plate-forme plus ou moins haute, plus ou moins soignée, mais spécifique du théâtre, avec une échelle ou un escalier d'accès et ses supports qui prennent d'ordinaire la forme de colonnes (fig. 25-26) [75].

---

71. Ainsi sur le cratère en cloche apulien attribué au Peintre de Lecce (*ca* 380-370) et conservé à Sydney, Nicholson Museum, 88.02 : un Héraclès grotesque court après un homme nu qui est un simple voleur de gâteaux — parodie probable des scènes où le héros poursuit ceux qui lui ont volé ses armes (A. D. Trendall, *art. cit.* [n. 61], p. 125-131 + pl. 39 et pl. couleur 5,1 — d'où notre fig. 21 ; recension des figurations comiques d'Héraclès sur les vases apuliens aux p. 126 sq.).

72. Parodie du Titan enchaîné sur un cratère en cloche du style de Gnathia attribué au Peintre de Konnakis (*ca* 350) et conservé à Malibu, J. Paul Getty Museum, 82.AE.15 : J. R. Green, *art. cit.* (n. 70), p. 137 sq. avec fig. 31 (d'où notre fig. 22).

73. Voir par exemple quelques-uns des vases cités et illustrés par BIEBER, *HT*², p. 131-136, et par TRENDALL, WEBSTER, *IGD*, p. 134-143.

74. Deux exemples : buste monumental de Dionysos entouré de deux acteurs comiques sur un beau cratère en cloche apulien attribué au Peintre du Chorège (*ca* 390-380) et conservé à Cleveland, Museum of Art, 89.73 (TAPLIN, *Fleischman Coll.*, p. 25 sq. avec fig. 5 — d'où notre fig. 23) ; Dionysos assis face à un acteur debout dans le médaillon intérieur d'une coupe basse apulienne éponyme du Peintre de la coupe phlyaque Fleischman (*ca* 360-350) et conservée à New York, coll. Fleischman (*Fleischman Coll. Catal.*, p. 135 sqq., n° 60 ; d'où notre fig. 24). Autres exemples cités notamment par TRENDALL, WEBSTER, *IGD*, p. 127 sq.

75. Deux exemples, avec des estrades plus ou moins hautes : étonnant cratère en cloche apulien attribué au Peintre de Rainone (*ca* 370) et conservé à New York, coll. Fleischman, avec probablement une parodie de la légende d'Érichthonios devant un bâtiment qui pourrait suggérer l'Érechtheion de l'Acropole d'Athènes (*Fleischman Coll. Catal.*, p. 129 sq., n° 57 ; d'où notre fig. 25) ; cratère en calice paestan beaucoup plus connu, signé d'Asstéas (*ca* 350) et conservé à Berlin, F 3044, avec le vieux Charinos s'efforçant de protéger son coffre contre deux voleurs (BIEBER, *HT*², p. 139, fig. 508 ; TRENDALL, *PhV*², p. 50, n° 76 ; TRENDALL, WEBSTER, *IGD*, p. 131 (IV, 14) ; M. Kunze, L. Giuliani et al., *Die Antikensammlung im Pergamonmuseum und in Charlottenburg, Berlin,* Mayence, 1992, p. 280 sq., n° 152 — d'où notre fig. 26). Voir aussi par exemple le nouveau cratère du Louvre publié par PASQUIER, *Cratère phlyaque,* p. 196 sq. Pour un classement des différents types d'estrades et de décor scénique, voir notamment TRENDALL, *PhV*², p. 13.

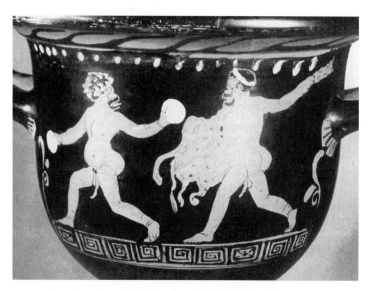

FIG. 21. — Détail d'un cratère en cloche apulien à figures rouges. Sydney, Nicholson Museum, 88.02 : Héraclès poursuivant un voleur de gâteaux (d'après *Classical Art in the Nicholson Museum*, pl. couleur 5, 1).

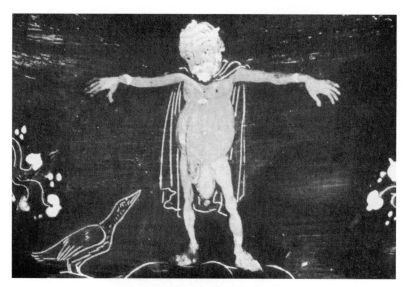

FIG. 22. — Détail d'un cratère en cloche du style de Gnathia. Malibu, J. Paul Getty Museum, 82.AE.15 : Prométhée (d'après *Greek Vases in the J. Paul Getty Museum* 3, p. 137, fig. 31c).

FiG. 23. — Cratère en cloche apulien à figures rouges. Cleveland, Museum of Art, 89.73 :
buste monumental de Dionysos, entre deux acteurs comiques
(d'après TAPLIN, *Fleischman Coll.*, p. 25, fig. 5).

FiG. 24. — Coupe apulienne à figures rouges. New York, coll. Fleischman :
acteur comique devant Dionysos (d'après *Fleischman Coll. Catal.*, p. 136).

FIG. 25. — Cratère en cloche apulien à figures rouges. New York, coll. Fleischman :
parodie de la légende d'Érichthonios ? (d'après *Fleischman Coll. Catal.*, p. 130).

FIG. 26. — Cratère en calice paestan à figures rouges.
Berlin, F 3044 : tentative d'agression et de vol
(d'après *Die Antikensammlung im Pergamonmuseum und in Charlottenburg*,
Berlin, p. 281).

On a longtemps pensé — et c'est la raison pour laquelle on les
a appelés « phlyaques » — que ces vases italiotes illustraient des
farces locales qui n'avaient rien à voir avec la comédie athénienne
(cf. p. 296 et n. 63-65), et cette opinion a longtemps prévalu, même
lorsqu'on eut remonté sensiblement les dates de cette production
céramique. Certes, il est sans doute vrai que quelques vases au moins
se réfèrent à des farces locales et étaient destinés à des acheteurs
indigènes, comme cette oinochoè campanienne (*ca* 340-320) sur
laquelle est inscrit un nom en langue osque, Santia [76]. Mais sur
plusieurs autres vases porteurs d'inscriptions peintes, celles-ci sont en
dialecte ionien-attique [77], et non en dorien comme on pourrait s'y
attendre, notamment à Tarente, où les colons grecs étaient d'origine
laconienne. On a par ailleurs montré avec des arguments très forts
qu'un cratère apulien de Wurtzbourg datable des années 375 (fig. 27)
renvoie clairement aux *Thesmophories* d'Aristophane, créées à Athènes en 411, plus précisément à un passage dans lequel est parodié le
Télèphe d'Euripide (daté de 438) [78]. Dès lors, on est tenté de suivre
l'opinion exprimée par T. B. L.Webster voici déjà plus de cinquante
ans : « Pour la majorité des scènes mythologiques et historiques qui
figurent sur les vases phlyaques, on peut suggérer une comédie attique
qui pourrait chronologiquement avoir été source d'inspiration pour
les peintures de vases. Là où l'on ne peut donner le nom de la pièce, on
peut d'ordinaire dire que la scène peinte est bien dans la tradition de
la comédie attique. » [79]

Pour revenir à des cas précis, on a remarqué que deux vases
apuliens — l'un conservé à New York (fig. 28) et attribué au Peintre de
Tarporley (*ca* 400), l'autre à Boston (fig. 29) et postérieur d'une

---

76. British Museum, F 233 : Bieber, *HT²*, p. 145, fig. 539 ; Trendall, *PhV²*, p. 61,
n° 111 ; Taplin, *Comic Angels*, pl. 16, **15**.

77. Ainsi sur le désormais fameux cratère apulien dit « des Chorèges », que je
laisserai de côté puisqu'il a été récemment bien analysé et illustré par Pasquier, *Cratère
phlyaque*, p. 201 sq. (ajouter simplement trois références récentes : Taplin, *Fleischman
Coll.*, p. 23 sqq. ; A. D. Trendall, dans *Fleischman Coll. Catal.*, p. 125-128 ; H. A.
Shapiro, « Attic Comedy and the " Comic Angels " Krater in New York », *Journal of
Hellenic Studies* 115, 1995, p. 173 sqq. + pl. 4), ainsi que sur ceux de New York,
Metropolitan Museum, 24.97.104 (Bieber, *HT²*, p. 140, fig. 512 ; Trendall, *PhV²*, p.
53 sq., n° 84 ; Trendall, Webster, *IGD*, p. 130 [IV, 13] ; Taplin, *Comic Angels*, pl. 10,
2 — d'où notre fig. 28 ; Taplin, *Fleischman Coll.*, p. 21, fig. 3), et de Milan, Museo civico
archeologico, AO.9.284 (Bieber, *HT²*, p. 139, fig. 509 ; Trendall, *PhV²*, p. 38, n° 45 +
pl. 2 ; Trendall, Webster, *IGD*, p. 132 sq. [IV, 18] ; Taplin, *Comic Angels*, pl. 12, **5**).
Ces trois vases datent du début du IVᵉ siècle.

78. Voir la belle analyse de ce vase (Würzburg, H 5697) donnée par Pasquier,
Cratère phlyaque, p. 205. On ajoutera une référence importante : Csapo, *Telephus*.

79. T. B. L. Webster, « South Italian Vases and Attic Drama », *The Classical
Quarterly* 42, 1948, p. 15-27 (p. 24 pour le passage cité).

FIG. 27. — Cratère en cloche apulien à figures rouges. Würzburg, H 5607 :
parodie du *Télèphe* d'Euripide, d'après Aristophane
(d'après G. Beckel, H. Froning, E. Simon,
Werke des Antike im Martin-von-Wagner Museum, Würzburg, p. 135).

trentaine d'années (près du Peintre de Mac Daniel ; *ca* 370) [80] —
illustrent presque certainement deux scènes de la même pièce, dans
lesquelles apparaissent chaque fois dans un panier un chevreau et une
oie, vivante dans un cas, morte dans l'autre ; sur le vase le plus ancien
est inscrit un bref dialogue entre les personnages, en dialecte ionien-

80. New York, Metropolitan Museum, 24.97.104 (cf. n. 77), et Boston,
MFA, 69.951 (TAPLIN, *Comic Angels*, pl. 11, **3** — avec n° d'inv. erroné ; J. M. Padgett,
M. B. Comstock, J. J. Herrmann, C. C. Vermeule et al., *Vase-Painting in Italy :
Red-Figure and Related Works in the Museum of Fine Arts, Boston*, Boston, 1993,
p. 68 sqq. et pl. V, n° 13). Les deux vases sont commentés par TAPLIN, *Comic Angels*,
p. 30 sqq.

FIG. 28. — Détail d'un cratère en calice apulien à figures rouges. New York,
Metropolitan Museum, 24.97.104 : comédie de l'oie
(d'après TAPLIN, *Comic Angels*, pl. 10, **2**).

FIG. 29. — Détail d'un cratère en cloche apulien à figures rouges.
Boston, MFA 69.951 : comédie de l'oie (d'après TAPLIN, *Comic Angels*, pl. 11, 3).

attique (cf. p. 304 et 306, fig. 28) [81] ; il s'agit donc sans doute d'une comédie athénienne, mais laquelle ? On a par ailleurs proposé, avec de solides arguments, de reconnaître une illustration du début des *Grenouilles* d'Aristophane sur un cratère apulien (*ca* 375-350) sur lequel on voit Héraclès (en fait, dans cette hypothèse, Dionysos déguisé en Héraclès) qui frappe à une porte, suivi d'un serviteur monté sur un âne et chargé de bagages [82].

Ce problème d'identification des pièces éventuellement illustrées n'est pas le seul qui se pose. Si l'on revient au cratère de Wurtzbourg, qui semble le meilleur exemple de vase apulien au décor susceptible d'être inspiré par une comédie attique, force est de constater qu'il existe un décalage de plus d'une trentaine d'années entre la date des *Thesmophories* d'Aristophane (411) et celle du cratère (*ca* 375). Comment expliquer ce décalage ? Si le vase était complètement isolé, on pourrait penser à une commande faite par un Athénien expatrié nostalgique de sa cité d'origine et des comédies d'Aristophane, mais il y a plusieurs autres exemples probables de décalages comparables, et en tout cas celui d'une trentaine d'années entre les deux illustrations de la même « comédie de l'oie » (cf. *supra*). Dès lors, on est prêt à suivre notamment Csapo, Green et Taplin lorsqu'ils pensent qu'on jouait en Apulie, surtout à Tarente, au IVe siècle, des œuvres de la comédie ancienne venues d'Athènes et qu'il y avait sans doute des reprises de pièces, au moins de certaines d'entre elles ; et cette comédie que l'on croyait si peu exportable à cause des innombrables allusions à l'actualité athénienne était, semble-t-il, jouée et appréciée sur des scènes d'Italie du Sud — plutôt que connue simplement du fait d'une diffusion écrite, comme on pourrait théoriquement l'imaginer, mais sans vraisemblance pour l'époque. Et puisqu'on arrive à reconnaître de toute façon l'influence d'au moins quelques pièces de la comédie attique sur ces prétendus vases phlyaques (voir *supra*), il est probable, dans cette perspective, qu'il reste à découvrir beaucoup d'autres exemples de cette même influence sur des vases dont le décor n'a pas encore été bien déchiffré, mais il faut rester prudent en la matière et

81. On lit, de gauche à droite, les « bulles » suivantes : NOPAPETTEBΛO (mot ou groupe de mots incompréhensible, sans doute déformé dans une intention comique), puis (sinistroverse) ΚΑΤΕΔΗΣΑΝΩΤΩΧΕΙΡΕ (κατέδησ'ἄνω τὼ χεῖρε — il ou elle m'a lié les deux mains au-dessus de moi), enfin (sinistroverse aussi) ΕΓΩΠΑΡΗΕΞΩ (ἐγὼ παρέξω — je vais te faire voir, moi). Ces inscriptions sont étudiées en dernier lieu par TAPLIN, *Comic Angels*, p. 30 sq. La traduction en langage familier proposée pour le dernier mot est une suggestion de notre part.

82. Cratère en cloche jadis conservé à Berlin, F 3046 (disparu pendant la seconde guerre mondiale) : BIEBER, *HT*[2], p. 133, fig. 487 ; TRENDALL, *PhV*[2], p. 49, n° 4 + pl. VIa ; TAPLIN, *Comic Angels*, p. 45 sqq. + pl. 13, 7.

avouer que certaines propositions d'identification laissent perplexe, par exemple lorsqu'on nous suggère de reconnaître le début du *Ploutos* sur un vase où figurent simplement un vieil homme et son esclave lourdement chargé [83] ; il pourrait, certes, s'agir de Chrémyle et de son esclave Carion, mais rien ne permet de l'affirmer avec certitude.

Une autre réponse serait peut-être cependant possible pour expliquer le décalage d'une trentaine d'années entre les deux « vases à l'oie » : si l'on admet que le plus ancien, avec ses inscriptions en alphabet attique, est bien inspiré par une comédie athénienne de la fin du Ve siècle, ne pourrait-on pas supposer que le second au moins l'a été par une comédie locale qui copiait, ou en tout cas suivait de près, la pièce attique originale ? D'une façon plus générale, n'y aurait-il pas eu, si l'on peut dire, des Térence et des Plaute apuliens qui, au IVe siècle, se seraient inspirés de la comédie attique (ancienne et moyenne) et auraient écrit des comédies dont se seraient à leur tour inspirés les peintres de vases ? On trouvera peut-être l'idée compliquée [84], mais elle pourrait rendre compte de ces prétendues reprises qui, si elles paraissent bien établies pour les tragédies d'Euripide, me semblent plus difficiles à admettre pour les comédies d'Aristophane.

Le moment est venu de verser au dossier l'image fournie par un beau cratère à volutes apulien attribué au Peintre des Enfers (*ca* 330-320) [85] : on y voit un jeune homme assis dans un naïskos funéraire et tenant de la main droite un masque de comédie ; à ses pieds gît un rouleau inscrit (fig. 30). A. D. Trendall termine ainsi la notice qu'il consacre au vase [86] : « Nous pouvons raisonnablement conclure que nous avons ici la représentation d'un jeune acteur tenant dans sa main le masque d'un des rôles qu'il a naguère joués, avec peut-être le texte sur le rouleau placé en dessous, qui est marqué d'une série de lignes parallèles de points, probablement pour imiter l'écriture. » Ne pourrait-on pas penser aussi bien à l'évocation d'un poète dramatique, peut-être auteur de comédies (car le masque qu'il tient est un masque comique) susceptibles d'avoir inspiré les peintres de vases italiotes ?

---

83. Cratère en calice apulien de Bari, Museo nazionale, 2795, attribué au Peintre de Bari 1523 (*ca* 370) : Bieber, HT^2, p. 142, fig. 519 ; Trendall, PhV^2, p. 29, n° 22 ; F. Rossi, dans *Il Museo Archeologico di Bari* (a cura di E. M. De Juliis), Bari, 1983, p. 67 sq. + pl. 37, 2 ; Taplin, *Comic Angels*, p. 46, n. 36 (où il fait part de son scepticisme devant l'hypothèse d'une illustration par le vase d'une scène du *Ploutos*).

84. Elle est évoquée, mais rejetée au bénéfice de l'hypothèse d'une influence directe des comédies athéniennes, par Csapo, *Telephus*, p. 388 sqq., qui se livre à l'examen minutieux de diverses possibilités.

85. New York, coll. Fleischman : Taplin, *Comic Angels*, pl. 23, **23** ; *Fleischman Coll. Catal.*, p. 139-142, n° 62 (d'où notre fig. 30).

86. *Fleischman Coll. Catal.*, p. 142.

FIG. 30. — Cratère à volutes apulien à figures rouges. New York, coll. Fleischman :
naïskos funéraire d'un acteur ou d'un poète comique
(d'après *Fleischman Coll. Catal.*, p. 140).

Quoi qu'il en soit de l'origine des comédies qui circulaient en Italie méridionale au IVe siècle, le témoignage des vases peints est catégorique sur un point : ces pièces étaient jouées sur des scènes qui semblent souvent assez élaborées [87], et il faut certainement renoncer à l'idée que la Grande Grèce possédait simplement à cette époque-là des comédiens ambulants qui posaient leurs tréteaux rudimentaires de ville en ville ; il y avait sans doute déjà des troupes d'acteurs bien organisées et des théâtres solidement construits. Et peut-être faut-il voir déjà dans ces estrades et ces aménagements scéniques qui apparaissent sur les vases italiotes l'annonce des théâtres romains ? La question mérite en tout cas d'être posée [88].

Représentations figurées inspirées par des comédies, attiques ou non, jouées sur les planches locales ? Voilà qui paraît très probable, en fin de compte, pour la Grande Grèce du IVe siècle, mais l'idée d'une création purement iconographique ne saurait être complètement rejetée, surtout pour des scènes de parodies des légendes héroïques et divines [89], qui peuvent procéder de la fantaisie du peintre et d'un burlesque de l'image dont nous avons vu des exemples depuis le VIe siècle.

Je voudrais en fin de parcours revenir à la Béotie et examiner rapidement le cas de ces vases à figures noires de la fin du Ve et du IVe siècle désignés sous le nom de « vases du Cabirion » [90]. Faut-il les prendre en compte lorsqu'on s'interroge sur les rapports entre comédie et iconographie ? Les avis divergent selon les spécialistes. On a souvent dit que ces vases, sur lesquels apparaissent des personnages d'apparence burlesque, parfois maigres, sinon squelettiques, ou au

---

87. Voir par exemple l'aménagement scénique qui apparaît sur le cratère de Berlin (notre fig. 26). Pour d'autres exemples, voir notamment BIEBER, *HT*², p. 130-146 ; TRENDALL, *PhV*², pl. 1-6 ; PASQUIER, *Cratère phlyaque*, p. 196 sq., fig. 1-2.

88. Voir notamment à ce sujet J.-Chr. Dumont, « La comédie phlyaque et les origines du théâtre romain », dans *Texte et Image* (Actes du colloque de Chantilly, 13-15 octobre 1982), Paris, 1984, p. 135-150 + pl. 33-36.

89. Voir par exemple l'opinion de W. Beare, « The Costume of the Actors in Aristophanic Comedy », *Classical Quarterly*, n. s. 4, 1954, p. 64-75, notamment p. 69 ; « These [phlyax vases] seem to me more like *fanciful treatment of myth* than copies of actual scenes in play » (c'est nous qui soulignons les mots principaux).

90. Les publications les plus complètes sur ces vases sont celles de P. Wolters, G. Bruns, *Das Kabirenheiligtum bei Theben*, I, Berlin, 1940, p. 81-128 (Die Vasen), notamment p. 95-121 (Die sogenannten Kabirenvasen) + pl. 5-18, 26-37 et 44-61, et de K. Braun, dans K. Braun, T. E. Haevernick, *Bemalte Keramik und Glass aus dem Kabirenheiligtum bei Theben* (*Das Kabirenheiligtum bei Theben*, IV), Berlin, 1981, p. 1-94 (Bemalte Keramik), notamment p. 1-74 (Die Kabirenkantharoi) + pl. 1-24. Voir aussi K. Braun, *EAA, 2e Suppl. (1971-1994)*, I, 1994, p. 801-804, *s. v.* « Cabirici, Vasi », et en dernier lieu J. Boardman, *Early Greek Vase Painting*, Londres, 1998, p. 258 et 260 sqq. (avec fig. 506-510).

contraire ventripotents et pourvus d'un phallus flasque mais volumineux, étaient porteurs de scènes bouffonnes, cocasses, parodiques, et l'on a suggéré des allusions à des comédies d'Antiphanès ou d'Alexis [91]. D'autres perçoivent au contraire dans ces scènes, comme le proposait dès 1930 Étienne Lapalus [92], un caractère religieux ; on parlera alors d'« illustration comique d'une scène rituelle » et de « parodie religieuse », en affirmant que « les Grecs ont, semble-t-il, ignoré ce qu'est le respect religieux » [93].

Récemment Jean-Marc Moret, dès la première ligne d'un important article savamment documenté, parle, lui, de « prétendues parodies mythologiques » [94] ; il essaie de démontrer, en faisant appel à divers textes philosophiques, que certains de ces vases au moins ne sont pas sans évoquer un rituel initiatique, et, à propos du fameux fragment de skyphos sur lequel figurent le Cabire, Protolaos, Mitos et Crateia, il affirme : « L'idée que le vase refléterait une pièce de théâtre profane ne résiste pas à une réflexion sérieuse, d'autant moins qu'on a affaire à une représentation sacrée, et codée. Seul l'initié peut décrypter la scène, c'est-à-dire celui qui connaît la grille de lecture. » [95] Les vases du Cabirion, s'ils sont inspirés par le théâtre, le seraient donc, selon J.-M. Moret, par des jeux dramatiques sacrés, mais pas par des comédies ; certaines scènes, notamment celle, plusieurs fois répétée, d'Ulysse et Circé, seraient porteuses d'un message allusif, mystique, bien plus que d'une charge de dérision. L'idée est séduisante pour certains vases de la série, mais peut-elle rendre compte du décor de tous les skyphoi du Cabirion, dont beaucoup présentent des personnages très probablement masqués (fig. 31) [96], souvent dans des scènes qui ont l'air bien triviales (banquets, courses, danses, farandoles, avec parfois un homme ithyphallique [97]) ou franchement grand-guignolesques, comme cette pittoresque poursuite d'un petit homme nu par une sorte de croque-mitaine de sexe féminin, sous l'œil de deux autres

---

91. Notamment dans les deux volumes de la série du *Kabirenheiligtum* (cf. n. 90) : voir en particulier K. Braun, *op. cit.* (n. 90), p. 24-29.

92. É. Lapalus, « Sur le sens des parodies de thèmes héroïques dans la peinture des vases du Cabirion thébain », *Revue archéologique*, 1930, p. 65-88 ; Id., « Vases cabiriques du Musée National d'Athènes », *ibid.*, 1935, p. 8-28.

93. É. Lapalus, *art. cit.* (n. 92), 1935, p. 25.

94. J.-M. Moret, « Circé tisseuse sur les vases du Cabirion », *Revue archéologique*, 1991, p. 227-266.

95. *Ibid.*, p. 233 ; le fragment en question est reproduit p. 245 sqq., fig. 6-10.

96. Ainsi sur le fragment de skyphos du musée de Thèbes K 1751, attribué au Peintre des Mystes (1er / 2e quart du IVe s.) : K. Braun, *op. cit.* (n. 90), p. 38, n° 8 et pl. 1, 10 ; J. Boardman, *op. cit.* (n. 90), p. 262, fig. 510 ; notre fig. 31.

97. Ainsi sur le skyphos de Thèbes, K 1244+1509, daté du 3e quart du IVe siècle : K. Braun, *op. cit.* (n. 90), p. 42, n° 74 et pl. 5, 1.

FIG. 31. — Fragment de skyphos du Cabirion. Thèbes, K 1751 :
personnages masqués (cliché de l'auteur).

FIG. 32. — Skyphos du Cabirion. New York, Metropolitan Museum, 1971.11.1
scène de poursuite (d'après BOARDMAN, *Early Greek Vase Painting*, p. 262, fig. 510).

hommes qui se sont réfugiés, de crainte, dans un arbre (fig. 32) [98] ? La question doit encore, à mon sens, rester posée.

Dans une riche étude consacrée tout récemment aux Cabires, Michèle Daumas se penche à son tour sur les vases du Cabirion [99] et, malgré des divergences de détail, rejoint le point de vue de J.-M. Moret. « Il faut absolument renoncer, écrit-elle, à l'idée préconçue que nous sommes en présence de comédies bien connues du répertoire des phlyaques... Ces scènes sont en rapport direct avec l'initiation. » [100] Et plus loin [101] : « Pour des raisons rituelles, la dérision et le burlesque étaient inséparables de la célébration. Ils jouaient probablement le rôle de *catharsis*, comme le faisait le rite du pont sur le Céphise dans les mystères d'Éleusis ». Le décor des vases serait donc inspiré par le rituel religieux dans ce qu'il avait de parodique et de burlesque, donc par une forme d'expression comique, mais en aucun cas par la comédie littéraire, ancienne ou moyenne. C'est sans doute là une opinion très séduisante quand il s'agit des skyphoi les plus élaborés, avec des scènes de parodies mythologiques, mais il reste, encore une fois, le problème de l'origine du décor des vases les plus simples, avec leurs scènes triviales.

Au terme de cette étude qui ne prétend point avoir épuisé un si vaste sujet, force est de reconnaître que, à l'époque grecque, seuls certains peintres de vases italiotes du IVe siècle font à coup sûr référence au théâtre comique, en procédant à une véritable mise en scène, avec des personnages masqués qui évoluent sur une estrade. Les décorateurs de vases des époques antérieures évoquent peut-être eux aussi quelquefois, notamment à Athènes, des chœurs de comédies ou des épisodes de pièces comiques, mais il est impossible, dans l'état actuel de la documentation, d'être tout à fait affirmatif. Le cas des vases du Cabirion, à peu près contemporains de ceux d'Italie méridionale, mérite de plus amples réflexions et me paraît devoir être réservé. Pour en revenir aux peintres italiotes, cherchent-ils à coup sûr, comme les mosaïstes de Mytilène, à reproduire un moment d'une pièce précise, ou bien évoquent-ils telle ou telle comédie, ou même simplement tel ou tel type de comédie, d'une façon vague et générale ? Ne risquons-nous pas d'être victimes d'une illusion et de commettre un anachronisme quand nous croyons reconnaître sur tel ou tel vase

---

98. Skyphos de New York, Metropolitan Museum, 1971.11.1 : J. Boardman, *op. cit.* (n. 90), p. 262, fig. 509 (d'où notre fig. 32).

99. M. Daumas, *Cabiriaca. Recherches sur l'iconographie des Cabires*, Paris, 1998, notamment p. 23-41, 49-59, 63-66 et 117 + pl. 2.

100. *Ibid.*, p. 38.

101. *Ibid.*, p. 117.

telle ou telle scène d'Aristophane ? Quand d'aventure l'artiste veut peindre des sujets d'inspiration théâtrale, ne crée-t-il pas, si l'on peut dire, ses propres pièces, par contamination de thèmes divers empruntés à ses souvenirs de spectateur ? N'est-ce pas l'esprit de la comédie qui influence le peintre, plutôt que la lettre de telle ou telle comédie précise ? Peut-être les deux sources d'inspiration ont-elles coexisté, au gré de l'humeur des artistes et/ou du souhait des commanditaires ? Voilà, en somme, quelques-uns des grands problèmes qui se posent, sans qu'on puisse encore, à mon sens, les résoudre complètement.

Quant à l'idée d'une séparation complète entre le monde des représentations figurées et celui du théâtre (ou d'une façon plus générale des textes littéraires), elle est certes stimulante, car elle dégage la recherche iconographique du carcan de la référence littéraire à tout prix, mais il ne faut pas la radicaliser sous peine de passer à côté de rapports parfois subtils mais souvent intéressants entre les deux domaines. Je laisserai volontiers sur ce point le dernier mot à O. Taplin lorsqu'il dit : « The current polarization between " old illustrationists " and " new artistic autonomists " seems to me, however, to be harmful, in that it tends to lead the antagonists away from appreciating the subtle and varied range of relationships which there can be between pictorial representation and verbal or literary versions. Visual artists could be totally autonomous on occasion : they could at other times follow literary texts or their performance closely. » [102] Propos de Normand ou vision nuancée et pertinente du problème de fond qui se pose à tout chercheur dans le domaine de l'iconographie grecque ? J'opterai sans hésiter pour la seconde appréciation.

RÉFÉRENCES BIBLIOGRAPHIQUES

La bibliographie sur le sujet que nous venons d'aborder est considérable, et elle a été en grande partie renouvelée au cours des dernières décennies. Voici les principaux ouvrages ou articles que nous avons été amené à citer plus d'une fois, d'ordinaire sous une forme abrégée que nous allons expliciter :

BIEBER, *HT*² (= M. BIEBER, *The History of the Greek and Roman Theater*, 2ᵉ éd., Princeton, 1961).

CSAPO, *Telephus* (= E.CSAPO, « A Note on the Würzburg Bell-Crater H 5697 [" Telephus Travestitus "] », *Phœnix* [Toronto] 40, 1986, p. 379-392).

ID., *Deep Ambivalence* (= E.CSAPO, « Deep Ambivalence : Notes on a Greek Cockfight » [Part I and Parts II-IV], *Phœnix* (Toronto) 47, 1993, p. 1-28 et 115-124 + pl. 1-4).

---

102. O. Taplin, « Classical Phallology, iconographic Parody and potted Aristophanes », *Dioniso* 57, 1987, p. 105, n. 23.

M.-H. DELAVAUD-ROUX, *Les danses dionysiaques en Grèce antique*, Aix-en-Provence, 1995.

Fleischman Coll. Catal. (= *A Passion for Antiquities : Ancient Art from the Collection of B. and L. Fleischman*, Catalogue d'exposition : The J. P. Getty Museum and the Cleveland Museum of Art, Malibu, 1994).

GREEN, *Birds* (= J. R. GREEN, « A Representation of the *Birds* of Aristophanes », dans *Greek Vases in the J. Paul Getty Museum*, 2 [*Occasional Papers on Antiquities*, 3], 1985, p. 95-118).

ID., *Drunk Again* (= J. R. GREEN, « Drunk Again : A Study in the Iconography of the Comic Theater », *American Journal of Archaeology* 89, 1985, p. 465-472 + pl. 52-54).

ID., *Seeing* (= J. R. GREEN, « On Seeing and Depicting the Theatre in Classical Athens », *Greek, Roman and Byzantine Studies* 32, 1991, p. 15-52).

PASQUIER, Cratère phlyaque (= A. PASQUIER, « A propos d'un nouveau cratère phlyaque au musée du Louvre », dans *Actes du Colloque « Le Théâtre grec antique : la Tragédie »* [*Cahiers de la Villa « Kérylos »*, 8], 1998, p. 195-214).

PICKARD-CAMBRIDGE, *DFA* (= A. PICKARD-CAMBRIDGE, *The Dramatic Festivals of Athens*, 2ᵉ éd. rév. par J. GOULD et D. M. LEWIS, Oxford, 1988).

SIFAKIS, *Parabasis* (= G. M. SIFAKIS, *Parabasis and Animal Choruses. A Contribution to the History of Attic Comedy*, Londres, 1971).

TAPLIN, *Comic Angels* (= O. TAPLIN, *Comic Angels and other Approaches to Greek Drama through Vase-Painting*, Oxford, 1993).

ID., *Fleischman Coll.* (= O. TAPLIN, « The Beauty of the Ugly : Reflections of Comedy in the Fleischman Collection », dans *A Passion for Antiquities : Ancient Art from the Collection of Barbara and Lawrence Fleischman*, Catalogue d'exposition : The J. Paul Getty Museum and the Cleveland Museum of Art, Malibu, 1994).

TRENDALL, *PhV²* (= A. D. TRENDALL, *Phlyax Vases*, 2ᵉ éd. [*Bulletin of the Institute of Classical Studies, Suppl.* 19], 1967).

TRENDALL, WEBSTER, *IGD* (= A. D. TRENDALL, T. B. L. WEBSTER, *Illustrations of Greek Drama*, Londres, 1971).

WEBSTER, *MOMC²* (= T. B. L. WEBSTER, *Monuments illustrating Old and Middle Comedy*, 2ᵉ éd., [*BICS, Suppl.* 23], 1969).

WEBSTER, *MNC²* (= T. B. L. WEBSTER, *Monuments illustrating New Comedy*, 2ᵉ éd., [*ibid., Suppl.* 24], 1969) ;

WEBSTER, *MOMC³* (= T. B. L. WEBSTER, *Monuments illustrating Old and Middle Comedy*, 3ᵉ éd., revue par J. R. GREEN, [*ibid., Suppl.* 39], 1978) — compléments dans J. R. GREEN, « Additions to *MOMC³* », *BICS* 27, 1980, p. 123-131 + pl. 5-9.

Jean-Jacques MAFFRE

ΕΞΟΔΟΣ...

Au terme d'une comédie grecque, le chœur et les acteurs quittaient la scène en cortège joyeux, chantant et dansant, après avoir salué les spectateurs. Ainsi ferons-nous, après ces deux jours de représentations que nous nous sommes donnés, le chant et la danse en moins, mais peut-être un peu de mélancolie en plus, à la pensée de quitter un Herculanum ensoleillé pour la grisaille quotidienne. Aussi notre chœur d'orateurs invités, venus « en Kérylos » de près ou de loin, ne peut se disperser sans exprimer d'abord ses chaleureux remerciements aux « archontes » qui ont si bien conçu, organisé et dirigé ces séances, à tous ceux — et toutes celles — qui ont permis leur harmonieux accomplissement, sans oublier les auditeurs qui nous ont soutenus de leur attention. Et si je puis prolonger une minute l'allégorie, je voudrais dire en notre nom à tous la joie et la fierté que nous avons ressenties de la présence, à la place du grand-prêtre de Dionysos, de S. Ex. M. l'Ambassadeur de Grèce et de son épouse, qui ont bien voulu nous manifester leur chaleureuse sympathie en suivant de bout en bout nos débats.

Le chœur comique ne quittait pas l'*orchestra* à la fin de l'*exodos* sans se retourner pour mesurer le chemin parcouru à travers l'action de la pièce. De même, il nous faut, avant de nous quitter, revenir brièvement sur les voies que nous avons suivies pendant ces deux jours. Nous commencerons par Aristophane, qui a fourni la matière du plus grand nombre de nos exposés. Peu de sujets concernant ce poète ont été absents de nos débats. On n'a pas parlé de l'homme-Aristophane, dont on ne sait en fait à peu près rien, sauf qu'il était chauve, ni de sa vie, qui semble se confondre avec son œuvre. De façon plus singulière, on a peu parlé des rapports d'Aristophane et de la politique, dont se délectaient les Croiset et les Deschanel : c'est sans doute que la vie politique dans les premières décennies de la Troisième République suggérait plus de rapprochements avec l'Athènes de Cléon et d'Alcibiade que nos confrontations actuelles. Mais il y avait bien d'autres champs à labourer, ce qui a été fait, en tous sens.

Après une élégante introduction, qui nous a permis un premier survol de la comédie attique, il s'imposait d'aborder l'œuvre par le biais de la caricature qui est le procédé comique par excellence. Cela, sous ses formes les plus concrètes, comme la déformation des traits du visage, les tics de la langue, les débordements de la parole, la présence obsédante du corps dans ses aspects les moins éthérés. Il était bon que cette saveur du génie d'Aristophane, toute rabelaisienne avant la lettre, fût posée, d'une façon très vivante, en préambule à des études plus formelles.

Ainsi, par exemple, des problèmes toujours débattus de la structure dramatique des comédies. Dans le cas précis des *Nuées*, nous avons pu recueillir le fruit d'une analyse serrée, menée par un maître dans ces matières : un examen attentif, fondé sur les mouvements des personnages, la règle des trois acteurs, le schéma obligé de l'*agôn*, mais aussi sur les éléments burlesques et parodiques, a permis de déceler la disparition d'un morceau choral entre les deux versions de cette pièce. C'est aussi à des problèmes de structure que se rattache l'exposé que nous avons entendu sur le rôle du chœur, perçu comme l'élément fondamental de la comédie, dont l'auteur se sert non seulement pour construire sa pièce, mais aussi pour articuler ses rapports avec son public. Dans une approche originale, il a été montré que le jeu comique se jouait en quelque sorte à trois, acteurs, chœur et spectateurs, selon les desseins du poète : tantôt le public est incité à prendre part à l'action, soit du côté du protagoniste, soit du côté des choreutes, tantôt il est réduit à un rôle passif, voire ignoré — au moins en apparence — par le poète.

Nous avons entendu ensuite huit « monographies », qui se répartissaient en deux groupes de quatre, dans un schéma très satisfaisant pour l'esprit : le premier groupe touchait plus spécialement à l'art dramatique et au contenu intellectuel des pièces (Aristophane et la musique, la sophistique, le genre tragique, la poésie), le second visait plutôt la cité et la vie sociale (Aristophane et la médecine, la justice, la religion, les arts), et une conclusion rappelait opportunément que nous lisons aujourd'hui du théâtre d'Aristophane la seule part que le temps n'a pas fait disparaître.

Nous évoquerons en quelques mots, qui ne se veulent dans leur raccourci que de simples aide-mémoire, ces moments successifs de nos réflexions. D'abord, un maître de la pensée antique nous a rappelé l'importance de la musique dans le théâtre des Grecs, comme du reste dans le reste de leur vie. Les *cantica* comiques, odes et épodes, participent de l'incantation musicale. Chants et musique, sous la conduite du coryphée, s'accordent avec le caractère religieux de la représentation et contribuent tant à l'élévation de l'âme qu'à l'affinement du sens esthétique : Aristophane préfigurant Platon ! Deux exposés de plus jeunes collègues ont prouvé avec brio qu'un œil neuf permettait de renouveler de vieux problèmes. Parler d'Aristophane et des intellectuels, c'était fatalement rencontrer Socrate, mais il est bien apparu que le tir d'Aristophane se trompait consciemment de cible et qu'à travers Socrate, notre poète visait en réalité tout un monde de sophistes, de physiciens, de rhéteurs, voire de philosophes, qu'il connaissait fort bien et dont il raillait les prétentions. Ainsi le futur convive du *Banquet* platonicien apparaît là encore proche du philosophe. Parler d'Aristophane et de la tragédie, c'était fatalement buter sur sa victime de prédilection, Euripide. Mais avec une bonne dose de finesse et une solide connaissance du sujet, on peut toujours découvrir de nouvelles nuances dans la virtuosité avec laquelle le poète se livre à l'exercice de la paratragédie. Non seulement Aristophane avait une parfaite connaissance du genre tragique, mais il a été, à l'instar d'Euripide lui-même, un des hommes les plus cultivés de son temps : ce que prouve l'inventaire de ses sources poétiques, pourtant réduit par les limites de notre information. Ses comédies montrent en lui un connaisseur de toutes les formes de poèmes, d'Homère à Agathon, ceux qu'on apprenait à l'école, ceux que l'on chantait dans les chœurs ou dans les *symposia*, ou ceux qu'illustraient les virtuoses du temps. Non seulement il aime à transposer dans ses vers les meilleures pièces de la lyrique dorienne ou ionienne, mais il en tire occasion pour se livrer à une critique littéraire très fine des genres et des tons dans les œuvres poétiques, majeures ou mineures.

Mais Aristophane vivait dans des temps heureux où culture ne voulait pas dire spécialisation. L'amour de la poésie allait chez lui de pair avec une familiarité avec la science médicale qui pourrait nous surprendre, si on n'en trouvait pas le pendant chez un poète tragique comme Euripide. On nous a prouvé par quelques exemples bien choisis que de ces connaissances pouvaient résulter dans ses pièces des créations de mots et des calembours inspirés par le vocabulaire médical et propres à égayer le public. Par ailleurs, ce théâtre est riche en informations sur les réalités médicales du temps : présence (et concurrence) de plusieurs types de médecine dans la société : thérapies populaires, magiques, religieuses ou oraculaires, en face de la médecine rationnelle ou scientifique en cours de formation, existence d'un service public à côté des praticiens de la médecine privée. L'importance de cette source d'inspiration est attestée par la place que tiennent dans le style comique les métaphores médicales, appliquées à toutes sortes d'activités humaines.

Parmi ces activités familières aux Athéniens, il fallait compter les pratiques judiciaires, car à un moment ou à un autre, tout citoyen risquait de devoir fréquenter les tribunaux, soit comme plaideur, soit comme magistrat tiré au sort ou comme membre d'une cour de l'Héliée. L'institution était loin d'être sans reproche, et elle a fourni l'occasion au poète des *Guêpes* de mener un plaisant assaut contre le système judiciaire athénien. Ses vices sont incarnés sous une forme extrême chez un vieux dicaste, truculent et féroce, qui ne s'aperçoit pas dans son naïf contentement de soi qu'il n'est que le jouet de politiciens sans scrupules, avides de mettre grâce à lui la main sur le pouvoir. Sous la fiction, le poète offre à la fois une image très réaliste de la justice athénienne et de sérieuses raisons de méditer sur ses imperfections.

Dans les activités religieuses des Athéniens, les cultes d'Éleusis tenaient une place importante, et il est paradoxal que le nom même de ce sanctuaire n'apparaisse dans aucune des pièces conservées. Pourtant, Déméter y est souvent citée et plusieurs scènes évoquent son culte. Mais il y a plus : la démonstration très nourrie qui nous a été présentée atteste que la religiosité éleusinienne se trouve, de manière sous-jacente, beaucoup plus présente qu'on ne le pensait dans ce théâtre. Ceci est surtout vrai des *Nuées*, où le *phrontistérion* de Socrate et ses pratiques sont marqués d'étranges accointances avec le *télestérion* d'Éleusis et ses mystères.

Enfin, dans le domaine des arts, la comédie a été une source d'inspiration de choix pour les peintres et les sculpteurs : nous avons tous à l'esprit des images de masques, de figurines ou de tableaux, où le comique est parfois poussé jusqu'au grotesque. Mais il était difficile de présenter une collection plus riche et mieux documentée que celle qui nous a été offerte, couvrant plus de deux siècles et révélant des documents rares, souvent d'un grand intérêt : une revue qui associait au plaisir des yeux de féconds sujets de réflexion sur les rapports du théâtre comique et des arts figurés.

Restait, pour conclure nos travaux sur Aristophane, à ajouter une mise en garde, qui est (ou devrait être) de règle à propos de la quasi totalité des poètes de l'Antiquité : nous raisonnons le plus souvent sur le génie des auteurs à partir de la très faible partie de leur œuvre que les siècles ont épargnée. Aristophane a été moins maltraité que d'autres, puisque nous lisons tout de même un quart des pièces qu'il avait écrites. Mais il importait de rappeler cette vaste part d'ombre du théâtre perdu. Une obscurité d'autant plus difficile à percer qu'à la différence des titres tragiques, ceux des comédies ne nous livrent guère d'informations sur leur contenu. Quant aux fragments d'Aristophane, même s'ils sont assez nombreux et ont fait l'objet à date récente d'une excellente édition, ils sont pour la plupart décevants par leur brièveté. Il était donc d'autant plus méritoire de nous en offrir une vue d'ensemble, avec un regroupement des pièces par thème, autant que faire se pouvait, et d'y joindre un inventaire écrit, que nous conserverons précieusement. On comprend mieux après cet exposé comment Aristophane a pu dominer pendant plus de quarante ans la production de ses rivaux, dont les meilleurs n'étaient sans doute guère inférieurs à lui.

Cet somme de contributions, par la variété et la richesse des thèmes abordés, constitue un brillant ensemble que l'on pourrait intituler *Aristophane et Athènes*, pour reprendre, à un niveau plus modeste, le titre de Roger Goossens, *Euripide et Athènes*.

A la différence de Sophocle et d'Euripide, Aristophane a franchi le cap de l'an 400 pour nous livrer, au début du siècle suivant, avec le *Ploutos* et l'*Assemblée des femmes*, les deux seuls exemplaires que nous possédions d'une nouvelle forme comique, la comédie dite moyenne. Le fait a naturellement été pris en compte dans les exposés précédents. Mais nous ne pouvions que nous réjouir d'être introduits, d'une façon plus spécifique, dans la vie de ce genre comique hybride, généralement mal connu, et qui marque la transition entre deux périodes de brillante floraison de la comédie grecque. C'est une fois encore la médecine qui nous a servi d'introductrice auprès de quel-ques poètes de ce temps. Le point commun de ces extraits était de présenter un nouveau type de personnage comique, le cuisinier-fanfaron, promis à un bel avenir, de Ménandre à Plaute et au-delà. Non seulement ces personnages ridicules, infatués d'eux-mêmes, offraient une belle cible aux poètes comiques, mais, par cette fatuité même, ils allaient jusqu'à troubler l'ordre social : en effet, ils étaient si fiers de leur métier, promu au niveau d'un art, qu'ils prétendaient se substituer aux médecins pour gérer la santé de ceux qu'ils nourris-saient !

Nous ne pouvions mieux achever nos travaux qu'avec Ménan-dre, qui est venu, si je puis dire, comme la cerise sur le gâteau. Le hasard a voulu que nos deux meilleurs spécialistes de Ménandre, aient jeté leur dévolu sur la même pièce, le (ou les) *Sicyonien(s)*. Il est vrai que cette comédie est particulièrement chère aux papyrologues fran-çais, puisque la plupart des vers conservés viennent d'un cartonnage de momie qui a longtemps dormi dans les combles de la Sorbonne. Les deux commentaires successifs qui nous ont été présentés s'articu-laient heureusement entre eux : car, à une présentation générale de l'intrigue soulignant les points encore incertains, mais mettant en lumière les beaux passages conservés, a succédé un examen de carac-tère plus technique, visant à résoudre quelques-uns de ces problèmes par l'étude des mouvements des personnages et de leurs entrées et sorties, en fonction des usages de la scène athénienne. Dans les deux cas, nous avons beaucoup appris sur les traits distinctifs de la comédie nouvelle.

La pièce de Ménandre se terminait dans l'allégresse d'un double mariage. C'est dans la joie plus sereine des noces du philologue et de la Muse comique que s'achève le Xe colloque de la Villa Kérylos. Encore merci à tous !

François Jouan

LES PARTICIPANTS

Alain BLANCHARD	Professeur à l'Université de Paris-Sorbonne
Simon BYL	Professeur ordinaire à l'Université libre de Bruxelles
Jean-Claude CARRIÈRE	Professeur à l'Université de Toulouse
Jean-Michel GALY	Maître de conférences à l'Université de Nice
Christine HUNZINGER	Maître de conférences à l'Université de Paris-Sorbonne
Jean-Marie JACQUES	Professeur honoraire à l'Université de Bordeaux III
François JOUAN	Professeur émérite à l'Université de Paris X
Jacques JOUANNA	Membre de l'Académie des Inscriptions et Belles-Lettres, Professeur à l'Université de Paris-Sorbonne
Jean LECLANT	Secrétaire perpétuel de l'Académie des Inscriptions et Belles-Lettres, Conservateur de la Villa Kérylos, Professeur honoraire au Collège de France
Jean-Jacques MAFFRE	Professeur à l'Université de Paris-Sorbonne
Evanghelos MOUTSOPOU-LOS	Membre de l'Académie d'Athènes, Correspondant de l'Académie des Sciences morales et politiques
Marie-Pierre NOËL	Maître de conférences à l'Université de Paris-Sorbonne

Ignacio RODRÍGUEZ ALFAGEME	Professeur à l'Université Complutense de Madrid
Amneris ROSELLI	Professeur à l'Université orientale de Naples
Pascal THIERCY	Professeur à l'Université de Bretagne occidentale
Monique TRÉDÉ	Professeur à l'École normale supérieure
Régis VIAN DES RIVES	Administrateur de la Villa Kérylos

TABLE DES MATIÈRES

LES CAHIERS DE KÉRYLOS

N° 2. — Colloque de l'automne 1991, « Les Grecs et l'Occident » — Rome 1995 — 95 Frs

J. Leclant, *In memoriam*

G. Vallet, Avant-propos

P. Lévêque, Les Grecs en Occident

V. Tusa, Greci e Punici

J. de La Genière, Les Grecs et les autres. Quelques aspects de leurs relations en Italie du Sud à l'époque archaïque

J.-P. Morel, Les Grecs et la Gaule

E. Sanmarti-Greco, La présence grecque en péninsule Ibérique à l'époque archaïque

E. Greco, Sulle città coloniali dell'Occidente greco antico

P. Rouillard, Les *emporia* dans la Méditerranée occidentale aux époques archaïque et classique

M. Gras, La Méditerranée occidentale, milieu d'échanges. Un regard historiographique

P. Orlandini, L'arte in Magna Grecia e in Sicilia. Aspetti e problemi

A. Stazio, Monetazione dei Greci d'Occidente

G. Vallet, Quelques réflexions en guise de conclusion

N° 3. — Colloque du 29-30 octobre 1992, « Architecture du Rêve » — Paris 1994 — 95 Frs (épuisé)

M. Querrien, Introduction : Pourquoi ce colloque ?

P. Pinon, Vu de Kérylos : réappropriation des monuments et changement de signification

F. Reinach, Le Rêve de Théodore Reinach : la vie à Kérylos de la construction de la Villa à l'ouverture du Musée

A. Gall, Le Château enchanté de la Napoule

M. Gall, Un labyrinthe du Présent : la Fondation Mæght

M. Saltet, La villa Ephrussi de Rothschild : témoin d'une vision, d'un rêve et d'une imagination passionnée

A. Rouveret, Le manifeste dans l'architecture antique et néo-classique de Délos à Kérylos

J.-Cl. Delorme, Maisons de rêves ou machines à habiter

B. Lassus, Organisation du paysage et réutilisation d'éléments anciens

V. Hartmann, La civilisation du Leurre

M. Querrien, Synthèse et clôture du colloque

N° 4. — Colloque du 30 septembre-3 octobre 1993, « Le Romantisme et la Grèce » — Athènes 1994 — 95 Frs

E. MOUTSOPOULOS, Fuite et nostalgie romantique de la Grèce

A. THIVEL, Prométhée, personnage romantique

J.-M. GALY, Le romantisme des premiers lyriques grecs

A. PIGLER-ROGERS, La *Penthésilée* de Kleist

A. VILLANI, Hölderlin et la question du centre

J.-L. VIEILLARD-BARON, Hegel et la Grèce

A. LANG, Le pessimisme romantique et le pessimisme dionysiaque des Hellènes selon Nietzsche

R. TSCHUMI, Résurgences grecques au fil du romantisme anglais

Ph. ANTOINE, De l'*Itinéraire* à la *Note sur la Grèce*. Évolution et constantes de l'attitude de Chateaubriand face à la Grèce

R. GARGUILO, D'Atala à Athéna. L'itinéraire poétique et politique de Chateaubriand

A. SANTA, Stendhal et la Grèce

A. COURT, Lamartine et la Grèce

J. GUICHARDET, Edgard Quinet, chantre de « La Grèce moderne »

J.-M. GABAUDE, Le romantisme de M. de Guérin et la Grèce

X. GOULA-MITACOU, Flaubert en Grèce

R. RICHER, Le romantisme grec

E. MOUTSOPOLOS, Considérations rétrospectives

N° 5. — Colloque du 6-9 octobre 1994, « Entre Égypte et Grèce » — Paris 1995 — 95 Frs

N. GRIMAL, L'Égypte et le monde égéen préhellénique : entre commerce et histoire

A. LARONDE, Mercenaires grecs en Égypte à l'époque saïte et à l'époque perse

F. CHAMOUX, L'Égypte d'après Diodore de Sicile

S. AMIGUES, Les plantes d'Égypte vues par les naturalistes grecs

J. DUCAT, Grecs et Égyptiens dans l'Égypte lagide : hellénisation et résistance à l'Hellénisme

J. SIRINELLI, Un regard sur la Bibliothèque d'Alexandrie

P. ARNAUD, Naviguer entre Égypte et Grèce : les principales lignes de navigation d'après les données numériques des géographes anciens

V. KARAGEORGHIS, Chypre entre l'Égypte et l'Égée

M. Dewachter, Un Grec de Louqsor collaborateur de Champol-
  lion et Lepsius : Ouardi-Triantaphyllos

R. Richer, La communauté grecque d'Alexandrie au xixe et xx^e
  siècles

N° 6 — Colloque du 6-7 octobre 1995, « L'Académie des Inscriptions et Belles-Lettres et l'Académie des Beaux-Arts face au message de la Grèce ancienne » — Paris 1996 — 95 Frs

J. Leclant, Préambule

R. Vian des Rives, Avant-propos

S. Excellence D. Macris, Ambassadeur de Grèce, La Grèce éternelle
  et la Grèce d'aujourd'hui : un survol de la diachronie grecque

J. De Romilly, Des philologues au grand public : le renouveau des
  textes sur la Grèce antique

B. Zehrfuss, De Pergame à Kérylos, l'esprit grec

J. Marcadé, De Délos à Beaulieu

F. Chamoux, L'homme Socrate

J. Irigoin, Dom Bernard de Montfaucon

R. Turcan, Le symbolisme funéraire à l'Académie des Inscriptions et
  Belles-Lettres

J. de La Genière, L'immortalité d'Héraclès : voyage d'un mythe grec

H. Metzger, Perspective nouvelles offertes à l'étude des vases grecs
  et de leurs images

J.-L. Florentz, À l'écoute de la Grèce antique

P. Carron, L'Omphalos, centre du monde

A. Poncet, L'influence de la Grèce antique sur la sculpture contemporaine

C. Abeille, La Grèce toujours recommencée

N° 7 — Colloque du 4-5 octobre 1996, « Regards sur la Méditerranée » — Paris 1997 — 95 Frs.

J. Leclant et R. Vian des Rives, Préambule

J. Leclant, Allocution d'accueil

J.-R. Pitte, Un regard géographique sur la Méditerranée

F. Chamoux, Le monde égéen et l'Afrique

J. Desanges, Regards de géographes anciens sur l'Afrique mineure

M. Reddé, Rome et l'Empire de la mer

M. H. Fantar, La Tunisie et la mer

P. Pomey, L'art de la navigation dans l'Antiquité

M. Provost, La carte archéologique des départements français du littoral méditerranéen

P. Toubert, L'homme et l'environnement dans le monde méditerranéen : le regard du médiéviste

J. Richard, La Méditerranée des Croisades

X. de Planhol, Les Musulmans sur la Méditerranée

M. Mollat du Jourdin, La Méditerranée, mère (et mer) de l'Europe

P. Cabanel, André Siegfried et la Méditerranée : le travail empaysagé et le chasseur de frontières

N. Aziza, Pour un remembrement intellectuel des héritages en Méditerranée, au-delà des fractures

N° 8 — Colloque du 3-4 octobre 1997, « Le théâtre grec antique : la tragédie » — Paris 1998 — 120 Frs.

J. Leclant et R. Vian des Rives, Préambule

J. Leclant, Allocution d'accueil

J. Jouanna, Présentation

J. de Romilly, La prévision et la surprise dans la tragédie grecque

F. Jouan, La tétralogie des Danaïdes d'Eschyle : violence et amour

A. Moreau, Portraits des humbles dans le théâtre d'Eschyle (le messager thébain, le veilleur, le héraut et la nourrice d'Argos)

Ch. Mauduit, Les murs auraient-ils des oreilles ? Contribution à l'étude du palais dans les tragédies de Sophocle

R. Dumanoir, Les mondes virtuels de Sophocle

M. Fartzoff, Pouvoir, destin et légitimité chez Sophocle : d'*Œdipe Roi* à *Œdipe à Colone*

J. Jouanna, Le lyrisme et le drame : le chœur de l'*Antigone* de Sophocle

F. Chamoux, Le théâtre grec en Libye

J. Assaël, La Muse d'Euripide : définition d'une inspiration tragique

A. Lebeau, Le camp des Grecs en Troade dans la tragédie grecque

A. Billault, Les romanciers grecs et la tragédie

A. Pasquier, A propos d'un nouveau cratère phlyaque au musée du Louvre

Ph. Brunet, Mettre en scène aujourd'hui le théâtre grec : *A quand Agammemnon ?*

C. Constans, Scènes du théâtre antique chez les peintres romantiques philhellènes

N° 9 — Colloque du 2-3 octobre 1998, « Alexandrie : une mégapole cosmopolite » — Paris 1999 — 120 Frs.

S. Exc. P. Hunt, Adresse : L'année France-Égypte 1998

J. Leclant, Allocution d'accueil

M. Chauveau, Alexandrie et Rhakôtis : le point de vue des Égyptiens

G. Le Rider, Le monnayage d'or et d'argent frappé en Égypte sous Alexandre : le rôle monétaire d'Alexandrie

J.-Y. Empereur, Travaux récents dans la capitale des Ptolémées

F. Burkhalter-Arce, Les fermiers de l'arabarchie : notables et hommes d'affaires à Alexandrie

N. Grimal, L'Un et les autres

B. Meyer, Les *Magiciennes* de Théocrite et les papyrus magiques

F. Chamoux, Le poète Callimaque et le rayonnement culturel d'Alexandrie

A. Laronde, Alexandrie et Cyrène

Cl. Nicolet, Alexandrie et Rome : peut-on comparer ?

J. Mélèze Modrzejewski, Espérances et illusions du judaïsme alexandrin

M. Philonenko, La Bible des Septante

G. Dorival, Les débuts du christianisme à Alexandrie

A. Le Boulluec, La rencontre de l'hellénisme et de la « philosophie barbare » selon Clément d'Alexandrie

J. Sirinelli, Cosmopolitisme et œcuménisme à Alexandrie

D. Roques, Alexandrie tardive et protobyzantine (IVe-VIIe s.) : témoignages d'auteurs

R. Solé, La « Place des Consuls » à Alexandrie

*
* *

Pour recevoir les Cahiers des colloques :

Envoyer un chèque du montant indiqué plus les frais d'envoi à : Fondation Théodore REINACH — Villa Grecque KÉRYLOS — 06310 — Beaulieu-sur-mer.

Pour d'autres renseignements :

tél : 04.93.01.01.44.   fax : 04.93.01.23.36. — 04.93.01.61.70.

ACHEVÉ D'IMPRIMER
EN JUILLET 2000
SUR LES PRESSES
DE
L'IMPRIMERIE F. PAILLART
À ABBEVILLE

DÉPÔT LÉGAL : 3e TRIMESTRE 2000
No D'IMP. 11114